HUSTEN Consulting Group || HUMAN, STRATEGY, ENGINEERING

management ⊿
mindfulness ⊿
momentum ⊿

반성 反省, Reflection
_____
살아본 사람의 살고 싶은 거시기

열린책들 모던클래식

경영과 마케팅 탐구

초판 1쇄 발행 2022년 9월 9일

지은이 신동훈
펴낸이 신동훈
펴낸곳 (주)휴스텐북스그룹
출판등록 제2010-000009호
교정 신동훈
디자인 이은지
편집 이은지
감수 양수진, 이현
마케팅 고두원, 정상웅

주소 경기도 남양주시 다산지금로16번길 25 성내빌딩 801호
전화 031-227-8356
이메일 hustenbook@gmail.com

ISBN 978-89-964233-9-3(13320)
값 30,000원

- 이 책의 판권은 지은이에게 있습니다.
- 이 책 내용의 전부 또는 일부를 재사용하려면 반드시 지은이의 사전 동의를 받아야 합니다.
- 잘못된 책은 구입하신 곳에서 바꿔 드립니다.

Go-To-Win®

김동순
경영과 리더십
반성

㈜휴스텐컨설팅그룹

'경영과 리더십 반성' 저자 서문

지금 이 책을 손에 든 분과의 귀한 인연에 감사드립니다. 이미 교육 훈련이란 배움의 현장에서, 컨설팅이란 혁신 프로젝트의 격전지에서, 기업 경영의 동업자로, 빠듯한 처지에서 만났던 수많은 분들께도 감사를 드립니다. 또한, 고민의 주제를 우연히 던져 준, 언제 어디선가 제 옆에 앉았던 분들께도 감사드립니다. 인제 그 마음을 이 책으로 다소나마 보답하겠습니다.

기업의 사장 COO, 컨설턴트, 전문 강사로 종사했던 35년간 저의 시간은 조직과 구성원에 관한 '관찰, 연구, 대화, 실행, 검증, 피드백'의 끊임없는 되풀이였습니다.

경영자와 리더는 하고 싶은 사람만 하는 것인데, 막상 그 자리에 가면 열심히 준비했던 분들도 수많은 우여곡절을 겪게 됩니다. 특히, 사업과 사람의 일에서 그렇습니다. 하지만, 아무리 고단해도 조직의 이익을 내고 직원들의 걱정을 줄여야 합니다. 그래서 탁월한 영향력을 발휘하는 경영 리더는 우리 조직에 꼭 필요한 사람입니다.

물론, 경영 리더를 돕기 위해 세간에 많은 정보가 있습니다. 지속 가능한 성장, 변화와 혁신, 첨단 기술 경영, 스마트 전략, 조직 건강 등의 담론과 전문 서적입니다. 《경영과 리더십 반성》에서도 경영 리더가 어떤 경영을 추구하고, 리더십을 보강하고, 변화의 성과를 얻어 내고, 조직의 기본을 바로잡고 제도를 올바르게 운용할 것인지, 숱한 저항과 실패를 예측하여 극복할 방법이 있기는 한 것인지에 관한 경험 솔루션을 제안합니다.

   2020년을 전후로, 우리는 경험하지 못했던 세상과 맞닥뜨리고, 무척 당황하였습니다. 나라 안팎으로 COVID-19와 같은 바이러스 질병, 자연과 사회의 재난을 초래하는 기후변화, 자국 우선주의 무역 충돌, 돌파구 없는 산업정책, 고통을 호소하는 민생정책, 갈라선 공정과 정의라는 사회적 가치까지. 한꺼번에 몰아닥친 난관은 우리를 실험하고 심지어 위협합니다. 이제 과거의 일천한 경험은 해법이 될 수 없는 세상이 되었습니다. 무섭게 변하는 현재와 미래에 튼실한 경영과 리더십이 절실합니다.

   《경영과 리더십 반성》이 제안하는 솔루션이 정답은 아닐지라도, 경영 리더가 검증받고 싶은 조직 운영에 관한 생각, 문제 해결의 실마리를 차분히 담아 보았습니다. 경영 리더의 꿈을 이루고, 구성원들의 소망을 실현할 수 있는 실행의 나침반이자 지도로 사용하시길 바랍니다.

   시대 변화와 기업 환경 변화는 새로운 경영 이슈를 던져 경영 리더들을 공부하게 합니다. 이 책에 나오는 아흔아홉 가지의 이슈가, 이 책을 만난 분들의 소중한 경험과 조화롭게 어울려, 부디 두려움 없는 경영과 리더십으로 완성되기를 희망합니다.

2022. 9. 9

㈜휴스텐컨설팅그룹 대표이사, C-Level 마스터Master   김 동 순

HUMAN, STRATEGY, ENGINEERING

Go-To-Win®

차례

'경영과 리더십 반성' 저자 서문   4

1. 경영은 힘듭니다 ——— Management & Leadership

1. 경영은 어려운 게 아니고 힘든 것   14
2. 사람을 어떻게 얻을 것인가?   22
3. 경영자와 리더의 내공內攻 쌓기   29
4. 권력 착각 또는, 명장병名將病   36
5. 오너의 무오류無誤謬 강박행위   44
6. 조선의 삼사三司를 생각하며   54
7. 말하는 것과 듣는 것   60
8. 지겨워하는 직원들에게 새로운 일을 주고 싶다   68
9. 약속을 지킬 수 있으면 행복하다   76

2. 임원도 잘 모릅니다 ······ Management & Leadership

1. 열심히 해도 왜 좋아지지 않는가?　84
2. 임원의 성과 창출은 방향이 중요하다　90
3. 제조업 현장이 변하고 성과를 내려면　95
4. 리더를 향한 신뢰가 무너지는 9가지 증상　113
5. 임원이 표시 내거나 말하면 안 되는 것　121
6. 어떤 임원을 좋아할까?　130
7. 임원 회의에서는 뭘 하지?　134
8. 현장에 가서 뭘 해야 하나?　141
9. 당신은 주인이 아니다　147

3. 리더가 부족합니다 ······ Management & Leadership

1. 임원, 부장, 과장은 왜 필요한가?　154
2. 누가 먼저 시작할까? 윗물과 아랫 불　161
3. 될 사람과 안 될 사람　167
4. 엉터리 리더에서 벗어나는 방법　175
5. 살아남은 자가 강(强)한 것이다. 옳다!　186
6. 회사의 비전과 전략을 모른다면　193
7. 일을 열심히 하는 직원은 대부분 감정적이다　200
8. 회사를 위해? 그런 것은 없더라　207
9. 관계가 중요한 건 정보 때문　212

4. 반성이 필요합니다 — Management & Leadership

1. 경영자와 리더가 매일 반성할 것 세 가지   220
2. 온 길을 보면, 갈 길이 보인다   226
3. 임원의 빈틈   233
4. 얼마나? 딱 당신만큼   240
5. 우물 안의 개구리, 자기반성   246
6. 노력하면 정말 되는 걸까?   252
7. 두 박자 늦은 시작과 한 박자 빠른 끝내기 때문에   258
8. 혁신을 선언하고도 혁신을 용납하지 않는 조직   264
9. 왜 그랬어?   270

5. 사업이 잘돼야 합니다 — Management & Leadership

1. 내년에도 북한산 836m. 그럼, 설악산은 언제 가나?   278
2. 우리 제조업의 4가지 문제   283
3. 왜 전략인가? 좋은 전략, 그리고 전략의 함정   292
4. '제대로', '바르게', '싸게' 중에서 제일 좋은 것은?   301
5. 효율이 아니라 감정이다   307
6. 당신이 딴짓하는 동안   316
7. 새로운 사업의 발굴이 고민이다   321
8. 갑甲 회사와 을乙 회사의 윈Win–윈Win   335
9. 협력協力사? 협박脅迫사?   346

6. 변해야 합니다 `Management & Leadership`

1. 변화? 아~ 이젠 나도 모르겠다 352
2. 자기 개발開發인가, 자기 계발啓發인가? 뭐든 합시다 360
3. 회사의 주인 말고, 인생의 주인공이 되자 367
4. 혁신의 본질은 애정과 희망이다 373
5. 공수工數를 줄이지 않으면 잘할 수 없다 378
6. 이익의 DNA, 업무매뉴얼 384
7. 정해진 것을, 정해진 때, 정해진 대로 391
8. '디지털 혁신 2.0시대'라고? 400
9. 스타트업 애로 사항과 솔루션. 그리고 기대 408

7. 고비가 많습니다 `Management & Leadership`

1. 변하는 세상에 길을 잃은 리더들 422
2. 답이 없네. 사장은 뭐하냐? 432
3. 두려움과 각자도생各自圖生 439
4. 새로 시작한다 445
5. 열정이 아니라 절박함 450
6. 맡길 사람이 없을 때 454
7. 사람이 정말 더 필요한가? 459
8. 혁신 활동을 다시 한단 말입니까? 468
9. 부럽거나, 부끄러우면 481

8. 사람이 보입니다　　　　　Management & Leadership

1. 일하는 모습이 아름답다　488
2. 열정　494
3. 오너^{Owner} 사장의 절박함　497
4. 기본이나 눈치가 부족한 직원 바로잡기　500
5. 답답하거나 미운 사람 대처법　508
6. 직원 2×2 진단과 리더의 처방　515
7. 퇴사하려나? 그의 태도　519
8. 직원, 문제, 성과에 대한 사장 마음은?　525
9. 회사를 떠나는 공신^{功臣}의 몫을 다투다　536

9. 안 합니다, 안 따라옵니다　　　　　Management & Leadership

1. 손바닥만 한 회사에 문제는 손금만큼　544
2. 도대체 뭐가 문제야?　548
3. 해야 한다, 할 수 있다 對 안 한다, 못 한다　558
4. 알아서 할 테니 따라와　565
5. 간단하고 쉬운 것이 꼭 좋은가?　571
6. 조금만 바뀌어도 왜 기겁하는가?　576
7. 달걀이 먼저? 닭이 먼저?　582
8. 배우는 법을 배운다　586
9. 건강한 조직　592

10. 소소하지만 중요합니다　　　　　Management & Leadership

1. 금요일, Good Job!, 뒷자리, 화이트보드　600
2. 회의, 회식. 우리는 왜 이렇지?　604
3. 52주^週　609
4. 시간 관리가 아니라 에너지 관리　615
5. 하기 싫은데 해야 할 때　621
6. 뭐가 잘 안 되면 사장이 직접 하세요　625
7. 한 식구 같은 직원들이지만, 내부 고객입니다　630
8. 하라는 대로 해　638
9. 다시 태어나고 싶어요　645

11. 라이프 케어의 시대입니다　　　　　Management & Leadership

1. 20대: 대학생도 직장인도 아닌 그 사이에서　655
2. 20대: 어떻게 하면 더 나은 내가 될 수 있을까요?　661
3. 30대: 열심히 사는 것 같은데 두렵고 무기력해요　667
4. 30대: 외로운 건지 우울한 건지 모르겠습니다　673
5. 40~50대: 커리어를 위해 무엇을 더 할 수 있을까?　678
6. 40~50대: 아이에게 문제가 생기면 모두 제 탓 같아요　683
7. 40~50대: 직장에서 나와 가정에서 나를 동일시 해서　686
8. 40~50대: 주위에 돈을 번 사람이 많아 상대적 박탈감　691
9. 40~50대: 나를 신뢰하는지, 겉으로만 예의 바른 건지　695

김동순
경영과 리더십 반성

1

경영은 힘듭니다

Go-To-Win®

1 - 1
경영은 어려운 게 아니고 힘든 것

경영이란,

임직원들을 걱정하지 않도록 하는 것입니다

경쟁력이란,

돈 벌어 이익을 내는 능력입니다

기업의 목적을 보통 '이익의 추구'라고 합니다. 이익을 내지 못하는 회사는 차라리 문을 닫아야 한다고 합니다. 그렇다면, 이유야 무엇이든 이익을 내지 못하면서 직원들을 붙잡아 놓고 그들 가족의 생활까지 곤란하게 한다면 그건 경영자가 할 도리가 아닙니다. 회사와 직원들이 먹고사는 '걱정'에서 안전해야 합니다.

결국, 이익을 낸다는 목적 달성을 통해, 회사도 직원도 살아남을 수 있고 발전할 수 있기에, 기업의 궁극적인 목적은 '이익의 실현을 통한 생존과 성장'이라고 할 수 있습니다. 또한, '생존과 성장'이라는 결과가 있어야, 경영자와 직원들도 매일매일 열심히 일한 것에 대한 '재미와 보람'을 느끼지 않겠습니까?

작은 회사가 점점 사업이 잘되어 사원을 계속 채용하고, 월급이 오르고, 더 큰 건물을 마련하고, 새 기계도 사들이고, 명절 때는 몇 꾸러미씩 선물을 가져갈 수 있다면, 그것이 일하는 재미이고 보람이 아니겠습니까? 이익이 날 때마다 "3억이나 이익이 났다고? 이 돈을 어디에 쓸까?"라는 즐거운 고민을 한다면 얼마나 좋겠습니까? 요즘도 매년 경영이 어렵다니 꿈같은 이야기이겠지만, 경영자로서 이런 생각 한번 안 해 본 사람이 어디 있겠습니까?

회사의 이익이 많이 나면, 회사는 물론이고 직원 개개인에게도 이익이 되는 것은 당연합니다. 이익이 생기는 걸 싫어할 사람이 누가 있겠습니까? 그것이 싫지 않으니, 사람이 이익이 되는 일에 열중하고 싶어 하는 것은 당연한데, 이 좋은 이익은 그냥 생기는 것이 아닙니다. 그렇다면, 이익은 어디에서 나오는 것일까요?

2020년 기준, 국내 상장 기업 2,303개 중 30년 이상 '연속 흑자'를 내는 기업이 58곳이고, 이 중 유한양행 67년, 한독 64년, 보령제약 57년, 삼천리 55년, 신영증권과 삼성물산이 55년이라고 합니다. 블룸버그 자료에 의하면, 미국의 코카콜라, 맥도널드, 3M, 월마트, 홈디포, 존슨앤존슨, 머크, 화이자가 1980년부터 40년간 연속 흑자를 기록하고 있답니다. 장기 흑자 기업은 생존의 역사 그 자체로도 위대한 성과를 낸 것이고, 지금까지 고객에게 꾸준히 사랑을 받고 있습니다. 우승을 놓고 겨루는 프로스포츠도 마찬가지입니다. 4일간 치르는 2021년 PGA 챔피언십의 총상금은 무려 121억 원이고 우승 상금은 약 24억 원입니다. 우승자는 우승 상금과 보너스는 물론 명예까지 가질 수 있습니다.

   이렇듯, 이익은 경쟁에서 이긴 승자만이 가져갈 수 있습니다. 그리고 이기기 위해서는 최선을 다해야 합니다. 바로 이것이 우리가 열심히 일해야 하는 이유가 됩니다. 그런데 우리 직원들은 어떤가요? 과연 열심히 일하고 있는가요? 어떻게 하면 열심히 일하게 할 수 있을까요? 참으로 어려운 문제가 눈앞에 놓여 있고, 이걸 풀어 보자니 머리가 하얘집니다. 이 문제에 완전한 답을 구할 수는 없겠지만, 어디서부터 시작할 것인지를 찾아보겠습니다.

   열심히 한다는 것은 몰입할 수 있다는 것인데, 몰입되기 위해서는 첫째, 그 일이 본인이 정말 하고 싶은 일이거나 둘째, 일에 대한 집중을 간섭받지 않아야 할 것입니다.

이 일만 하고 있으면, 이 일을 하는 동안에는, 세상 근심 걱정이 사라진다는 말이 있습니다. 도예의 장인이 도자기를 제작하는 동안에나 나올 법한 말인데, 왜 그럴까요? 도자기를 통해 본인이 뜻한 최고의 가치를 실현할 수 있다는 믿음에서 오는 것이 아닐까 합니다. 그야말로, 지금 하는 일이 최고로 가치가 있는 일이라고 여기기 때문일 것입니다.

그런데, 도자기가 아닌 자동차의 헤드라이트를 최종 검사하고 조립하는 제조 현장의 사원에게도 이 같은 것을 기대할 수 있을까요? 말도 안 되는 소리일까요? 최종 검사가 잘못된 헤드라이트가 자동차에 조립되어, 고객인 운전자가 화를 내고, 짜증 나는 퇴근길에 교통 위반을 저지르고, 사소한 일로 옆 차와 다툴지도 모릅니다. 현장의 사원이 조립 검사를 잘못해서 빚어질 수 있는 사건입니다.

잘 생각해 보면, 회사의 직원들이 하는 일이라는 것은, 그것이 아무리 사소한(?) 일이라 할지라도, 그 일이 필요하기 때문에, 그 일을 함으로써 무엇인가가 완전해지기 때문에 하는 것입니다. 필요도 없고, 가치도 없는 일을 하라면서 월급을 줄 사장이 어디 있겠습니까? 직원들 스스로 자기 일에 관한 사회적 가치나 회사에 기여하는 바를 이해하면 좋습니다.

그러기 위해, 경영자는 그 사람에게 일을 맡기면서 월급만 주고 끝나서는 안 됩니다. 직원을 적재적소에 배치하여, 직원들이 자기 일을 좋아하게 기회를 주고, 그 일에 회사가 왜 월급을 주고 있으며, '당신이 하는 일이 우리 회사와 당신에게 얼마나 중요한 일인지'를 이해가 되도록 일러 주어야 합니다. 그래서, 국내와 탁월한 기업들은 직원들을 위한 '행동 덕목(德目)'을 제공하며 강한 공감대를 지속적으로 유지하고 있습니다.

아주 오래전, 어느 빵 회사의 회장이 출근하자마자 자신의 방에서 펑펑 눈물을 흘렸습니다. 임원들은 무슨 일인가 싶었습니다. 몹시 슬프게 한참을 울고 난 회장은 임원들을 불렀습니다. "여러분들은 내가 왜 슬퍼하는지 아는가? 내가 빵 공장을 세운 것은 생활 형편이 어려운 사람들이 손에 쥔 단돈 백 원으로 빵 두 개라도 사서 끼니라도 때웠으면 하는 이유에서였다. 그런데 빵값을 올렸으니, 이제는 백 원을 내고 하나밖에는 먹지 못할 것 아닌가? 그들이 얼마나 배가 고프겠는가? 십여 년을 버텨 왔지만 결국 난 큰 잘못을 한 것이다." 최근 십 년 동안 엄청난 원가 상승 부담이 있었지만, 이 회사가 계속 원가 절감을 노력하면서 좋은 빵을 만들어 온 이유였습니다.

만일, 임직원들이 회장의 이런 뜻을 알았다면, 더 좋은 빵을 만드는 것이, 밀가루 한 줌이라도 아끼는 것이, 배고파서 빵을 사 먹는 사람들을 위한 참 좋은 일이 아니었을까요? 직원들이 '회장이 자기 이익을 챙기려고 그 힘들고 피곤한 원가 절감을 강요한 것이 아니었구나!'라고 알게 된다면, 똑같은 원가 절감 활동을 해도 다른 회사와는 다른 차원의 소중한 가치가 있습니다. 세상에 하찮은 일은 없습니다. 사소한 일이라도 그 가치가 있는 것입니다. 회장이 평소에 직원들을 만나 손을 붙잡고 이런 뜻을 진심으로 대화했다면, 직원들 역시 '좋은 일을 하면서 월급 받는다'라고 생각했을 것입니다.

경영자는 업業의 가치에 대해서 항상 직원들과 소통하고 있어야, 회사에 아무리 힘든 일이 생겨도 모두가 그것을 이겨 나갈 대의명분大義名分과 힘이 생깁니다. 이게 중요합니다.

하지만, 이런 업에 대한 가치를 충분히 인정했다 하더라도, 자신에게 적합한 일이라고 생각해도, 또 하나의 문제가 남아 있습니다. 열심히 하려는 태도와 감정에 자꾸 어떤 '간섭'이 생겨 방해하는 것입니다.

간섭이 몰입을 방해합니다. 이 간섭이란, 임직원 당사자들이 가진 '걱정'이라는 것입니다. '그래. 회사 일은 회사 일이고, 내 코가 석 자야'라는 각자의 처지를 말합니다. 즉, 일 자체를 떠나서 당장 금전적인 부족, 직장에서 사람과 사람 간의 갈등에서 오는 스트레스, 본인의 미래에 관한 걱정 등과 같은 것들입니다. 그리고 내일이든 다음 달이든 회사가 더 어려워지면 나는 어찌 되는가에 대한 근심도 있을 것입니다. 이런저런 걱정에 업과 일의 가치를 스스로 높일 겨를이 어디 있겠습니까? 오늘 할 일은 오늘 멋지게 끝내자고 좋게 마음을 먹어도, 잘되지 않는 날이 연속된다면 보통 스트레스가 아닐 것입니다. 우리 직원들은 걱정이 참 많습니다.

경영이란, 임직원들이 걱정하지 않도록 하는 것입니다.

"지금 당장은 어렵겠지만, 고민도 많겠지만, 분명히 좋아질 것이다. 그렇게 하려고 사장인 내가 이렇게 죽도록 노력하고 있다. 사장인 나라고 걱정이 없겠는가? 하지만, 아무리 걱정하고 도움을 요청해도 우리를 도와줄 사람이 없다. 그러니 나와 함께 당신도 열심히 해 보자."라고 경영자는 끊임없이 직원들을 설득해야 합니다.

경영진이 사력死力을 다하는 것이 사력社力입니다. 그리고 경영진이 먼저 열정적으로 실천해야 합니다. 그래야 직원들이 걱정을 마음 뒤쪽에 놓고, 일단 뭔가를 해 보려는 태도를 보입니다. 아무리 힘들어도 이렇게 하는 것이 경영자에게 주어진 책무입니다. 걱정을 극복하는 과정에 경영자와 임직원은 이런 태도를 진심으로 공유하는 커뮤니케이션이 꼭 필요합니다.

또한, 이렇듯 경영은 커뮤니케이션입니다.

커뮤니케이션이 어렵다고들 합니다. 어려운 것이 아니라, 실제로는 힘이 드는 것입니다. 경영자라면 누구나 무엇을 어떻게 커뮤니케이션해야 할 것인가에 대해 이미 알고 있습니다. 다만, 생각을 정리하고, 상황을 확인하고, 결정 대안을 찾고 있느라 아직도 고민하는 것입니다. 그래서 경영자의 커뮤니케이션에서 정작 문제가 되는 것은, 자의 반 타의 반으로 결정과 실행의 타이밍을 맞추지 못하고 멈춰진 상황들입니다.

하루 여덟 시간, 열 시간 회사에 있는 동안 계속 이어지는 회의나 보고 역시 커뮤니케이션의 일부이지만, 그것만 갖고는 안 됩니다. 점심 시간이든 퇴근 후 회식 자리든 끊임없이 여러 사람의 다양한 이야기를 들으면서, 때론 그들을 설득하고, 때론 그들의 이야기를 듣고 경영자가 자신의 계획을 바꿔야 할 때도 분명히 있습니다.

경영이란 어려운 것이 아닙니다
어려워서 모르는 것 말고,
'지금 아는 것만' 실천하기에도 몸이 힘든 게 경영입니다
알면서도 못하는 분들이 많습니다
알아도 힘든 것을 지나야
몰라서 어려운 것을 만납니다. Management & Leadership

Go-To-Win®

1 - 2
사람을 어떻게 얻을 것인가?

인재를 잘 쓰는 것은 어렵고,
인재를 얻는 게 절대 쉽지 않고,
인재를 발견하는 것이 제일 어렵습니다

　직원의 수는 많은데 드러나는 역량과 성과는 늘 부족함을 느끼고, 심지어 직원들이 회사에 출근해서 뭘 하고 있는지 모르겠다 싶을 정도로 답답하다면, 직원을 채용했지만, 사람을 얻은 것은 아니라는 생각이 들게 됩니다. 그렇게 사람을 얻지 못하는 경영자는 점점 외로워집니다.

필요한 사람을 어떻게 발굴하고 채용해서, 경영자의 사람으로 만들어 갈 것인가는 참으로 어려운 문제이고, 그만큼 어려운 문제이기에 잘 생각해서 '미리미리' 준비해야 할 중요한 문제이기도 합니다.

우선, 어디에 어떤 리더가 필요한가에 관해 생각해 봅시다.

경영자가 엔지니어 출신이라면 전략이나 인사나 재무나 영업에 능력 있는 사람이, 경영자가 회사 운영의 전문가라면 기술이나 영업에 능력 있는 사람이, 경영자가 영업의 전문가라면 재무나 조직 운영의 능력 있는 사람이 필요한 것처럼, 경영자의 부족한 경영 영역을 맡길 수 있는 전문가의 채용이 무엇보다 먼저 서둘러 해야 할 일임은 말할 것도 없습니다.

'작은 회사니 내가 다 해도 되겠지'라거나, '나와 함께 오래 근무한 직원들이 많으니 하나씩 의논해 가면서 해도 잘 되겠지'라는 생각에, 경영자로서 문제 해결에 중요한, '제대로 파악하는 것'과 '시기적절한 결단'을 놓친다면, 모르거나 주저함으로 판단을 자꾸 놓친다면, 회사의 경영이 금세 어려워집니다. 창업할 때나 회사를 키워 나가면서 필요하다고 생각되면, 망설이느라 시간을 지체하지 말고 열심히 인재를 찾아야 합니다. 지금 있는 사람은 지금까지인 경우가 많습니다.

또, 간부급에서 회사를 그만두어 빈자리가 생기는 경우, 그 자리(기능, 역할)를 바로 충원하지 말고, 이때 잠시 생각해 볼 것이, 조직의 편제나 기능을 재점검하여 조직 역량을 더 보완하는 기회로 삼는 것도 좋습니다. 자리, 즉 기능을 통합할 것인지 반대로 분리해 낼 것인지를 살펴보면서 기존 리더들의 자리 이동이 파악되면, 신규로 채용하려는 리더에게 필요한 기능을 제대로 판단할 수 있습니다.

필요한 기능이 분명하게 정의되면, 그다음에 살펴볼 것은 그 보완할 기능 중 무엇이 우선순위인가를 따지는 것입니다. 리더가 모든 일을 처음부터 끝까지 잘하면 좋지만, 그렇지 못한 리더가 많고, 웬만큼 잘한다 해도 그 리더가 그중에서 특히 잘하는 것이 있기 마련입니다. 집을 잘 설계하는 사람이 있고, 잘 짓는 사람이 있고, 잘 관리하는 사람이 있습니다. 영업을 보더라도, 매출 증가를 위한 아이디어나 꾀를 잘 내는 사람이 있고, 그렇지는 못하지만 결정된 영업 목표나 신규 정책을 꼭 달성해 내고 마는 사람이 있고, 새로운 매출을 만들어 내진 못해도 기존 매출만큼은 요령껏 잘 지켜 내는 사람이 있습니다.

즉, 어느 기능(자리)의 리더로 앞으로 몇 년 사이에 그의 어떤 능력이 우리 회사에 절실한가를 따져 보자는 것입니다. 두루두루 잘할 수 있게끔 육성하는 것은 나중 문제이고, 지금 필요한 것이 무엇인지에 집중하는 것이 당연합니다.

어떤(!) 일에 사람이 필요한가를 정했으면, 이제 공개 채용을 하든, 이미 눈여겨보았던 사람을 만나 봅니다. 또한, 채용의 명확한 기준도 준비해야 합니다.

면접은 중요한 절차 중의 하나인데, 객관적인 증거로서 지원자의 경력을 먼저 살펴볼 필요가 있습니다. 경력도 중요하지만, 그가 지금 다니는 직장을 그만두고 우리 회사를 지원하는 이유, 우리 회사의 성장에 어떻게 기여할 것인가에 대한 소신, 성과 달성과 부하 육성을 위한 리더십 발휘에 관한 생각, 리더로서 책임 의식, 마지막으로, 우리 회사 현안에 관한 지원자의 해결 접근 방안이라는 질문 항목 5가지는 꼼꼼히 따져 볼 항목입니다. 이런 면접용 질문들을 지원자에게 미리 알려 주어도 문제는 없습니다. 면접이 끝나고 저녁 시간을 이용해서 식사와 반주를 함께 하는 것도 심층 면접이 될 것입니다. 좀 더 편하게 다양한 화제를 통해 추가적인 검증을 하고, 지원자에게도 자신의 능력을 더 보일 수 있는 시간이 필요하기 때문입니다. 급히 서둘러 사람을 뽑으면 일을 그르칠 수 있으니 좀 여유를 갖는 조절도 필요합니다.

오래전부터 이미 알고 있던 사람이 입사를 지원했든, 필요하다고 판단하여 스카우트하려 하든, 이 경우에 최소한 두 가지 정도는 짚어 보아야 합니다. 우리가 알고 있는 이 사람의 실적과 소문이 사실인가를 정확하게 파악하는 것, 그리고 그러한 성과가 개인의 역량 때문이었는지 아니면 그 회사 시스템의 결과였는지를 구별하여 판단해야 합니다. 물론, 회사 시스템의 힘을 활용하는 것도 그의 능력이지만, 혹시 우리 회사와 그 회사와의 시스템이 상당히 다를 경우엔 한번 짚고 넘어갈 문제가 되는 것입니다.

만족할 수준이 안 되면 채용하지 않습니다. 다시 찾으면 됩니다. 리더를 뽑는 데 절대 서두르면 안 됩니다.

합격 통보의 전후로 지원자가 생각을 바꾸어 입사 의사를 철회하는 경우가 있습니다. 황당한 일이지만 가끔 발생합니다. 어떻게 할까요? 보통, 한두 번 입사를 다시 권유해 보고 그래도 안 되면 포기하게 되는데, 이게 좀 고민입니다. 꼭 필요한 인재인데 마음을 돌리지 않는다면 경영자가 직접 나서서 삼고초려三顧草廬라도 해 봐야 합니다. 세 번이 아니라 열 번이 넘더라도, 꼭 필요하다면 경영자가 낮은 자세로 그 사람을 영입해야 합니다.

인재를 잘 쓰는 것은 어렵고, 인재를 얻는 게 절대 쉽지 않고, 인재를 발견하는 것이 제일 어렵습니다.

새로 들어온 리더가 기대에 못 미치는 경우가 있습니다. 실적이 부진하거나, 동료와의 마찰이 심하거나, 부하 직원의 불평과 이탈이 상당히 늘어나거나, 독선적인 일 처리가 많다거나, 경영자를 탓하는 등등의 회사의 풍토를 해치는 문제를 일으키는 것입니다. 어떻게 할까요? 이 경우 제일 좋은 방법은, 아니다 싶으면 신속하게 퇴사 조치를 하여야 합니다. 이것이 가장 좋은 해결 방법입니다. 이런 문제는 수습하려 하지 말고, 제거해야 합니다.

지금까지 '어디에 어떤 리더가 필요한가?'와 '리더를 채용하는' 절차에 대해 생각해 보았습니다. 이제부터는, 잘 뽑은 인재를 경영자의 사람이자 회사의 사람으로 어떻게 얻을까에 대해 고민해 보겠습니다.

'남자는 자신을 알아주는 사람을 위해 목숨을 바치고, 여자는 자기를 예뻐해 주는 사람을 위해 화장을 한다 士爲知己者死 女爲說己者容 사마천司馬遷의 보임안서報任安書'라는 말이 떠오르는데, 목숨까지는 아니더라도 이 정도의 사람을 얻어 곁에 둔다면 얼마나 든든하겠습니까? 사람을 얻기 위해서 먼저 나를 주는 것이 첫째입니다. 얻기 위해 주고, 주고 나서 함께 이루고, 그 다음에 내가 얻는 것입니다.

주는 것은 세 가지, 즉 과업을 주고, 권한을 주고, 예산을 줍니다. 당연하지만 이 세 가지는 계속 이어지는 신뢰를 바탕으로 합니다. 얻어지는 성과에 대해서는 공정하게 공유하도록 합니다. 나눔이 없으면 관계는 지속할 수 없기 때문입니다.

그 다음으로는, 얻기 위해서 내보내는 것입니다. 지금까지가 일事을 나눈 것이라면, 앞으로는 업業을 함께하는 것이니, 하나의 사업을 맡겨 떼어 주는 것입니다. 독립된 지위에서 독립적인 사업을 이루어 갈 수 있도록, 기회를 주고 지원을 아끼지 않는 것입니다. 그 사람의 꿈이 나의 꿈과 다르지 않기 때문입니다.

그런데 세상이 무심한지, 사람을 얻었다고 해서 그 사람이 끝까지 나와 함께 가는 것은 정말 드뭅니다. 결국, 각자의 길로 가게 되겠지만, 거기까지라도, 함께 간 그곳까지라도 충분한 의미가 있는 것이고, 또 다른 누군가가 계속 그 길을 이어갈 것 아니겠습니까?

사람이 사람을 얻는다?

애초부터 난감한 일이지만,

얻기 위해 주고, 주고 나서 함께 이루고, 그다음에 내가 얻기를

진심으로 노력하는 것입니다

그래서 용인^{用人}보다 득인^{得人}이 곤란합니다

Go-To-Win®

1 - 3
경영자와 리더의 내공^{內攻} 쌓기

독서, 고민, 배려

경영자는 두 사람의 삶을 살고 있습니다. 하나는 본인 가족을 위한 가장^{家長}으로서의 인생이고, 또 다른 하나는 좋든 싫든 직원을 책임져야 하는 경영자로서의 인생입니다. 뒤섞인 둘의 삶에서 당신은 경영자의 여정^{旅程}을 선택하고 과감히 들어섰습니다. 언젠가 경영을 떠나야만 가정으로 온전히 돌아갈 수 있습니다.

선택한 여정이 그렇게 만만하지는 않습니다. 창업자로서 성공 소설의 파란만장한 줄거리를 아직도 이어가고 있거나, 창업자의 자녀로 가업을 성공으로 이끌어야 하는 결정된 운명이거나, 보통 직원 중에서도 내심 큰 뜻을 품고 격렬히 사는 사람도 그렇습니다. 이런 입장에서, 기업의 안정된 생존과 지속 가능한 성장을 유지해야 하는 막중한 책임을 지는 경영자나 리더의 역량은 어디에서 나오는 것일까요? 이들의 권위는 어떤 방식으로 보존되는 것일까요? 분명히 다른 사람들과 구별되는 경영의 내공이 있을 텐데, 그 내공의 정체는 무엇이며, 어떻게 강화되는지 살펴봅니다.

경영자와 리더의 내공은 독서와 고민과 배려, 이 세 가지의 폭과 깊이에서 우러납니다.

첫째, 독서는 깨달음과 낮춤입니다.

공부를 통해 두려움을 이기는 큰 용기와 난관을 해결하는 많은 지혜를 얻을 수 있습니다. 경영자와 리더의 공부하는 습관은 직원들에게도 좋은 영향을 줄 것입니다. 책을 읽고 공부한다는 것은 자신을 스스로 경계하여 겸손하게 자신을 낮추는 것입니다. 낮춤으로써 높음이 보이는 것 아니겠습니까?

독서에는 다독多讀과 정독精讀이 있습니다. 다독의 요령이라면, 첫째가 성공한 경영자들의 사실에 근거한 가르침, 둘째가 정부의 정책이나 전문 정보 서적, 그리고 스테디셀러 중에서 골라 읽는 것입니다. 만약,

책을 고를 시간조차 없다면, 직원에게 한 달에 한두 권 정도를 구매하여 경영자나 리더의 책상 위에 올려놓도록 부탁합니다. 근무시간 중에는 시간이 없을 테니, 근무시간 전이나 이후에 한두 시간 동안 문을 닫고 독서를 포함한 공부를 합니다. 시간을 내면 두세 권을 읽을 수 있을 것이고, 꼭 마음에 드는 것은 한 번 더 정독하고, A4 용지 한 장에 그 책의 시작과 결론까지 보물 지도처럼 그림으로 연결하여, 본인 스스로 책의 내용을 종합하고 요약하도록 합니다.

정독의 과정에서 뗄 수 없는 것이 바로 '메모'입니다. 메모는 꼭 독서나 공부가 아니더라도 업무에서도 과정의 검증, 개념의 기억, 활용의 결정을 도와줍니다. 회사 다이어리 수첩이나 노트를 꼼꼼히 챙겨서 메모하는 경영자나 리더를 별로 본 적이 없습니다. 기록으로 남기지 않는 것은 경영이 아닙니다. 회사나 자리를 온전하게 물려주는 것만 경영이 아닙니다. 그 당시 왜 그러한 결정을 내렸는지, 그렇게 선택하고 거기에 집중할 수밖에 없었던 이유를 다음 사람들이 알게 하여 사업을 더욱 발전시킬 수 있도록 하여야 합니다.

아시다시피, 이런 메모의 기술과 습관은 반복함으로써 점점 좋아집니다. 이 반복이 경영자와 리더를 실천에 강하게 만듭니다. 습관처럼 무서운 것이 없고, 좋은 습관처럼 강한 경쟁력이 없습니다. 또한, 직원 모두의 좋은 습관은 좋은 사풍社風을 보장합니다. 새로운 습관을 만드는 것은 아주 힘든 일이지만, 그렇게만 된다면 자신에게 이익이 되는 일은 더 많이 생기게 됩니다. 그렇게 자신감을 얻어 가는 것으로 결국엔 큰 것을 이룹니다.

둘째, 고민입니다.

마음속으로 괴로워하고 애를 태우는 것이 고민입니다. 혹시, 경영자나 리더가 직원들보다 생각이 짧다면 어떻게 되겠습니까? 그럴 리는 없겠지만, 엄청난 혼란이 있을 것입니다.

보통, 고민거리는 문제 해결과 의사 결정 과정에서 생기는데, 여기서 제일 중요한 것은 '사실^{Fact}이 무엇이냐?'라는 것입니다. 열 명 중 여덟 아홉 명의 경영자나 리더는 전달된 정보나 이미 몇 차례 가공된 정보로 검토를 시작합니다. 여기서, 논란을 키우거나 결론을 서두르는 것보다, 이런 정보에 대해 다시 한번 사실 여부를 명확히 확인하는 것이 중요합니다. 그런데도, 보고된 (사실이 아닐 수 있는) 상황에 따라 회의가 진행되는 경우가 참 많습니다. 실컷 논의하다가 나중에야 문제의 사실이 그게 아니었다는 것을 확인하게 되면 상당히 허탈합니다.

'이전 상황 → 발생 상황 → 이후 상황'에 대해 의사 결정자가 정확히 알지 못하면, 논의와 생각과 판단이 오류의 급물살을 타게 됩니다. 그러니 우선, 사실에 대해 '누군가'에게 다시 한번 확인하여, 사실과 원인에 대해 잘 살피고 또 살펴야 좋은 해결 방안이 나오고 재발을 방지할 수 있습니다. 그다음에는, 그러한 문제나 사고가 회사에 어떤 영향을, 즉 회사 이익의 증감, 다른 문제로 파급 여부, 직원의 사기와 회사의 분위기 등에 어떤 영향을 미칠 것인가를 판단해야 합니다. 그리고 나서 마지막으로, 해당 사건과 문제의 원인을 철저히 찾아내도록 합니다. 원인을 잘 찾아내는 것이 말처럼 쉽지는 않습니다. 그럴 땐, "왜?",

"왜?"를 다섯 번 반복하여 진짜 원인을 찾아내는 '5 Why'의 방법을 착실히 진행해도 좋습니다.

이처럼 하는 것이 경영자와 리더가 하는 '고민의 방식'입니다. 강조하건대, 문제나 사고가 발생했을 때, 일단 그 문제로 인한 영향이나 추가 문제를 차단하는 것에 먼저 집중을 하고, 안정되면 원인을 찾아 대책을 세우는 것이 순서입니다. 한 가지 더 말씀드리자면, 경영자로서 또는 리더로서 조직을 이끌어 갈 때 정말 고민되고 꼭 필요한 것이 있습니다. 바로, '누구도 거짓을 말하지 않도록 하는 것'입니다. 그리고 나쁜 소식들이 '빨리 보고되도록' 하면 더 좋습니다.

셋째, 배려입니다.

경영자의 진정한 배려는, 애로 사항을 살펴 주는 것보다, 직원들이 능력을 키워 나갈 수 있도록 할 일을 많이 주는 것입니다.

직원을 뽑으려는 회사는 매번 큰 기대를 하면서 좋은 인재를 놓치지 않기 위해 여러모로 애를 쓰고 있습니다. 반대로, 신입이든 경력이든 입사 지원자들은 합격 통보를 절실히 원합니다. 먹고살기 위해서든, 사회적으로 안정된 상태를 위해서든, 본인의 꿈을 위해서든, 일단 입사를 해야 가능하기 때문입니다. 이런 절박감을 느끼고 일을 하러 온 신입 직원에게, 열정적으로 몰입할 수 있는 일이 있어야 하고, 현재 직원들에게도 업무의 수준을 높이거나 다른 업무를 맡길 때 경영자와 리더는 그것을 잘 배분해야 합니다.

일을 맡는 사람에게 본인이 어떤 일을 하게 되는가는 중요한 문제이겠지만, 경영자나 리더에게 있어서도 어떤 일을 누구에게 얼마만큼 맡길 것인가는 매우 중요한 문제가 됩니다. 경영자와 리더는 직원 모두가 공평한 양의 일을 갖도록 지속적으로 관찰해야 합니다. 공평함을 기준으로 직원들의 업무를 계속 매만져 가면 좋은 모습으로 만들 수 있습니다.

이런 배려, 즉 업무를 맡기는 데에는 당사자의 의욕과 업무 지식이 관건입니다. 또한, 이 두 가지에 대한 리더의 올바른 판단은 평소에 직원들을 얼마나 잘 관찰하느냐에 달렸습니다.

우선, 의욕도 강하고 업무 지식도 높은 직원은, 해당 업무에 관한 의사 결정 및 예산 사용의 권한과 부하의 지도 육성 업무까지 맡기는 것이 좋습니다. 의욕은 있지만, 업무 지식이 부족한 직원은, 해당 업무의 숙련도를 높이는 데 필요한 기간을 서로 합의하고 필요한 지원을 합니다. 의욕이 없지만, 업무 지식은 높은 직원은, 해당 업무에 대한 몰입도가 저하되므로 발전이 별로 없습니다. 다른 업무로의 수평적 이동을 통해 직무 변경을 하면 됩니다. 의욕도 없고 업무 지식도 부족한 직원은, 사실 필요가 없는 직원입니다. 그래도 계속 근무해야 한다면, 우선 본인이 희망하는 직무로 바꿔 주지만, 서로 합의된 엄격한 평가를 시행한 후 조처를 합니다.

직원들에게 어느 정도의 업무를 부여하는 것이 좋을까요? 리더가 보기에 그 직원에게 적당하다고 생각되는 업무량을 100이라고 한다면,

경영자는 여기에 20~30%를 더한 정도가 바람직할 것입니다.

일을 많이 주는 경영자나 리더가 똑똑합니다
무능한 리더는 일도 못 시킵니다
그런데, 일을 찾아서 하게 하는 리더도 있습니다

Management & Leadership

Go-To-Win®

1 - 4
권력 착각 또는, 명장병 名將病

성공을 만나는 우연을 얻기 위해서는
아무리 자신 있어도 초심과 겸손으로 균형을 잡아야 합니다
힘을 모으고 자세를 낮춰야 뛸 수 있습니다

사업 경력이 짧든 길든 어느 정도 성공한 조직의 경영 리더는 최고의 자리가 만들어 내는 권력을 쥐게 됩니다(심리학적 정의로 권력은 타인에게 직·간접으로 영향을 미칠 수 있는 힘이라고 합니다). 오랜 기간 엄청난 우여곡절에서도 불굴의 투지와 확고한 집념으로 이룬 실적을 인정받은 결과입니다.

그런데, 그 자리에 앉는 순간이 그 다사다난한 여정의 종점終點이 아니라, 그때까지 미처 경험하지 못했던 전혀 다른 상황의 시작이지 않습니까?

전혀 다른 상황의 본질은 '결정의 순간'이 계속 밀려온다는 것입니다. 경영 리더의 크고 작은 순간의 결정이 조직의 성과와 건강을 좌우하게 됩니다. 이런 분명한 이유로 권력을 행사하는 리더의 결정이 매우 중요한데, 결과를 놓고 그것의 지난 과정을 꼼꼼히 반성해 보면 최고 권력을 가진 리더의 결정 오류가 드러나기도 합니다. 권력이 리더를 착각하게 만드는 7가지 경우를 살펴보겠습니다.

첫째, 경영 리더인 나의 결정은 항상 옳다고 여기는 것입니다. 가장 큰 오류입니다.

심지어, '만萬에 하나 잘못된다 해도, 나는 지금까지 그래 왔던 것처럼 언제나 잘 극복하리라'라고 믿는 오류입니다. 다른 리더들이 절대 무능하지 않고, 그들의 의견을 모두 들었으나, 이미 나는 결심이 서 있었습니다.

끝까지 나의 결정이 옳았다고 믿고 싶은 것이고, 막중한 책임감에 대한 자기 위안입니다. 그러나 이런 경우 선순환보다는 악순환의 확률이 아주 높습니다. 피해야 할 실패의 고통이란 걸 뻔히 알면서도, 이미 익숙해진 고통이라 이런 결정을 반복합니다.

경영 리더의 마음 덕목 중 소중한 것이 바로 '반성'입니다. 반성이란 재발 방지의 장치로 피드백되지 않으면 위험과 고통은 피할 수 없습니다. 쉬운 의사 결정이 어디 있겠습니까? 재발을 방지하는 철저한 반성의 자세로 나의 결정을 두들기고 두들겨 봄으로써 실수를 줄여야 합니다. 어제의 실수는 실수라지만, 오늘 반복할 이유나 가치는 없습니다.

둘째, 나는 선견지명先見之明이 있다고 여기는 오류입니다.

내 눈에 판세가 읽히고 전망이 뚜렷하니, 나의 경영 감각이 탁월하다는 것입니다. 물론 경영자가 감感이 있고 촉觸도 있으면 좋습니다. 매우 귀한 재능입니다. 선견지명대로 안 되면 예상이 빗나간 것이고, 다른 사람이 먼저 가져가 버리면 아뿔싸! 우리가 한발 늦은 것이 되어 버립니다. 이렇게 되어 버리면, 선견지명은 착각일 뿐입니다.

선견지명이란 말을 '미래 구상이나 미래 설계'로 변경해 보는 것이 어떻습니까? 선견지명의 시작을 감이나 촉이 아닌 정보로 바꿔 보면 어떻습니까? 이렇게, 사용하는 단어와 정의가 바뀐다면 조직적인 정보 수집, 검토, 논의, 결정이란 프로세스를 진행할 수 있습니다.

경영자는 경쟁 환경에 노출되어 있고, 많은 위기 정보를 (무)의식적으로 접하게 됩니다. 경영자의 느닷없는 결정이란 원래부터 없습니다. 결정을 내리기 전에 몇 번이고 확인하고 확인하며, 설계하고 또 설계하는 여과의 과정을 거칩니다.

셋째, 내가 나서면 모든 문제가 해결된다는 생각입니다.

나는 이 조직의 모든 강점과 약점을 꿰뚫고 있으니, 성과든 분위기든 내가 마음만 먹고 결행하면 단번에 해결할 수 있지만, 리더들이 그런 문제들을 해결할 수 있는 능력을 키우도록 지금은 당분간 지켜보겠다는 이상한 심산心算입니다.

그런데, 과연 리더 그들은 그렇게 스스로, 서로 협력하며 문제 해결 능력을 키우고 있을까요? 그렇다면 다행입니다만, 그렇지 않은 상태로 에너지만 고갈되고 있다면 정말 문제가 아닐 수 없습니다. 이것은 타이밍이 중요합니다. 경영자가 부여하는 기회의 시간이 얼마나 필요한지 정확히 알 수는 없지만, 경영자가 나서는 타이밍이 좀 빠른 것은 좋으나, 늦으면 나쁩니다.

리더 그들이 스스로 해결할 만한 문제를 넘어선 상태라면, 더 기다릴 필요가 없습니다. 시간이 갈수록 직원들은 우왕좌왕, 어리둥절한 상태로 매듭이 더 꼬이기만 합니다. '내가 나서면'이라 하였으니, 얼른 나서기 바랍니다. 그렇게 신속하고 확실하게 해결할 수 있다면, 조직의 소중한 자원을 낭비하지 말고 해결해야 합니다. 혹, 나서지 않는 이유가 지금의 문제 해결보다 훨씬 더 큰 가치와 이익이 있는 것이 아니라면 말입니다.

넷째, 나는 어느 순간 굉장한 결정을 내릴 것이다. 그러니 두고 보라는 오류입니다.

경영자가 확실한 솔루션을 갖고 있다면 곁에 있는 임직원들도 느낌으로 압니다. 아, 뭔가 준비하시는구나! 그런데, 경영자는 과묵합니다. 계속 말이 없습니다. 이때부터 직원들은 불안합니다. 눈치를 보고, 첩보 입수에 분주하고, 안전장치를 마련하기 위해 무리하게 성과를 챙깁니다. 내부의 갈등이 커집니다. 열심히 하면 할수록 정상이 아닌 비정상으로 빠지게 됩니다. 교차로에서 신호 대기를 하고 있는데 직진 신호가 떨어지지 않습니다. 정체된 도로에 몇십 분간 갇혀 있으면서, 앞의 상황을 알 수 없는 심정입니다.

내가 모든 상황을 지켜보고 있고, 판세를 읽고 있다는 생각은 남몰래 혼자 해도 충분합니다. 다만, 경영자의 굉장한(?) 결정은 직원들이 예측 가능해야 하며, 특별히 비밀스러운 결정이었다면 결과적으로 타당해야 합니다. 복잡한 경쟁 환경에서 경영 리더만이라도 불확실성을 굳이 키우지 말기 바랍니다. 그리고 굉장한(?) 결정이라 비밀을 유지하더라도, 필요한 만큼의 소통과 공감의 요건을 갖추는 것이 정상입니다.

다섯째, 내가 너무 나서면 안 된다는 오류입니다.

권한 위임, 격려와 배려, 동기 부여 등등 경영의 지혜를 집대성한 선지자들이 추천한 사상과 방식을 실천하는 이 시대의 뉴노멀^{New Normal}이 바로 본인이라는 괴상망측한 착각입니다. 늘 새로움을 배우고 실천하는 것은 후배들이 따르고 본받아야 할 훌륭한 덕목입니다. 그러나, 생각과 신념이 행동으로 결과를 이루어 내지 못하고 말이 앞선다면 크나큰 모순입니다. 보이는 것의 실체와 말로 했던 것이 직원들에게 다르게 보인다면, 그 틈새에는 실망과 불신이 자리 잡지 않겠습니까?

많이 읽고, 깊이 읽고, 두루 듣고, 새겨들은 것이 경영자의 사고와 행동으로 연결되는 것이 매우 중요합니다. 읽고 들어 느낌이 있다면, 그것을 글로 써 봄으로써 더욱 생각을 정제하고, 하나씩 행동으로 옮기는 것이 성급하지 않은 실천입니다. 순간순간 상황에 따라 경영자의 보여 주는 모습이 실제 경영입니다. 실제 보여 주지 않고 나서지 않으면, 따르지 않습니다.

여섯째, 나만큼 열심히 하는 사람도 없다는 오류입니다.

하루의 절대 시간은 24시간이고, 인간의 에너지는 자기가 집중할 수 있는 만큼을 넘지 않습니다. 그런데도 소명 의식이 충만한 경영자는 무리할 만큼 초인적인 일정을 수행하기도 합니다. 임직원 중 90%는 이런 경영자의 행동을 바라보며 즐기기까지 합니다. 이런 경영자 때문에 너무너무 일이 많아 죽겠다고 엄살을 떨지만, 좋은 결과를 만들지는 않습니다. 그리고, 이런 일까지 도대체 왜 해야 하느냐고 불평을 합니다.

그러나, 직원들은 내심 자기가 손해를 볼 것은 없다는 계산입니다. 끝까지 못 하면 너무 바빠서 못한 것이고, 하기 싫으면 너무 어려워 못 하겠다고 합니다. 무엇보다, 경영자가 저렇게 나서서 온갖 일을 저지르니 본인들이 굳이 생각하고, 고민할 필요 없이, 시키는 대로만 하면서 월급날을 기다리며 따라만 갑니다.

문제는 10% 정도의 인재입니다. 주도적인 사람이 인재입니다. 자기 일에 주도적이어야 하는데, 통 그럴 여지가 없답니다. 심지어 주도적인 것조차 경영자가 허락하지 않습니다. 누구보다 열심히 일하는(?), 너무 많이 손을 대는 경영자 때문에 그들이 일하기를 포기한다면 너무 큰 손실입니다. 경영자의 이런 조바심은 치유되어야 합니다.

일곱째, 어디 감히 그런 사람과 나를 비교하느냐는 오류입니다.

바로 앞에서 본인을 누구와 비교하는 말을 듣기도 쉽지 않지만, 나중에 둘러 들었을 때 상당히 불쾌함을 표현하는 경영자가 있습니다. 누구보다 훌륭하시다는 좋은 평도 그러한데, 본인보다 수준 아래로 여기는 다른 사람과 비교된다면 당연히 화가 날 것입니다. 그 사람의 성공은 한때 운이 좋았던 것이고, 뒤를 봐주는 든든한 배경이 있었으니, 어차피 그 사업은 잘되었던 것이란 평가와 그런 것 다 지나면 언젠간 고꾸라질 것이라고, 그 사람 그릇이 그만큼밖에 안 된다는 예상까지 경영자는 덧붙여 불평합니다.

차라리 인정認定과 존중尊重의 겸손함으로 그를 관찰하는 것이 더 의연한 태도 아니겠습니까? 이런 태도로 시작된 배움과 동기 부여가 있다면 나에게 더 큰 이로움이 생길 수 있을 것입니다. 사람을 괜히 미워할 필요는 없습니다. 그에 대한 미움은 그에게 있는 나와 비슷한 것에 대한 미움입니다.

지금의 권력에 이른 것처럼

항상 행운이 따를 것으로 생각하지 마십시오

겸손으로 운명에 대비해야 합니다

행운은 믿을 수 없기 때문입니다　　Management & Leadership

Go-To-Win®

1 - 5
오너의 무오류^{無誤謬} 강박행위

본인은 항상 옳다고 합니다
그런데 회사가 왜 이 모양, 이 꼴인가요?

창업자든 창업자가 아니든, 오너는 기업을 유지하고 성장시켜 사회에 기여함과 동시에 임직원들을 보살펴야 하는 막중한 책임과 그에 상응하는 권력을 갖고 있습니다. 따라서, 오너는 과거와 과거로부터의 현재, 그리고 현재와 현재의 미래를 꿰뚫어 시장과 사업을 실체화하고, 재무 상태를 온전하게 하여 투자에 대한 우려를 차단하고, 고객과 외부 경쟁자에 대한 대응은 물론 내부 임직원의 위계와 소통과 성과를 더 강하고 실속 있게 만들어야 합니다.

결코 쉽지 않은 일이기에 몇 달씩 밤잠을 못 자고, 어쩌다 건강도 나빠집니다. 많은 사람을 만나 조언을 구하여 그것을 확실히 분별하고 헤아려 생각하고 또 생각합니다. 그제야 결심이 서면 임원들을 설득해야 합니다. 지혜로운(?) 사람이 지혜롭지 않은(?) 사람들의 평가를 받아야 합니다. 준비가 잘 된 오너의 의견을 자신의 이익에 따라 한사코 반대하는 임원도 있습니다. 복잡한 사정과 결정의 과정을 거쳐 겨우 큰일을 하나 진행합니다. 그리고 이 큰일 뒤에 따라오는 새로운 큰일을 준비합니다. 이어지는 걱정이 많습니다.

기업의 많은 자리 중에 이런 자리와 이런 일을 하는 사람이 오너입니다. 특히 창업자 가문의 오너에겐 이런 DNA가 있어야 합니다.

그럼에도 불구하고, 오너가 위치한 이런 지점과는 극단적으로 정반대의 위치에 있는 오너도 있습니다. 무오류無誤謬의 자기 확신에 빠져 독선과 오만으로 비이성적 경영을 자행하는 경우입니다.

독단獨斷 | 남과 상의하지 않고 혼자서 판단하거나 결정함
독선獨善 | 자기 혼자만이 옳다고 믿고 행동하는 일
오만傲慢 | 태도나 행동이 건방지거나 거만함
편견偏見 | 공정하지 못하고 한쪽으로 치우친 생각

왕의 면책특권^{Crown immunity}이란 '왕은 잘못을 저지를 수 없다'는 의미입니다. 왕의 면책특권에 따라 왕은 무오류이기 때문입니다. 왕은 그랬습니다. 또한, 사법부의 면책특권^{Judicial Immunity}은 판사가 법정에서 오판하더라도, 그로 인해 손해를 입은 자에게 민사상 손해배상책임이 없고, 사형을 집행해도 형사책임을 지지 않는다는 것입니다.

철학, 종교학, 심리학, 행동경제학 등에서 정의된 무오류 강박행위^{强迫行爲}가 기업의 오너에게 어떻게 나타나는지를 관찰해 보았습니다.

첫째, "(버럭) 내 말을 끊지 마! (내 말을 들어!)" 무오류 오너는 듣는 것을 싫어합니다. 그냥 내 말대로 하라는 것입니다. 나는 일을 시키는 사람이고, 당신 임직원들은 그저 일꾼이기 때문입니다. 일꾼이 감히 오너에게 무슨 말을 합니까?

한비자^{韓非子, 기원전 약 280~233년, 전국시대 말기 韓출신}는 〈난언^{難言}〉과 〈세난^{說難}〉편에 이렇게 서술했습니다. '군주를 설득하거나 의견을 소통하는 것이 말을 못해서가 아니고, 알지 못해서가 아니라, 군주에게는 상식과 근거는 필요 없고, 오로지 군주 본인의 생각이 이미 결정의 절대 기준이기 때문이다.' 그래서 오너에게는 '살펴서' 말을 해야 합니다. 오래전, 삼성그룹을 창업한 이병철 회장^{1920~1987}의 유언 중 하나가 '경청^{傾聽}'이라 했습니까? 리더의 자리에서 해 보면 아시겠지만, 경청은 정말 어렵고 어려운 일입니다.

둘째, 무오류 오너는 사람을 용도에 맞춰 쓰지 못합니다. 재목^{材木}을 눈여겨보아 대들보로 쓸 것인지, 창틀로 쓸 것인지, 고임목으로 쓸 것인지 구별을 하듯, 그 사람의 직위에 따라 적합한 일을 맡겨야 하는데, 오너가 갈피를 못 잡고 사소한 사건이나 본인의 관심사에 따라 즉흥적인 수준으로 업무 지시를 하여 당사자들을 당황스럽게 합니다.

오랫동안 함께 일한 임직원들의 직위가 자연스럽게 상승했지만, 창업한 오너의 눈에는 그 사람의 능력이 빤히 보이기 때문입니다. 그러나, 이제는 그 사람이나 새로 입사한 사람에게나 그 직위와 능력에 맞는 일을 주고, 그 일의 결과를 비교하여 그의 직위와 처우를 평가해야 합니다. 사람을 보는 눈이 허약하고, 상대방을 고려하지 않기 때문에 사람을 용도에 맞추지 못합니다.

셋째, 무오류 오너는 분노의 순간이 잦습니다. 화를 내는 것은 기분이 좋지 않거나, 무엇엔가 쫓기고 있기 때문이며, 스스로 행복하지 않기 때문입니다. 재미가 없기 때문입니다.

왜? 임직원들이 진심으로 자기를 존경하지 아니하고, 보고하지 않거나 형식적으로 하며, 특히 의사 결정 과정에서 본인을 배제하고 있다는 의심이 커지기 때문입니다. 그래서 오너는 분노할 수밖에 없지만, 이 모든 것이 다 자업자득自業自得입니다.

넷째, 무오류 오너는 친구가 없습니다. 회사 일을 너무 열심히 하느라 친구 만날 시간이 없는 게 아니라, 친구 '관계'가 없습니다. 사람들이 이분을 좋아하지 않고, 이분 역시 누구를 좋아하는 스타일이 아닙니다. 사업하는 친구든, 동네 친구든 베풀어야 좋아합니다. 음식을 베풀든, 웃음을 베풀든, 금전적 혜택을 베풀든 해야 사람들이 좋아하며 모이는 것이 인지상정人之常情인데, 통 그러질 못합니다. 이분은 그런 베풂이 참 아까운 것입니다.

본인은 특별한 사람이라서, 본인이 일을 많이 하느라, 고객과 임직원들을 챙기느라, 친구가 없다고 합니다. 아무리 그렇다 하더라도 오너는 친구가 있어야 합니다. 그것도 오너가 할 일입니다. 세상이 어떻게 돌아가는지, 다른 이들은 어떻게 기업을 경영하는지, 그들의 경험에서 문제를 대비하고 해결의 실마리를 얻어야 하는데, 그런 친구가 항상 없습니다. 그리고, 나이가 들어 가며 외롭습니다.

모두 나를 떠받들어야 하는데, 그들은 그러질 않고 연락도 하지 않습니다. 내가 먼저 그들을 떠받들고 연락을 해야 관계가 만들어지고 유지되는 세상입니다. "그 사람과 친구가 될 수 없어. 나하고 맞지 않아"라고 말하는데, 도대체 무엇이 맞지 않는다는 것인지 생각해 보아야 합니다.

다섯째, 무오류 오너는 '투명하고 열린 경영'이란 '핑계 경영'에 익숙합니다. 이런 오너는 의사 결정 과정에서 항상 참석자들의 100% 합의를 요구합니다. 강요된 전원 합의가 경영의 투명함을 증명한다고 고집합니다. 고집한다는 말의 이유는, 이 오너도 '합의했으나, 진정으로 합의했다는 것을 증명하지 않는다는 것'을 속으로 알고 있기 때문입니다.

의사 결정이 투명하다는 것은 그 과정에서 권한에 따라 진지한 소통이 되었으며, 합리적이었다는 것을 의미하지, 회의록에 전원이 서명했기 때문은 아닙니다. 오너는 그렇게 피해 가는 것입니다. 2020년 법원의 어떤 판결이 사회적으로 울림이 있었습니다. 그 내용은 이렇습니다. '실제 공정한 것도 중요하지만, 공정해 보이는 것이 더 중요하다.'

여섯째, 무오류 오너는 배우라고, 도움을 구하라고, 변하라고 하면서 등 떠밀고 소리를 지르지만, 정작 본인은 그러지 않습니다. 제대로 배워 보자고 초빙한 전문가의 '전문적인' 의견을, 배워야 할 사람이 평가하는 반전 상황입니다. 평가 자체가 안 될뿐더러, 뻔한 이유로 의견을 거절합니다. 오너가 이러니 다른 임원들이나 직원들의 배우는(?) 자세가 어떻겠습니까? 전문가의 의견에 슬쩍 동의하는 척하고, 결국엔 오너의 결정을 따르게 됩니다. 그냥 조직 에너지의 소비일 뿐입니다. 배움이란 본인이 뭘 모르는지를 아는 것부터 출발하는데, 오너 본인은 이미 다 알고 있는 것처럼 모두를 가르치고 있습니다. 회사의 창피한 웃음거리입니다. 전문가는 회사를 포기하지 않습니다. 전문가는 무오류 오너를 포기하는 것입니다.

일곱째, 무오류 오너는 본인의 책임이 절대 없습니다. 무오류無誤謬의 자기 확증편향自己確證偏向입니다. 어쩌다 꼭 책임을 규명해야 할 때는, 증거가 있든 없든 누구에게라도 그 책임을 확실히 전가합니다. 이러한 비정상적인 처리가 오랫동안 반복되었기에, 항상 팀장 이하 직원이 오너에게 필요한 희생양이 됩니다. "대안을 제시하라. 마지막 책임은 경영진이 감수한다."라고 말해도 사건의 책임은 결국 팀장과 담당들이 떠안습니다. 오너는 실수를 하면 안 되는 존재이기 때문입니다.

더 심각한 문제는 이런 식의 처리가 협력사나 심지어 고객사와의 거래에서도 있다는 것입니다. 특히 협력사와 비정상적이며 손해를 보는 사건에는 이런 점들이 원인을 제공한 것입니다.

여덟째, 무오류 오너는 본인 몫을 꼭 챙깁니다. 그런데, 직원들에게 이 행위가 꼭 노출됩니다. 회사 형편이 어떻든 '난 이만큼 받아가야 해, 난 이렇게 고객을 접대해도 되잖아, 회사와 개인을 꼭 구분해서 비용 처리를 해야 해? 내가 곧 회사인데?'

직원들이 참 욕심도 많다고 합니다. '오너의 그 욕심을 채워 주려고, 내가 왜 열심히 해야 해? 나도 열심히 안 하고, 내 욕심을 차릴 거야. 그러니까 너희들도 그렇게 해. 회사 주인이 저러는데 내가 왜?' 속마음이 이렇습니다. 오너가 왜 그러는지 다 압니다.

이런 무오류 오너가 있는 회사의 분위기는 어떨까요?

첫째, '직원들은 오너를 어떻게 보좌하고(받들고!) 있는가?'란 질문입니다. 말할 것도 없이 그분의 심기를 건드리지 않는 게 상책이라고 합니다.

의견을 모아 결재 서류를 수차례 반복해서 보고해도, 결국엔 오너의 입맛에 맞아야 승인됩니다. 이처럼 뻔한 결재이기에 오너의 심기와 평소 말씀대로 하는 것이 빠르고 좋습니다. 임원들조차 이런 상황에 익숙합니다. 의견을 다투다가 결국 나중에 오너의 결정이 있을 것이니, 적당히 뭉갭니다. 오너가 듣기 좋아하는 쪽으로 말하고, 처리함으로써 임원 자신에게 돌아올 불이익을 철저히 피합니다. 능력 없는 임직원들과 착각하는 오너가 자기 자리를 보전하는 데 딱 좋습니다. 회사가 망하는 데 딱 좋습니다.

둘째, '이런 회사의 매출과 영업이익은 어떤가?'란 질문입니다. 매출과 이익이 모두 고객에게 맡겨져 있습니다. 이 회사가 할 수 있는 게 하나도 없습니다.

불만이 많은 고객이지만, 마땅히 다른 곳도 없고 가격이 저렴하니까 이 회사와 거래합니다. 고객이 주문을 많이 하면 매출이 늘고, 주문을 줄이면 매출이 뚝 떨어집니다. 그런데 영업이익은 매출이 오르든 떨어지든 계속 떨어지고 있습니다. 이런 형편인데 재무제표까지 오너의 입맛대로 조정하려고 합니다. 그 와중에 욕심 많은 오너는 자기 몫을 여지없이 챙깁니다. 매출과 영업이익이 회사의 의지대로 된 적이 한 번도 없습니다. 그것이 회사의 실력이 아니라, 오로지 고객사와 협력사의 도움에 매달려 있는 매우 위태로운 형국입니다.

셋째, '회사의 분위기는 어떤가?'란 질문입니다. 조직 문화? 분위기? 그런 것은 없습니다.

그런 것을 모르고, 아예 관심도 없습니다. 조직 문화를 이야기하는 직원이 거의 없습니다. 그런 말을 들어 본 적이 없습니다. 경력 사원으로 들어온 직원만 이게 뭔가 합니다. 그냥 책상에 앉아서 뭐라도 붙잡고 일하는 척하면 됩니다. 항상 제일 급한 일은 오너의 지시입니다. 현장에서도 바쁜 척 왔다 갔다 하면 됩니다. 내가 책임질 일은 하지 않고, 누가 뭐라고 하면 바로 들이받으면 됩니다. 경영진에게 대놓고 책임을 미뤄도 됩니다. 뻔뻔한 사람이 항상 이깁니다. 사실, 직원들도 이러기 싫습니다. 희망이 없습니다. 그냥 다니는 겁니다. 안 그러면 못 버팁니다.

넷째, '고객사와 협력사는 어떤 평가를 하는가?'란 질문입니다. 한마디로 "믿을 수 없다"입니다.

고객은 이 회사에서 일하는 담당들을(딱하게도, 아무것도 모르고 열심히 하는 몇몇 직원도 있지만) 믿을 수 없다고 합니다. 담당들이 약속을 안 지키는 것입니다. 처음엔 그럴 수 있다고 생각했지만, 고객사와 협력사에서 오래 근무한 직원들은 고개를 절레절레 흔듭니다. 그래서 이 회사에 대해 전혀 기대하지 않는 것입니다.

고객사와 협력사는 법이 허용한 온갖 이유로 단가 인하와 단가 인상을 엄청나게 요구합니다. 그런데 이 회사는 거절할 방법이나 실력이 없습니다.

다섯째, '이 상황에서 회사의 결정적인 폐해(弊害)는 무엇인가?'란 질문입니다. 결국은 자멸한다는 전조(前兆)가 가득한 것입니다. 충격적이지도 않습니다.

가장 결정적인 이유는 지혜로운 사람, 영리한 사람, 일 잘하는 사람, 열심히 하는 사람, 요령 있는 사람, 용기 있는 사람 등등 이런 사람들이 떠나는 것이고, 더 끔찍한 것은 그런 사람들이 입사하지 않는다는 것입니다. (물론 이런 회사에 적응하지 못해 떠나는 직원도 있습니다만.)

결국은 사람인데, 쓸 사람이 없으니 어떤 문제도 해결이 안 됩니다. 기술이 사라지고, 품질과 납기가 망가지고, 원가와 재정財政이 악성으로 곤두박질칩니다. 그렇게 될 것이란 것을 이미 알았으면서도.

절대 기대할 수 없지만, 그래도 한 번 더 말한다면,
이런 오너는 반성과 공부를 해야 합니다

이것을 못 하겠으면 남은 방법은 하나뿐,
오너가 회사를 떠나야 합니다
늦으면 안 됩니다. 더 늦으면 바로 망합니다   **Management & Leadership**

Go-To-Win®

1 - 6
조선의 삼사^{三司}를 생각하며

사헌부^{司憲府} | 시정 논의, 백관 규찰, 기강과 풍속 정립, 억울한 일 해결
사간원^{司諫院} | 국왕에 대한 간쟁과 논박
홍문관^{弘文館} | 경서와 사적의 관리, 문한의 처리 및 자문에 대응

 조선 시대^{1392~1910}의 삼사는 사헌부, 사간원, 홍문관으로서 국왕의 권력 독점을 방지하는 기관이었습니다. 역사 기록에서 보면, 시대적 상황에 따라 그 운영이 정상 또는 비정상적으로 권력의 영향을 받았으나, 명시적인 기능은 그러하였습니다. 권력 독점을 방지하는 제도를 운용

하였다는 것을 한편으로 보면 소통의 방식이라고 볼 수 있습니다.

리더십에 있어서 소통은 언로^{言路}의 연결을 구성하고, 그 관계를 균형 있게 유지한다는 측면입니다. 이런 점에서 오늘의 경영 리더가 좋은 소통의 구조를 만들고, 운용하기 위한 실마리를 삼사에서 찾아보고자 합니다. 조직의 구조와 명칭을 고려와 조선 시대의 삼사와 동일하게 가져가는 것은 시대적으로 무리가 있으나, 그 기능만큼은 온고지신^{溫故知新}의 관점으로 의미를 살펴볼 필요는 있다고 생각합니다.

관리 감찰과 기강 단속의 행정을 담당했던 '사헌부'의 기능을 생각해 보겠습니다.

조직 구성원의 근태 불량, 예산이나 비용의 비상식적이며 비윤리적인 사용, 자료나 보고의 허위 또는 은폐, 인사의 부적절과 청탁, 이기적인 파벌 형성, 회사 비밀의 보안 미준수, 개인적인 위법 또는 비윤리적인 행위 등등 소위 '감사^{監査}'라는 기능만으로는 통제가 부족한 행태들이 적지 않습니다.

기본적으로 조직의 부문이나 팀 리더들이 일차적으로 구성원들을 잘 관리해야 할 사건이지만, 그들 역시 사건의 발견과 조치가 가능한 것도 있고 불가능한 것도 있습니다. 작은 조직에서는 이러한 (사헌부) 기능을 수행하는 팀이 만들어지기 힘들겠지만, 최소한 담당을 한두 명 지정하거나 업무를 지정하여 사전 인지와 조치, 사건 발생 시 즉각 조치, 사후 처리나 재발 방지의 프로세스를 운영하는 것이 경영 리더가 스스로 조심하고, 조직 문화를 건강하게 조성하는 중요한 방책입니다.

　시대가 요구하는 창의적이고 에너지가 넘치는 조직의 뿌리는 부정행위를 용서하지 않는 공정한 토양에서만 가능합니다. 당연히 경영 리더나 구성원 모두에게 적용됩니다. 원칙과 규정을 준수하고 사리사욕을 챙기지 않는 임직원을 무능력하다고, 답답한 것이라고 말하면 참 나쁜 사람입니다. 이런 사람들 모두 잡아가서 큰 벌로 처단할 수 있는 '사헌부'가 우리 조직에 있습니까?

　정책에 대한 간쟁과 논박을 담당했던 '사간원'의 기능을 생각해 보겠습니다.

　묘항현령猫項懸鈴. 쥐 떼들이 모여서 이야기하기를, "노적가리를 뚫고 쌀 광 속에 깃들면 살아가기가 퍽 윤택할 것 같은데, 다만 두려운 것은 오직 고양이일 뿐이다."라고 하니, 어떤 한 마리 쥐가 말하기를, "고양이 목에 만일 방울을 달면 거의 소리를 듣고서 죽음을 피할 수 있을 것이다."라고 하자, 쥐 떼들이 기뻐 날뛰면서 말하기를, "자네 말이 옳다. 우리가 무엇을 두려워하겠는가?"라고 했다. 어떤 큰 쥐가 천천히 말을 했다. "옳기는 옳으나, 고양이 목에 누가 우리를 위하여 방울을 달 수 있겠는가?" 하니 쥐 떼들이 깜짝 놀라고 말았다. 〈순오지旬五志〉

　쥐 떼들의 두려움이나 답답함과 별반 다를 게 없습니다. 경영 리더나 최고 경영자의 의사 결정이나 그 과정을 지켜보면서 상당히 많은 직원은 의문과 의심과 불신과 포기의 심정에 빠지곤 합니다. 그러나 역시 대부분 조직에서 최고 경영자의 절대적 권한에 '예' 한마디를 알아서 하지 않으면, 결국은 회사에서 잘려 나가는 현실입니다.

조선 시대 사간원의 간관諫官들은 근무시간 중 술을 마시는 것이 허가되었다고 합니다. 술에 취해 국왕과 맞짱이라도 떠야 하기 때문이라고 합니다. 이렇게 왕에게 권한을 위임받았던 간관들조차 힘들어했는데 요즘은 어떻습니까? 수평적 조직이다, 열린 조직이라는 것은 하부 계층에서만 적용될 뿐이고, 가장 중대한 의사 결정이 이루어지는 그곳의 의사 결정은 오직 한 사람만이 독점하고 있습니다. 절대 권력자의 과오나 비행을 비판할 수 있으며, 경영 리더에 대해 탄핵을 할 수 있으며, 조직의 언론을 유지할 수 있는 우리 조직의 '사간원'이 있습니까?

기록을 관리하고, 정책에 대한 자문을 담당했던 '홍문관'의 기능을 생각해 보겠습니다.

왕의 자문에 응하는 업무 때문에 왕에게 조정 대소사의 옳고 그름을 간언하는 입장이었습니다. 사헌부와 사간원의 합계合啓에도 왕이 그 간언을 듣지 않으면 마지막으로 홍문관을 합하여 삼사 합계로 간언하였다고 합니다. 밤낮을 가리지 않고 수많은 상소까지, 왕의 의사 결정은 매우 힘든 일이었고, 좀 더 효율적이고 바르게 처리하기 위해 전문적인 신료나 홍문관의 도움을 받아야 했습니다.

지금은 이런 상황이 더 복잡해졌습니다만, 보고가 넘치고, 자신들에게만 유리한 결정을 원하는 각 경영 리더들 때문에 최고 경영자는 전체 최적의 의사 결정이 매우 힘듭니다. 조직 구조상으로 자문위원회가 있기는 하지만, 구체적인 자문의 범위 등이 명확하지도 않습니다. 보고가 아닌 자문을 전달할 수 있는 실효적 네트워크나 의사 결정 리더에게는 존재해야 합니다. 게다가 이런 역할이 가능한 사람을 구하는 것이 참 어렵습니다.

집현전을 혁파한 세조 이후, 성종 9년이 되어서야 홍문관은 집현전의 기능을 갖게 됩니다. 학술 연구와 인재 육성입니다. 요즘이면, 경제경영연구소와 인재개발연수원을 함께 운영하는 형태라고 볼 수 있습니다. 좋은 사람을 발굴하여 최정예 인재로 육성하고, 조직의 핵심 기술과 정보를 가치 있게 통합하고, 외부와 내부의 지식 정보를 걸러서 자문할 수 있는 '홍문관'이 우리 조직에 있습니까?

조직 구성원들이 본인에게 분담된 업무를 수행하면서 자신 업무의 문제를 떠나, 전사적인 측면에서 조직이라면 '이것은 기본'이라고 원하는 기능이 바로 삼사입니다. 이 삼사의 기능이 제대로 작동되지 않을 때 벌어질 일은 생각만 해도 매우 참담할 것입니다.

최고 경영자가 결심, 결정해야 하는 조선 시대 삼사의 기능을 살폈습니다. 여기에 덧붙여, 리더 개인적으로도 이러한 삼사의 기능을 확보할 수 있다면 리더로서 중심을 유지할 수 있는 든든한 경계의 구축이 가능하다고 생각합니다.

두 가지 방식을 생각해 볼 수 있는데 그중 하나는 주변의 인물을 잘 살펴서, 삼사의 기능이 가능한 사람을 가까이하는 것입니다. 그들에게 이러한 의도를 굳이 알릴 필요는 없습니다. 그 인물들이 기대에 부합할 수 있거나 좀 미치지 못하여도 그렇게 시작해 봅니다. 설사 도움의 말을 얻지 못한다고 하더라도 그들의 존재만으로도 분명 깨우칠 것이 있을 것입니다.

또 한 가지는, 스스로 일정한 주기에 맞춰 월^{月}에 한 번 정도? 마음 한쪽 자리에 삼사를 초대하시기 바랍니다. 나의 사헌부, 사간원, 홍문관으로부터 마음이 울리는 자성의 소리를 스스로 경청하고 나만의 기록을 남깁니다. 지나친 반성은 동기 부여를 방해하니 적절히 경계하고, 해야 할 것과 말아야 할 것에 대한 실천의 지혜를 구하면 됩니다.

더 늦기 전에,
삼사를 곁에 두십시오   **Management & Leadership**

Go-To-Win®

1 - 7
말하는 것과 듣는 것

말하기와 듣기를
연습, 연마하십니까?

'화술話術 123 법칙'이 있다고 합니다. 데일 카네기 Dale Carnegie 1888-1955의 이야기인데, 지금 생각해도 고개가 끄덕여지는 그럴듯한 요령입니다. 그 법칙에 따르면, 내 이야기는 1분 이내로 끝내고, 상대방은 2분 이상 말하게 하는데, 그러기 위해서 상대방의 이야기를 적극적으로 들으면서 3번 이상 맞장구를 쳐 주란 것입니다. 그러면 아주 신이 나서 열심히 이야기한답니다. 많은 사람을 만나며, 이 123 법칙이 그럴듯하다고 인정했고, 사람의 심리가 정말 중요하여 경영에 필요한 것이라는 생각도 거듭하고 있습니다.

어찌 보면, 정보를 많이 말(제공)한 쪽이 그 정보를 들어 준(가져간) 쪽에 끌리는 경향이 나타납니다. 물론, 이것이 비즈니스에서 승패를 항상 가르는 것은 아니겠지만, 상대방의 이야기를 많이 들어서 손해 볼 일이 없는 것은 맞습니다.

나는 조금만 이야기하고 상대방은 많이 이야기하게 하는 것이 불공평한 느낌도 들지만, 경영자나 리더가 너무 앞서서 많이 지시하는 평소의 언어 습관도 바꾸고, 여러 가지 의견을 수렴하기 위해서는 연습할 만한 가치가 충분히 있습니다. 1분이든 몇 분이든 내가 말할 때는 몇 가지 훈련해야 할 일이 있습니다.

첫째는, 발음을 정확히 해야 합니다.

언변이 좋다는 사람이 말을 줄줄 쏟아 내는데, 아주 완벽히 물 흐르듯이 부드럽지만, 만약 하나하나 단어의 발음이 부정확하거나 말끝을 흐리면, '이 사람이 말은 열심히 하는데, 내용이 확실한 거야? 정말 실천하려는 의지가 있는 거야?'라는 의심을 살 수 있습니다. 왜 그렇죠? 말끝이 부정확하고 흐리니까, 그렇게 반응하는 것입니다. 경영자나 리더는 빠르게 말하려 하지 말고, 정확하게 또박또박 말하는 훈련을 해야 합니다. 책이나 신문을 소리 내어 녹음해서 다시 들어보는 것도 훈련의 방법입니다.

둘째, 단어의 수^{數}를 늘려야 합니다.

어떤 사실, 가정^{假定}, 의견 등은 다양한 상황에 따라 표현하는 정도나 방식이 누구나 다를 수밖에 없습니다. 그래서 정확하게 표현하기 위해서는 정확한 단어로 말하고 문장으로 만들어야 합니다.

50개의 단어를 알고 있는 사람의 생각 깊이는 50이고, 500개의 단어를 알고 있는 사람의 생각 깊이는 50의 10배가 훨씬 넘지 않을까요? 즉, 생각을 조립하는 말 조각과 그 크기, 모양, 색상, 재질 등이 다양하고 많으면, 언어 표현이 더욱 간결하고 세련되며 무엇보다도 '정확해진다.'는 것입니다. 책이나 신문을 많이 읽고, 제안서나 기획서를 스스로 작성해 보고, 상대방의 관점에서 말이 되는 이야기인지를 역지사지^{易地思之}로 평가해 보는 훈련이 필요합니다. 정확한 단어, 표준어, 맞춤법을 따르는 것은 말할 것도 없습니다.

셋째, 누구에게나 해당하는 것이지만 특히 중요한 것으로, 대화에는 반드시 '메시지의 전달'이 있어야 합니다.

말을 하다 보면, 주제에서 점점 넓어지거나 좁아지는 경우가 많습니다. 그러다 보면 경영자나 리더의 말을 받아 적는 사람들은, 도대체 무엇을 말씀하려고 하시는지 포인트를 놓치는 경우가 많습니다. 그래서 뭘 어떻게 하라는 건지, 언제 하라는 건지, 누구보고 하라는 건지가 혼동됩니다.

결론을 먼저 이야기했을 때는 설명을 짧게 해야 합니다. 반대로 결론이 나중에 나오면, 설명이 좀 길어도 되지만, 어쨌거나 결론을 분명히 짚어 주어야 합니다. 이런 것을 습관으로 만들기 위해서, "내가 전달하려는 메시지는 …" "이제 결론을 말하자면 …"라는 식으로 정리하면서, '어떤 일을, 누가, 언제까지'의 3가지를 놓치지 말고 분명히 해야 합니다. 이 3가지가 확실히 성립되지 않으면, 일이라는 것은 진행되지 않고 관리되지도 않습니다.

메시지를 분명히 한다는 것은 의사 전달을 분명히 한다는 것이니, 리더 노릇을 대충하는 사람이라면 이 메시지라는 것은 절대 쉬운 일이 아닙니다. 목적과 내용을 잘 모르면 정리도 요약도 안 되는 것 아니겠습니까? 그런데도 말만 많고, 이것도 저것도 아닌 열심히 일하는 것처럼 표시만 내는, 말은 계속하는데 도대체 무슨 말을 하는 것인지 알 수 없는 경우도 엄청 많습니다. 이럴 땐 본인도 자기가 무슨 말을 하는지 모릅니다. 말을 많이 하든, 적게 하든, 말씨가 어눌하든, 듣고 있는 사람들에게 '전달하려는 메시지'가 중요합니다.

말은 누구든 못합니까? 말과 행동이 다르기도 합니다. 경영자나 리더가 말만 잘하면 무슨 소용이 있겠습니까? 말보다는 행동이 중요하고 효과적이지 않습니까? 맞습니다. 분명히 말을 잘하는 것보다 행동을 옳게 하는 것이 더 중요한 것은 맞습니다. 하지만 우리가 정확하게 의사소통을 하자는 것이지, 그저 말만 잘하자는 것은 아닙니다. 분명한 소통을 통해 일을 준비하고, 확인하고, 반성하는 시간이나 비용을 더욱 효율적으로 하자는 것입니다. 메시지를 정확하게 전달하는 것과 말만 많은 것은 분명 별개입니다.

  특히, 회사가 어려울 때나 좋을 때나, 경영자가 상황에 맞도록 어떤 메시지를 어떻게 전달하는가는 직원들의 마음을 움직이고 제대로 일하게 합니다. 메시지의 좋은 전달은, 직원들이 경영자를 따르게 하는 훌륭한 매력입니다.

  뭔가 결정이 필요할 때는, 결정해 주어야 합니다. 뭔가 듣고 싶어 할 땐, 말해 주어야 합니다. 직원들에게 이런 것들이 절실할 때, 뭔가를 말할 수 있는 특권이 경영자에게는 있습니다. 경영자나 리더가 이렇게 메시지를 정확하게 전달하면 어떻게 될까요? 당신의 방향과 뜻을 잘 이해하여 그 의도대로 직원들이 열심히 일하고, 시행착오를 겪으며 어려운 일을 만나도, 해답을 열심히 찾아 풀어 갈 수 있습니다.

  그러나, 옳은 메시지를 전달했음에도 불구하고, 그 일을 맡은 직원이 제대로 실행하지 않으면 어떻게 할까요? 이 직원이 꼭 필요하지 않은 직원이라면 더는 근무할 수 없도록 쫓아내야 합니다. 직원이라면 회사의 결정에 따라야 하며, 그 어려움을 당연히 견뎌 내고 실적을 올려야 합니다. 왜냐면, 회사는 임직원 모두의 것이고, 그래서 모든 직원은 회사, 즉 모두의 이익을 위해 한 사람도 빠짐없이 열심히 일해야 하는데, 그 직원은 자신의 임무를 소홀히 했기 때문입니다. 그래서 내쫓아야 합니다.

반대로, 내쫓을 직원이 아니고 꼭 필요한 직원이라면, 불러서 몇 번이고 반복하여 메시지를 전달하고 설득해야 합니다. 가끔 경영자들로부터 받는 질문인데, "한두 번, 아니 열 번을 말해도 내 지시를 제대로 따라오지 못합니다. 그래서 내 말이 틀린 것인지 아무리 생각해도, 틀린 이야기가 아닌데 그런 일이 벌어집니다. 골백번 말해도 막무가내입니다. 어떻게 하면 좋습니까?"

이미 그 질문에 답이 있습니다. 즉, 정말 '골백번' 말하는 겁니다. 생각날 때마다 불러서 몇 번을 말하는 것이 아니라, 아예 며칠이고 붙잡아 놓고 계속, 그야말로 한 이야기 또 하고 한 이야기 또 하고, 도대체 내가 왜 이러나 싶을 정도로 계속 반복해서 말하는 것입니다. 듣고 있는 직원이 질려서 두 손 들 때까지입니다. 백 번이 아니라 아무리 많아야 열 번 안쪽에서 결정이 납니다.

경영은 이래서 힘이 듭니다. 골백번이라도 말해서 직원들이 듣고 깨닫고 움직이게 만드는 것입니다. 경영자도 골백번 해 보지 않고 포기해서는 안 됩니다. 그러니 이런 것은 '애정'이 있어야 가능합니다. 직원을 미워하면 안 되는 일입니다. 이렇게 경영자를 찾아오는 끝없는 반복과 기다림이란 고통에 익숙해져야 합니다. 때론 직원들의 저항과 직원들과의 마찰이 경영자를 아주 힘나게 한다는 것을 알고 있지 않습니까?

직원을 붙잡아 두고 골백번 말하는 것이 경영자로서는 모양이 안 나는 일입니다만, 모양이 안 나도 어쩌겠습니까? 이 지경이 되었다면 맡겨만 놓을 일이 아니고 경영자가 직접 나설 수밖에 없지 않습니까? 낮이나 밤이나 밥 먹고 술 마시며 골백번 말해 봅시다. 마음이란 것이 통할 때까지입니다. 통하면 충분히 가치가 있는 일이 아닙니까?

'경청傾聽'이란 말이 있습니다.

집중해서 잘 듣는 것을 뜻하는 말입니다. 그러기 위해서는 '상대방에 대한 존중'이 우선이어야 합니다. 대화의 파트너로서 그를 무시하지 않고 존중해야만 대화 자체가 시작되니 말입니다. 상대방을 인정하지 않는다면, 의견이 무슨 소용이 있고 어떤 결론이 나겠습니까? 그러니, 평소에 서로 신뢰감을 쌓는 것이 필요할 것입니다.

그리고 '경청'이라는 것에는, 나의 의견도 중요하지만 많은 이들의 생각을 잘 모아서 다수 의견의 최적 해답을 잘 만들어 보라는 의미도 있습니다. 문제 해결을 위한 대화를 막 시작하면서, 경영자가 본인의 의견이나 결론을 먼저 말해 버리면, 사실 부하 직원들은 자신의 의견을 내놓기가 어려워지고, 오히려 경영자의 생각에 착착 맞는 의견이 쏟아질 것입니다. 마치 회의가 일사천리로 잘 끝난 것 같지만, 이건 회의가 아니라 공지나 발표입니다. 그래서 경영자나 리더는 본인의 의견을 먼저 말하는 것이 아닙니다. 아쉽지만 아주 가끔은 경영자나 리더가 결론을 미루면서 회의를 끝낼 수도 있습니다.

존중과 의견 수렴이란 것으로 경청의 의미를 살펴보았는데, 다른 한편으로, '경청하는 것', 즉 "듣고만 있으면 문제가 해결되는가?"를 생각해 보겠습니다.

경영자나 리더는 경청하는 이유가 분명해야 합니다. 대화에 앞서, 경영자는 이미 해답을 알고 있거나 대화 중에 해답을 찾아내게 됩니다. 그러다 보면 '이 사람에게 이런 일을 맡겨 해결해야겠다. 이 일을 지시해야겠다.'라는 판단에 이르게 되는데, 이때 경영자나 리더가 그 사람에게 "그 문제는 이렇게 하시오."라고 바로 이야기하기보다는, 그 사람 스스로 "아! 말씀을 나누다 보니 이렇게 하면 되겠군요. 그럼 제가 바로 해 보겠습니다."라는 결론을 말하게끔 하는 것이 중요합니다.

사람은 누구나 명령과 지시에 따르기를 좋아하지 않습니다. 그러니 직원 스스로가 이렇게 하겠다는 결심이나 방법을 말하게끔 하는 것이 필요합니다. 그래서 기다림이 있는 경청의 태도가 필요하고, 좋은 결론을 끌어낼 수 있는 '좋은 질문'을 던져야 합니다.

경영자는 잘 들어주는 태도를 보임으로써 직원들이 자유롭게 의견을 낼 수 있도록 이끌어야 합니다. 잘 들어 주는 태도란 무엇인가요? 적절한 질문을 던지는 것입니다. 적절한 질문이란, 사실의 확인과 방향의 설정과 방법의 모색이란 과정의 징검다리입니다. 적절한 질문이 경청에 포함되어야 하는 이유입니다.

말하기와 듣기는
깊이 파고드는 질문을 준비하는 것에서 시작됩니다

Management & Leadership

Go-To-Win®

1 - 8
지겨워하는 직원들에게 새로운 일을 주고 싶다

'경영자나 리더 본인이 지겨운 게 아니고?'

매일 아침 해가 뜰 때마다 오늘 하루를 열심히 살 기회를 감사하게 생각하는 사람이 있겠지만, 아이고! 오늘은 또 어떻게 하루를 보내냐? 반복되는 지겨움에 여지없이 찌그러진 심정으로 출근하는 사람도 없지 않을 것입니다. 회사에 와 보니 직원들 표정도 시큰둥하고, 통 의욕이 없이 멍한 직원들을 바라보는 경영자의 마음도 역시 착잡합니다. 도대체 왜 이렇게 되었지? 무엇이 문제지?

비 오기 전에 구름이 끼고, 나뭇잎 떨어지기 전에 잎사귀가 마르듯이, 이 지경이 되었다면 분명히 이유가 있고, 어쩌면 경영자나 직원들이 이미 알고 있는 원인입니다. 이제부터라도 경영자와 리더는 이 문제를 더는 모른 척하지 말고, 정리하고 해결하여 지겨움에 몸살이 난 직원들에게 새로운 일을 줄 수 있도록 방법을 찾아야 합니다. 아마도 급여, 하는 일, 인간관계, 회사 미래 비전, 개인 사정 등등에서 비롯된다고 봅니다.

첫째로, 지금의 사업이 이익을 내는 데 있어서 그리고, 문제를 해결하는 데 있어서, 어쩌면 더 잘할 수 없는 여건과 능력의 한계에 봉착하였고, 게다가 인사 적체까지 보이는 문제입니다.

"5년 후 우리 매출의 50%는 새로운 제품이나 서비스로 채운다."라는 전략처럼 꾸준히 새로운 아이템에 도전하고 수익을 창출했어야 했는데, 그렇게 하지 못한 것입니다. 오랫동안 계속 해왔던 제품이나 서비스가 이익을 내기는커녕, 매년 판매 가격은 낮아지고 원가는 상승하니, 손해가 늘어나서 아무리 열심히 해도 이익이 5%도 안 됩니다. 남 좋은 일만 하는 것이 되어 버렸습니다. 보람이 없는 것입니다. 게다가 고객의 요구는 더욱 까다로워져 품질이나 납기 등등에서 계속 클레임이 들어오는데, 지금까지 해 볼 건 다 해 본 상황이라 더는 대책을 만들 수도 없으니 구질구질한 변명만 늘어놓습니다. 안 되는 이유만 늘어놓는, 내 탓이 아니라는 동료나 상사들의 말도 더 듣기 싫지만, 현실을 놓고 보면 꼭 틀린 말도 아닙니다. 매출이나 아이템이 늘어나지 않고, 퇴사하는 사람도 입사하는 사람도 없는데, 직원들의 근무 연수는 차니 매년 승급 승진을 합니다. 자리는 하나인데 그 자리에 갈 사람은 많아져, 인사의 적체가 발생하고, 이제는 모두 간부가 되어 버려 업무 추진에 긴장감이 없습니다.

이런 현실을 바꾸기에는 타이밍이 많이 늦었지만, 지금부터라도 신규 사업을 신속히 추진해야 합니다. 한계 사업에서 시기적절하게 철수하는 전략과 함께, 우리의 독자적인 기술을 가지고 하든, 자금이 충분하면 M&A를 하든, 신규 사업을 발굴하여 임직원 모두가 새로운 일에 빠져들 수 있도록 해야 합니다. 5년 후에는 회사의 사업 구조를 완전히 다르게 가져간다는 과감한 생각으로 경영 전략을 실천합니다.

한참을 고민해도 도무지 신규 사업의 아이디어가 없는 경우에는, 차선책으로서 회사를 나누어 소사장제小社長制로 가는 방법도 있습니다. 세포 분열을 통해 몸집을 가볍게 하면서, 쉽지는 않겠지만 각 소사장이 각자에게 맞는 틈새시장을 찾아 들어가는 것입니다. 동일 업종이나 다른 업종에서 소사장제를 시행하고 있는 몇몇 회사를 면밀히 벤치마킹하고, 충분한 검토와 논의 과정을 거쳐서 소사장들이 의지를 갖고 시행하여야 합니다.

둘째로, 매너리즘에 빠졌거나 업무의 부하가 불공평하다는 불만을 품고 있는 경우입니다.

업무를 처리해 놓고, '뭐 잘못되었으면 알아서 연락 오겠지. 시간 맞춰서 대충 보내 주면 되지, 미리미리 열심히 할 것 없잖아. 틀렸다고 누가 뭐라고 하나, 잘했다고 누가 떡을 하나 주나, 월급 받는 만큼만 하자'는 생각들이 매너리즘입니다. 반면, 매너리즘의 반대쪽에 있는 사람들, '누가 시켜서 일하나? 내 일이니 욕먹기 싫어서 이렇게 하지'라고 거의 일에 중독이 된 직원들입니다. '오늘까지 며칠짼가? 계속 새벽 세 시에 퇴근하네. 회사에선 고생한다는 말밖에는 듣지 못하고 일만 하는 바보이고, 집에서는 월급 가져다주면서 처자식 팽개치고 일밖에 모르는 바보인가?'로 여겨진다면 얼마나 고통스럽겠습니까? 참 화가 나는 일상이고 지겨운 인생입니다.

이런 경우에는 조직과 인력 운영의 문제가 기본적인 것부터 고통스럽게 해결되어야 하겠지만, 실용적인 개선의 방법으로서 직무 순환$^{Job\ Rotation}$ 방법을 시행하면 좋겠습니다. 물론, 위와 같은 분위기라면 직무 순환을 하자고 하는 것 자체에 대해서도 불평하거나 저항할 것이 분명하지만 끝까지 설득하여 강행하여야 합니다. 미리 순환 배치 계획을 세워서 발표하고 즉시 시행하는 접근 방법도 있지만, 시간이 걸려도 직원들 스스로 희망하는 직무를 먼저 지원하도록 하고, 그것을 조직 운영의 조건에 적합하도록 기본 계획과 종합하여 실행하는 것이 바람직합니다. 여기서 순환 배치를 부분적으로 시작하여 차차 확대할 것인지, 전면적으로 한 번에 할 것인지에 대한 고민이 있을 수 있는데, 실시할 것이면 전면적인 실시가 더 좋습니다. 직원들이 좀 바빠지고, 어차피 여기저기서 다양한 문제는 터져 나오겠지만, 대부분 시간이 좀 필요한 문제이지, 해결 못 할 것은 아닙니다. 중요한 것은 직무 순환의 배치가 끝났다고 끝나는 것이 아니라, 왜 순환 배치를 했는지 공감대가 형성되도록 꾸준히 대화하고, 동기 부여해서 조직의 풍토가 변해야 한다는 것입니다.

셋째로, 일이란 일마다 제대로 되는 것이 하나도 없어서 짜증을 냅니다.

앞뒤의 부서나 담당이 손이 착착 맞아야 하는데 전혀 협력이 안 되고 있습니다. 몇 번이고 이렇게 하자고 약속하고 약속했지만, 지금까지도 지켜지지 않습니다. 안 하면 벌을 주든가 집으로 보내 버려야지, 일 안 해도 월급 꼬박꼬박 주고 있으니 이게 뭔가라는 생각을 합니다. 그렇습니다. 회사에서 기본적인 룰^{Rule}이 없거나, 있어도 안 지켜지거나, 지킬 수 없는 룰이거나, 룰대로 하면 피해를 보기 때문입니다. 원칙적으로 이 룰을 뜯어고쳐서 제대로 만들어야 합니다. 이 룰은 업무의 절차인 '프로세스'를 다시 만들어야 가능합니다.

대부분, 지금 하는 업무의 실태 파악을 위해 프로세스를 처음부터 끝까지 순서대로 그려 보는데, 여기서는 그렇게 할 일이 아닙니다. 즉, 프로세스를 거꾸로 그려야 합니다. 우선, 그 업무의 목적이자 최종의 결과물이 무엇인지를 확정합니다. 이게 중요합니다. 그리고 그 결과물이 만들어지기 위해 바로 앞 단계에서 어떤 자료가 넘어오거나 일이 수행되어야 하는데, 누가 그 일을 하고 언제까지 해야 하는지를 확정합니다. 이때, 할 수 있는 것, 할 수 없는 것, 해야 하는 것을 분명히 합의하고 결정해야 합니다. 도저히 할 수 없는 것은 결국 할 수 없는 것입니다. 물론 꼭 해야 하는 일이라면 차선의 다른 방법을 찾아야 합니다. 그리고 다시 앞 단계에서 일이 어떻게 수행되어야 하는지를 계속 정해 나가는 방식입니다. 당연히 이런 내용은 플로차트^{Flowchart} 같은 방법으로 그리도록 하여, 연결되는 과정이 중복되거나 빠지지 않도록 합니다. 이때, 끝까지 못 한다느니 안 한다는 식으로 버티는 직원이 있다면 당장 빼 버려야 합니다.

넷째로, 회사가 미래 비전이나 전략이 없고, 있다 하더라도 실천과 보상의 반복에 의한 공감대 형성이 전혀 안 될 때입니다.

"지난달까지의 실적, 이번 달의 계획과 진행 상황을 잘 파악하고 대책을 수립하는 것은 당연히 할 일이지만, 내년이나 3년 후의 준비가 어떻게 착착 진행되고 있다는 말은 들어 본 적이 없습니다. 영업이익이 안 좋아서 끊임없이 실적 만회를 위한 대책 수립에 문서를 얼마나 많이 작성했는지 모를 정도인데도 계속 문서 작업만 반복하고 있습니다. 우리 회사가 앞으로 어떻게 될 것인지 통 알 수 없으니, 내가 계속 이렇게 하고 있어도 되는지, 일하면서도 참 답답하고 차라리 회사를 옮기고 싶습니다."

우선 3년 또는 5년의 미래 비전과 전략을 수립하고, 몇 년간의 로드맵을 구체적으로 만들어야 합니다. 여기서 구체적이란 것은 기간별로 달성해야 할 전략 목표와 과제가 명시되어야 하고, 3개월마다 한 번씩 그 전략 과제들의 실행 여부를 직원들이 직접 눈으로 볼 수 있게끔 현황판 등에 부착되어야 한다는 것입니다. 덧붙여, 3개월마다 한 번씩 경영설명회 형식으로 성과에 대해 함께 반성하기도 하고, 해냈다는 직원들의 자긍심도 키워 갈 일입니다. 공감대를 형성하고 커뮤니케이션하고, 서로 협력하며 꿈과 희망이 있는 직장을 차근차근 모두 함께 만들어 가야 합니다. 미래 비전, 즉 회사의 방향과 목표를 통해 직원들에게 꿈과 희망을 주지 못한다면 경영자로서 최대의 실수를 한 것입니다. 이것은 경영자 자신의 꿈과 희망이 없기 때문이거나, 그것이 직원들의 그것과 일치하지 않기 때문입니다. 그래서는 안 됩니다.

다섯째로, 낮은 급여 때문입니다.

사실, 절대적으로 급여가 낮다면 문제가 많습니다. 일단 회사 구석구석이 지저분합니다. 임직원들이 술, 담배를 절제하지 못합니다. 지각과 무단결근이 잦습니다. 흡연실이나 휴게실이 항상 직원들로 꽉 찹니다. 시간이나 날짜를 안 지킵니다. 원가 절감이나 생산성 향상은 절대 안 됩니다. 나쁜 회사라고 소문이 납니다. 언쟁할 때 꼭 큰소리가 나고 앙금이 남습니다. 되는 일보다 안 되는 일이 더 많습니다. 윗사람 알기를 우습게 압니다. 급기야 사장이 말해도 안 듣습니다. 참 끔찍한 일입니다. 회사가 이익이 없어 급여가 낮으면 이렇게 됩니다.

회사에 이익이 없는데 급여 수준을 만족스럽게 올릴 수는 없습니다. 결국, 이익이 남아야 급여를 더 줄 수 있는데, 이익도 많고 적음이 있으니, 그 이익의 정도에 따라 분배가 가능한 것입니다. 그래서 성과급이라는 것으로 해결의 실마리를 찾아봅니다. 성과급의 산정은, 제조업으로만 본다면 영업이익을 기준으로 하면 어떨까 합니다. 영업이익에 따라, 너무 복잡하지 않은 성과급 체계를 직원들과 합의해서 진행하면 좋겠습니다. 물론 성과급이란 것이 말 그대로 고정적으로 딱 정해진 것이 아니기에, 많이 받으면 좋고 적게 받으면 섭섭한 것이고, 또 부서별로나 개인별로 차등 지급이 될 수도 있어서 부작용을 염려하기도 합니다. 하지만 그런 문제들은 하나씩 해결해 갈 문제이지, 그것으로 열심히 일해서 나눌 만큼의 이익을 낸 직원들에게 보답하자는 제도를 쉽게 포기할 일은 아닙니다. 또한, 금전적인 부분이기 때문에 반드시 일관성과 투명성이 보장되어야 합니다.

이상 다섯 가지의 관점에서 일의 불안정, 매너리즘, 권태에서 탈출할 방안을 살펴보았는데, 이 중에서 한두 가지의 현상만 나타나고 있다면, 경영자의 추가적인 고민을 더하여 각각 해결의 노력을 성심껏 추진하도록 합니다. 만약 이 다섯 가지의 상황이 모두 회사에 존재한다고 판단된다면, 다음과 같은 순서대로 실행할 것을 제안합니다.

먼저 시급하게 준비할 것이 회사의 미래 비전, 전략과 로드맵입니다. 이것을 수립하는 과정에서 신규 사업이나 아이템, 즉 사업 구조의 변화를 설계할 수 있기 때문입니다. 그다음에, 필수 업무의 프로세스 개선과 동시에 직무 순환 배치를 진행하면 됩니다. 이것이 완성의 본격적인 궤도에 들어섰다고 확인되면, 그때 가서 성과급 제도에 대한 기준과 시행 계획을 잡아 투명하게 진행하도록 합니다.

새롭게 시작한다는 것은 힘들고, 상처도 나겠지만,
시들어 가는 직원들을 쳐다보며 가만히 있는 것보단 백배 천배 낫습니다

Management & Leadership

Go-To-Win®

1-9
약속을 지킬 수 있으면 행복하다

약속을 못 지키면?

전화기를 꺼 놓았다고 합니다. 약속한 때까지 해결될 일은 아니었지만. "내일까지 입금하실 거죠?"라는 질문에 "네"란 대답 대신 "그렇게 해 볼게요"라고 목소리 낮춰 말할 수밖에 없었답니다. 연체 기간이 아주 오래되어 그렇답니다. 이러다가 돈 때문에 죽는 게 아니라, 독촉에 시달리다 죽을 줄 알았답니다. 가진 것이 아무것도 없으니 '약속'할 수 없었답니다.

매출이 계속 떨어지는데 영업직원들은 위기의식조차 없고, 상품 개발도 부진해서 도무지 고객을 찾아가거나 경쟁할 엄두조차 나지 않는답니다. 영업 담당 임원이 회사를 뛰어다니면서 다른 부문에 협력을 요청해도 되는 일이 없습니다. 사장과 회장은 당연히 하루가 멀다고 매출 실적을 챙기며 당신 어찌할 거냐고 재촉합니다. 해결할 방법도, 되는 것도 없으니 '약속'할 수 없었답니다.

스마트폰 문자 메시지로 하루에 수도 없이 밥 먹자, 커피 마시자, 어디서 만나자 같은 소소한 약속부터, 회사의 기안 문서나 은행에서의 대출계약서 등 부담이 가는 약속까지 많은 약속을 하면서 살고 있습니다. 그러다 보니, 지킬 수 있는 약속도 있고, 이런저런 사정으로 못 지킨 약속도 있습니다. 행복해지는 약속도 있습니다만, 지켜 내기가 아주 힘든 약속도 있었을 것입니다. 약속 때문에 고통이 없다면 다행입니다.

첫째, 경영자와 리더의 약속은 어떤가요? 이런 계층에서 만들어지는 약속에는 항상 서로에게 '바람(기대)'이라는 전제 조건이 있는 경우가 많습니다. 주로, 업무 성과나 인사 명령이나 의사결정과정에서 말입니다. 약속하기 쉽지 않지만, 직원들은 약속을 듣고, 받아 내고 싶어 합니다. 리더의 맞은편에 앉아 있는 사람이 '하겠습니다' 하더라도 그 말만 전적으로 믿고 있을 수는 없는 것이 리더의 입장입니다. 그들의 진행과 성과가 리더의 그것과 절대 무관하지 않기에 그에게 맡겨 놓을 수만은 없습니다. 같이 연구하여 방법을 찾고, 실행을 지원하면서 성과가 나도록 관리해야 합니다.

당연한 이야기지만, 보상은 리더가 책임질 수 있는 선까지만 언급해야 합니다. 리더 본인의 권한을 넘어서는 보상을 약속한 것이 잘못되면 사기^{詐欺}가 됩니다. 의사결정과정에서 약속은 Yes와 No를 분명히 해야 하는데, 그 이유가 타당하고 명백해야 합니다. 그래야, 하든, 말든, 대안을 찾든 할 것이니 말입니다. 이게 불분명한 의사 결정이 공공연한 경우도 적지 않습니다.

아무튼, 리더 특히 경영자는 약속을 쉽게 할 수 없는 상황이 많습니다. 그러나, 한번 한 약속을 반드시 지키도록 노력해야 합니다. 이것이 당연히 경영자, 나아가서 조직 전체에 대한 구성원들의 '신뢰'에 관한 문제이기 때문입니다. 회사가 어려울 때나 잘 될 때나 경영자나 리더는 약속하기 전에 몇 번이고 심사숙고해야 합니다.

둘째는 자신과의 약속입니다. 직장인을 대상으로 한 설문 조사에서 금연 결심과 같은 자신과의 약속은 10.2일 정도 지켜 낸다고 합니다. 자신과의 약속을 지키는 게 쉽지 않습니다. 자신과의 약속은 사업에서 계약서와 같이 금전적 불이익을 책무 사항으로 하지 않습니다. 게다가 다른 사람에게 말하지 않으면 아무도 모릅니다. 그래서 어기기도 쉽고 합리화도 아주 쉽습니다. 바꾸기도 쉽습니다. 자기 약속을 반복해서 지킬 수 있다면, 본인의 자신감도 차근차근 쌓이게 되어, 좋게 발전하는 인생이 가능할 것입니다. 본인과의 약속을 지켜 내기 위해선 힘이 필요할 텐데, 그것을 '내공^{內攻}'이라 할 수 있습니다. 내공이 강하면 자신의 안팎으로부터의 흔들림, 두려움 등을 잘 극복해 내겠지요.

"내공은 3가지 액체로 이루어진다. 피와 땀, 그리고 눈물이다."라고 조용헌 교수는 말했습니다. 피와 땀, 그리고 눈물이라… 맞습니다. 얼핏, 세상은 재미있게 살아야 한다, 좋아하는 것을 하면서 웃으면서 살아야 한다고 하지만, 그렇게 살기 위한 준비가 바로 '내공 쌓기' 아닐까요? 세상에 공짜는 없습니다. 내공이 없으면 만사가 자업자득自業自得이고 자승자박自繩自縛입니다.

내공이 향하는 곳은 꿈이고, 디뎌야 할 곳은 현실입니다. 이것이 '왜'에 대한 대답이고, '무엇'에 대한 답변입니다. 또한 '무아봉공無我奉公'하는 것이 요체要諦이자 기둥입니다. 피와 땀은 내가 흘리는 것이지만, 그 모든 과보果報는 모두를 위한 것이어야 거기서부터 나의 것을 얻게 됩니다.

꿈은 항시 정해져 있는 것이 아닙니다. 꿈은 원래 이랬다저랬다 하는 것입니다. 하지만 그러든 저러든 꿈은 있어야 합니다. 목표가 자주 바뀌는 게 문제가 아니라, 목표를 잃는 것이 큰 난관입니다. 나이에 따라, 처한 상황에 따라 바뀔 수 있는 것이 꿈입니다. 현실에 발을 딛고 있기 때문이겠지요. 구덩이에 빠지면 올라와야 하고, 중턱에 있으면 고지를 향해야 하고, 다 왔다 싶었는데 큰 언덕이 보이면 또 오르기 시작하고, 그러다 이제 자신을 스스로 채워 '만족'하면 비로소 멈추게 되겠지요.

피, 땀, 눈물은 자기가 자기를 이끌어 가는 과정에서 만나게 됩니다. 한 몸에 여럿의 자기가 있어, 늘 다투고 있습니다. 상황에 따라 가장 훌륭한 자기를 따르게 하는 것입니다. 이런 장면을 상상해 보십시오.

하나의 자기를 두지 않으며, 자기를 바라볼 수 있는 바른 마음이 기본입니다. 이런 것을 즐기라는 것 아닐까요? 내 안에 있는 여러 명의 자기를 어떻게 성장시킬까요? 방법은 하나. 공부하는 겁니다. 공부로 식견이 깊어지고, 다양해지며, 지혜롭게 성장합니다. 공부라는 계단 위에 서야 관습과 멈춤이라는 담벼락의 너머를 볼 수 있습니다.

　셋째는, 고객과의 약속입니다. 외부 고객에 대해서만 살피겠습니다. 오랜 상거래의 관습에서 갑과 을이라는 입장이 있었고, 보통 고객은 '갑'이라고 합니다. '을'과 '갑'은 공급과 소비의 주체로서 수평적 관계가 될 것입니다. 고객과의 약속은 특별합니다. 고객과의 약속은 선언이 아니라, 행동이자 거래이어야 하고, 선제적이어야 합니다. 거래를 부추기기 위해 무엇인들 못 하겠냐가 아니라, 할 수 있는 것만을 정직하게 전달해야 합니다. 할 수 있는 것은 고객이 아는 것을 넘어, 고객이 모르지만 가능한 것까지를 말합니다. 내가 알고 가진 것만을 먼저 말하긴 쉽지만, 그 정도로는 고객의 허락을 받기는 절대 쉽지 않습니다.

　고객은 많은 것을 원하지만, 고객에게 진정 중요한 것을 쥐여 주게 되면, 고객은 나머지 일부를 포기하기도 합니다. 고객이 원하는 모든 것이 아니라, 고객이 중요하게 생각하는 것을 탐색하는 것이 거래와 약속의 핵심입니다. 그렇습니다. 그걸 알아내기 위해서 고객을 아주 많이 연구해야 합니다. 아니면 잘 들어야 합니다. 그래서 거래는 말하는 게 아니라 듣는 겁니다. 이것이 거래의 시작 단계에서 고객과의 약속을 지키는 방법입니다.

시작 단계를 지나서, 고객과의 거래가 지속된다면, 그리고 지속되게 하려면 이제부터는 선제공격을 합니다. 먼저 솔루션^{Solution}을 제공하는 것입니다. 고객의 문제 해결을 위해 방향을 제시하고, 그 근거를 제대로 공유하고, 방법을 함께 진행하는 것입니다. 이렇게 하고자 하는 것이 고객과 큰 약속입니다. 즉, 동반성장의 결의입니다. 고객으로부터 질문이 날아오기 전에, 또는 질문에 관해 기다렸다는 듯이 솔루션을 제공해야 합니다. 이 순간이 약속이 필요 없는 상황이 됩니다. 압박이 없으니, 약속이 필요 없고, 약속이 없으니 동반이 가능한 것입니다.

고객과의 약속이 깨지는 이유는 대부분 '초심^{初心}'을 유지하지 못해서 그렇습니다. 거래해 준 고마움, 이익을 내주는 것에 대한 고마움, 나와 우리를 힘들게 하지만 우리를 성장시켜 주는 고마움을 잊거나, 그 고마움을 불편한 것으로 여기는 순간부터 약속은 깨지기 시작합니다. 첫 대면의 설렘, 첫 거래의 감사를 내 마음에 간직하고 있는 것이 고객에 대한 예의이고, 상도의^{商道義}라고 생각합니다. 내 마음먹기에 따라 신기하게도 고객이 그렇게 보입니다. 고객의 문제가 아니라, 나의 문제였습니다.

약속을 지킬 수 있을 때가
당신의 사업에서 가장 좋은 때입니다 **Management & Leadership**

김동순
경영과 리더십 반성

2

임원도 잘 모릅니다

Go-To-Win®

2 - 1
열심히 해도 왜 좋아지지 않는가?

판을 다시 짜야 합니다

다른 사람들보다 꾸준히 걸어 올라가면, 산의 정상에 조금 먼저 오를 수 있습니다. 고속도로 휴게소를 한 번도 들르지 않고 운전하면, 다른 차보다 목적지에 조금이라도 먼저 도착할 수 있습니다. 밤늦도록 서류를 만들어 검토하고 회의해서 많은 일을 처리하면, 집으로 돌아가는 길에 오늘 하루도 바쁘게 살았다는 뿌듯함도 있었습니다. 하지만, 기분 좋은 뿌듯함은 잠시, '이렇게 치열하게 살고 있는데, 도대체 뭐가 나아진 것인가? 뭐가 좋아지고 있는 건가?'라는 생각이 턱 하니 목을 조르고, 잠깐 숨이 막혔습니다. 사장으로, 임원으로, 부서장으로 해결해야 할 문제는 매일매일 정말 끝이 없습니다. 넘치는 힘이 있어 일사천리로 문제를 처리했던 때가 언제였는지, 이제는 충전된 휴대전화처럼 딱 하루만큼의 에너지밖에 없는 것 같습니다.

아무리 힘들게 일해도 그에 걸맞은 보상이 없다면, 더 힘내자고 따독일 수 없다면, 나는 과연 얼마나 더 버틸 수 있을까? 나아지는 것이 없다면, 이렇게 사는 게 재미없고, 이렇게 일하는 게 보람 없습니다. 열심히 일한다고 생각하는데 왜 나는, 우리는 나아지지 않는 것일까? 그저 이렇게 늘 반복되는 걸까? 참 숨 막히는 사업이고 인생입니다. 같은 사업을 하든 다른 사업을 하든, 내가 알고 있는 사람들보다 한참이나 뒤처지고 있거나, 내가 보상받고자 하는 기대가 실제보다 크기 때문에 실망합니다. 우리 사는 세상이 이리저리 얽혀 있고, 각자가 자기 형편의 신호를 보내고 있으니, 서로를 비교하거나 비교당하는 것을 피할 수 없게 되었기에, 쾌감이든 유감이든 감정에 빠지게 됩니다.

그런데 혹시, 열심히 하고 있지 않으면서, 아주 열심히 하고 있다고 생각하는 것은 아닐까? "난 춤이 추어지지 않으면, 영혼이 아프다"라는 세계적인 발레리나 강수진의 말을 빌리자면, 일이 안 될 때, 나도 영혼이 아픈 적이 있었는가 싶습니다. 정말 아직 열심히 하지 않은 걸까? 하려는 일이 안 되면, 시간이 흘러가는 소리가 크게 들립니다. 온몸이 저리고 허전합니다.

결국은 실적입니다.

결과는 워낙 냉정하기 때문에 억울할 겨를도 없습니다. 그러니, 승부를 내고 싶다면, 철저하게 실적으로 겨루어야 합니다. 당장 지금부터라도 실적을 낼 수 있는 전략이 필요합니다. 현상을 정확히 파악하고, 방향을 잡고, 방법을 찾아야 합니다. 핑계를 적당히 늘어놓을 시간이 없습니다.

판을 다시 짜야 합니다. 부진한 사업 실적? 지금, 여기서부터, 다시 한번 해 보자는 것이 아닙니다. 지금 판 자체를 뒤엎어야 합니다. 지금껏 열심히 해 왔다면, 지금 하는 것은 잘 돼도 거기까지 아닙니까? 그러니, 새로운 판을 만들어 새로운 길로 뛰어가야 합니다. 지금껏 해 온 것은 대부분 언제든지 다시 할 수 있습니다. 잘못되면, 다시 돌아올 수도 있습니다. 하지만, 새로운 길로 직진해 보지 않으면, 새로운 열매를 발견할 수도 없고 차지할 수도 없습니다. 누군가 먼저 지나간 길을 따라가며 그들이 남긴 앙상한 가지만 볼 수는 없습니다.

영업하는 사람에게 생산하라는 것이 아닙니다. 매일매일 써야 하는 보고서를 당장 쓰지 말자는 것이 아닙니다. 회의에 참석하지 말라는 것도 아니고, 시원찮은 고객과 당장 연락을 끊으라는 것도 아닙니다. 잘 생각해 봅시다. 퇴근을 미루고 밤 열한 시, 열두 시가 되도록 회사에 남아 새 판을 진지하게 고민해 봅시다. 오히려, 사업의 본질을 더욱 견고하게 하고, 더 높은 목표를 잡고, 된다는 생각을 하며, 할 수 있는 방법을 찾아내는 것입니다. 늘 그래 왔던 관성에 따른 관습을 버리고 '완전히 다르게' 보자는 것입니다. 다르게 보아야 다른 세상이 보이지 않겠습니까?

돈을 벌거나, 쓰지 않거나

우린 왜 좋아지지 않을까요? 계산하면, 버는 것보다 당연히 쓰는 것이 많기 때문이라고 말하는 것이 정확합니다. 손익계산서나 재무상태표, 가계부나 지갑에서도 수입보다 지출이 많으니 당연히 마이너스 아닙니까? 우리는 '필요'에 따라 벌기도 하고, 쓰기도 합니다. 필요한 만큼 이상을 벌어야 하는데 그만큼 벌리지 않고, 필요한 만큼 써야 하는데 필요 이상으로 쓰게 되니 당연히 남는 게 없습니다. 많이 벌든 적게 벌든 그래서 버는 것보다 쓰는 것이 어렵습니다.

한 달의 비용을 관리하려면 매주 결산을 해야 하고, 그것이 불만스럽다면 매일 결산에서 해답을 찾아야 합니다. 직원 중 누군가에게 이 역할을 맡기고, 어떤 일이 있어도 정확하게 계산하도록 하여 그 씀씀이에 관해 파악해야 합니다. 여기에는 경영자나 임원이 쓴 비용도 포함합니다. 그리고 주간 회의나 월간 회의에서 이렇게 정리된 내용을 투명하게 공유해야 합니다. 아울러, 다음 주나 다음 달에 해당하는 예산 역시 알려야 합니다. 이런 과정을 반복함으로써 회사의 리더나 직원들은 소위 경영 마인드의 일부를 습득하게 될 것이고, 경영자가 통제하기 전에 스스로 조절하는 기능을 갖게 될 것입니다.

"커피도 마시지 말고, 프린트도 하지 말고, 출장도 가지 말라는 것이냐?"라는 말은 이런 생각과 정보를 공유하지 않고 막무가내식으로 비용 절감을 외치고 통제하기 때문에 나옵니다. 좋은 의도는 상세한 정보를 공유해야 결국 좋아지는 것입니다. 비용이 줄면, 영업 활동에서 가격 정책이 자유롭고 공격이 강해집니다. 이익이 남으면 아까운 금융 비용이 줄어들게 됩니다. 그러면 매력적인 시장 발굴과 제품 개발로 이어질 수 있습니다. 이렇게 하자는 것입니다.

이런 정보와 활동을 공유하는 것이 중요하지만, 자칫하면 숫자와 말로 그칠 수 있습니다. 회의하는 당시야 모두 그 심각함이나 타당성에 조용히 동의하겠지만, 구체적이고 실용적인 방법에 대해서는 절박하게 연구하거나, 철저하게 따르지 않을 수 있습니다. 직원들이 그저 분위기 전달과 파악에 머물 수 있습니다. 향후의 지침을 분명히 주고, 반드시 예산과 실적을 누구나 볼 수 있도록 Dashboard로 관리해야 합니다.

첫째, 경영자는 시간 날 때마다 합리적인 비용 관리를 강조해야 합니다. 본인이 솔선수범해야 합니다. 단순한 비용 절감이 아니라, 위기에 강해지는 체질 강화입니다. 둘째, 한 명이든 두 명이든 전임자를 꼭 지정하여 지속적으로 비용 정보 관리를 해야 합니다. 셋째, 주간이든 격주든 정기적으로 상황을 전달하고 지침을 내려야 합니다. 넷째, 작은 성과라도 착실하게 비용 절감의 성공 체험을 끌어내야 합니다. 다섯째, 실패한 지출에 관해서는 원인 규명과 재발 방지에 주력합니다. 여기서 태만에 의한 잘못이 아닌, 뭔가 해 보려다 나온 실수까지 처벌을 강조하면, 아무것도 하지 않게 된다는 것도 유의해야 합니다.

열심히 잘해서 좋아진 증거는 이런 숫자로 드러납니다
동일 제품(서비스)의 경쟁사보다 2배 영업이익률
그리고, ROIC^{투하자본수익률}, Return on Operating Invested Capital

Management & Leadership

Go-To-Win®

2 - ❷
임원의 성과 창출은 방향이 중요하다

열심히 해도 경영 성과가 나지 않거나,
무엇에 집중해야 할지 모른다면

복잡한 머리를 잠시 비우고 심정을 차분하게 합시다. 임원은 회사의 성과와 떼어 놓고 생각할 수 없는 조직의 귀한 존재입니다. 위아래 사람들이 기대하는 바가 크니, 압박도 못지않습니다. 어디론가 계속 전진해야 합니다. 본인을 돌봐줄 사람은 없습니다. 자기가 사용한 시간과 비용의 수십 배 이상을 해 내지 못하면, 본인도 어찌 될지 알 수 없습니다. 그래도 견디기 힘든 순간을 잘 이겨 내고 있습니다.

성과를 만들어 내는 데 처음으로 해야 할 일이 무엇이겠습니까? '목표를 설정하는 것'이라는 데 이견이 없습니다. 문제는, 목표를 어떻게 잡을 것인가입니다. 심사숙고한 오너로부터 일방적으로 전달받을 수 있고, 전년 대비 어느 정도를 높일 수도 있습니다. 지금부터 뭔가 '의미' 있는 목표를 설정하는 프로세스에 대해 말해 보고자 합니다. 다시 말하자면, '스토리'를 담아 구성원들과 공감하고 소통할 수 있는 이미지Image를 만들어 보겠습니다.

'실행'해야 얻어지는 것이 성과이기에 힘을 모아 계속 추진하는 것이 맞습니다만, 실행만큼이나 임원에게 중요한 것이 '실행의 방향'을 어떻게 잡아 주느냐입니다. 방향이 잘 잡혀야 실행도 의미가 있고, 의도한 성과를 만들어 내는 데 복불복福不福을 차단할 수 있습니다. 의사가 아무리 처방을 내고 처치를 해도, 진단을 잘못해서 엉뚱한 방향으로 치료가 되면, 환자는 더 심하게 병들지 않겠습니까? 그래서, 임원에게는 실행도 중요하지만, 방향을 잡는 것이 무엇보다도 중요한 것입니다. 방향을 어떻게 잡아야 할까요?

일단, 사업에 관해 3가지로 구별해 봅니다. 3년 후 어떤 모습[상태]이 되도록 하고 싶은가? 즉, Desire '열망하는 것'입니다. 그리고, 올해 안에 '해야 하는 것'이 무엇인지 정합니다. 즉, Must Do입니다. 그리고, 지금까지 '어떻게 하고 있는가?' 즉, Doing Now입니다.

'열망하는 것' Desire는 우리의 사업이 과연 어떤 가치와 의미가 있는지 생각해 보는 것입니다. 거창하게 들리기도 하고, 꼭 필요하지 않을 수도 있겠지만, 이 생각이 우리가 왜 이 사업을 하는지에 대한 의미 부여와 일에 대한 자세와 태도를 결정하고 자극하기 때문입니다. 우리가 하는 사업이 국가나 사회, 고객, 회사, 팀, 자신에게 어떤 기여를 할 것인가에 대해 아주 구체적으로 생각해 보는 것입니다. 국가나 사회의 발전을 위해 우리 사업이 어떤 선순환의 작용을 하게 되는지 알아야 합니다. 고객이 우리가 제공하는 서비스에 안심하고 충분히 만족하는지입니다. 사업의 시기적절한 성공이 우리 회사의 성장에 어떠한 전환점과 기회를 가져다줄 것인가입니다. 성과를 이루어 낸 우리 팀은 어떤 역량을 갖게 되고 얼마나 강해질 것인지 찾아봅니다. 팀의 개인에게는 어떤 보상과 기회가 주어질 것인가입니다. 우리의 일이 단지 회사의 지시에 따르는 일에 불과한 것이 아니라는 점을 분명히 하면 할수록 좋습니다. 의미와 가치를 부여하여 직원들의 일과 감정이 함께 가도록 하는 것입니다. 의지를 삽입하는 것이라고 할 수 있습니다.

'열망하는 것[모습]'이 정리되면, 올해 안에 무엇을 해야 하는지 'Must Do'를 결정합니다. 당연히, 실행으로 옮길 수 있도록 업무나 프로젝트로 표현합니다. 앞 단계에서 3년 후 사업 목표 매출액이 1,000억이라면 올해는 700억, 고객 만족도가 10점이라면 올해는 7점, 고객 클레임이 100건이면 올해는 50건, 업무 리드 타임이 2시간이면 올해는 1시간, 직무만족도 9점으로 한다면 올해는 6점, 의사소통 평가가 9점이면 올해는 7점. 이런 식으로 '목표를 쪼개는' 것입니다. 목표를 이렇게 전개하는 방법과 의도를 임원은 이미 잘 알고 있을 것입니다.

그다음 단계는 'Doing Now' 즉, 지금은 어떻게 하고 있는가? 어떤 상태인가를 파악하여 올해의 목표와 비교한 '차이^{Gap}'를 밝혀냅니다. 기대하는 수준과 현실의 차이를 문제라고 하지 않습니까? 차이가 큰 것도 있고, 작은 것도 있을 것입니다만, 중요한 것은, 정확하게 나타내는 것입니다. 그렇게 하려고 숫자를 사용합니다. 물론 숫자로 표시하는 것이 곤란한 것도 있겠지만, 가능한 숫자로 적어 봅니다. 왜냐하면, 숫자로 말할 수 있어야 '관리'가 됩니다.

이렇게 3단계를 거치게 되면 중기 목표와 올해 목표, 그리고 차이가 드러나게 됩니다. 중요한 것을 한 장에 담아낼 수 있다면, 말 그대로 '척 보면 알 수 있게' 됩니다. 방향을 가시화^{可視化}하고 숫자로 공유할 수 있다는 것이 의미가 있습니다. 보통 이런 3단계를 진행하면서 주로 사업 성과에 대한 것에 초점을 맞추게 되는데, 한 가지를 추가하여 동시에 따져 보면, 생각보다 좀 더 높은 성과, 지속 가능한 성과 창출력을 얻을 수 있습니다. 그것은 바로 '조직 건강'이라는 측면입니다. 분위기? 습관? 문화? 등등으로 생각할 수 있는데 공감대, 의사소통, 협력, 몰입도, 조직 학습 등과 같이 조직의 구성원이 원하는 바람직한 조직의 모습에 관련된 것들입니다.

이처럼 '방향'이 결정되면, 그 방향대로 가기 위해 실천 가능한 방법을 찾도록 합니다. 방향에 대해 의심스러운 부분이 있다면 제삼자의 관점으로 좀 더 살펴보고, 자신감이 생겼을 때 진행하도록 합니다. 방법은 '행동으로 원하는 것', Wants입니다. 굳이 '행동'이라고 말한 이유는 애매하면 안 되기 때문입니다. 바로 행동으로 연결할 수 있도록 분명히 해야 합니다. 그리고, 각각의 행동 항목에 대해 일정을 잡고, 키맨Keyman을 선정하여 각 항목을 담당하도록 정합니다. 이것도 역시 한 장으로 정리하면 좋습니다.

이처럼 임원으로서 담당 부문의 미션Mission과 실행 계획Action Plan을 설계하고 실행에 옮기면 되는데, 일반적으로 PDCA 사이클을 반복 운용합니다. 복잡하든 단순하든 그러면 됩니다. 그리고, '정기 미팅'을 하는 게 가장 좋습니다. 일주일 중 수요일이든, 격주로 금요일이든, 정기적으로 미팅을 하게 되면 자연스럽게, 아니, 안 하려고 해도 진도관리가 됩니다.

부하 직원들은 임원 당신이 아니라,
당신의 방향을 따라오는 것입니다 Management & Leadership

Go-To-Win®

2 - 3
제조업 현장이 변하고 성과를 내려면

현장 근무자들의 사기土氣, 기초 질서, 대화와 소통,
현장 조직 간 갈등, 관리자와 현장 근무자의 갈등, 현장 근무자들의 R&R,
현장 감독자의 권한과 처우, 현장 근무자의 기능 수준

우리 생산 현장의 힘이 있는가를 보려면, 정리 정돈과 청소 상태, 제품과 자재 재고량, 재공품의 보유량, 그리고 현장 데이터(작업일보)의 구성과 작성 상태, 게시판의 내용을 확인해 볼 필요가 있습니다. 좀 과하다 싶을 정도로 정리 정돈이 되어 있고, 수시로 청소하는 모습이 보이면 좋습니다. 제품과 자재, 재공품이 아주 적다는 것은 공장의 실력을 잘 보여 줍니다. 수요예측, 생산 우선순위 결정, 구매나 외주업체 관리, 설비의 안정 등이 종합적으로 실행되어야 가능하기 때문입니다. ERP로 입력하더라도 작업일보의 구성, 즉 현장 근무자나 감독자가 자신이 무엇에 관심을 가져야 하고, 어떻게 관리하고 있는지를 알 수 있도록 항목이 구체적이고 많으면 수준이 높다고 볼 수 있습니다. 게시판은 현장 근무자들이 무엇을 어떻게 하려고 하고, 그들이 무엇에 관심이 있으며, 무엇이 부족한 상태인지를 말해 주는 정보가 됩니다. 솔직한 소통의 내용을 직원들이 표현하고 있다면, 좋은 현장 분위기라고 해도 좋습니다.

물론 현장의 최종 결과물인 원가, 중간 결과물인 품질과 납기 등이 관리의 목적으로 중요한 사항이지만, 인력과 자재, 유틸리티 등을 투입하여 산출물을 만들어 내는 '과정'을 따져 본다면 그렇다는 것입니다. 이런 생산성의 과정(프로세스)에 놓여 있거나 출현하는 요인 중에서 중요한 것은 무엇이고, 어떻게 해야 지속적으로 좋아지는 현장을 만들어 갈 수 있는가에 대해 생각해 보겠습니다.

첫째, 현장 근무자들의 사기Morale를 관찰할 필요가 있습니다.

사기와 절실함이 같은 의미는 아니지만, 그들이 변화를 원하는지, 원한다면 어느 정도인지 확인할 필요가 분명히 있습니다. 현장 근무자 10명의 심정이 모두 똑같을 수는 없습니다. 하지만, 아무 말이 없고 멍한 눈빛을 가진 사람들이 회사에 부정적인 말을 하는 사람들과 별다를 바는 없습니다. 말하거나 말하지 않는 차이일 뿐입니다. 구내식당에서 점심 식사하는 모습, 근무복과 안전 장구를 착용한 상태, 걷는 모습, 머리 상태, 인사했을 때의 반응, 근무자들 간 대화의 빈도, 퇴근 후 모임의 분위기나 대화 내용 등을 눈여겨보면 현장 근무자들의 마음을 읽을 수 있을 것입니다.

만약에 데이터가 필요하다면 설문 조사를 해 보는 것도 괜찮은데, 설문 조사의 항목 설계를 잘해야 합니다. 단순한 아마추어적 질문보다 진정성 즉, 문제의 파악과 개선의 의지가 담긴 전문가다운 질문으로 나타내야 합니다. 설문 조사 잘못하면 안 하느니만 못합니다. 설문의 종합 요약은 적절한 자리에서 그 결과와 함께 변화 시도의 방향 정도는 언급하는 것이 좋겠습니다. 궁금하니까.

현장 근무자들이 변화를 얼마나 원하는지를 파악하는 것이 중요합니다. 사소한 것이든 엄청난 것이든 변화를 원하긴 원하는지에 관한 의견부터, 가능하면 증거까지 찾아볼 필요가 있습니다. 절실함이 없는 사람들의 머리에 무엇을 넣고, 손에 무엇을 쥐여 준들 무슨 소용이 있겠습니까? 변화에 대한 요구도 요구지만, 대부분은 회사, 정확히는 경영진에 대한 신뢰의 부족이 변화와 혁신에서 그들을 멀리 떨어지게 합니다. 경영진은 억울할 수 있겠지만, 사정이 이렇다면 직접 나서야 합니다.

경영진이 가장 힘을 쏟아야 할 것은 '알려 주고, 알게 하는 것'입니다. 아는 것과 모르는 것은, 일하는 데 천지 차이가 있습니다. 알고 하면 잘하려고 합니다. 모르고 하면 실수를 하게 됩니다. 변화의 요구와 분위기가 절실하지 않은 이유가 회사에 대한 불신도 있겠지만, '무엇을 변하게 해야 하는지? 뭐가 정상이 아닌지? 뭐가 문제란 거야?' 등등을 몰라서 그런 경우도 있습니다. 하긴 거의 십 년에서 이십 년간 똑같은 일을 하고, 똑같은 밥을 먹고, 똑같은 사람들만 보고 살았는데, 이런 직원들에게 새로운 꿈과 희망을 품어 봅시다, 개선과 혁신을 해 보자는 말은 통하지 않을지도 모릅니다. 뭘 알아야 뭐라도 해 볼 텐데, 저 시골 산골짜기에 가서 KTX 고속열차를 말한다면, 알지도 못할 것이고, 그게 무슨 소용이 있겠습니까? 현장 근무자들의 사기는 어떻게 올리고, 변화에 대한 절실함을 어떻게 만들어 낼 것인가? 이것은 범위가 넓고, 쉽지 않습니다.

그래서 우선, 없는 시간을 쪼개서라도 교육부터 시작하는 것이 좋습니다. 여기서 '시간을 쪼개서'라는 말이 중요한데, 정상적으로 운영되는 현장의 상황은 생산량을 맞추거나, 설비를 보전하거나, 미뤄 놓은 일을 해야 하기에 사실 전체 직원이 함께 또는 교대로 작업을 중지하고 교육을 진행하는 것이 언제나 어렵습니다. 그러나, 이렇게 항상 어렵고 안 된다고 생각했지만, 어느 날부터 과감히 생산을 줄이거나 잔업을 해서라도 교육을 하거나 소집단활동을 뜻있게 진행한다면 직원들은 조금씩 마음의 문을 열게 될 것입니다. 한 번이야 어쩌다 하는 것으로 생각하다가, 이런 교육이 수차례 반복되면 직원들의 생각도 달라질 겁니다. 어떤 생각? '이제는 무엇인가 확실히 하려고 하는구나!'라고 믿음이 조금씩 생기게 되는 것입니다.

어떤 교육이라도 좋습니다만, 회사의 현재 상황을 소상히 알리는 것이 첫째이고, 힘들어도 함께 가야 할 방향을 전달해 주는 것이 둘째이고, 어떻게 하면 제대로 옳게 그 과업을 추진할 수 있는지 제시하고 토론하여 공감하면서 실천방법에 서서히 접근하는 것이 셋째입니다.

이런 교육 프로그램에는 '진정성'이 정말 중요합니다. 진정성을 가지려면, 이런 프로그램을 담당자나 사외 강사에게만 맡겨서는 안 됩니다. 임원, 팀장 등 리더 그룹에서 직접 교육 내용을 수정하고, 보완하고 보완해야합니다. 이런 점을 지나치면 실패합니다. 이런 교육을 꼭 사외 전문 강사에게 모두 맡겨 진행할 필요는 없습니다. 오히려, 말이 좀 서툴러도, 자료를 많이 준비하지 못해도, 팀장이나 파트장, 임원이 손수 준비한 교육자료를 가지고 직원들 앞에서 현상은 솔직하게, 해결 방법은 자신 있게 말하면 됩니다. 사내 강사의 빈틈을 보완하고, 외부 전문가가 보는 시각이 우리가 생각하는 것과 크게 다르지 않다는 점을 확인하기 위한 정도로만 외부 강사를 활용해도 괜찮습니다. 아무튼, 이런저런 이유로 거의 하지 못했던 전체 직원들에 대한 전면적이고 반복적인 교육이 제대로 진행된다면, 그러한 움직임과 내용에 직원들은 긍정적 영향을 받게 될 것입니다.

둘째, 현장에서 스스로 지켜야 하는 기초 질서의 상태를 관찰하는 것입니다.

월급을 받으면서 일하는 사람들은 어린이가 아니라 성인입니다. 그런데, 가끔 어른들이 아이들같이 말하고 행동하는 것이 문제가 됩니다.

어린이는 불편하면 참지 못하는데, 어른들은 본인이 익숙하지 않아도 불편함을 참으면서 자기는 물론 동료와 현장을 위해 지켜야 할 것이 많습니다.

제일 중요한 게 출근입니다. 자영업을 하는 사장도 고객과 직원과의 약속을 지키기 위해 아무리 힘들어도 노력합니다. 심지어 월급 받는 사람이 이유도 없이 출퇴근이 분명하지 않다면 직장인으로서 자격이 없습니다. 삼진아웃으로 처리해야 하며, 이런 사람이 있으면 안 됩니다. 어떤 이유라도, 안 되는 것은 분명히 안 되는 것으로 해야 합니다.

시간 지키기도 중요합니다. 작업이 시작되는 시각, 중간의 휴식시간과 점심 시간, 퇴근 전에 정리하는 시간, 퇴근 시각, 가끔 있는 회의와 같은 모임 시각 등등 시작과 종료의 시각이 관리되고, 스스로 지키려 노력하는 분위기인지 아닌지가 관찰의 대상입니다. 시간을 지키지 않는 직장의 특징 중 가장 큰 문제는 관리자들이 이걸 뻔히 알면서도 내버려 두고 있다는 것입니다. 휴식 시간이 지났거나 아닌데도 아직도 그 자리에 남아 있는 것을 뻔히 보면서, 지적하여 바로잡지 못하는 모습을 어떻게 받아들일 수 있습니까?

주로 현장의 어떤 계층이 규칙을 위반하는지 파악해 볼 필요가 있습니다. 선임 직원인지, 중간 직원인지, 신입 직원인지를 파악해 봅니다. 보통 이런 현상은 '묻어가는' 심리입니다. 선임이 하면 중간과 신입이 따라 합니다. 선임부터 규칙을 지키려고 노력하고, 누구도 예외 없이 통제해야 합니다.

우선, 시간 지키기 캠페인을 시작합니다. 모든 휴식 장소와 근무 장소에 규정된 시간[시각]을 명확하게 게시, 공지해야 합니다. 그리고 조회나 모임을 할 때마다 강조합니다. 현장 직제상 리더나 선임들이 솔선수범할 수 있도록 계기를 만듭시다. 물론, 시간을 지키기 곤란한 상황이 있다면 서로 의견을 모아 합리적으로 신속히 개선해야 합니다. 지킬 수 없는 상황, 지키면 손해 본다는 상황을 계속 줄여 가야 합니다. 시간 지키기는 기초 질서라는 점에서 매우 중요하지만, 현장의 생산성에 미치는 영향이 상당히 큽니다. 가용시간^{可用時間} 중에서 비상식적인 낭비시간을 줄여 유효시간을 늘려야 하기 때문입니다. 생산에 유효한 시간으로 전환해야 회사도 직원도 모두 좋아집니다.

복장과 용모에 대해서도 주의 깊은 관찰이 필요합니다. 대부분 현장에서 안전모, 상의, 하의, 안전화 등등 안전과 움직임의 편리함을 위한 복장을 규정하고 있습니다. 머리 상태나 수염, 손톱의 상태, 귀걸이나 목걸이, 향수까지도 통제하고 있는 곳도 많습니다. 얼마나 규정대로 지켜지고 있는지 관찰합시다. 복장과 용모는 타인을 위해서라기보다, 실제로는 근무[작업] 중 본인의 절대 안전을 위한 보조 도구입니다. 모자를 올바르게 써야 하는 이유가 있고, 안전화를 꺾어 신으면 안 되는 이유가 있고, 상의 지퍼를 잘 올려야 하는 이유도 있으며, 귀걸이를 하면 안 되는 이유가 있고, 화장하면 안 되는 이유 등등이 분명히 있을 겁니다.

중요한 것은 이렇게 '이유'가 있는데, 그 이유를 모르고 있거나, 이유를 충분히 설명해 주지 않았다는 것입니다. 게다가 분명한 지적이나 '처벌'에 따른 불이익이 없습니다. 자기 몸 관리를 잘하고 있는지 관찰해야 합니다. 작업복이 더러운 것과 작업을 열심히, 잘하는 것은 똑같지 않습니다. 오히려, 능숙한 작업자의 모습은 옷에 땀 차거나 기름이 묻은 작업 후에도 항상 청결을 유지하고 있습니다.

사실 기초 질서는 간단합니다. 습관만 되면 쉽습니다. 기초 질서는 간단하고 쉽기 때문에 어기는 것도 간단하고 쉽습니다. 그래서 기초 질서의 수준이 그 현장 직원들의 생각 수준, 일의 수준, 사는 수준입니다. 기초 질서에 대해 반응하는 그들의 태도를 보면 사람들 마음을 금방 알 수 있습니다. 변화의 기본이 됐는지, 안 됐는지가 보입니다.

셋째, 서로 말을 하나, 안 하나를 관찰해 봅니다.

일종의 커뮤니케이션이라고 생각할 수도 있지만, 꼭 목적을 가진 소통이라기보다는, 우선 사소한 말 섞기라도 되는 분위기인지를 파악하는 것입니다. 생산량이 많은, 생산성이 높은, 엄청 바쁜 현장은 자기 일하느라 작업 중에 누구랑 이야기하는 것은 상상할 수조차 없다고 합니다. 그러나, 대부분 우리나라 기업의 현장이 그런 상태는 아니고, 한 사람이 여러 대의 기계를 운전하는 곳을 빼면, 서로 얼굴 볼 시간 정도는 있습니다. 일하는 건 일하는 거고, 현장의 통로를 오가면서, 짧은 휴식 중에도, 식사 중에도 같이 걷거나 앉을 수 있는 시간은 있습니다. 그때, 우리 현장 직원들이 서로 눈을 보면서 인사하고, 먼저 말을 걸고, 대답해 주는지 좀 살펴봅시다.

아무리 바빠도 인사할 수 있습니다. 특별히 할 말이 없어도 식사했냐고, 바쁘냐고, 반갑다고 가볍게 말은 걸 수 있습니다. 누가 묻는데 모르면 모른다고 대답할 수도 있습니다. 서로 말하지 않는 것은 당연히 서로에게 관심이 없다는 것이겠지요. 이게 인간관계라는 점에서도 큰 문제가 아닐 수 없지만, 현장이란 곳에서 이것으로 인해 벌어지는 문제는 아주 심각합니다. 서로에게 관심이 없다는 것은 내 일밖에는 관심이 없다는 것이니, 본인의 다음 사람이나 앞 사람이 하는 일엔 관심이 없게 됩니다. 이래서는 함께 일하는 연속 작업인 현장 전체가 나쁠 수밖에 없습니다.

현장은 쉽고 재미있는 일이 별로 없습니다. 그럴수록 서로서로 이해하면서 도와야 합니다. 그게 되기 위해서 일단 친해야 합니다. 친해지려면 상대에 대해 알아야 합니다. 그 사람을 알기 위해 작은 것이라도, 사소한 것부터 스스럼없이 서로 이야기하는 분위기여야 합니다. 누가 누구에게 자기가 원하는 것을 말한다고 전부를 얻을 수 없습니다. 그래도, 말은 할 수 있지 않습니까? 말을 하면 답답함은 좀 줄어들겠고, 말을 하지 않으면 자기만 알고 있는 고민은 몇 배가 될 것입니다. 현장 근무자들이 서로를 얼마나 알고 있고, 스스럼없이 이야기하고 있는가? 이 상태를 잘 관찰하면 그 현장에서 어떤 변화가 얼마나 가능할지 어림잡을 수 있습니다.

현장 근무자 간의 대화가 아닌, 조직 계층 간 대화 중 눈여겨볼 것으로 경영자나 임원이 정기적으로 진행하는 '경영설명회'라는 것이 있습니다. 재무적 데이터만 제시하는 것이 아니고, 소상하게 회사의 상황을 정확히 알리자는 목적입니다. 그 자리에서 어느 정도는 정리된 이야기가 나옵니다만, 경영설명회를 진행하는 사람이 참석자 모두를 이해시키기는 어렵습니다. 그래서, 이러한 경영설명회가 끝난 다음에 부서별로 자리를 만들어, 궁금한 것에 대해 부서장이 설명을 추가하는 것이 좋습니다. 경영진의 대화 방법과 부서장의 대화 방법, 현장근무자의 대화 방법은 차이가 있기 때문입니다.

또 다른 것으로 부서장과 현장 근무자 일부나 전체가 모인 '간담회'라는 것도 있습니다. 억지로 시켜서 될 일은 아니지만, 가능하면 한 사람도 빠짐없이 말하도록 기회를 주어야 합니다. 평소 또는 이런 자리에서 말이 없는 사람을 원래 말이 없다고 넘어가지 말고, 부서장은 말할 수 있게 잘 유도해야 합니다. 그런데, 간담회라 하면 오히려 부서장들이 부담스럽게 생각합니다. 요구사항만 잔뜩 나오기 때문이랍니다. 그런 요구를 부담스럽다고 생각하는 것은 동업자 의식이 없기 때문입니다. 생각과 태도를 바꿔야 합니다. 또한, 간담회에서 거론하는 내용도 가능하면 우리 부서, 우리 현장에 국한된 우리 문제의 해결 방안을 열심히 찾고, 회사 전체적인 이야기는 메모하여 나중에 따로 해결합니다.

넷째, 현장 조직 간의 갈등은 없는가를 잘 살펴봅니다.

조직 운영이란 것이 서로 맡은 일이 있고, 그 맡은 일이 작동이 잘돼야 하며, 맡은 일 사이사이에 끼인 일도 먼저 처리해 줘야 일이 순조롭게 진행되는 것이 당연합니다. 서로가 필요할 때, 미리미리 조처를 해주면 문제가 생겨도 신속하게 해결될 것입니다. 하지만, 관계가 좋지 않아 본인들의 형편만 고집한다면, 문제 해결도 어렵고 일은 더 꼬이게 됩니다. '관계'가 좋지 않은 것입니다.

이런 현상과 반대로, 근본적인 해결책이 될 수 있는 것이 뭐냐면, 누가 뭐라 할 것 없이, 자기가 먼저 열심히 하면, 다른 사람들이 도와주지 않을 이유가 없다는 것입니다. 대부분 '관계'는 '바라는 것'이 충족될 때 지금보다 좋아지는데, 도움을 바라기 전에 본인이 먼저 최선을 다하는 모습을 진정으로 보이는 것입니다. 자기가 자기 할 일에 최선을 다하지 않고 손만 벌리고 도와 달라고만 하면 누가 도와주겠습니까? 이렇게 심사를 뒤틀리게 하는 것이 바로 갈등의 시작입니다. 말과 행동이 잘못된 것입니다.

변화와 혁신의 큰 목적 중 하나가 바로 현장 조직 간의 갈등을 없애는 것입니다. 무엇이 옳은 것이라는 것을 알아도 이 갈등이 심각하다면, 변하기 위해 누구도 앞에 나서지 않게 됩니다. 나서는 순간 모두의 적敵이 되리라는 것을 잘 알고 있기 때문입니다.

현장 조직 간의 갈등을 제삼자는 쉽게 찾아낼 수 없습니다. 누구보다 그 본인들이 잘 알고 있습니다. 정당하게 일이 분업되지 않고, 내 일과 네 일이 그들만의 방식과 생각대로 업무가 나뉘어 있었다면, 이것이 바로 갈등의 증거라고 할 수 있습니다. 그럴듯하게 보이지만, 사실은 철저하고도 완벽하게 장벽을 쌓고 있기 때문입니다. 이 장벽을 그들 스스로 무너뜨리지 못합니다. 어떻게 해야 하겠습니까? 회사는 조직이기 때문에 당사자들이 해결할 수 없거나 충돌이 빈번한 것은 그들의 상위 계층이 풀어야 합니다. 즉, 관리자 중 담당이, 담당이 안 되면 부서장이 풀어야 합니다.

우선, 현장 갈등이 존재하는 부서장들의 협력이 좋아야 합니다. 부서장들이 먼저 사이가 좋아야 합니다. 부서장들이 위로부터 이해와 협력을 시작하면서, 그러한 모습과 실제 업무수행을 현장에 보여 주면서 각자의 현장 조직을 통제해 나아가야 합니다. 현장관리자, 현장 감독자, 현장 근무자의 순서로 하나씩 돌파해야 합니다. 다른 접근방법은 이미 위에서 언급했지만, 도움을 요청하기 이전에 스스로 최선을 다하는 것이 매우 중요합니다. 스스로 애쓰는 모습이 눈앞에 보이면 돕지 않을 사람은 없습니다. 사실, 이것이 더 중요합니다. 해 보면 압니다.

다섯째, 무능한 관리자와 현장 근무자와의 갈등입니다.

당연히 이 갈등의 99%는 무능한 관리자의 문제입니다. 일단 말이 안 통하는 겁니다. 말이 안 통하는 관리자가 권한을 휘두르게 되면 임원조차도 막을 수 없는 일로 꼬이게 됩니다. 이런 관리자는 회사보다 본인을 항상 먼저 생각합니다. 본인 생각만으로 우깁니다. 협박과 권한으로 줄을 세웁니다. 결정적으로, 이 모든 흠결을 주변에서 다 알고 있는데 본인만 모릅니다. 게다가 뻔뻔하게도 본인에게 예의를 갖추고 자신의 비위를 맞추라고 요구합니다. 갈등을 증폭시키는 절대 요인인데, 보통 회사의 인사 명령은 일 년에 한 번 하는 거라 중간에 이런 관리자를 교체하기도 쉽지 않습니다. 눈치만 보고 있지 아무도 일하려 하지 않기에 문제는 계속 터지게 되고, 관리자와 현장의 갈등이 커지는 것은 당연합니다. 가장 효과적인 방법은 이런 관리자를 제거하는 것입니다. 그 어떤 방법도 노력할 필요가 없습니다. 이런 사람이 사라지면 정상으로 돌아옵니다.

관리자와 현장 근무자와의 갈등 요소는 사람 말고, 업무 처리 과정에서도 발생합니다. 현장 근무자는 위에서 빨리 결정해 주지 않는다고 하고, 관리자는 왜 지시한 대로 처리하지 않느냐고 합니다. 사실 이런 갈등을 꼭 나쁜 갈등이라고 볼 수는 없습니다. 일단 일을 하고자 하는 데서 드러나는 의견이나 반응이라면 말입니다. 하지만, 조직에서 일할 때 서로 약속하는 '언제까지'라는 것이 있습니다. 설사 결정이 완벽하지 않더라도 시간을 지켜 주는 것이 이러한 갈등을 예방하는 것이고, 미리미리 또는 중간에 일 처리가 올바르게 되도록 요구사항 등을 확인해 본다면 현명한 방법이라고 할 수 있습니다.

두 집단의 갈등은 여러 가지 원인이 있겠지만, 우선은 관리자가 잘해야 합니다. 현장 근무자를 대하는 관리자들의 표정과 태도가 현장 근무자와의 관계를 파악하는 결정적인 증거임은 틀림없습니다.

여섯째, 현장 조직에서 현장 감독자, 현장 직원의 역할과 책임[R&R, Role & Responsibility]이 제대로 작동하고 있는가를 보아야 합니다.

일상 업무를 수행하는데도 R&R은 꼭 필요한 운영 기준이며, 변화와 혁신 즉, 새로운 일을 추진하기 전에는 반드시 확인해 보아야 합니다. 누가, 무슨 일을, 언제까지 하는 게 중요하기 때문입니다. 현장은 정해진 일을 반복적으로 수행하기 때문에 어느 정도 일의 계획-실행-확인-조치 단계가 작동되고 있습니다. 여기서 관찰하고 파악해야 할 점은 그 과정에서 현장감독자나 조장들의 역할이 적정한가입니다. 이들이 확인하고 조치하는 사항들이 꼭 필요한 것이고, 필요한 것이라면 실제로 그렇게 하고 있는지 확인해야 합니다. 그저 결과를 봤다는 사인만 하는 것인지, 문제에 대한 원인 분석과 재발 방지를 제시하고 있는지가 중요합니다.

늘 하는 일에서도 '누가'라는 부분이 간혹 생략되기도 합니다. 이럴 때는 누구한테 말하지? 이것은 누구하고 결정하지? 이런 것들이 미리 정해지지 않으면 혼란이 발생합니다. R&R을 결정해 놓는 것이 형식적인 것으로 생각할 수도 있겠지만, 막상 어떤 처리 절차에 따라 일을 하기로 하여 프로세스를 만들고 담당을 결정할 때는 네가 하는 거 아니냐? 그걸 왜 내가 하느냐? 일이 많은데 그것까지 어떻게 해 주냐? 나중에 정하자 등등으로 결정되지 않고 소란스러워지는 경우가 많습니다. 이 R&R을 결정하지 않으면 프로세스가 중간에서 뚝뚝 끊어지게 되는 것은 당연합니다.

일곱째, 현장 감독자의 권한이나 그들에 대한 처우의 상태를 점검해 보도록 합시다.

현장 감독자에게 요구되는, 바꿔 말하면, 그의 능력으로 갖춰야 하는 2가지 지식과 4가지 기술이 있습니다. '업무의 지식, 직책의 지식, 가르치는 기술, 인력 관리 기술, 개선 기술, 안전 작업 기술'입니다. 맞는 말이지만, 사실 그러한 능력을 체계적으로 차분히 육성해 주는 회사는 거의 없다고 봅니다. 결국, 현장 감독자 입장에서는 업무적, 도의적 책임은 크고 많지만, 실제 권한은 별로 없습니다.

현장 근무자들에게 현장 감독자란 그들의 꿈이자, 그들이 바라고 원하는 모습이어야 합니다. 그런데 현실은 현장 감독자를 만들어 내기도, 현장 감독자가 되기도 힘듭니다. 왜? 대부분 현장 근무자가 하지 않겠다고 합니다. 그걸(현장 감독자를) 왜 하냐고 합니다. 일단 처우가 특별하지도 않고, 책임만 크니 말입니다. 신경 쓰지 않고 널널하게(?) 회사에 다녀도 되는데 사람들 때문에 늘 속상하고, 해야 할 일만 많기 때문이랍니다. 게다가 추가되는 수당도 턱없이 적다고 합니다.

변화와 혁신은 모두가 함께하면 참 좋은데, 시작할 때나 추진의 중간에 어려움이 닥쳤을 때, 현장 감독자의 역할이 매우 중요합니다. 현장 감독자들이 하고자 하면 되고, 안 하겠다고 등을 돌리면 안 됩니다. 현장 감독자에 대한 처우가 어떠한지? 규정된 권한과 실제 권한의 차이는 있는지? 그들은 하루 동안 어떤 서무, 관리적인 일을 하고 있는지 살펴보는 것이 중요합니다. 또한, 현장 근무자들은 현장 감독자들에 대해 어떤 생각을 하고 있는지도 알아봅니다. 리더? 리더십의 측면으로 확인해 보겠습니다.

현장 감독자에 대한 처우는 특별해야 합니다. 그러나, 나이가 많으니 현장 감독자가 된다는 식으로 현장 감독자가 되면 절대 안 될 것입니다. 오랜 기간의 근무 성적, 다면평가, 마지막 인터뷰까지 심사숙고

해야 하는 것은 당연합니다. 아니다 싶으면 아닌 겁니다. 일단 현장 감독자로 선임하면, 금전적인 처우부터 본인이 '대접받고 있다, 존중받고 있다'라는 느낌이 들도록 배려해야 합니다. 그들이 공동으로 사용하는 별도 사무실, 본인의 책상이나 업무 처리용 장비 등등은 기본입니다. 팀장이나 임원과의 정례적인 협의 등도 계속해야 합니다. 또, 설비 도입이나 훈련의 필요로 외국에 파견할 때도 우선하여 배려해야 합니다.

그런데, 이런 배려보다도 더 중요한 것이 있습니다. 현장 감독자가 현장 근무자들을 평가할 수 있고, 그 평가에 따른 포상과 처벌을 결정할 수 있어야 합니다. 다 못해도 이건 해야 합니다. 당연히 현장 근무자들이 평가 받기를 쉽게 받아들이지 않으니, 문제가 발생할 것입니다. 다툼도 많아지고 어쩌면 노동조합과의 불편한 논쟁도 생길 것입니다. 그러나, 입장의 차이 때문에 정당한 일을 못 해서는 안 됩니다. 논의하고 논의하되, 시간이 얼마나 걸려도 옳은 일을 옳게 하는 것이 중요합니다. 이러한 이유로 현장 감독자들을 선임할 때는 잘 뽑아야 합니다.

과연 우리 생산 현장이 변화와 혁신의 기회를 잡아낼 수 있을까? 여덟 번째로 파악해 보아야 할 것이 우리 현장 근무자들의 기능 수준입니다.

이 기능 수준 자체가 변화와 혁신의 대상이 될 수도 있습니다만, 혁신의 범위를 전체로 본다면 부분이 되기도 합니다. 기능 수준이 고객의 요구 수준에 적합한 제품을 만들어 내기에 턱없이 부족하다면 당연히 혁신보다는 품질 안정화가 더 급합니다. 정해진 작업을 제대로 할 수 없는 미숙련의 상태를 일단 정상화해야 하고 그다음으로, 좋고 나쁨이 들쑥날쑥한 불안정한 상태를 확인해야 합니다. 차라리 고장 나거나, 어쩌다 실수해서 확실히 드러난 것이라면 조처가 쉬운데, 원인이 불명확한 만성적 문제가 계속 발생한다면 현장 근무자 한 사람 한 사람 기능 수준을 반드시 살펴야 합니다.

또 한 가지, 현장만의 문제라고 말할 수 없는 것이 이직률입니다. 신입으로 입사하자마자 수습이 종료되기 전에 못 하겠다고 그만두는 사람들도 있습니다. 이직률이 높으면 현장의 안정화가 매우 어렵지 않습니까? 처음부터 채용을 잘해야 한다고는 하지만, 사람을 구하기 어려운 현실에 있는 회사들은 그렇게 잘하기가 쉽지 않습니다. 하지만, 급하게 현장에 투입해서 작업은 작업대로, 사람 관계는 관계대로 곤란을 초래하여 후회하기보다는, 채용을 서두르지 않는 편이 더 나을 것입니다. 현장 기능의 문제와 더불어 아마도 자재의 문제가 현장을 곤란하게 만들 것입니다. 외주 또는 일반 구매로 들어오는 자재가 품질 규격에 맞지 않아도 문제가 되고, 공급이 맞지 않아도 문제가 됩니다. 이런 부분은 기술과 관리 두 가지 문제가 복합된 결과입니다. 공장 안에서 노력하여 해결할 수 있는 것을 빼고, 외주나 구매 회사를 엄격히 관리할 수 없는 상황이라면 개선의 효과를 얻어 내기는 절대 쉽지 않습니다.

기능은 열심히 배워라, 연습해라, 잘하라고 한다고 바람직한 수준으로 쉽게 올라가지 않습니다. 잘하든 못 하든, 어려운 일을 해도, 쉬운 일을 해도, 받아 가는 월급이 똑같은데, 뭐 하러 힘들게 사느냐가 현장 근무자의 생각입니다. 그래서, 차이가 나도록 해야 합니다. 잘하는 사람은 더 많은 보상을 해 주어야 합니다. 급여 규정을 고칠 수 있다면 능력에 맞도록 받아갈 수 있게 고치고, 규정을 바꿀 수 없다면 규정 안에서 챙겨 줄 수 있는 최대한을 챙겨 주는 것이 맞는 일입니다. 일 잘하고 일 많이 하는 사람이 좀 더 많이 받아 가는 것에 대해 대부분 현장 근무자는 반대하지 않습니다. 그런데, 막상 평가하려고 하면, 돈을 많이 받는 것은 좋은데, 평가는 받고 싶지 않다고 합니다. 모순입니다. 이렇게 어렵긴 어렵습니다. 그러나, 안 되는 것도 아닙니다. 이런 문제까지 해결하는 것이 함께하는 변화와 혁신입니다.

8가지를 관통하는 행운의 열쇠는
그 기업의 '교육훈련 역량'이었습니다   Management & Leadership

Go-To-Win®

2 - 4
리더를 향한 신뢰가 무너지는 9가지 증상

만남 회피, 엉뚱한 말, Big Picture 없음, 사소함에 빠짐, 화^火,
불공정한 인사^{人事}, 속 보이는 처리, 살 궁리, 회삿돈 유용

리더십이 완벽, 완전할 수는 없을 것입니다. 특히 경쟁이 치열한 기업의 경우, 외부 환경이나 내부 역량이 항상 불안정한 상태에 있기 때문에 경영자나 리더가 평가받는 리더십은 언제나 '진행형'이라고 보는 것이 맞을 것입니다. 불편한 사건으로 리더십이 망가져 버려, 조직이 혼란한 지경이 된다면, 조직은 물론 구성원 모두 엄청난 충격과 실의

에 빠질 수밖에 없습니다. 모든 사건은 전조前兆가 있을 텐데, 그 신호Sign를 알아채지 못했거나, 무시해 버렸던 결정은 큰 대가를 치를 수밖에 없습니다. 그러한 징조를 살펴보고, 역지사지易地思之로 풀어 보기 바랍니다.

첫째, 경영 리더가 직원들을 자주 만나지 않으면 신뢰는 나빠집니다.

10년이 넘도록 근무한 직원이 아직 단 한 번도 오너의 얼굴을 직접 본 적이 없다는 경우가 있었습니다. 회장님, 사장님을 멀리서만 봤을 뿐 가까이서 한 번도 인사를 나눠 본 적이 없다는 사람도 있었습니다. 물론 그런 자리가 있었지만, 본인이 참석하지 않았다면 그 사람의 잘못입니다만.

섬김의 리더십Servant Leadership. 말 그대로 섬기기까지는 아니더라도, 직원 없이 조직이 성립되지 않는 뻔한 이치理致에도 직원들을 만나지 않는 이유는 도대체 무엇일까요? 여기서 리더의 사정을 굳이 들어 볼 필요는 없습니다. 많은 동서양 경영의 구루Guru, 대가들이나 극적인 회생을 해 낸 회사의 존경받는 경영자들은 리더에 대한 믿음이 겸손함과 경청하는 태도에서 형성된다고 주장하고 있습니다. 민간 기업 중 아주 큰 위기를 극복했던 대부분 사례에서 최고 경영자가 가장 먼저 했던 행동이 직원들에게 먼저 달려가서 만나고, 솔직히 대화하는 것이었습니다. 경영 리더의 겸손과 경청은 직원들의 부담감이나 두려움을 줄이고 안전감을 높입니다. 또한, 지시하기보다 질문을 곁들여 설명해 준다면, 긍정적으로 받아들일 것입니다. 우리는 모두 '가족'이라고 경영 리더가 말하는데, 자주 만나고 서로 생각을 주고받는 것이 '가족' 아니겠습니까?

둘째, 경영 리더가 엉뚱한 말을 하면 신뢰가 나빠집니다.

직원들은 온종일 자료를 만들어 내고, 끊임없이 보고하고, 수정하기를 반복합니다. 또한, 업무와 관련하여 상당한 데이터가 머릿속에 저장되어 있습니다. 그런데, 경영자의 특별 지시 사항이나, 결재 서류의 최종 결정 의견이 타당성 없이 직원들의 데이터나 해결 방향과 완전히 다르다면, 아니! 도대체 사장님은 무슨 생각으로 일을 이렇게 풀어 가시는 거야? 이렇게 해서는 문제 해결이 안 된다는 생각을 할 수밖에 없습니다. 물론, 경영진은 일반 직원들보다 더 많은 고급(?) 정보를 갖고 있기에, 직원들의 의견과 다를 수 있습니다. 그러나, 지금 말하는 것은, 그것도 어느 정도라는 것입니다. 엉뚱한 소리를 하지 않기 위해서는 자기를 보좌하는 직원들을 존중하고 함께 풀어 가야 할 것입니다.

해결 방안이 효율적이고, 경제적이고, 지속 가능하다면 누가 엉뚱한 소리라고 반발하겠습니까? 물론 현안의 해결이 아닌, 대대적이며 근본적인 변화와 혁신을 위한 큰 그림이라면 이것과 차원이 다른 사안입니다만.

셋째, 위기 극복의 큰 그림 Big Picture이 없으면 신뢰가 나빠집니다.

여기서 Big Picture는 홈페이지에 화려한 문구로 치장된 것을 말하는 것이 아닙니다. 조직이 이익을 못 내는 어려운 상황이 수년간 계속되고 있는데도, 그것을 극적으로 해결 가능한 그림이 없는 상황에서 필요한 '무엇'입니다.

직원 모두가 큰 걱정을 계속 하고 있는데 검토한다, 검토한다고 하면서 확실한 의사결정을 미룬 채, 시간은 흐르고, 상황은 더 나빠지고 있습니다. 경영 리더 자신도 그 문제를 모를 리 없는데, 결정을 못 하고 있습니다. 리더십의 부재가 뻔합니다. 보안상의 문제가 있습니다만, 어느 정도는 직원들에 설명하고, 동의를 구할 부분은 논의하면서 계획을 다듬고 실행을 신속히 해야 하지 않겠습니까? 경영 리더가 걱정하고 해결해야 할 것을! 직원들이 걱정하게 하면 안 됩니다.

넷째, 사소한 것을 너무 정열적으로(?) 관리하면 신뢰가 나빠집니다.

경영 리더의 일에서 중요한 것은 '방향 잡아주기' 아니겠습니까? '어디로?'와 '왜 그리로?'라는 답안을 제시하는 것만으로도 경영 리더는 엄청난 에너지를 쏟고 있습니다. 그 답을 얻기 위해 정확한 정보를 모으고, 확인하고, 조직의 역량을 점검하여 잘 추스르는 것이 얼마나 힘듭니까?

그런데도, 작은 지출까지 챙기고, 사소한 문제 해결까지 본인이 다 처리하게 되면, 직원들을 못 믿는 꼴이 되어 버립니다. 물론 맡겨 놓은 게 마음에 쏙 들진 않겠지만, 그 못 믿는 고비를 잘 넘기면 성공할 것입니다. 믿어 주는 사람을 배신하는 경우도 있습니다만, 이런 사람은 경영 리더가 빈틈없이 챙겨도, 무슨 수를 내서라도 손해를 끼칩니다. 이것은 직원들의 협업이나 시스템으로 예방되도록 하는 것이 올바른 선택입니다. 사소한 것에 매몰되지 말자는 것이 조직의 일을 챙기지 말자는 의미가 아니라, 권한을 위임하고, 더 책임질 큰일에 집중하시라는 것입니다.

다섯째, 화를 자주 내면 신뢰가 나빠집니다.

경영 리더가 왜, 언제 화를 내는지 생각해 봅시다. 우선, 지시한 대로 진행이 안 되었거나, 의도한 만큼의 성과가 없거나, 직원들이 제 몫만큼의 일 처리를 안 해서 회사 성장의 기회를 계속 놓치는 때입니다.

그런데, 경영 리더가 이와 같은 이유가 아닌데 화를 내는 건? 사업과 조직 운영의 흥미, 호기심, 동기부여를 잃어버렸기 때문입니다. 이것은 리더 스스로 조절이 필요한 개인적인 문제입니다. 그래서, 화가 나는 이유를 분명히 밝힐 수 없고, 그러다 보니 강도가 점점 강해지거나 불규칙해집니다. 그러니 직원들은 불안합니다. 이유를 모르는 불안에서 해답을 찾을 수 없기에, 화만 내는 경영 리더와 마음의 거리가 점점 멀어지게 됩니다.

여섯째, 예상치 못한 사람이 승진하고 리더가 그런 사람을 곁에 가까이 두게 되면 신뢰는 나빠집니다.

직원들이 도무지 이해가 안 되고, 화가 나고, 일하기가 싫어진다고 합니다. 승진 발표나 평소 의사결정에 관련된 사람들을 보면 말입니다. 경영 리더가 고심한 끝에 높은 자리에 사람을 올리고, 보좌하도록 임명하였는데, 직원들의 판단이 '저 사람이? 왜?'라고 합니다. 직원들이 오해한 것이라면, 그가 실력을 발휘해서 결과를 보여 주면 됩니다. 그러나, 대부분 직원들의 판단이 더 옳습니다.

경영 리더의 최우선 책무가 바른 인재를 구하여 쓰는 것인데, 만약, 정말 만萬에 하나라도 경영자의 사심私心이 들어 있다면, 절대 벌여서는 안 될 일입니다. 게다가, 채용 압력과 같은 것을 행사해서도 안 됩니다. 이런 떳떳하지 못한 처리가 우리 조직 내에서 있을 수 있는 일이라며 공공연히 진행된다면, 이것을 누가 용납하겠습니까? 불통과 부패, 전횡은 항상 권력의 가장 가까운 곳에서 공정하지 않게 시작된다는 것은 어디서나 증명되고 있습니다. 가장 경계할 것은 자신이고, 둘째는 측근입니다. 다 아는 이야기입니다.

일곱째, 속 보이는 일을 추진하면 신뢰가 나빠집니다.

조직의 실제 오너, 전문경영인, 간부들이란 경영 리더가 욕망이 없겠습니까? 스스로 삼가는 것이 맞습니다만. 지명됐든, 선출됐든, 본인이 해 보겠다고 나섰으니, 그 자리까지 가게 된 것입니다. 하지 않겠다는 사람이 거기까지 갈 순 없습니다. 오너도 성과를 보여야 할 정도이니, 오너가 아닌 경영 리더들은 오죽하겠습니까? 그렇다 보니, 철저히 오너를 향한 충성심(어쩔 수 없다고 하는데)을 보여야 그 자리가 연장되는 것이 당연하다고 합니다.

조직과, 거창하게 말하자면 국가, 사회, 고객에 맞춰 일해야 직원들이 이해할 수 있는데 말입니다. 오너만을 향한 충성에 연연한 모습을 보이는 경영 리더의 말로末路와 그런 조직의 쇠퇴를 두 눈으로 목격했던 직원들이 과연 그런 경영 리더를 따를 수 있겠습니까? 월급쟁이의 속성이라고 비하할 수 없지만, 그런 생각을 하고 있으니 그만큼밖에는 갈 수 없는 것입니다. 그래도 그런 태생적 운명(?)은 버릴 수 없고, 변하지 않겠지만 좀 크게, 길게 볼 수 있으면 더 좋겠습니다.

여덟째, 경영 리더들이 자기들 살 궁리만 하고 있다면 신뢰는 나빠집니다.

사실, 이건 역설逆說로 증명됩니다. 경영 리더에 대한 신뢰가 없으니, 직원들도 다들 자기 살 궁리만 하는 것입니다. 리더가 무능하니까.

경영 리더들이 자기 살 궁리만 하는 것을 어떻게 알아챌 수 있습니까? 가장 두드러지는 현상이 위만 보고 모든 것을 결정하는 모습을 보이는 것입니다. 철저하게 윗사람의 입맛(?)에 맞춰 결정하는 것은 물론이고, 부하 직원들의 의견은 절대 듣지 않습니다. 본인의 결정 기준은 없고, 윗분의 지시만 받습니다.

이런 나쁜 경우도 있습니다. 요즘은 명예퇴직으로(이게 명예로운 건 아닌데) 이 틈에 한몫 챙겨서 나가겠다는 사람들도 있습니다. 이들은 리더십 따위? 윗분 따위? 부하 직원 따위의 말은 듣지도 따르지도 않습니다. 눌러 앉아 있을 정도만 적당히 유지합니다. 이런 사람들이 자리를 차지하고 있다면 그 조직의 경영 리더가 과연 존중받을 수 있겠습니까?

아홉째, 금전적 문제로 소문이 안 좋으면 신뢰는 나빠집니다.

좋은 표현은 아닌데, 경영 리더로서 가장 치사한 게 금전적인 나쁜 소문입니다. 사실이라면, 감추려고 할수록 더 소문이 나게 되는 이상한 것입니다. 주어진 한도에 맞도록, 규정에 따라 사용하면 아무 문제 될 일이 없는데, 규정을 적당히 무시하고, 여태껏 그렇게 처리했다는 핑계로, 자신의 소소한 것까지 회사의 소중한 자금을 사용한다는 것은 말이 되지 않습니다. 하지만, 실제로 법인카드 지출 명세를 추적해 보면, 차마 당사자에게도 말하기 거북한 내용이 의외로 많습니다. 이 업무의 담당 임원이 이용 명세를 체크하고, 경영 리더들에게 정기적으로 통보해야 합니다. 그것이 관리되고 있다는 것을 알게 해 주는 것입니다.

저수지 제방의 작은 구멍으로 물이 새기 시작하면, 그 둑은 무너지는 것은 당연한 순서입니다. 둑이 터지기 전에 '작은' 노력과 실천으로 예방할 수 있는 것이 보통의 상식입니다.

직원들은 리더십이란 큰 덩어리보다,
사소한 것에 상당히 예민합니다　　Management & Leadership

Go-To-Win®

2 - 5
임원이 표시 내거나 말하면 안 되는 것

좋은 것이든 '나쁜' 것이든 따지지 않습니다
권력자의 손가락 방향대로 알아서 움직입니다

1. 당신이 좋아하는 것을 널리 알리지 마십시오.

 간단하게 보고 받는 것, 대면 보고보다 이메일이나 메신저를 좋아하고, 표 나는(폼 나는) 일과 격식을 따지는 것을 좋아하고, 골프나 바다 낚시를 좋아하면서 매주 등산 가는 것을 꼭 챙기고, 회식과 접대에 음

주와 가무를 주도하고, 부동산과 주식 재테크를 틈만 나면 설파하는 것 등등 말입니다. 당신이 그게 무슨 문제냐고 버티는 것들입니다.

　업무적으로 이런 스타일이면, 이 임원은 일을 편하게 하며, 좋은 평가만 챙기는 사람으로 오해(?)받을 수 있고, 개인적인 관심사나 취미가 부풀려지면 근무시간 중에도 그런 일에 빠져 있다고 오해(?)받을 수 있습니다. 오해가 아닙니다.

　물론 임원도 뭘 좋아할 수 있고, 싫어할 수도 있습니다. 그러나, 그걸 표시 내지 않는 것이 본인에게도 조직에도 좋습니다. 당신이 뭘 좋아하는지 직원들이 파악하고 있으면 당연히 보고나 회의의 결론은 당신이 좋아하는 쪽으로 나게 될 것입니다. 경영이나 업무의 '원칙'과 당신이 '좋아하는 것'은 결이 다릅니다. 오로지 회사에 유리한 방향으로 모두 정렬되어야 합니다. 당신의 개인적인 성향에 관해 직원들의 반응은 '잘 모르겠다'가 정답입니다.

2. "당신이 그랬잖아? 누구 책임이야?" 추궁하지 마십시오.

　직원들에게 건건이 책임을 따지면, 정말 아무 일도 못 합니다. 아니, 안 합니다! 그들도 당신처럼 월급 받고 일하는 직원들입니다. 얼마큼이든 책임감을 느끼고 일합니다. 물론 처벌을 받을 정도로 잘못했다면 책임을 물어야 하는 것은 맞습니다. 하지만, 그가 일을 끝까지 해 내기 위해 업무 중 어쩔 수 없이 저지른 잘못도 있을 수 있습니다. 그리고, 당신의 업무 지시를 받아서 일했기에 큰 틀에선 당신의 잘못도 있을 수 있습니다. "도대체 왜 그랬어? 당신 어떻게 할 거야?"라는 추궁보다, 지금부터 어떻게 해결할 것인지에 초점을 맞추시기 바랍니다.

3. 상대방이 원치 않는 충고나 조언을 하지 마십시오.

상대방이 들으려고 하지 않으면, 당신의 간섭이고 비난이 됩니다. 진심으로 그에게 뭔가를 말해서 돕고 싶을 때가 있습니다. 그러나, 성급한 도움이 오히려 그를 화나게 하거나, 심지어 다치게 할 수 있습니다. 그가 원치 않을 땐, 그가 스스로 어려움에서 벗어나도록 좀 떨어져 지켜보면서 툭툭 건드려 주는 것이 좋습니다.

4. 했던 말 또 하고, 또 하기를 멈추십시오.

이런 반복 행위를 본인이 알면서 그러고, 몰라서 그럽니다. 그런데, 듣는 사람은 또 그런다는 걸 다 알고 있습니다. 그리고 '나한테 관심이 없구나'라고 생각합니다. 당신이 상대방을 무시하는 것인지, 정말 기억을 못 하는 것인지에 관계없이 짜증을 냅니다. 그리고, 했던 말 자꾸 또 하면 쓸데없는 걱정과 듣기 싫은 잔소리로 여깁니다. 상대방의 말에 더 집중하고, 말을 삼가십시오.

5. "이제 늙어서 그래, 내 나이 돼 봐라." 이러지 마십시오.

당신이 자꾸 이러면 가엾어 보이고, 몇 번 들어 주다 당신을 피할 것입니다. 핑계나 변명을 댈 것이 없어, 늙어서 그렇다고 하면 안 됩니다. 웃자고 하는 말이라면 형편없는 우스갯소리입니다. 기억이 깜박깜박하고, 엉뚱한 소리를 하는 것은 당신이 집중하려고 노력하지 않은 것입니다.

6. "힘들다", "걱정이다", "정신없다."라고 하지 마십시오.

   티베트 속담에 '걱정을 해서 걱정이 없어지면 걱정이 없겠네.'가 있습니다. 이런 걱정의 말을 한다고 상황이 좋아지지 않는 것을 알지 않습니까? 당신이 위로를 받는 것도 아니지 않습니까? 오히려 다른 사람들의 에너지까지 상당히 떨어뜨리는 나쁜 영향을 미칩니다. 조금만 골치 아프면 습관적으로 나오는 말들은 당신의 시간 관리나, 당신의 에너지 관리가 부족하다는 자기 인정입니다. 당신이 힘든 것, 걱정 많은 것, 정신없는 것을 직원 모두 알고 있습니다. 알고 있는데 굳이 확인해 줄 필요는 없습니다. 당신이 할 수 있는 긍정의 언어를 찾으시기 바랍니다.

7. "내용을 정확히, 자세히, 잘 모르지만"이라고 하지 마십시오.

   실제 그렇다 하더라도, 이 말을 굳이 할 필요는 없습니다. 잘 듣거나, 잘 보고 천천히 당신의 의견을 내도 되고, 물어보면 됩니다. 사실 어느 부문을 맡은 임원이라면 이렇게 모르는 것은 거의 없습니다. 보고서나 회의록, 기안, 이메일 등을 항상 챙기니까 모를 수 없습니다. 모르는 게 이상합니다. 물론 경영 사무를 총괄하는 사장은 세세한 내용까지 파악 못 할 수 있는데, 그래도 이것 역시 평소에 꼼꼼히 결재하고,

회의에 잘 집중했다면 잘 모를 리 없습니다.

8. 말을 하다 마는 것을 하지 마십시오.

당신에게 말하고 있는 사람은 당신의 결정이 필요하고, 기다리는 사람입니다. 'Yes'인지 'No'인지 분명하게 말하지 않고, 다른 안건으로 쓱 넘어가 버린다면 정말 곤란합니다. 임원은 깊이 파고들어서 결정을 해 줘야 합니다. 어떤 결정이라도 가능한 그 자리에서 내려야 합니다.

9. 단정적인 인물평을 흘리지 마십시오.

회의하다 보면, 문제를 찾다 보면, 그냥 평범한 대화를 하다가, 어떤 사람에 대한 평이 나올 때가 있습니다. 그가 적당하다, 그에게 맞지 않는다고 시작해서 사사로운 인물평까지 나오기도 합니다. 그때, 그의 장점보다 그렇지 않은 것들이 많이 나오면 문제를 일으킵니다. 임원 본인이 관찰하고 판단하여 '생각'으로 가진 것과 누구에게 '발설'하는 것을 조심해야 합니다. 당신이 그에 대해서 한 말은 반드시 그에게 전달됩니다. 또한, 그 자리에 있던 사람(들)은 당신이 누군가에게 자기 이야기를 나쁘게 할 것이라는 불안감을 느낍니다. 그리고, 당신과 직원들의 친소^{親疏} 관계가 드러나게 되니, 꼭 필요한 만큼만 하십시오.

10. 너무 자랑하지 마십시오.

당신이 기분이 좋아서 자랑하고 말고는 당신 마음입니다. 그런데, 당신이 그렇게 뽐내는 것의 대가는 무엇입니까? 당신이 자랑할 만큼 당신은 그들이 선망하고 존경하는 사람이 아닙니다. 관심도 별로 없습니다. 듣는 사람은 질투심과 시기심을 드러내는 게 본성입니다. 그런데 이것을 자극해서 무엇을 얻고자 하십니까? 자기 자랑은 덜어 내는 게 좋습니다. 사실 그렇게 자랑할 것도 없습니다. 자랑하고 싶은 충동은 당신이 무엇을 인정받고 싶어서입니다. 진짜 인정받는 것은, 누가 제삼자로부터 당신의 훌륭한 성과와 성품을 들었다고 전언傳言으로 듣는 것입니다. 겸손이 사람을 모아 주고, 당신의 격格을 높여 줍니다.

11. 결재할 때 묻지 않는 것도 좋지 않습니다.

늘 보는 내용이라, 이미 알고 있는 내용이라고 성의 없이 도장만 찍고, 사인만 한다면 보고자는 실망합니다. 당신에게 뭔가를 기대하고 결재를 기다렸을 텐데. 보고자의 내용을 다 파악하고 있어서 궁금한 것이 없으면, 업무 중에 무슨 애로 사항은 없었는지라도 물어봐 주십시오. 혹시 당신이 잘 모르는 내용이면, 무엇이 핵심 사항이고 어떻게 결정하는 것이 최선인지 물어봐 주십시오. 한마디 물어봐 주기를 그는 기다리고 있습니다. 그래야 두 사람의 관계가 열리고 돈독해집니다.

12. 담당이 할 일을 임원인 자기가 하면서, 그걸 자랑하지 마십시오.

임원도 실무적인 일을 당연히 할 수 있지만, 방향^{Direction}과 뼈대^{Frame}를 정확히 제시해 주는 일이 더 많아야 합니다. 임원이 일일이 서식에, 수식에, 담당에, 세부적 기한 등등까지 각종 예시를 보여 주고, 보고된 데이터를 모두 체크하고, 회의록의 줄거리보다 오타를 챙기고 있으면 어떡합니까? 당연히 직원들은 일을 안 합니다. 창의적인 일을 하지 않습니다. 생각을 안 하고, 하라는 대로만 합니다. 당신이 지시한 대로, 하기 싫어도 당신이 하라는 대로만 해도 월급 받는 데 전혀 문제가 없습니다. 결국엔, 당신은 가장 역량이 낮은 팀의 우두머리가 될 것이고, 당신의 몸과 마음이 바쁘게 되고, 인사이트^{Insight}가 안 떠오르고, 짜증 나고, 무기력한 느낌이 드는 번 아웃^{Burnout}에 빠질 것입니다.

13. 지각과 행방불명은 안 됩니다.

당신이 어제처럼 오늘도 지각이고, 오후엔 외근을 나갔다는데 어디로 갔는지 아무도 모른다면? 근로계약서를 쓰지 않는 임원이라 출퇴근 시각의 제약이 없다 해도, 매일 20~30분 늦는다면 정말 나쁩니다. '동업자 마인드'가 없는 것입니다. 도대체 임원이 지각해도 되는 이유가 무엇입니까?

14. 비매너^{非manner}는 곤란합니다.

나의 이런 행동은 내가 나이가 많으니까, 지위가 높으니까, 생리 현상이니까 그냥 넘어가도 되니, 불쾌하게 생각하지 말아라? 영화 〈킹스맨〉에는 'Manners, Maketh, Man(매너가 사람을 만든다)'라는 대사가 있습니다. 당신이 가치 있는 존재가 되려면, 어떻게 행동해야 할 것인가라는 의미입니다. 나이나 지위 등으로 대접받으려 하지 맙시다. 상대방은 그럴 생각이 전혀 없습니다. 직원을 존중하는 것으로부터 당신을 향한 존경이 나옵니다.

15. 회의에서 중간에 나가기, 딴소리하기, 딴 일 보기는 안 됩니다.

　회의를 왜 하는지, 당신이 회의에 왜 들어왔는지, 그 회의에서 당신의 역할이 무엇인지를 당신이 아무리 모른 척해도, 참석한 사람들은 그렇게 해 주기를 절실히 기대하고 있습니다. 미리 읽어 보고, 미리 만나 보고, 미리 생각하고 들어가십시오.

16. 느린 걸음도 안 됩니다.

　'반가운 마음에 그녀는 버선발로 달려 나와 임을 맞이하였다'라는 장면을 생각해 봅시다. 좋아서, 놀라서, 의욕이 넘쳐서…. 이런 경우엔 누구도 어기적거리지 않습니다. 느린 걸음이 생각이 많거나, 침착해서? 그것보다는 당신의 체력이 떨어졌거나, 근무시간 내내 '재미없다, 의욕이 없다'라는 걸 티 내는 것입니다.

17. 회사 자산은 내 것? 법인카드와 법인 차량의 사용에 주의하십시오.

　모를 것 같아도 신기하게도 직원들은 다 알고 있습니다. 내부 고발이나 업무 감사에서 드러나면 창피당하고, 횡령이 될 수도 있습니다. 용처가 애매하면, 회사 것 말고 개인적으로 처리하는 게 무탈합니다.

　반대로, 임원이 표시 내고, 항상 입에 달고 살아야 할 것은 무엇일까요? 단 한 가지만 꼽자면 이것입니다. '고객에 관련된 것'입니다. 그것도 고객의 고민과 그 고민을 풀 수 있는 여러 가지 시도들에 관해서 계속 말하는 것입니다.

당신이 누구인지 알려 주는 것이 있습니다
당신의 말버릇과 몸 버릇
그리고, 당신이 주문하는 책과 당신이 드나드는 웹^{Web}이나 유튜브 페이지

Management & Leadership

Go-To-Win®

2 - 6
어떤 임원을 좋아할까?

권위^{權威, Authority} 있는 임원

설문 조사의 결과나 리더십의 사례를 보면, 임원은 이래야 한다는 (요구) 사항이 아마 아흔아홉 가지가 넘을 것입니다. 여기서는 세 가지만 꼽아보겠습니다.

첫째, 평가와 고과를 잘 해 주는 임원을 좋아합니다.

좋은 평가는 그 직원의 이익을 크게 해 주는 것이니, 직원들이 마다 할 이유가 전혀 없고, 당신을 안 좋아할 이유도 없습니다. 그러나, 고과라는 것이 대부분 상대 평가를 하게 되어 있으니, 임원 역시 사람을 잘 구별해야 합니다. 결국, 누구를 가리지 않고 공정한 평가를 하는 것이 고과를 잘하는 것이고, 직원을 잘 챙겨 주는 것입니다. 평소에 (매월) 팀장들에게 성과에 대한 자기 신고서를 제출하도록 하고, 그에 대한 코멘트를 해 놓으십시오. 고과 오류의 위험과 곤란함이 상당히 줄어들 것입니다.

그리고, 고과 결과에 따라 불만을 가진 여러 직원 때문에 조직이 흔들릴 수 있는 상황을 미리 파악하여 충원 계획이나 전환 배치를 준비하는 것도 놓치면 안 됩니다.

또한, 연간 고과 시기뿐 아니라, 평소에 칭찬할 것은 칭찬해 주고, 야단칠 것은 야단을 쳐야 공정함과 권위가 세워집니다. 그러나, 너무 칭찬하면 버릇없이 굴 것이고, 너무 야단치면 당신 곁으로 오지 않을 것입니다. 칭찬과 야단의 균형을 잡으십시오.

둘째, 장애물을 제거해 주는 임원을 좋아합니다.

반복되는 업무의 경우가 아니고, 어떤 중요한 과업을 줄 때, 그 과업의 목적과 방법 등을 꿰뚫어 보면서, 준비할 것을 잘 알려 주고, 준비를 지원해 주는 임원을 좋아합니다. 또한, 그 임원은 과업이 성공적으로 추진되도록 가장 단순한 프로세스를 설계할 줄 압니다.

협업해야 한다면, 가장 최소의 협업만 진행되도록 조정과 운용을 합니다. 협업할 내용이 많으면 많을수록 협업 부서에 더 많은 부탁을 하게 되고, 그만큼 더 복잡해지고, 더 늦어지기 때문입니다. 협업이 되도록 늘 챙겨 주지만, 과업을 맡은 직원이 협업을 최소로 하고 독자적으로 할 수 있게 조건을 만들어 줍니다.

그리고, 마지막 장애물이라고 할 수 있는 과업의 실패에 대한 불안감과 책임감을 다스려 줍니다. 즉, 결과는 임원 본인이 책임진다는 것이고, 항상 그렇게 합니다. 그래야 직원이 '책임감'을 갖고 최선을 다합니다.

셋째, 결정을 빨리 해 주는 임원입니다.

그 임원은 업무에 대한 전문성이 뛰어납니다. 다 좋은 것은 아니지만, 업무의 막힘을 시원하게 뚫어 주는 실력이 있습니다. 직원들이 혼나기도 하지만, 매번 그에게 감탄한다고 합니다.

그리고, 의사결정마다 분명히 '일관성'이 있습니다. 사안에 따라, 사람에 따라, 접근 방식과 지침이 이랬다저랬다 흔들리지 않습니다. 그러니, 오해가 없고, 항상 임원의 반응이 예측 가능합니다. 그리고 언제나 BATNA^{최선의 대안, Best Alternative To a Negotiated Agreement}를 탐색합니다. 그렇게 직원들의 뒤를 챙겨 줍니다.

그리고, 빠른 결정과 공감을 위해 임원은 항상 듣는 태도를 잘 유지합니다. 질문을 던지는 데 매우 능숙합니다. 마치 잘 짜인 계획에 따라 질문을 하는 것 같습니다. 그만큼, 듣기 위해 본인이 미리 생각을 많이 하고 있다는 것입니다.

어떤 임원?
실력 있는 임원을 좋아합니다
실력 있습니까? **Management & Leadership**

Go-To-Win®

2 - 7
임원 회의에서는 뭘 하지?

임원 회의의 질^質이 경영의 질^質입니다

　큰 사건이 발생하면 이것저것 이야기하면서 지체할 시간이 없으니, 그 사건의 해결 방법을 서둘러 찾고, 처리하는 데 온 힘을 다해야 합니다. 이런 큰 사건 말고도, 숱한 문제가 매일 발생하는 현실에서는 임원 회의를 잘해서 직원들 일의 중심을 잡아 줘야 합니다.

　임원 회의도 다른 회의처럼 목적이나, 진행 방식이 비슷합니다. 그렇지만, 참석자가 임원이란 점을 고려하면 다음과 같은 2가지 목적을 확인할 필요가 있습니다.

첫째, 기업 가치는 투입^{Input}된 것들이, 프로세스^{Process}를 거쳐, 산출^{Output}되는 시스템^{System}에서 결정됩니다. 그래서 산출물 즉, 고객 만족과 이익을 아주 좋게 하면서 투입 자원을 어떻게 최소로 할 것인지, 그리고 그 최소의 자원을 사용하여 프로세스가 정상 가동되도록 어떻게 지속적으로 개선할 것인가라는 점이 임원 회의의 논의 포인트입니다.

둘째, 산출과 투입이 정해진 대로 만들어지고 소비되는지, 그것을 가능하게 하는 활동^{Activity}이 의도한 대로 실행되는지 정기적으로 피드백^{Feedback} 하는 것입니다.

이런 두 가지 목적을 성취하기 위해 임원 회의에 다음과 같은 안건을 올리고, 데이터를 확인하고, 중요한 피드백을 하는 것이 바람직합니다. 8가지 정도인데, 실행을 반복하면 시간을 효율적으로 운영할 수 있습니다. 회의 주기는 주 3회로 월, 수, 금요일이나, 주 2회로 화, 목요일이나, 최소 주 1회 수요일로 하고, 시간은 근무 시작 1시간 전부터 약 90분 정도를 하게 됩니다.

임원 회의의 1순위는 고객 불만족과 품질 문제입니다.

고객별, 제품별, 유형별, 수량, 귀책 팀, 원인, 조치 상황을 회의 전에 정리해야 하고, 특히 사건별로 고객 품질 담당자의 개선 유효성 평가가 반드시 포함되어야 합니다. 특히, 반복되는 이벤트[사고], 신규로 발생한 이벤트가 논의의 중점입니다.

그리고, 부적합의 개선 상황을 추적하고 진도를 확인해야 합니다. 개선하겠다는 말은 많은데, 실제 그렇게 하고 있는지 확인해야 합니다. 임원들이 대충 넘어가면 안 됩니다.

아울러, 대책과 실제, 이 두 가지를 비교하여 확실한 성과를 보인 담당자에게는 작든 크든 포상을 결정하고, 그 반대인 경우에는 담당 임원이 주의나 경고를 해야 합니다.

임원 회의의 2순위는 고객과 시장 동향의 점검입니다.

전문가나 그 집단이 발행하는 산업 동향을 파악합니다. 그리고, 고객사와 고객사의 고객사 동향, 예를 들면 그들의 매출, 수주나 발주, 개발 계획, 주요 성과지표나 인사 조직의 변동 정보를 따져 보고, 단기 또는 중장기적으로 우리 회사에 미칠 영향을 점검합니다. 중요한 점은, 단기적 성과 때문에 우리 회사의 장기적 가치를 버리면 안 됩니다.

또한, 산업 동향과 고객사 동향 등을 고려하여 우리 회사의 신규 사업이나 신규 고객의 발굴 가능성을 논의합니다.

임원 회의의 3순위는 제품 개발 일정의 확인입니다.

빠르면 이상하고, 늦으면 안 되는 것이 제품 개발 프로세스입니다. 제품별로 과업과 일정이 일목요연하게 정리된 것을 확인해야 합니다. 여기서 개발 계획의 진행을 방해하거나 간섭하는 요인들을 찾아내 신속히 제거할 방법을 결정해야 합니다.

반복되거나, 경영 방침의 변경에 따라 드러난 문제를 어떻게 극복하고 더 좋게 할 것인지 그 방법을 찾아서 실행해야 합니다.

임원 회의의 4순위는 자금 운용입니다.

위 1~3순위를 거치면서 전반적으로 외부와 내부 상황이 정리되면, 자금 운용을 살피게 됩니다. 중요한 숫자로는 매출 증가율, 이익 증가율, 부채비율, 이자보상비율, 자금 조달 금리를 따져봅니다. 전년 동기 대비 추세선, 과거 3개월과 향후 3개월의 동향을 보면서 자금 담당 임원은 중요한 이슈Issue와 대응 방안을 제시해야 합니다.

원가절감 계획과 실적을 확인하는 것도 놓치면 안 되는 포인트입니다. 사업계획과 성과지표에서, 또는 필요에 따라 긴급히 추가된 원가절감 목표와 실적의 현장 점검을 마친 과업들을 확인하고, 그 달성과 미달에 대한 포상과 페널티를 정합니다.

임원 회의의 5순위는 혁신입니다.

회사의 성장이 너무 빠르거나, 성장이 곤란한 지경이면 혁신은 멈춰

버립니다. 톱 다운 방식의 혁신은 어느 순간에도 진행 중이어야 하며, 임원들은 관심을 소홀히 하면 안 됩니다. 혁신 활동 각 과업의 Red, Yellow, Green Light를 확인하고 포상과 페널티를 결정합니다. 또한, Red와 Yellow에 대해서는 어떤 상황이고, '누가' 책임자이며, 어떻게 진행했는지 꼭 확인해야 합니다.

또한, 경쟁사나 다른 업종의 회사가 추진하는 혁신 프로젝트에 대해서도 벤치마킹할 부분을 찾아 우리 회사에 적용 여부를 판단합니다. 그리고, 정부 지원사업과 같은 예산을 지원받을 사업도 챙겨 봅니다.

중요한 또 한 가지는 현재 우리가 보유한 혁신 리더가 얼마나, 어느 정도 수준으로 육성되었는지 확인하는 것입니다. 이 혁신 추진 세력이 결국 지속 가능한 혁신의 동력이 되기 때문이고 우리 리더 중에서 15~30% 정도는 그만한 자격이 있어야 합니다.

임원 회의의 6순위는 인사^{人事}입니다.

누가, 어떤 문제로 업무 프로세스와 조직 문화를 해롭게 하고 있는지를 파악하는 것이 우선입니다. 당연히 이 문제는 감정의 문제가 아닙니다. 그 사람의 말과 행동, 결과물에서 증거를 확정해야 합니다. 어떤 이유로 충돌하고 있는지, 그것이 개인의 문제인지, 조직 소통과 협업의 문제인지, 이런 내용이 파악되어야 합니다. 나쁜 상황이면, 결정에 따라 그 인원을 신속히 배제해야 합니다.

그다음 논의는 누구를 육성하고, 그러기 위해 그에게 무슨 일을 맡길 것인지 결정합니다. 그가 만들어 낼 수 있는 결과, 그가 기여할 수 있는 회사의 이익, 그를 위한 동기부여를 동시에 고려합니다. 이런 관심으로 인재가 만들어집니다. 그런데, 이만한 인재가 사내에 없다면, 당장 외부로부터 영입을 추진해야 합니다. 담당 임원이 맡아서 진행해야 합니다. 인재 영입을 따지고 망설이면 결국 손해입니다.

또한, 팀 간 소통에 문제가 없는지 확인합니다. 업무를 하면서 서로 공격하거나 의존하는 팀들이 있기 마련인데, 다툼이 없는지 파악하여 그 고충을 없애 버리거나 개선할 방법을 찾아야 합니다. 팀 간 소통도 중요하지만, 팀 간 소통이 필요 없게 만드는 것이 더 중요합니다.

임원 회의의 7순위는 일정 확인입니다.

향후 2개월까지의 내부, 외부의 주요 행사, 이벤트 등의 일정을 공유합니다. 공유가 필요한 임원 개인의 일정도 포함합니다. 2개월간 이벤트를 살피고, 중요한 이벤트의 준비, 실행, 마무리할 때 주의해야 할 포인트를 결정합니다.

이렇게 7가지를 순위를 매겨 임원 회의에서 준비하고 논의, 결정할 항목을 제시하였습니다. 모든 데이터는 최대한 사실에 근거해야 함은 강조할 필요가 없습니다.

마지막으로 꼭 지켜야 할 것이 하나 있습니다. 임원 회의 시작과 동시에 30분간은 참석한 임원들이 아무 말 없이 자료를 읽어야 합니다. 그리고 나서 회의를 시작합니다. 꼭 지키십시오.

임원 회의가 왜 중요한가?
방향^{Direction}과 속력^{Speed}
즉, 속도^{Velocity}를 결정하기 때문입니다   **Management & Leadership**

Go-To-Win®

2 - 8
현장에 가서 뭘 해야 하나?

현장에 가는 3가지 이유가 있습니다

우선, 경영자가 현장에 자주 가야 하는 것이 맞습니다. 한 달에 몇 번이라고 정할 수는 없지만 무슨 프로젝트를 시작할 때는 자주, 중간쯤에는 좀 줄여서, 어느 정도 안정된 끝 무렵에는 더 줄여서 가면 됩니다. 일상적인 경우엔 경영자가 스스로 정하면 되겠습니다.

새로운 경영자가 취임하였거나, 임원이 새롭게 무엇을 시작한다고 합니다. 예를 들어 '품질'에 각별히 집중해서 완전히 혁신 수준으로 만들자고 선언을 합니다. 이 선언 이후, 그 경영자는 아마 한 번쯤 현장 순회를 할 것이고, 일단 분위기를 잡을 것입니다.

그러면, 관리자인 팀장과 담당들은 그 경영자의 의중 파악, 여태까지 있었던 문제들과 대책들의 (새로운 것은 거의 없지만) 제목 변경과 새로운 단어로 짜 맞추기, 그리고 좀 더 두꺼운 보고서를 완성하여 제출할 것입니다. 관리자들에겐 그저 보고와 문서만 늘어난 것입니다.

현장은 어떻습니까? '품질을 어쩌고' 했는데, 소위 '위에서' 아무리 이거 해라, 저거 해라 해도, 현장은 그런 이야기가 특별하지 않습니다. 왜냐면, 그게 중요한지는 이미 알고 있고, 늘 해 오던 일이기 때문입니다. 현장 근무자들에겐 새로운 말도 아니고, 새로운 일도 아닙니다. 이미 '할 만큼은' 하고 있다는 반응입니다.

이후, 그 경영 리더는 제출된 보고서의 숫자와 그래프로 밀고 당기기를 할 것입니다. 그런데 사실, 이런 종류의 보고서에서 나오는 숫자는 거의 해석하기 나름입니다. 게다가 두세 가지만 맞비교해 보면 대부분 틀린 숫자들입니다. 이런 숫자들을 가지고 일 년 가까이 '경영'한다는 것은 말이 안 됩니다. 그러니, 숫자를 변하게 하지 말고, 현장이 변하도록 해야 합니다. 그래서 경영 리더는 현장에 가야 합니다.

위와 같은 상황을 경영 리더가 절대 모르지 않습니다. 그런데, 이유는 있겠지만, 알면서도 이렇게 한다면 비정상입니다. 이유가 어떻든.

경영 리더가 현장에 가서 할 일이 세 가지 있습니다. 첫째는, 콕 짚어 알려 주는 것입니다.

위에서 잠깐 말했지만, 현장 근무자들은 '위에서' 뭘 하라고는 하는데, 그건 이미 다 하고 있는데 '뭘 하라는 거야? 라는' 반응입니다. 또는, 그냥 있다가 누가 와서 (다시) 하라고 야단치면 그때 하면 되지, (하기도 싫은데) 뭘 미리미리 해? 이런 심산입니다. 대부분, 늘 해야 할 일 말고는 절대(?) 안 하는 태도라, 콕 짚어 주지 않으면 현장을 움직이기가 어렵습니다.

설마 경영 리더로서 무엇을 짚어 줘야 할지 모르겠다는 것은 아니겠지만, 일단은 본인이 강조한 것(예를 들면 '품질')을 염두에 두고, 보이는 것부터 지적해 줍니다. 가장 기본적인 근무자의 복장 상태나 현장의 정리 정돈부터 시작해서, 문제가 발생할 만한 주요 포인트를 현장 작업 상황을 확인하면서 짚어 줍니다. 문제가 발생하는 이유와 결과에 대해 미리 파악하고 가는 것도 도움이 될 것입니다. 근무자에게 직접 질문을 하여 확인하면서 진단해 주는 것이 좋습니다. 이때, 동행한 담당자가 있다면 사진 촬영을 하도록 하십시오. 반복 점검할 때 유용할 것입니다. 처음엔 이렇게 눈에 띄는 즉시 개선해야 할 것들 위주로 현장을 진단합니다.

그리고, 일정 기간이 지나면 다시 현장에 가야 합니다. 이때는 지난번에 지적한 것들을 개선하였는지 꼭! 확인해야 합니다. 왜냐면, 지적만 하고 조치가 취해진 것을 정확히 확인하지 않으면, 단지 지적만 한다는 불만이 생깁니다. 그리고 개선된 것이 정말 유효한지를 진단해 주지 않으면, 지적한 사람과 개선한 사람의 포인트가 빗나갈 수 있기 때문인데, 새로운 지적보다 개선해 놓은 것의 승인이나 추가적인 요구 사항을 정확히 전달해야 맞습니다. 이때 중요한 포인트는, 개선한 것이 앞으로 무리 없이 잘 유지될 수 있는지를 확인해야 합니다. 하라고 시키니까(?) 일단 해 놓고 관심이 줄면 예전의 상태로 되돌아갈 확률이 매우 높기 때문입니다. 개선은 한 번에 끝나는 게 아니니, 개선된 것의 또 다른 문제가 있는지 근무자가 귀찮을 정도로 끈질기게 확인해야 합니다. 처음부터 이렇게 확실하게 점검한다는 것을 모든 근무자에게 실감 나게 전달해야, 소홀함이나 임시방편이 없습니다. 이래서 처음이 중요합니다. 할 것을 지적해 주고, 한 것이 유지될 것인가를 진단해 주는 것이 첫째입니다.

경영 리더가 현장에 가서 해야 할 두 번째는 '결정해 주는' 것입니다.

문제를 해결하기 위해 이렇게, 저렇게 하겠다는 의견을 말로 할 때가 있고, 문서로 작성되어 현장에 붙어 있는 경우가 있습니다. 어떤 경우든 가장 좋은 것은 의견을 전달받거나 문서나 현장을 보면, 가능한 그 자리에서 실행하라 또는 하지 말라고 결정해야 합니다. 시간을 끌지 마십시오.

실제 개선의 과정을 지켜보면, 현상 파악이나 원인 분석, 개선 실행의 시간보다 문서를 작성하고, 보고하고, 결재받는 시간이 더 길 때도 있습니다. 개선안을 만들어 낸 지 벌써 한 달이 다 되어 가는데, 하라는 건지, 하지 말라는 건지 결정을 안 해 주고 있다면 현장근무자들은 기운이 쭉 빠집니다. 활동이란 '주고받는 것'이고, 그것은 빠르면 빠를수록 좋습니다. 시간을 질질 끄는 것은 하지 말라고 하는 것보다 더 나쁩니다.

결정에 필요한 만큼의 문서만 만들도록 하고, 현장에서 보고 듣고 바로 결정할 수 있는 효율적인 방식을 경영 리더가 만들어야 합니다. 개선을 실행할 사람들이 가장 기다리는 것이 '결정'입니다. 타당한 이유로 하지 말라고 하면, 실망스럽더라도 또 다른 방법을 열심히 찾으려고 합니다. 경영자가 현장에서 바로바로 명쾌하게 결정해 주는 능력을 보이는 것 같지만, 사실은 경영자가 사전에 그런 것들을 며칠이고 충분히 고민했고, 나름대로 최적의 솔루션을 준비하고 있었던 것입니다. 현장의 목표 달성 또는 현장 근무자를 위한 개선을 늘 고민하는 것은 리더에게 특별한 일이 될 수 없습니다. 현장감을 갖고 있는 것이 일상입니다.

셋째는, '돈을 쓰기 위해' 현장에 가야 합니다.

투자가 없는 발전은 없습니다. 사람이 더 열심히 해야 할 일도 있지만, 어느 순간 그것도 한계가 있습니다. 이럴 땐 결국 투자를 결정해야 합니다. 현장에 가서 그들에게 이런 부분은 언제까지 투자해서 개선하겠다는 말을 해야 합니다. 투자를 위해 현장에 간다는 것은 앞에서 언급한 두 가지의 연장선에 있습니다.

현장 근무자나 담당들이 문제 해결을 위한 검토를 통해 투자의 세부적인 사항까지 보고할 것입니다. 그러나, 이 보고 내용에 전체적인 현장 고려가 빠져 있는 경우도 많습니다. 많은 돈이든, 적은 돈이든 투자란 것이 일 년, 이 년을 보고, 해당 장소만 보고 결정할 수 없기에 몇 번이고 확인해야 합니다. 그래서 돈을 '잘' 쓰기 위해 경영 리더는 현장에 가야 합니다. 담당이나 부서장이 애써서 만든 투자 계획이지만, 그들의 경험이나 예측만으로는 절대 충분하지 않다는 것을 알고 있지 않습니까? 믿지 못해서가 아니라, 더 완벽해지기 위해서입니다.

리더가 현장에 가야 하는 이유는
짚어 주고, 결정해 주고, 돈을 잘 써야 하기 때문입니다

Management & Leadership

Go-To-Win®

2 - 9
당신은 주인이 아니다

사주^{社主}는 '주인이라~' 對^{vs.} 사원^{社員}은 '주인처럼~'
이것의 경계를 분명히 해야 안전합니다

사주^{社主}와 임직원을 포함한 사원^{社員}의 '경계'는 무엇일까요?

명령에 따르지 않고 운영과 운용 사무의 지시를 내린다면 사주입니다. 업무 과정에 관한 고민보다, 고객과 인사와 재무의 결과에 집중하면 사주입니다. 보수를 받지만, 보수를 결정하고 지급하면 사주입니다.

중요한 보고를 받고 마지막으로 의사결정을 하면 사주입니다. 배당을 받지만 이익 처분 권한을 가진 사람이 사주입니다. '가장 확실한 경계'는, 아무리 싫어도 회사를 떠날 수 없는 그 사람이 사주입니다. 그래서 사주는 권세權勢를 놓을 수 없고, 놓아서도 안 되고, 놓지도 않습니다.

사주가 아닌 사원의 처지에서 '주인처럼'은 경계를 지켜서 일정한 거리를 유지하는 것입니다. 이런 감각 없이 너무 '주인'처럼 살면 쫓겨날 수 있습니다. 적당한 거리를 둬야 살아남고, 살아남아야 뭐든 할 수 있습니다. 사주가 아닌데 그래도 꼭 하고 싶은 것이 있다면, 어설프게 '주인'처럼 먼저 나서지 말고, 진짜 주인이 허락하면 그때 하십시오. 당신은 주인이 아닙니다.

임직원으로서 누구나 한두 번쯤 미친 듯이 일해서 탁월한 성과를 내기도 합니다. 회사 안팎의 온갖 어려움을 돌파하며, 심지어 동료와 다투면서까지 완벽하게 목표 그 이상을 달성하기도 합니다. 회사 운영이나 리더들에 관해 날 선 비판도 합니다. 다 회사를 위해 (그런가요?). 그래서, 지금은 회사에서 좀 더 높은 지위를 인정받았고. 안전해지고, 사주와의 만남이 늘어났습니다. 하지만, 사주는 아닙니다.

그렇다고 해서, 주인이 아닌 것이 뭐 그렇게 서운한 일도 아닙니다. 시간이 지나, 가만히 생각해 보면 그 어려운 일도 본인이 하고 싶거나, 해야 할 일이었습니다. 물론, 결과에 따라 본인이 기대하는 것도 있었습니다. 남보다 더 인정을 받고, 보상이 커지고, 회사 덕분에 새로운 경험으로 굉장한 실력을 쌓기도 했습니다. 회사 안에서, 업계에서, 본인의 가치가 상당히 올라간 것이 분명하다면, 회사라는 거기에서는 그만큼 만족해도 충분합니다. 여기까지가 경계입니다.

"너무 잘하려고 애쓰지 마!"란 말이 있고, "연애는 하되, 결혼은 하지 마!", "불에 너무 가까이 가지 마!"라는 말도 있습니다. 연애를 즐기고, 곁불을 쬐라 하지만, 주인들은 경계 안으로 들어오는 것을 절대 용납하지 않습니다. 경계를 기웃거리면 당신도 안전하지 못합니다. 물론 이런 '주인'에게 사업가 정신이 없다는 의미는 아닙니다. 그것은 다른 차원의 이야기입니다.

회사 업무 중에 불합리한 의사결정 프로세스, 현장과 사무실의 부가가치 없는 활동, 경쟁기업과 기술 격차의 핵심 문제, 급변하는 고객과 시장의 대응 방법 등등을 고민하고 틈틈이 메모해 두었는데, 아주 우연한 기회에 회장[사장]에게 보고하는 기회가 있었고, 회장[사장]이 칭찬을 거듭하며 큰 상을 주고, 승진시켰다는 일화를 가끔 듣고 봅니다. 주인 의식을 가진 사원의 생각과 이것을 '받아들일 줄 아는 사주'이었기에 특별한 만남이 가능했던 것입니다.

'주인처럼' 자기 일에 책임감을 가지라는 말이지,
주인이란 말이 아닙니다.

그래도 회사에서 '주인처럼' 살아야 힘도 덜 들고, 의미가 있을 것입니다. 겉도는 삶을 넘기 위해 어떻게 하면 좋겠습니까?

첫째, 너무 많은 생각으로 고민하지 말고, 본인 과업의 결과와 실적에 집중하십시오. 그러면 주인도 좋고 당신도 좋습니다. 주인이 몰라서 못 했고, 알고도 못 하는 일을 잘 해 보라고 당신에게 맡긴 것입니다. 그런 일을 하겠다고 계약한 것도 당신입니다. 주어진 목표만 바라보고, 열심히 해서 실적이 나오면 본인의 커리어가 쌓이는 것이고, 그에 따라 연봉 소득도 올라가지 않습니까?

나에게 맡겨진 일보다 우리 회사에 더 심각하고 중요한 것이 있는데, 왜 주인은 그것들에 관해서는 누구에게도 아무런 지시를 하지 않을까? 근본적인 문제를 해결하지 않은 채 이렇게 해 봐야 효과가 없을 텐데, 게다가 동료들 역시 그걸 도대체 왜 하냐고 불만을 터뜨리거나 빈정댈 텐데 등등 생각이 많을 수 있습니다. 일단 그런 생각 접어 두고, 맡겨진 일에 집중하고, 진행의 과정을 보고하십시오. 주인은 당신에게 맡긴 일에 관해서만 관심이 있습니다.

둘째, 정情 주지 말고, 믿음[신뢰]만 주십시오. '정'이란 누구누구와 공감을 하든 결국엔 개인적인 감정입니다. 좋은 감정은 좋은 것이지만, 그 좋은 감정이 서로 오래오래 지속하기가 어렵다는 게 문제고 현실입니다. 특히 사주에게는 감정이 그리 중요하지 않습니다. 사주에게는 오로지 믿을 만한 사람인가, 일을 맡기면 잘 해낼 사람인가가 중요합니다. 설사 좋은 감정이 있더라도 결정을 앞두고 그것에 매이지 않습니다. 당연히 매여서도 안 됩니다. 그러니, 굳이 정을 쌓지 말고, 신뢰를 쌓으십시오.

회사 조직은 '정情의 공동체共同體'가 아니라, 신뢰와 이익의 공동체입니다. 예전의 품앗이 두레가 아니라, 집단의 계약에 따라 작동됩니다. 또한, 조직 구성원의 정체성은 매우 다양하며, 우리는 이 다양성을 인정하고 있습니다. '정'을 요구하지도 않고, 정을 요구받는 것도 원하지 않습니다. 구성원들이 자연스럽게 친해져야 '관계'에 어려움이 없고, 조직이 동호회 활동을 장려하는 것도 '조직 문화와 친밀도'가 협업 요인이기 때문입니다. '정'과 관계없이, 억지로 그런 관계를 맺어서도 안 됩니다.

셋째, 권한 내內에서만 주인처럼 책임감을 가지면 됩니다. 사주인 주인이 정당한 권한을 행사하라고 하였고, 그렇게 하지 않을 때 심한 간섭을 합니다. 그러니, 본인의 조직과 구성원들을 위해 맡은 과업과 부여된 목표를 권한 내에서 리더처럼 하면 됩니다.

맡아서 해야 할 임무를 중요하게 여기는 마음이 책임감입니다. 회사 규정에 리더인 임원과 팀장의 권한이 명시되어 있습니다. 그에 따라 최선을 다하는 것이 책임감 있는 행동입니다. 이렇게 안 하는 게 문제지, 사주가 이런 책임감 있는 행동을 볼 때 무엇이 불만이겠으며, 리더의 잘못이겠습니까?

업무 외外로 주인을 판단하거나, 시험하거나, 감정을 갖지 마십시오
그래야 주인처럼 살 수 있습니다

그런데, 어느 날 당신이 '주인'처럼 한 행동의 결과가 당신에게 불리함으로 다가올 때가 있을 것입니다. 무엇 때문인지, 사주가 당신에게 무리한 요구를 반복하거나, 당신이 반대하는 것의 실행을 강하게 요구할 때입니다. 그때는 당신이 안전한 상태가 아닙니다. 잘 준비해서 떠나는 수밖에 없습니다. 주인이 아니니까. **Management & Leadership**

3

리더가 부족합니다

Go-To-Win®

3 - **1**
임원, 부장, 과장은 왜 필요한가?

논란^{論難}을 끝내야 합니다

"우리 사장님은 현장을 너무 모르시는 것 같아!" 매출과 생산량의 매우 높은! 목표를 제시하고 반드시 달성하라고 강요(?)하면, 경영자를 제정신이 아닌 것으로 여기는 직원도 있습니다. 하지만, 회사의 이익과 직원의 생활을 책임지고 있는 경영자가 그럴 리 있겠습니까? 회사의 앞날을 꼼꼼히 따져 내다보니, 그 정도의 경쟁력을 확보하지 않으면 사업이 어려워질 것이 뻔히 보이는데, 지금부터 확실하게 준비해야 하기 때문이겠지요. 직원들은 직원대로, 경영자는 경영자대로 입장의 차이 때문에 오해가 생길 수 있습니다.

경영자가 할 일 중에 직원들을 발전적 '혼란^{Chaos}'으로 계속 몰아넣는 것은 피할 수 없는 책무입니다.

임직원들이 모두 '어렵다' '안 된다' 해도, 새로운 도전의 좌표를 설정하고, 엄청난 힘이 들더라도 그 목표를 향해 달려들도록 명령합니다. 경영자인들 알 수 없는 미래가 어찌 두렵지 않겠습니까? 그러나, 남들과 다르게, 더 빨리, 더 멀리 가야 하는 현실에 직면하면, 피할 수 없는 선택 앞에 놓이게 됩니다. 할 수 있는 방법을 사력을 다해 찾아내고, 가능하다고 스스로 믿고 결행하는 것입니다. 이런 상황인데 "간부 사원들은 물론이고, 임원들조차 나의 방침에 따라 주지 않는다. 어떻게 해야 하나?" 경영자도 누구를 붙잡고 답답한 심정을 하소연하고 싶을 때가 있을 것입니다.

변화에는 저항이 따릅니다. 이 저항 때문에 변화가 실패로 끝나는 것이 아니라, 경영자가 저항을 잘 관리하지 못하기 때문에 실패할 확률이 높습니다. 여름이 되면 덥고, 겨울이 되면 추운 걸 모르는 사람은 없습니다. 매출이 떨어지면, 고객으로부터 엄청난 클레임이 들어오면, 직원들의 분위기가 엉망이 된다는 것쯤도 알고 있습니다. 이렇듯, 변화에 당연히 따라오는 것이 있지 않습니까? 저항, 위험, 고통, 갈등, 희망도 있습니다. 대부분의 저항을 경영자가 예측할 수 있으니, 그것을 미리 염려하고 대책을 세워야 합니다.

입장의 차이가 '생각과 태도의 차이'를 만듭니다. 몇 명이든 사람들이 모여 조직을 만들면, 사람들의 생각과 행동은 자연스럽게 종鐘모양의 정규분포로 나타납니다. 즉, 긍정적인 태도를 보이고 열심히 행동하는 직원들이 있고, 반대로 매사에 부정적인 태도로 자기를 방어하거나, 심지어 드러내 놓고 방해하는 직원들도 있습니다. 또, 양쪽의 중간에서 적당히 관망하는 직원들도 있습니다. 굳이 숫자로 이야기하자면, 긍정 20%, 관망눈치 보기 60%, 부정 20% 정도로 나눌 수 있을까요? 경영자의 메시지가 전달되면, 조직은 '2:6:2 법칙'에 따라 반응합니다. 전원이 공감하고 동의하고 동참하여 준다면 좋겠지만, 그렇지 않다는 것도 어쩔 수 없이 인정해야 하는 현실입니다. 이런 현실을 인정하고 경영자가 시작할 일은 무엇일까요?

당장 경영자의 분신分身을 만들어야 합니다. 직원 모두를 한꺼번에 변화시킬 수 없기 때문에 한 사람씩이라도 변하게 해야 합니다. 경영자 혼자서는 매우 힘든 일이니, 여기서 임원이나 간부들이 그 역할을 맡아 주어야 하기에 좋은 임원과 간부가 필요합니다. 경영자가 직원 모두를 만나서 도전적인 경영 방침을 단시간에 이해시키는 것도 무리가 있습니다. 물론, 집합 교육이나 Workshop 프로그램을 이용해서, 수차례로 나누어 전체 직원들과 직접 커뮤니케이션하는 것도 가능하고 좋은 방법의 하나입니다.

이처럼 경영자에게는 자신의 분신이 되어 줄 사람이 절실히 필요한데, 이들이 바로 임원이고, 부장이고, 과장들입니다. 뜻을 같이하는 임원, 기꺼이 앞장서는 간부들로 잘 훈련되어 있지 않으면 안 됩니다.

흔치 않은 일이지만, 어떤 리더들은 경영자의 메시지 바로 앞에서는 찬성하는 척하지만, 돌아서서 비난하는 경우가 있습니다. 경영자가 도대체 그동안 그들에게 어떻게 하였기에 이런 모습을 보이는지… 더 안타까운 것은 경영자가 이를 뻔히 알면서도 그 어떤 조처를 하지 않는 것입니다. 경영자는 크게 반성하고 판을 다시 짜야 합니다. 아니, 임원이나 간부 사원들도 따르지 않는 판에 어떻게 많은 직원을 지휘하여 전진할 것입니까?

지금은 속도전速度戰입니다. 첫째는 제대로, 둘째는 빨리하지 않으면 이길 수 없습니다. 직원들이 일하다 보면 손발이 착착 맞는 경우도 있지만, 대부분 부서 내에서나 부서 간에 문제가 생기는 경우가 더 많습니다. 과장들 간에 비협조나 의견 충돌이 생겨 과장들끼리 다툼이 있으면, 누군가 신속하게 조정하거나 결정해 주어야 합니다. 그래서 부장이 필요합니다. 마찬가지로 부장들끼리 다툼이 있을 때 그 해답을 찾아야 하는데, 그래서 임원이 필요합니다. 이래서 과장, 부장, 임원이 필요합니다.

회사는 각 단위 조직이 전문적으로 일 처리를 하기 위해 부서 단위로 분업화되어 있습니다. 그렇다 보니 각 조직은 자기 조직에 편리하도록 문제를 해결하려는 관습이 있습니다. 복잡한 길에 차가 막혀서 꼼짝 못 하게 되었는데, 각자 차 안에서 경적만 울린다고 풀리는 것이 아닙니다. 여기저기 불이 옮겨붙고 있는데, 이리 뛰고 저리 뛰고 소리만 지른다고 화재가 진압되는 것은 아닙니다. 불길을 보고 불 끌 순서를 찾아내고, 지휘해야 합니다. 그래서 과장, 부장, 임원이 그 자리에 있는 것입니다.

　사장은 물론이지만, 임원과 부장은 직원들의 희망이어야 합니다. 직원들이 자신을 동기부여하여 끊임없이 노력하기 위해서는 회사 내에 그만한 롤 모델이 필요합니다. 멋진 부장이 되기 위해 직원들이 열심히 일하려면, 멋진 부장이 그들 앞에 서 있어야 합니다. 산을 열심히 오르기만 하고 두 발로 딛고 설 정상頂上이 없다면, 체력을 기르고 준비하고 훈련하고 힘들게 오르겠습니까? 직장에서 하고 싶은 일을 하고, 좋은 보스Boss를 만나는 게 큰 복福이니, 그렇게 되도록 경영자는 도와주어야 합니다.

　임원과 부장이 필요한 이유는 이렇게 세 가지입니다. 그들이 경영자의 분신이어야 하고, 소통과 결정을 제대로, 신속하게 하여야 하고, 직원들에게 매력적인 롤 모델이어야 하기 때문입니다.

　그래서 임원이나 부장에게는 그럴 만한 자격이 필요합니다. 그 자격은 경영자가 심사숙고하여 결정하여야 합니다. 임원과 부장이 어떤 능력을 갖추도록 경영자가 관심을 가져야 할까요? 이렇게 생각합니다. 체력, 판단력, 추진력, 증진력 이렇게 네 가지입니다.

　첫째가 체력입니다. 리더는 수많은 사람을 만나고 설득하기 위해서 끊임없이 대화하여야 하기 때문입니다. 안 다니는 곳 없이 구석구석 다 다니면서 확인하고 지휘해야 하고, 어려운 문제를 해결하기 위해 항상 좋은 컨디션으로 집중해야 하기 때문입니다. 또한, 좋은 체력을 갖고 있다는 것은 좋은 생활 습관을 갖고 있다는 것입니다. 습관이 바르다는 것은 자기반성과 개발에 소홀하지 않음에서 오기 때문입니다.

둘째는 판단력입니다. 사실에 따른 올바른 정보를 모으고, 문제해결 과정에서 명분과 실리 확보를 동시에 발휘하여, 직원들을 힘 나게 한다면 더할 나위가 없습니다. 지금의 간부가 그런 간부인가는, 수차례 그의 의사결정과 그 결과를 추적해 봄으로써 검증이 가능할 것입니다. 리더의 가장 문제가 되는 것은, 이것도 아니고 저것도 아닌, 찬성인지 반대인지 불분명하고, 게다가 일이 잘못되었을 때 빠져나갈 구멍을 미리 만들어 놓고, 그렇게 되면 재빨리 책임을 전가하는 못된 태도입니다.

셋째는 추진력입니다. 자기가 약속한 것을 지켜 내는 것입니다. 단순히 부하 직원들을 밀어붙이는 것이 아니라, 함께 성과를 내는지가 중요합니다. 이런저런 불가능하다는 이유를 나열하는 리더와는 함께 갈 수 없습니다. 내쫓아야 합니다. 임원과 간부가 약속한 것에 관해서는 경영자가 빠짐없이 적어 놓고 꼭 챙겨야 합니다. 챙기고 있다는 것을 그들에게 보여 주어야 합니다.

넷째는 증진력입니다. 즉, 쌓아 올리는 힘입니다. 매월, 매년 일을 벌이고 결과를 거두는데, 그 일의 성과들을 잘 정렬한 로드맵처럼 연속적으로 엮어 축적하는 리더가 필요합니다. 하나에 하나를 더하여 더 좋은 하나를 만들고, 계속해서 개선과 성과를 쌓아 올려 큰 그림을 색칠해 나가듯 탁월한 작품을 만들어 내는 힘입니다.

회사가 크고 작음에 따라 채울 수 있는 역량에 차이는 있겠지만, 작은 회사가 성장하여 큰 회사가 되는 것이 아닙니까? 부족한 역량을 힘껏 채워 나가면 헌신적인 리더를 키울 수 있습니다. 간부 직원, 즉 리더가 필요한 세 가지 이유와 좋은 리더의 네 가지 자격에 대해 생각해 보았습니다.

리더인 임원, 부장, 과장은
경영자의 분신, 소통 전문가, 매력적인 롤 모델이며,
체력, 판단력, 추진력, 증진력을 갖추고 있어야 합니다

Management & Leadership

Go-To-Win®

3 - ❷
누가 먼저 시작할까? 윗물과 아랫 물

리더를 관리하고 있는가?
리더는 무엇을 원하는가?

학생 시절에 MT를 가서 선후배 간에 격의 없이 대화하던 중, 우리 봉사활동을 더욱 열심히 해 보자는 의미로, 서로에게 바라는 것을 편하게 이야기하는 시간이 있었습니다. 중요한 행사나 자기 개발, 상호 교류에 관해 선배들에게 그간 섭섭한 마음을 가진 후배가 "윗물이 맑아야 아랫물이 맑은 것 아닌가요?" 하니, 곧바로 어느 선배가 "인마! 아랫 불이 잘 타야 윗 불이 좋은 거야!" 하여 한참을 웃은 적이 있었습니다.

회사에 꼭 필요한 것이 끊임없는 변화, 즉 지속적인 성장의 동력과 성과 획득이라고 한다면, 누가 먼저 그 선봉先鋒에 나서서 시작해야 할까요? 과연 누구의 역할이 중요한 것인가를 생각해 봅니다.

물론, 모든 직원이 참여해야 하겠지만, 하루 이틀도 아니고 몇 달이고 몇 년이고 계속해야 하니, 힘에 부친 결과가 오르락내리락할 것입니다. 오르막에서 좀 더 힘을 내자는 응원을 펼치고, 내리막의 바닥에서 반성과 격려를 빠뜨리지 않는 누군가의 역할이 필요합니다. 이 중요한 고비마다, 왜 리더가 앞장서야 하는지 그 이유를 세 가지 정도로 정리해 봅니다.

첫째, 리더는 변화에 관한 실행 과정에서 의사결정의 권한을 가지고 있기 때문입니다.

회사에서는 누군가 일의 중간과 마지막까지 결정을 내려 줘야, 거기에 따르는 예산부터 시작해서 순서대로 일이 진행됩니다. 아무리 훌륭한 기획을 하더라도, 결행하지 않으면 성공이든 실패든 얻을 수 없습니다. 부장이 반대하는 기획안을 과장, 대리가 제 마음대로 추진할 수 없지 않습니까?

둘째, 리더는 정보를 갖고 있기 때문입니다.

리더가 갖는 두 가지 정보는, 경험이란 '과거 정보'와 직원들에게 아직 공개되지 않은 '미래 정보'입니다. 리더는 변화에 필요한 이 두 가지 정보를 조합할 수 있습니다. 산에서 비를 만나 봤고, 비가 올 것이라는 날씨 정보를 가지고 있는 산행 대장인 리더가, 산을 오르는 사람들에게 정상으로 향하는 루트와 행동 요령을 안내해야 하는 것 아니겠습니까? 사업도 마찬가지입니다. 리더가 알고도 안 하는 것, 알면서 안 가르쳐 주는 것은 직원과 회사에 큰 죄를 짓는 것입니다.

셋째, 리더는 스스로 앞장서서 회사 이익에 크게 기여하는 오너십을 보여야 합니다. 즉, 실적을 계속 만들어야 합니다.

실적은 이미 있는 곳에서 나오기도 하지만, 큰 실적은 새로운 곳에서 만들어집니다. 그런 변화가 있어야 실적이 나옵니다. 실적이 있어야 회사에 기여할 수 있고, 그 기여도가 커야 큰 인정을 받습니다. 경영자는 실적으로 리더를 평가할 수밖에 없습니다. 실적을 내지 못하면, 설사 회사를 물려받을 경영자의 2세라 해도 그에게 자리가 돌아가지 않습니다. 회사가 리더의 자리에 앉혀 놓고 기회를 주었는데, 실적으로 보답하지 못한다면 리더의 자격이 없습니다. 그래서 리더는 인정받아야 하는 본인을 위해서라도 누구보다 앞장서서 열심히 해야 합니다.

이런 이유로 해서, 리더들이 변화와 혁신의 실천에 나서 줘야 하는데, 왜 그들은 맨 앞에 서지 않을까요?

개인적인 성격 때문에 지시나 권유가 있기 전에 먼저 나서지 않는 리더가 있습니다. 또, 지금 상황에서는 리더 본인은 물론 부서 직원들이 너무 많은 일로 지쳐 있어, 의지가 있어도 형편상 나서지 못하는 리더도 있습니다. 또, 괜히 나서서 좋을 것이 없는 일, 해 봐야 표시도 안 나고 이익이 없다고 재빠르게 판단하여 나서지 않는 리더도 있습니다. 아예 자신감이 없어 포기하는 리더도 있습니다. 어차피 여러 부서가 얽혀 있는데, 굳이 내가 나서서 총대 메고 견제 받고 싶지 않다는 리더도 있습니다. 왜 나서지 않는가의 이유를 알고 싶은 진실 게임은 이렇듯 짐작은 되지만, 정확한 이유를 찾기 힘듭니다.

결국, '열정의 냉각'입니다. 서서히 진행된 냉각의 과정은 그들이 목격하였던 과거의 불편한 진실에서 시작되기도 합니다.

퇴사하기 전까지 죽도록 일을 했던 그 사람들이 지금 어떤 모습인가를 목격했습니다. 열심히 일하면 주어지리라 기대했던 것들이 만족스럽지 못했답니다. 나를 따라온 부하 직원들에게도 역시 보답하지 못했답니다. 물론, 리더들의 이런 생각은 경영자의 생각이나 마음과 매우 다를 것입니다. 경영자도 할 말이야 많겠지만, 임직원들이 선뜻 공개적으로 말하지 못하는 이런 불편한 진실이 계속 쌓인다면, 가장 무서운 '불신'이 두터워질 수밖에 없습니다. 이것을 경영자가 잘 헤아려야 합니다.

임직원들이 치열한 경쟁을 멋지게 이겨 내고 회사의 성과를 높였을 때, 경영자는 공정한 평가와 보상을 반드시 해 주어야 합니다. 공정한 평가를 위해서는, 서류상의 숫자만으로는 안 되고, 오랜 기간 그 진행

과정을 관찰하는 것이 필요합니다. 또한, 보상은 그들이 바라는 것보다 한 단계 높게 해 주는 것이 더 좋습니다. 받고 싶은 만큼보다 좀 더 주는 것이 보상의 비결입니다.

나아가서, 지금 리더가 하는 이 일이 장차 그 리더의 사업이 될 수 있다는 비전을 부여한다면 좋습니다. 그런 기회가 임직원 모두에게 돌아가지 않겠지만, 그럴 자격이 있는 임직원에게는 그렇게 해 주는 것이 맞습니다. 자기 사업을 할 수 있고, 그 사업을 키워서 함께 일한 사람들과 또 나눌 수 있는데, 열정이 식을 틈이 있겠습니까? 어떤 식으로든 사업의 규모를 키우고 임직원들과 꿈을 나누어 그들의 열정을 관리하는 것도 경영자의 일입니다.

큰 틀에서 리더들이 열정을 지니고 앞장설 수 있는 근거를 조심스럽게 진단해 보았습니다. 이제는 실용적인 측면에서 동기를 부여할 수 있는 대안을 찾아보기로 합니다.

우선, 리더가 일하도록 할 때, 경영자는 심사숙고하여 그 일의 분담을 명확하게 해야 합니다.

일의 분담이 명확해야 책임과 권한이 분명합니다. 신경을 써서 자리를 나누었으니, 나머지 상세한 일은 여러분들끼리 서로 의논해서 잘 알아서 하라면 안 될 일입니다. 분담은 애매해서는 안 됩니다. 일의 추진을 최대한 예상하여 명확한 분담이 되도록 결정을 내려 줘야 합니다. 야구에서 1루수와 2루수 사이로 날아오는 공을 누가 받아 내야 하는지를 미리 결정해 놓듯이 말입니다.

다음으로는, 경영자가 믿음을 주어야 합니다.

해야 하나, 말아야 하나 망설임이 있을 때, 경영자의 한마디는 정말 필요합니다. 당신은 할 수 있고, 해낼 것이라는 신뢰를 분명히 전달해야 합니다. 경영자가 진심으로 믿고 맡기고 있다는 것을 그가 진심으로 이해한다면, 그 무엇이라도 시도해 보지 않을 리더가 있겠습니까? 경영자는 본인의 진심 즉, 신뢰를 제대로 전달하는 방법을 터득해야 합니다. 감동을 주는 방법을 연습해야 합니다. 감시가 아닌 관찰을 하고, 호통이 아닌 훈육을 하고, 그들의 곁에서 함께 먹고 마시며, 같이 화내고 즐거워하면 됩니다. "우리는 같은 꿈을 똑같이 갖고 있지 않은가?" 그 이유는 이것뿐입니다.

> 회사가 주는 믿음은 자리^{Position}와 현금^{Cash}
> 둘 다이거나, 둘 중 하나입니다
> 이것들을 주고 싶은 리더가 없다면
> 그만한 리더가 회사에 없다는 것입니다

Management & Leadership

Go-To-Win®

3 - 3
될 사람과 안 될 사람

오너^{Owner}의 혼잣말
"이 사람아, 나한테만 잘하면 뭐하냐? 쯧쯧"

지배하는 자와 지배당하는 자, 나에게 이로운 자와 해로운 자, 돈으로 되는 일과 돈으로도 안 되는 일. 이처럼 둘로 나눠 보기를 해 봅니다.

경영자와 리더들 중에도 '더 잘 될 사람'과 '더는 안 될 사람'이 있을 것이고, 그렇다면 이 두 집단 간에는 차이가 있지 않을까요? 사실, 잘

됐다, 안 됐다고 하는 것에 어디나 통하는 절대 기준이 있을 리는 없습니다. 사람마다 추구하는 바도 다르고, 더구나 미래를 알 수 없는 상황에서 지금 잘 됐다, 안 됐다를 가르는 것은 무리가 있습니다. 그러나, 기업에서 승승장구하는 사람이 없지 않으니, 그가 이룬 결과를 놓고, 인정받을 만한 사람의 스타일을 한 번쯤 살펴보고 잘 활용하면 나쁘지 않겠습니다.

이미 다양한 관점에서 성공에 관한 통찰력을 가진 전문가들의 의견이 많고, 게다가 회사 내에서 자기만의 행동 방식을 통해 성공한 리더도 많습니다. 여기서는 '상사, 부하 직원, 동료'라는 세 가지 관점으로 접근하려고 합니다.

상사를 보좌하는 입장에서 '될 사람'을 보자면, '따르되, 알고 따르는 사람'이 기본이고, '따르되, 자기 생각이 있는 사람'이 중간이고, '뛰어넘으나, 표 내지 않는 사람'이 가장 좋습니다.

팀장 이상의 리더 중에서 상사의 지시가 있으면, 즉시 "Yes, Yes" 하는 경우가 종종 있습니다. 그것이 지나쳐, 지시하는 상사조차 '이건 알았다고 Yes 대답만 할 게 아니라, 질문이 있어야 하는데'라고 머뭇거리는데, 그냥 막 넘어가는 경우입니다. 소위 예스맨입니다. 그러니, 상사가 보기엔 집중하지 않고 건성인 것 같다, 불안하다고 생각합니다. 게다가 이런 리더는 부하 직원들에게, 이렇게 지시받은 사항을 그저 '배달'만 하고, 사장님 지시 사항이니까 빨리 잘하라고 목소리를 높여 독촉까지 해댈 것입니다. 어쩌다 부하 직원이 똑똑한 질문이라도 던지면 화를 내거나 엉뚱한 답변을 할 것입니다. 겉도는 리더이고 골목대장 리더입니다.

'따르되, 알고 따르기' 위해서는 자신의 판단으로만 알아서 하지 말고 즉, 상의 변질^{上意變質}을 하지 말고, 일머리에 대해 혼자 짐작하지 말고, 정확하게 그 의중을 확인하는 것이 중요합니다. 지시자에게 되묻는 것이 부끄럽거나 능력 없어 보이는 게 아닙니다. 오히려 그 반대로, 철저해 보입니다.

그다음이 '따르되, 자기 생각이 있는' 사람입니다. 여기서 자기 생각이란, '자기를 위한 욕심'의 뜻이 아니라는 건 아실 겁니다. 문제 해결을 위해 현실을 고려하여, 최적의 방법을 동원하는 능력이라고 볼 수 있습니다. 경영자가 리더에게 던지는 숙제가 어디 쉬운 게 있습니까? 경영자도 모를 리가 없습니다. 만만치 않은 현실 때문에 곤란해하지 말고, 그 현실을 역^{逆}으로 잘 활용하는 법을 터득하라는 것입니다. 경영자 역시 안 되는 것을 하라고 하지 않습니다. 그러니, 일에 착수하고 중간중간 리더 자신의 계획과 상황을 보고하십시오. 작은 숙제는 바로 끝내고, 큰 숙제는 중간에 자주 보고하는 것이 요령입니다.

그리고, 더 좋은 것은 '뛰어넘으나, 표 내지 않는' 사람입니다. 경영자의 지시에 좋은 아이디어를 제안하고 그 목적을 충분히 달성하여, 오히려 제시된 목표보다 더 높은 실적을 만들어 내는 것입니다. 덧붙여 말하자면, 그런 결과를 만들어 낼 수 있도록 경영자가 나에게 준 기회에 감사하고, 함께 일한 직원들에게 공^{功}을 양보하는데, 리더 본인은 드러나지 않은 주연이 되어 있어야 합니다. 실적을 만들어 내는 게 힘들지, 이렇게 연기하는 것은 어렵지 않습니다. 윗사람을 뛰어넘지는 않도록 조심하고 조심합시다. 누구의 공로인가는 스스로 말하지 않고, 드러내지 않아도 이미 모두 알고 있습니다. 물론, 회사의 중요한 정책 수행과 상사 보좌에 실패하거나 실수가 있을 수 있는데, 그때마다 명확한 원인 분석과 재발 방지 대책, 만회할 수 있는 새로운 제안만 준비되어 있다면 리더로서 위상이 크게 흔들리지는 않습니다.

다음으로, '되는[될] 리더'는 부하를 어떻게 밀어 주고 있을까요? 함께 일하면서 부하 직원들에게 개념과 원리를 터득하게 해 주고, 그다음으로 자신감을 갖도록 하고, 마지막으로 위임합니다.

생각하면서 일할 수 있게끔 도와주는 것이 리더로서 도리입니다. 오래된 자료를 찾아서 베끼거나 계산만 죽도록 하려고 직원들이 회사에 온 게 아니고, 직원들에게 그런 일 하라고 월급을 주는 것도 아닙니다. 보고서를 만들도록 할 때면, 목적이 무엇이며, 왜 그때까지 작성이 끝나야 하고, 그 보고서가 어디에 쓰일 것이며, 어떤 의사결정을 위해 구체적인 내용으로 무엇이 다루어져야 하는지를 분명히 일러 주어야 합니다.

잘못된 보고서는 대부분 리더의 잘못된 지시에서 비롯됩니다. 매일 반복 관리하는 매출, 품질, 재고 관리 등의 업무라면, 그 일의 결과에 관한 매일의 이력을 관리하면서 특히 잘 되고 안 됨이 왜 그런 것인지 제대로 추적할 수 있도록 지도하는 것입니다. 이 과정에서 이론과 경힘을 공유함으로써 부하 직원들이 일의 개념과 일하는 원리를 터득하도록 이끌어 줍니다.

부하 직원들은 언제 어떻게 자신감을 갖게 될까요? 자신감은 보통 일을 시작할 때 갖는 것이 아니라, 일을 끝내고 얻어집니다. 두려움을 갖고 시작했던 일이지만, 그것을 해냈을 때 직원들은 큰 자신감을 얻어 냅니다. 그러니, 필요할 때마다 부하 직원들에게 힘에 부치는 과업을 적절히 부여하는 것이 중요합니다. 안 될 것이라고, 못 할 것이라고 여겼던 과업을 함께 고생하며 멋지게 해결해 내고 마는 부하 직원을 하나둘 키워 내는 리더의 마음은 어떨까요? 볼수록 든든합니다. 리더로서 최고로 보람된 일입니다.

생각하면서 일하게 하고, 자신감을 느끼게 해 주면, 이제 남은 것은 '위임'입니다. 위임의 기준은 회사 규정에 나와 있으니, 굳이 그러면 안 되는 것까지 벗어날 필요는 없고, 결재라는 제도를 따르되, 일의 내용에서는 리더가 재량껏 부하 직원에게 위임할 수 있습니다. 즉, 책임감을 갖고 일해도 되게끔, 일할 수 있는 조건과 의사결정 권한을 과감히 주는 것입니다. 이 일을 완벽하게 해야 하니, 온갖 꾀를 내어 일의 처음부터 끝까지를 마무리하도록 '능력 발휘의 권한'을 주고 '책임지는 행동'을 요구하는 것입니다.

아무리 일의 개념과 원리, 자신감, 권한 위임을 주려고 해도, 안 배우려 하고, 힘든 일은 절대 안 하려 하고, 정해진 울타리를 벗어나지 않는 직원들도 있습니다. 이런 직원들에게는 함께 일할 수 없음을 단호하게 밝히고, 잘 준비하여 본인이 원하는 직무로 전환하거나, 타 부서로 이동을 진행합니다.

상사 보좌와 부하 육성을 살펴보았습니다. 지금부터는 리더 그룹 내에서 관찰해 보겠습니다. 리더들 사이에도 당연히 경쟁 관계가 있습니다. 따라서, 동료들 사이에서 '되는 리더'를 찾아볼 수 있습니다. 아마도 그들이 가진 것 중에, 정보력, 일관성, 협력적 관계라는 세 가지가 앞서가는 리더의 핵심 역량입니다.

리더의 '정보력'입니다. 꼭 그런 것도 아니고 어쩌다 생긴 말이겠지만, 공장 임원이 CEO가 되기 어렵다는 말이 있습니다. 함축된 의미로 말하자면, 일선 현장에 있는 공장장은 경영 전반에 걸친 의사결정의 '과정 정보'보다는 '결과 정보'를 받기만 하는 입장 때문이 아닌가 싶습니다. 즉, 공장장의 정보 지도(情報地圖)가 협소하여 CEO로 등장하기엔 힘에 부친다는 분석입니다. 정보력은, 파벌이나 인적 라인을 의미하기보다, 경영 의사결정에 얼마나 비중 있게 참여하는가이며, 그런 이유로, 정보를 찾아다니는 것이 아니라, 정보 형성 그룹에 들어가 있어야 한다는 것을 의미합니다. 결과적으로는, 얼마나 경영 상황을 잘 알고 있는가가 중요합니다. 회사 경영 정보의 수집을 위해 정보 지도를 그려 보고, 포스트마다 네트워크를 구성하여, 틈틈이 공식적으로나 비공식적으로나 정보를 수집하여 자신만의 방식으로 기록하고 분석하는 능력의 습관을 키워야 합니다.

그다음은 리더의 '일관성'입니다. 다른 리더들이나 직원들이 이 리더를 파악할 때 '예측 가능'할 수 있어야 합니다. 과장된 표현이지만, 예측할 수 없다는 것은 신뢰할 수 없다는 의미로까지 여겨질 수 있습니다. 이 신뢰는, 실적의 크고 작음을 떠나, '해낼 것이다'라거나, '최선의 방법을 찾을 것이다'라거나, '본인의 의견에 대해서는 끝까지 책임질 것이다' 등의 '태도'와 '힘'을 의미합니다. 이것의 일관성을 유지하는 기본 베이스는 본인과 타인에 대한 '솔직함', 달리 말하면 '투명성'입니다. 이치에 합당하면 됩니다.

그리고 리더 간 '협력 관계의 유지'입니다. 여기서 협력은 'Give and Take' 즉, 주고받는 것을 확실히 해 두어야 합니다. 일방적으로 도와주기만 해도 안 되고, 도와 달라고만 해도 안 됩니다. 리더 간에 협력을 거래하십시오. 나의 일을 하면서, 회사를 위해 협력을 거래하십시오. 회사 내 인간관계도 무엇보다 업무가 서로 도움이 되느냐 안 되느냐에 따라 갈라집니다. 협력을 거래하기 위해, 일을 잘하는 것 말고 무엇을 익혀야 할까요? 리더라면 협상력쯤은 배우고 터득해서 실전에 사용해야 합니다.

회사 내에서 구조적인 면을 설정하여 소위 '될 사람'에 대해 생각해 보았습니다. 많은 이야기가 있었지만, 그 가운데 놓여야 할 것이 분명 있습니다. 되는 리더의 소중한 가치는 바로, 회사에 관한, 부하에 관한, 자신에 관한 '깊은 애정'입니다. 또 이런 애정은 결국 리더의 '자아'에 대한 인식에 좌우될 수밖에 없으니, 자신을 '진심으로 살펴보고 자신감을 찾는 것'부터 시작하는 것입니다.

될 사람이 꼭 외향적인 사람은 아닙니다

'사람들의 부러움을 한 몸에 받은 '성공 인사'들 가운데 약 70%가 정도는 다르지만 모두 내향적인 성격을 지녔다.' 《당신이 절대 버리지 말아야 할 것》, 탄원페이^{응용심리학, 기업 심리상담사, 저자}, 2020

Management & Leadership

Go-To-Win®

3 - 4
엉터리 리더에서 벗어나는 방법

Motivator (one who motivates)
5가지 유형의 엉터리 리더와
오래된 숙제를 푸는 6가지 해법

가망이 없는 회사에서 기가 막히는 5가지의 관리자 유형을 목격할 수 있습니다. 부실한 회사 경영이 그들에게 가장 큰 영향을 끼친 원인이었겠지만, 그렇다 해도 관리자 스스로 반성하지 않거나, 선배 관리자가 이런 후배를 그저 보고만 있는 것도 문제입니다. 있는 동안, 아니면 다른 회사로 이직을 생각한다면 잘 생각해 볼 문제임엔 틀림없습니다. 5가지 모습의 이런 리더들이 새로운 것도 아니고, 늘 있는 모습이기에 더 안타까운 심정입니다.

첫째 유형은 부하들의 의견이나 보고서 등을 받아먹기만 하는 팀장입니다. 이들은 자기 생각이 거의 없으나, 그걸 가지고 상급자에게 보고할 때 참 각색을 잘하는 뛰어난 능력을 갖춘 사람들입니다. 업무의 시작에서 방향 설정, 마무리까지 대부분 의사결정에 모두 관여하지 않습니다. 말은 많이 하지만 문제 해결에 전혀 도움이 되지 않는, 그저 열심히 잘하라는 말뿐입니다. 노점상이 좌판을 깔 듯이 툭툭 숙제를 배분만 합니다. 돌발 상황이나 새로운 사건에 대한 처리에는 아무 의견을 내지 못하는 리더입니다. 또, 이들은 부하들에 대한 평가나 고과 역시 무난하게 연공서열식이고, 심지어 자기 부하 직원들의 평가를 다른 상사나 팀장의 평가와 의견에 따르기도 합니다.

둘째 유형은 정말 아무것도 안 하고, 아무것도 할 줄 모르는 팀장이나 파트장입니다. 자기 소신(?)대로 명령하지 않는 게 그나마 천만다행입니다. 어떻게 이런 사람이 리더가 되었는지 알 수 없으나, 그렇게 멀쩡히 자리를 지키고 있는 대단한 사람들입니다. 이들에게 조언이라도 할 때면, 눈만 껌벅거리고, 열심히 듣고 메모하지만 거기서 끝입니다. 그래서, 다시 한번 자리를 만들면, 부하 직원 한 명을 참석시킵니다. 그것도 안 돼 또다시 만나려면, 이번엔 부하 직원만 보냅니다. 그런 조언? 관심 없고, 듣기도 싫다는 것이지요.

셋째 유형은 팀장이나 파트장으로서 최종적으로 의사 결정할 때, 오직 자신을 위해 결정을 내리는 리더들입니다. 즉, 과정에서나 최종적으로 본인에게 책임이 돌아오지 않도록 하거나, 괜히 중간에 끼게 되어 본인이 골치 아픈 일이 벌어지는 것을 최대한 막아 내려는 것입니다. 그러니, 좋은 게 좋은 것이라고 일이 흘러가 버리고, 조직은 원칙도 없고, 기본도 없는 허망한 사태가 끊이지 않습니다. 게다가, 이런 사람들은 늘 경영자의 관심 사항만 챙깁니다. 늘 관리해야 하는 것이 분명히 있는데 몽땅 내팽개치고 오로지 거기에만 죽도록 매달립니다. 어떤 상황에서도 리더가 항상 관리해야 하는 것이 분명히 있지 않습니까?

넷째 유형은, 자기 생각과 맞지 않으면, 부하나 동료를 완전히 무시하는 팀장이나 파트장입니다. 그러니 본인도 부하나 동료들에게 완전히 무시당하게 됩니다. 부하나 동료들은 이렇게 합니다. '어차피 말 해 봐야 듣지도 않고, 하지도 않으니, 그 사람 말을 따르는 척이라도 해야지. 좀 있으면 퇴직하거나 다른 부서로 옮겨 갈 건데 어쩔 수 없잖아' 이 정도로 끝나면 다행인데, 문제는 이런 사람이 회사의 매우 중요한 투자나 정책 결정에서도 그렇게 한다는 것입니다. 이런 바보 같은 고집불통을 팀장이나 파트장 자리에 앉혀 놓은 경영자도 골치가 아픕니다.

다섯째 유형은, 본인 스스로 가장 똑똑하고, 가장 유능하고, 회사를 가장 걱정하는 핵심 리더라고 확신하고 있는 팀장이나 파트장입니다. 이런 사람들은 자기 뜻대로 조직이 안 돌아가니까 늘 불만이 있고 스트레스를 많이 받습니다. 이런 사람들은 조직 내에서 아군과 적군을 확실히 구분 짓습니다. 그것만 갖고 안 되기에 경영진과의 관계를 잘 유지하기 위해 엄청나게 노력을 합니다. 물론 이들이 좀 똑똑하다고, 능력 있다고, 회사를 위해 문제 해결을 잘한다고 합시다. 하지만, 많은 사람으로부터 견제를 받습니다. 이 견제와 보이지 않는 알력과 장벽이 이들로 인해 조직에서 계속 번진다면 정말 문제입니다.

　5가지 이런 유형의 관리자가 정상적인 관리자보다 더 많으니, 다시 한번 '리더의 관리'를 생각해 봅니다. 사람이 한 명도 없는 조직이라면 모를까 이런 문제는 계속될 것입니다. 조직에서 영업 관리, 생산관리, 연구개발 등등 '생산관리를 한다.', '영업 관리를 한다.'라지만, 따지고 보면 결국 '~하는 사람을 관리' 하는 것 아닙니까? 사전적 의미를 보니 관리는 '사람을 통솔하고 지휘·감독하는 것'이라고 나옵니다. 역시 사람입니다.

　그래서, 관리를 '당하는 입장'에서도 한번 생각해 봅니다. 부하들의 입장에서 볼 때 리더는 일단, 평가나 보상은 나중으로 치더라도, 내가 못하는 것을 해결해 주고, 내가 일할 수 있게 여건이나 상황을 만들어 주는 것인데, 그게 그렇게 어렵나 싶을 겁니다. 골치 아픈 일이 닥쳤을 때, 잘 풀어가는 방향을 딱 잡아 주어 집중할 수 있도록 해 주는 리더, 꼭 필요한 일인데 예산에 막혀 진행되지 못할 때 경영진을 잘 설득하여 가능하게 해 주는 리더, 미리미리 알려 주어 나중에 한꺼번에 힘들지 않도록 챙겨 주는 리더, 작은 고생이든 큰 고생이든 일 끝나면 수고했다고 밥이든 술이든 마음을 전할 줄 아는 리더, 어떤 자리에서도 많이 들어 주고 조언하고 맨 나중에 자기 결론 내는 리더, 항상 팀이나 파트 즉, 조직이 우선이고 조직이 칭찬받도록 이끌어 가는 리더. 찾기는 힘들겠지만 이런 리더를 바랄 것입니다.

인간의 행동을 환기, 방향 부여, 통합하는 내적 요인을 '동기^{Motive}'라 하고, 동기의 상태가 되는 것을 '동기부여'라고 합니다. 동기는 2개의 중요 성분으로 분해되는데, 하나는 '동인^{Drive}'이라고 합니다. 이것은 사람을 행동으로 몰아넣는 내적 과정을 가리킵니다. 또 하나는 '유인^{Incentive}'입니다. 동기는 목표에 도달하거나 보수를 얻어 만족함으로써 연결되는데 이와 같은 목표 또는 보수가 되는 외적 환경의 대상과 상황을 유인이라고 합니다. 동기는 금전적 보상이나 승진, 인정 등 외적인 요인뿐만 아니라 자기 인식, 동정, 자기 규제, 열정 등 내적 요인에 의해 부여된다고 합니다.

동료와 부하 직원을 동기부여할 수 있는 사람! 관리자는 '모티베이터^{Motivator}'이어야 합니다. 그런데, 이렇게 말하면 듣는 사람이 매우 불쾌하겠지만, 월급쟁이는 딱 하나! 고과^{考課}로 움직인다가 정석^{定石}으로 되어 버렸습니다. 복잡하게 생각하여 살피지 않으면 맞는 말일 수도 있습니다. 하지만, 공평한 고과를 늘 장담할 수 없고, 피고과자가 받아들이지 않는다면, 한두 명에게는 적합하고 나머지 여덟아홉 명에게는 부적합하다면, 고과가 사람을 움직이게 하는 최선이라고 여길 수는 없습니다. 시스템[고과]은 어차피 차선^{次善}이나 차차선^{次次善}이니까요.

조직의 규모나 업종 등에 따라 다르겠지만, 모티베이터의 역할을 하기 위한 리더로서 마인드와 행동을 정리해 보겠습니다.

첫째, 실력을 갖추어 보상받게 하십시오.

누구도 조직 생활을 하면서 무능력자로 무시당하기를 원하는 사람은 없습니다. 옛말이겠지만, 군대에서는 일등도 하지 말고, 꼴등도 하지 말고, 중간만 하라는 선임 병사들의 충고가 있었다고 합니다. 하지만, 요즘 직장은 물론이고 학교에서조차 상대 평가에 내몰린 상황에서 그런 말을 받아들일 수 없습니다. 급여라는 것이 성과가 아주 완벽히 특출나지 않으면 마음먹은 대로 쑥쑥 올라가지 않습니다. 급여가 신경이 쓰인다면, 능력을 인정받는 것이 중요합니다. 실력이 있으면 그만큼 무시당할 일도 없고, 당연히 업무 성과도 높아지기 때문 아니겠습니까?

부하 직원이 업무 능력 향상이나 소통 능력 증진에 집중하고 싶다는데, 리더로서 당연히 그 길을 열어 줘야 하지 않습니까? 스스로 노력하여 실력을 쌓고자 할 때, 그에게 적합한 목표 수준과 방향을 잡아 주고, 고비를 넘길 수 있는 비결을 전수해 준다면 '동기부여' 되지 않을까요? 물론, 이런 생각조차 없는 부하 직원은 매섭게 야단치고, 그래도 안 되면 내쫓아야 합니다. 오히려 새로운 길을 찾아가도록 돕는 것이 그를 위한 동기부여입니다.

둘째, 믿음을 주거나 믿는 척하십시오.

애초부터 능력이 부족한 부하는 믿는 척하고, 해낼 것 같은 부하에게는 믿음을 주라는 것입니다. 무능력한 부하를 근거 없는 칭찬과 격려 일색으로 띄워 준다고 해서 안 될 일이 되지는 않습니다. 오히려, 이율

배반적인 태도이며, 나중에 서로 민망해지는 결과를 초래합니다. 다만, 굳이 처음부터 사기를 떨어뜨릴 필요는 없고, '믿는 척' 정도의 자극이 필요합니다. 일하면서 '감정'이란 것도 무시할 수 없으니, 이 정도의 감정은 공유하는 편이 좋습니다.

그리고, '믿음을 주라'는 의미를 다르게 해석하면, 완전히 믿지는 말라는 것입니다. 반복적이고 정형화된 사무적인 일에 믿고 말고가 있겠습니까? 뭔가 중요한 의사결정이 필요한 일에 대해 그렇다는 것입니다. 완전히 믿고 맡긴다는 것이 정말 모든 것을 일임한다는 것은 아닙니다. 믿음을 '줌'으로써 온전히 자신의 힘을 다할 수 있도록 분위기를 만들어 주면 됩니다. 그 믿음과 그 일에 대해 리더가 마지막으로 책임지는 것은 분명히 다른 차원입니다. 믿음을 주지만, 리더가 관여해야 합니다. 그의 상상력을 자극해 주고, 기획을 보충해 주고, 중간중간 빠진 부분을 메워 주는 것을 잊으면 안 됩니다.

여기서 그냥 넘어갈 수 없는 한 가지가 있습니다. 부하 직원들에게 믿음을 주는 것보다 더 결정적으로 중요한 것은 바로, 부하 직원들이 리더인 당신을 먼저 믿어야 합니다.

셋째, 원칙을 유지하십시오.

원칙을 만드는 것은 힘듭니다. 또한, 그것을 지키는 것도 막상 팀이나 파트를 이끌다 보면 절대 쉽지 않습니다. 신상필벌을 하겠다는 한 가지도 지켜 내기가 실제로는 어렵습니다. 벌 받을 사람이 누구냐? 큰 잘못이냐 작은 잘못이냐? 요즘 조직의 분위기가 어떤가? 등등 결정을 내려야 하는 사람으로서 그때마다 주변의 눈치를 살펴야 할 것이 많답니다.

　이때는, 최소한의 사정을 고려하고 최대한의 원칙을 지키는 결정을 내리는 것이 가장 좋습니다. 이 말은, 사정이 그러하나 원칙대로 처리한다는 것입니다. 작은 조직에서도 원칙이 무너지면 행위의 질서가 무너집니다. 이러면 마음의 균형이 깨지는 것이고, 판단의 오류로 이어집니다. 결국, 직원 간에 신뢰가 형성되지 않는다는 말입니다. 신뢰가 형성되지 못하는데 어떻게 일이 올바로 될 것이며 집중할 수 있겠습니까? 리더가 원칙이 없으니, 부하들도 무원칙, 무 목표, 무 성과로 이어지는 것 아니겠습니까? 원칙은 동기부여의 기둥이자 울타리입니다.

　넷째, 새로운 정보의 공급자가 되십시오.

　회사 내부나 외부의 어떠한 정보에도 절대 흔들리지 않는 관리자는 사실 아무 정보도 없는 리더입니다. 아무것도 모르고 아침에 출근하여 PC 모니터의 '오늘의 할 일'에서 벗어나지 못하는 바보 같은 리더입니다. 거창한 이야기지만, 국가든, 전쟁이든, 기업이든 정보는 중요했습니다. 소위 산업 혁명의 전환기에도 정보는 매우 중요한 산업 발전의 자양분이고 자극제였습니다. 기업 내 작은 조직도 예외는 아니어서 다양하고 복잡한 정보를 어떻게 해석하고 단시간 내에 활용하느냐에 따라 성과도 차이가 날 것입니다.

물론 대부분 조직이 사내 인트라넷 등을 활용하여 유익한 정보를 공유하고 있습니다. 리더는 그 밖의 것들, 더 넓은, 더 깊은 정보를 부하들에게 제공할 수 있어야 합니다. 또한, 그러한 정보는 부하 직원들에게 도움이 되는 것이어야 합니다. 좋고 나쁜 뉴스가 아니라 새롭고, 도움이 되고, 사실이어야 합니다. 이런 정보는 나태함을 쫓고, 나쁜 긴장을 풀고, 집중이 가능하게 합니다. 단순한 정보가 아니라, 직원들에게는 일이 입체적으로 연결되는 매개체이자 의욕의 자극제입니다.

다섯째, 공평한 기회를 주십시오.

일 잘하는 직원은 잘합니다. 못하는 직원은 가르쳐 줄 때만 따라 하고, 다음엔 똑같은 일을 해도 역시 못합니다. 허드레 사무 일을 맡기자니 월급이 아까워서 그러지도 못하겠고 참 답답합니다. 이런 사람은 동료에게 아주 큰 피해를 줍니다. 본인도 알 텐데, 먹고살 자리를 유지해야 하니 뭉개고 있을 수밖에요. 능력과 성과 평가가 어렵다 해도 이런 사람과 계속 함께 간다는 것은 무리입니다. 이런 답답한 사람들에게 해당하는 것은 아니고, 부하 직원들에게 일의 기회를 공평하게 부여하는 것도 중요합니다.

공평한 기회의 제공은 경쟁을 의미합니다. 각 담당이 잘하고 있는 업무는 빼고, 잘하지 못하는 업무를 교차시키는 방법입니다. 물론 조직에는 보통 담당별로 업무 분담이 이미 되어 있으나, 일부를 변경하는 것은 큰 무리가 발생하지 않고, 조직의 성과 중심 운영이라는 면에서도 잘못된 일이 아닙니다. 여기서 교차한, 변경된 업무를 잘 수행하여 성과를 낸다면, 반드시 고과할 때 보상을 꼭 하는 것이 정말 중요합니다. 회사는 보통 1년 단위로 평가와 인사이동이 진행되니, 1분기 또는 하반기에 들어서면서 신속히 결정해야 할 것입니다.

지금까지 다섯 가지로 정리해 보았습니다. 이 내용이 그다지 새롭거나 예상하지 못했던 솔루션은 아닐 것이고, 리더라면 몇 번이고 생각해 보고 시도해 보았던 방법들일 것입니다. 이쯤에서 마지막으로, 부하 직원들을 동기부여하는 솔루션을 한 가지만 더 소개하겠습니다.

여섯째, 휴식을 주십시오. 리더인 당신도 부하 직원들만큼이나 많이 피곤할 것입니다. 대부분 조직이 적정 인원을 맞춘다고 십 년이 넘도록 인원을 줄여 왔습니다. 하지만 매출 증가, 시장과 고객의 확대, 준법 사항과 규정, 시스템의 확장 등등 담당들의 업무와 사무는 계속 늘어나고 늘어났습니다. 단순한 사무도 그렇지만 생각과 판단을 해야 하는 업무도 많이 늘었습니다. 그리고 말은 쉬운데, 고급스러운 일을 하고 단순한 업무는 줄이라 하지만 오히려 그 반대로 단순한 보고, 집계 업무만 잔뜩 늘어난 상태입니다. 일은 담당이 하지 경영자나, 팀장이나, 파트장이 하지 않는다고 합니다. 그런데, 일 같지 않은 일에 포위되어 있고, 겨우겨우 그것들을 처리하면서 하루하루 자신의 뛰어난 능력을 죽이고 있습니다.

긴장감 있는 휴식을 주기 바랍니다. 단순한 휴식이 아니라 '자신감의 회복'을 위해 그들에게 시간을 주어야 합니다. 자신을 동기 부여하지 못하는 자신만의 고민, 조직과 고객의 네트워크 소통의 불충분, 의욕을 삼켜 버린 피로를 극복하여 '자신감과 용기'라는 강력한 무기를 장착하고 돌아올 수 있는 긴장된 휴식이 필요합니다. 긴장된 휴식은 경쟁이 전제입니다.

실력 배양과 보상, 믿음을 주거나 믿는 척, 원칙 유지,
정보 공급, 공평한 기회 제공 그리고
휴식 제공   Management & Leadership

Go-To-Win®

3 - 5
살아남은 자가 강強한 것이다. 옳다!

자리^{Position}가 중요합니다

지금 당신이 있는 자리가 당신의 현재 가치입니다

'강한 자者가 살아남는 것이 아니라, 살아남은 자者가 강한 것이다'라는 말이 있습니다. 변화와 혁신을 끊임없이 추구하여 무한 경쟁의 비즈니스 정글에서 항상 승자^{Winner}가 되는 것은, 보통 일이 아니고 평범한 경영자나 리더의 영역이 아닌 듯싶습니다. 정말 어렵습니다.

하지만, 산을 옮기는 것도 사람이고^{愚公移山}, 꾸준히 하다 보면 기회나 행운도 찾아오는 것이니^{千載一遇}, 무던히 노력하고 준비해 볼 만한 일^{初志一貫}임엔 틀림이 없습니다.

'강하다'는 것은 무엇일까요?

축구장에서나 TV로 90분간의 경기를 보는 사람은, A매치에서 우리 선수들이 약체를 만나면 같이 헤매고, 강팀을 만나선 대단한 파이팅을 하는 모습을 보며, 도대체 우리나라 진짜 축구 실력이 어떻게 되는 건지 헷갈릴 때가 있었습니다. 당시에는 여러 가지 요인이 있었겠지만, 지금은 실력이 좋아져서 객관적인 전력으로 비교할 때, 이길 수 있는 게임은 이기는 확률이 높아지다 보니 경기를 즐기는 축구팬도 많아진 것 같습니다. 최악의 경기 침체와 불안한 시장 상황에서도, 우리나라의 강한 기업들은 영업 이익을 실현하며, 어렵지만 버텨 내고 있습니다. 또한, 우리 회사에도, 매년 꾸준한 목표 달성을 이루어 경영 실적에 기여하는 부서들의 리더와 직원들이 있습니다. 그들은 언제 어떤 일을 맡겨도 임무를 완수하고, 특히 실수 없이 문제를 처리하는 직원들입니다. 실적을 내는 데 있어 오락가락하지 않고, 기대하는 성과를 안정적으로 만들어 냅니다.

'강하다'는 첫 번째 증거는, 회사든, 부서든, 개인이든, 주어진 목표에 대해 안정적으로 '기대 충족'이 가능한 실력이 있다는 것입니다. '강하다'는 두 번째 증거는, 회사 간, 개인 간 경쟁의 순간마다 '승부 필승'이 가능한 실력이 있다는 것입니다.

살아남는 것이 결과적으로 강한 것이라면, 어떻게 살아남을 것인가요? 기업이나 개인이나 각각 처해 있는 상황에 따라 그것의 선택은 조금씩 다를 수 있으나 기본적으로는 이렇게 생각합니다.

기업은 매출입니다. 이익이 크면 더 좋습니다.

당연하지만, 매출이 발생하지 않으면 회사는 할 일이 없습니다. 매출을 위해, 현재의 큰 고객이나 매출 잠재력이 있는 고객의 요구사항을 필요 이상으로 파악해야 합니다. 모든 네트워크를 총동원하여 심지어 고객이 간과하고 있는 것까지도 실태 파악을 광범위하게 진행할 필요가 있습니다. '나만 잘하면 된다.'가 아니라, 타깃 고객을 위해 무엇을 잘해야 하는지, 심지어 고객의 약점을 파고드는 것까지, 무엇이 승부수勝負手인가를 찾아내야 합니다. 고객을 위한 많은 정보를 확보했기 때문에 손해 볼 일은 절대 없습니다.

B2B 거래에 있어서, 주문이 들어오면 "땡큐" 하고, 주문이 없으면 계속 전화해서 "부탁"하는 영업 대응은 말이 안 됩니다. 안면 있다고 '고객에게 조르는' 영업을 계속해서는 끝장입니다. 고객 회사의 담당자, 전화번호, 이메일, 과거 거래 실적과 입수된 수주 계획만이 고객 정보의 전부가 아닙니다. 고객 회사의 구매 결정자와 담당자의 이력, 개인적 취향, 거래에서 의사결정 시 반영되는 고려 사항, 주고받는 이메일 등에서의 정보 이력, 고객 회사의 고객은 누구이고, 우리의 고객이 받는 스트레스, 고객 회사의 매출 현황과 재고 현황, 사업 계획이나 투자 계획, 조직 구성 등등에 이르기까지 고객에 관한 데이터베이스를

빈틈없이 만들거나 계속 관리해야 합니다.

"다 알고 있는 건데, 뭐 하러 그런 걸 만듭니까? 매출 목표 때문에 주문받아 내느라, 그런 것 조사하고 작성할 시간도 없고 정신도 없고요. 지금 고객이 해 달라는 것도 제대로 대응을 못 하고 있는데, 당장 이 문제부터 해결해야지요." 참 어처구니없습니다. 더 어처구니없는 것은, 이 정도밖에 안 되는 영업 직원이 회사를 그만두기라도 하면, 회사는 모든 것을 다시 시작해야 한다는 것입니다. 고객이 싫어할 수밖에 없습니다. 고객에 대한 DB 정보를 절박한 심정으로 분석하면, 우리가 살기 위한 매출을 일으키는 '선택과 집중'의 여지를 발견할 수 있습니다.

살아남는 것의 실마리로서,
기업이 매출이라면,
리더 개인은 포지셔닝^{Positioning}입니다.

기업에서 어떤 보직^{補職}, 즉 미래를 위해 어떤 기능^{Function}을 맡을 것인가를 잘 선택해야 합니다. 최고 경영자가 되는 것이 앞으로의 희망이라면, CEO나 COO로 갈 길을 잡고 지금 어느 자리쯤에 있어야 하는지, 다음엔 어느 자리로 가야 하는지를 결정해야 합니다. 단계적으로 회사에서 나의 위치를 어디에 갖다 놓을 것인가를 고민해야 합니다. 물론, 회사가 리더의 역량을 평가해서 또는, 리더로 육성하기 위해 보직을 명령하는 것이 일반적인데, 그때마다 본인의 충분한 의사를 확실히 전달하는 것이 필요합니다.

만약, 회사로부터 원하지 않는 보직을 권유받으면, 그 일을 피하려는 이유를 늘어놓기보다는, 본인이 원하는 보직을 수행하는 것이 회사에 어떻게 더 기여할 수 있다는 점이나, 그것을 위해 나름대로 미리 준비해 온 것들을 소신껏 제안하는 것이 좋습니다. 이런 것이 서로 부담스러운 협상이겠지만, 회사의 이익 증진이라는 공통분모 내에서 타협점을 찾도록 합니다. 한 번 거절되었다 하더라도 기회는 계속 있습니다. 결국, 본인의 항해 지도를 설계하고, 만반의 준비를 하는 것이 살아남는 전략입니다.

항해 지도를 그려 내는 것은, 두 가지 방법, 즉 본인이 강점이 있다고 인정되는 것을 더욱 견고히 하는 순차적 루트를 찾는 상향식과 미래에 어떤 자리를 잡기 위해 그 자리로 가기 위한 역방향의 루트를 찾는 하향식이 있을 것입니다. 이렇게 조직 내에서 동선이 그려지면, 하나에서 또 다른 하나로 이동하기 위해 무엇을 거쳐야 하는지 과제가 드러나게 되고, 그 과제들을 해결하기 위해 무엇을 단련시켜야 하는지를 발견할 수 있습니다. 이렇게 항해 지도는 완성됩니다. 어디엔가 도착하고 싶으면 언젠가는 출발해야 합니다. 기회는 대부분 예고 없이 찾아옵니다.

기업은 매출 증진, 리더는 포지셔닝이라는 살아남기 위한 기회 포착에 대해 살펴보았습니다. 그렇다면 어떻게 실행을 해야 할까요?

잠시 다른 이야기를 하자면, 백성을 다스리는 군주는 인의^{仁義}만을 가지고 태평성대를 유지할 수 없고, 권모술수^{權謀術數}에 능한 책사^{策士}를 곁에 두지 않고 위기를 벗어난 적이 없는 것 같습니다. 중국의 한 지도자는, 쥐를 잡는 데 검은 고양이든 흰 고양이든 무슨 상관이 있느냐고 말하기도 했습니다. 비즈니스에도 상도덕商道德만을 이야기할 수 없다는 것은 모두가 아는 사실입니다. 빅딜의 순간에 벌어지는 숨 막히는 담판에는 온갖 수 싸움에 피가 마르지 않습니까? 도덕적으로 올바르거나 요구대로 순응하는 것이 승리를 가져다주기도 하겠지만, 불법과 탈법이 아니라면, 기업이든 개인이든 승리를 손에 쥐기 위해 술수術數도 필요하다고 생각합니다. 둘을 병용竝用할 줄 알아야 하지 않을까요?

그리고, 하기로 했으면 자기를 확실히 몰아붙여야 합니다. 어정쩡한 태도는 안 됩니다. 여기서, 될 사람과 될 일은 되고, 안 될 사람과 안 될 일은 안되는 게 판가름 납니다. 이제부터는 스스로 터득해야 합니다. 경영자로서 리더로서 그간 성공의 경험을 되새기지만, 함정에 빠지면 안 된다는 것, 과거의 성공 방정식이 미래에도 똑같이 통하지 않는다는 것쯤은 알고 있을 것입니다.

하다 보면, 크고 작은 실패를 분명히 겪게 됩니다. 대부분, 시도를 반복하면 극복할 수 있습니다. 시간문제입니다. 아무리 생각해도 후회스럽다면, 버리면 됩니다. 좀 태연해질 필요도 있습니다. 갈 길이 아니고 갈 수 있는 길이 정말 아니었다면, 처음으로 돌아가 다른 길을 찾으면 됩니다. 아직 가 보지 않은 길은 많고, 그중에 하나의 길을 갔던 것뿐입니다. 이렇게 가다 보면 살아 있다는 것을 압니다. 그렇습니다. 70%의 힘으로 꾸준히 뚜벅뚜벅 걷는 것입니다.

그 자리에 그냥 올라간 임원은 없습니다

실력과 운이 대충 반반##입니다

당신이 100%를 노력해도, 그건 50%밖에 안 됩니다

Management & Leadership

Go-To-Win®

3 - 6
회사의 비전과 전략을 모른다면

비전^{Vision}은 방향과 목표
전략^{Strategy}은 선택과 집중. 그래서 '차별화'

회사의 비전이란 미래의 '방향과 목표'를 정하여 표현한 것입니다. 앞뒤 관계가 꼭 정해진 것은 아니지만, 비전에 따라 중장기 전략이나 핵심 가치나 중점 과제 등이 만들어집니다. 그렇게 해서, 회사의 미래 방향과 추진 과업을 직원들과 공유하여 제약조건을 극복하며 원하는 것을 얻고자 합니다. 특히, 현재 사업이 성장하는 데 어려움이 많다, 투자에 곤란함이 많다 등등의 상황이 벌어지게 되면, 바로 돈이 되는 건 아니지만 지금이라도 상황을 분석하고 조직 역량을 재정비하기 위해 비전이나 전략을 다듬게 됩니다. 결정된 것이 나중에 꼭 그렇게 되지는 않더라도, 지금의 일이 눈코 뜰 새 없이 바빠서 절대 쉽지 않더라도, 심각한 토론으로 회사의 현황이나 미래의 사업 구조를 공유하는 노력을 합니다.

임원이나 팀장들은 미래 전략에 대해 3가지 상태입니다. '모르거나, 틀리거나, 다르게' 알고 있습니다.

무엇인지 모른다는 것은 전략의 이미지^{Image}가 아예 없거나, 분명하지 않은 것입니다. 철저히 실무형 (맡겨진 일만 하는) 임원이나 팀장에게서 나타나는 현상입니다. "비전? 전략? 말만 번지르르하지 아무 영양가 없고, 또 여태까지 그렇게 말한 대로 되는 거 봤어? 누구 보라고 폼나게 만든 거지, 우리하고는 전혀 관계없는 그림일 뿐이야. 그런 거 생각할 시간 있으면 차라리 오늘 끝낼 일이나 얼른 해"라는 정도입니다. 공식적인 자리에서 그럴듯하게 말솜씨를 뽐내지만, 사실 마음은 그렇지 않습니다. 비전이나 전략이 쓸모없다는 사람들입니다. 이런 생각을 하고 있고, 이런 말을 동료나 후배에게 부끄럼 없이 떠든다면, 일을 잘하는지 몰라도 임원이나 팀장으로서 기본적인 자격이 없습니다. 리더로서 방향을 잡아 주지 못하는데 누가 진심으로 믿고 따르겠으며, 제대로 된 성과가 나올 리 없습니다.

"우리 주요 고객인 A 사의 매출 계획은 이 정도고, 주요 사업을 여기에 집중하고 있고, 그에 대응하여 우리의 경쟁사는 이렇게 하려고 합니다. 따라서, 우리는 이런 식으로 전략을 수립하여야 합니다." 명료하게 들리는 솔루션입니다. 그런데 만약, 이 말속에 들어 있는 고객의 정보, Data, 사업전략, 경쟁사의 동향이 사실과 다르다면 어떻게 되겠습니까? 이렇게 하는 것이 '틀린' 것입니다. 사실에 (일부 Data는 추정할 수밖에 없지만) 근거하지 않은 정보 분석과 의사결정은 안 됩니다.

"앞에서 보신 것과 같이 현황은 표로 요약되어 있습니다. 다만, 이런 상황이라면 재무 담당, 개발 담당, 특히 대표이사님의 생각과 다른 방법으로 공략해야 한다고 생각합니다. 예를 들면, …" 이건 '다른' 겁니다. 사실을 놓고 분석을 같이해도, 다른 부분이 나올 수 있습니다. 이런 다른 부분이 중요합니다. 이 '다름'을 찾아내고, 지혜를 모아 최적의 방법을 탐색하는 것이 전략 수립의 프로세스입니다.

아무튼, 아무 이미지조차 없는 '모름'의 상태에서 '생각'이란 것을 해서, 의견을 '논의'하는 과정에서 '다름'을 추가하여 '설정'하는 단계를 잘 유지해야 합니다.

1단계는 정리 안 된 '모름'을 '앎'으로 변환하는 것입니다. 그러기 위해, 무엇을 어떻게 정리해야 하겠습니까? 3~5년 정도 확정이거나 예상 가능한 사업은 무엇이고, 그 규모는 어느 정도이며, 그 사업들의 고객사 요구사항을 따져 봐서 우리의 사업 성공 확신 요소와 숨겨진 위기를 파악하고, 그에 따른 고객 대응 포인트를 하나씩 요약해야 합니다. 여기서 중요한 것은 철저히 '고객사'를 중심으로 검토해야 한다는 것입니다. B2B 기업은 고객사가 주겠다고 하는 것과 내가 하겠다고 하는 것의 경계를 잘 살펴야 합니다. B2B 기업이 아닌 B2C 기업도 마찬가지지만, 사실 고객의 생각을 어떻게 읽어 내느냐가 전략 수립의 기본 프로세스인 외부 환경 분석 등의 포괄적 접근보다 훨씬 더 중요합니다.

일반적으로 활용하는 SWOT 분석 역시 넓게 볼 일이 아니라, '고객별로 고객의 사업'을 중심으로 분석하는 게 훨씬 실용적인 방법입니다. 트렌드나 거시환경이 아닌 고객사의 요구사항이 가장 중요한 논점[Fact]입니다. 우리의 사업 성공 확신 요소와 실패가 우려되는 위기를 제시할 때 주의사항은 각각 제시한 사항에 대해 즉시 "과연 그런가(Really)?"라는 질문을 던져 보고, 합당하다면 그에 대한 '논거[論據]'를 분명히 해야 합니다. 그래야 '틀림'을 예방할 수 있고, 올바른 전개를 하게 됩니다.

2단계는 조금 더 구체적으로 고객을 파악하고, 우리와의 관계를 분석하는 단계입니다. B2B 기업에서는 특히 고객의 사정과 생각을 알아내는 것이 중요합니다. 고객사가 고민하는 문제의 솔루션을 제공하는 것이 B2B 기업의 존재 이유이고 동반 성장할 수 있는 방도이기 때문에 고객사의 직원보다도 고객사를 더 많이 알고 이해하는 것이 진정한 경쟁력의 시작입니다. 우리 고객사(A)의 고객사(B) 사업전략, 고객사(A)의 사업전략과 계획, 고객사(A) 매출에서 우리 회사와 우리의 경쟁사가 차지하는 매출 점유 변화율 요인, 고객사(A)가 우리 회사와 거래하는 이유가 그 내용입니다.

우리 고객사 역시 그들의 고객사를 상대하여 사업하고 있으니, 고객사의 고객사가 어떤 중장기 전략을 갖느냐에 따라 우리 회사는 중장기 사업 구조를 예상하거나, 단기적으로는 우리가 피할 수 없는 고객사의 엄격한 요구사항을 충분히 예측할 수 있게 됩니다. 고객사의 사업전략과 계획을 알게 되면, 향후 유지될 사업, 확대될 사업, 감소하거나 사라질 사업을 고객사와 공유할 수 있고, 따라갈 수 있거나, 선도할 수 있는 유리한 입장이 될 수 있습니다. 고객사의 매출 구조에서 우리 회사와 우리 회사의 경쟁사가 사업별 점유율을 파악할 수 있으면, 우리 사업을 유지, 확대, 철수할 수 있는 타이밍을 발견할 수 있습니다.

또 중요한 것이 바로 '고객사가 도대체 무슨 이유로 우리 회사와 거래를 시작했고, 지금까지 유지하고 있는가'를 진솔하게 파악하고, 논의해야 합니다. 부끄러운 이유도 있고, 당당한 이유도 있을 것입니다. 왜 우리하고 거래하고 있는가? 아직 우리의 고객사가 아닌 회사는 왜 우리와 거래하지 않는가? 잠재 고객사가 우리와 거래하지 않아도 되는 이유는 무엇인가? 이것이 우리의 강점, 약점, 위기, 기회를 모두 포함하고 있는 진실입니다.

3단계는 고객사별로 향후 3~5년 기간의 사업 아이템, 그 매출, 이익률을 예상하고, 사업별 수주 전략과 사업 이행 전략, 이행을 위한 필수 요건과 추진 일정을 설계합니다. 여기에 우리 임직원들이 공감, 공유해야 하는 조직 문화 즉, 핵심 가치를 포함합니다. 고객사별 사업군과 매출이 팀[부문]의 비전이고, 모두를 합한 미래 사업과 매출이 우리 회사의 비전 즉, 방향과 목표가 되는 것입니다. 사업별 수주 전략과 이행 전략이 바로 중장기 전략으로 자리를 잡을 것이고, 사업 성공을 위한 이행 필수 조건이 중점 과제로 설정됩니다.

　회사의 Visioning 형식은 5가지 요소로 구성이 됩니다. 미션, 비전 선언문, 비전 서술문, 중점 과제, 공유가치입니다. 회사 사업의 사업 영역^{Domain}과 사업 구조^{Portfolio}에 따라 사업 부문이 2개 이상이면 사업 부문별로 비전을 일차적으로 구성하고, 차후에 전체 사업 부문을 아우를 수 있는 통합 비전을 수립하는 정교화 작업이 필요합니다. 부문별이든 전사 통합이든 비전이 수립되면, 각 부문의 임원은 담당 조직의 구성원들에게 이 비전을 수없이 반복 전파하여 이해할 수 있도록 상당히 노력해야 합니다. 왜 그렇겠습니까?

　기업이 지속 가능한 성공을 유지하기 위해서는 4가지가 관리되어야 합니다. 첫째, 우리가 그 방향으로 왜 가야 하는지 이유가 분명해야 합니다. 그래야, 멀뚱멀뚱 방관하는 사람이 없습니다. 둘째, 그 방향을 구체적으로 실행에 옮길 수 있도록 설명할 수 있어야 합니다. 그래야, 사람들이 우왕좌왕 혼란에 빠지지 않습니다. 셋째, 목표를 분명히 해야 합니다. 근거 없이 높은 목표나, 수비적인 낮은 목표를 설정하게 되면 사람들은 비전에 대한 믿음을 갖지 않게 됩니다. 마지막으로, 실천할 수 있는 조건을 만들어 주고 리더들이 솔선수범해야 합니다. 화려한 말과 그림이 이해가 되었더라도, 힘 있는 사람부터 용기를 내서 과감하게 실천하지 않으면 사람들은 우리는 안 된다는 좌절감에 빠질 수밖에 없습니다. 아무리 바쁘고 힘들어도 이 4가지는 정확하게 이행되어야 합니다. 임원들이 주체라는 것은 당연합니다. 이게 하기 싫으면 회사를 떠나는 게 선배의 도리입니다.

비전과 전략의 형성 프로세스

모름 → 생각 → 다름 → 논의 → 설계 → 설명 → 공유

Management & Leadership

Go-To-Win®

3 - 7
일을 열심히 하는 직원은 대부분 감정적이다

'맞다, 틀리다'로 결정?
우리는 최종 결정을 '좋다, 싫다'라는 감정으로 선택합니다
그 후에 '맞다, 틀리다'를 정당화합니다

일을 열심히, 잘하는 임직원은 잘 결정합니다. 어떻게 시작할까, 어떤 자료를 준비할까, 누구와 또는 누구에게 같이 하자고 할까, 그리고 줄거리를 잘 구성하고, 내용과 결과를 잘 검토$^{Self\text{-}Feedback}$하고, 승인되도록 상사를 잘 설득합니다. 그게 무슨 일이든.

이런 사람들은 그렇게 타고난 성질이나 훈련된 강점이 있습니다. 마치 바닷가 몽돌처럼 파도와 바람에 오랫동안 연마된 동글동글한 마음의 모습을 갖추고 있습니다.

첫째, 감정적인 사람은 평정심平靜心을 찾는 데 다른 사람들보다 시간이 덜 걸립니다.

그 사람 역시 실수로 낭패를 보기도 하고, 일이 늦어지면 스트레스도 많이 받고, 누구에게 속사정을 쉽게 털어놓지도 못합니다. 동료들 때문에 피해를 보면 원망도 합니다. 그런데, 이 사람은 그럴 때마다 감정 조절을 잘합니다. 자신을 객관화합니다. 즉, 자기 안에 다른 자기를 만들어 놓고, 다른 자기를 위로하고 격려합니다. 이런 꾀를 잘 부립니다. 그래서 더는 헤매지 않고, 상당히 빠른 시간 안에 제자리로 돌아올 줄 압니다.

둘째, 감정적인 사람은 에너지를 만들어 내는 것을 잘합니다.

일의 함정에 빠졌을 때, 더 높은 수준으로 성과를 올려야 할 때, 그 지점에서 정지하지 않고 힘을 더 냅니다. 문제를 단번에 해결하거나 하나씩 하나씩 돌파하는데, 문제를 해결하면서 에너지를 소진하는 것이 아니라, 해결[해냄]의 만족감을 끌어올려 그것으로 새로운 에너지를 만들어 냅니다. 그래서 그는 잘 지치지 않습니다.

셋째, 감정적인 사람은 본인이 우월하고 뛰어나다는 신념을 갖고 있습니다.

설사 그렇지 않더라도, 이것은 영리한 태도입니다. 때로는 남들이 망설일 때, 자기가 하겠다고 손을 번쩍 들어 버리는 무모함입니다. 본인이 못 할 것도 아니고, 그 일이 안 되는 일도 아니기에 당당히 나섭니다. 나중에 벌어질 일은 나중에 벌어지는 것이니까. 물론 업무 능력이 뛰어난 것도 있겠지만, 이것은 철저히 그의 우월감 즉, 본인이 남보다 낫다고 여기는 생각이나 감정이 그의 행위를 자극한 것입니다. 끝까지 잘난 척을 합니다. 잘난 척하고, 잘난 걸 인정받기 위해, 잘 해 내는데 진짜 최선의 노력을 합니다.

넷째, 감정적인 사람이라서 공감을 잘합니다.

대화와 소통에서 중요하다는 역지사지易地思之가 능수능란能手能爛합니다. 표 나지 않지만, 평소에 남의 일과 남의 기분에 관심이 많습니다. 그런 것들을 매우 흥미롭게 여기기 때문입니다. 남에 관한 관심이 쌓이고 쌓이다 보니, 남에 대한 이해가 비교적 깊습니다. 그래서, 업무를 진행할 때 일방적이거나 공격적으로 밀어붙이지 않습니다. 공감 덕분에 동료들은 그와 함께 일하길 싫어하지 않습니다.

다섯째, 감정적인 사람은 관심이 다양하고 의문이 많습니다.

보고 들은 사실의 표면을 알지만, 그 이면裏面, 속내를 살피는 관심이 있습니다. '왜 그렇게 된 것일까? 그 사람은 왜 그렇게 했을까?' 의문이 많고, 질문이 많습니다. 문제의 보이지 않는 구석구석을 찾습니다. 거기에서 숨겨진 이유와 답을 찾아냅니다.

여섯째, 감정적인 사람은 협상에서 유리합니다.

일을 추진하는 것은 결국 협상의 과정입니다. 자기의 자리가 회사 일의 종점이 되는 경우는 거의 없습니다. 일은 이어지고, 이어질 때마다 협상이 꼭 따라옵니다. 합의의 결정적 요소 중 전문적 지식과 내용은 80%에 불과하다고 합니다. 반면, 호감이나 신뢰라는 인간적 요소가 합의를 끌어낸 경우는 55%였고, 나머지 37%는 협상의 방법이나 절차적 요소 덕분이라고 합니다.

감정적인 사람이 더 유리한 6가지를 살펴보았습니다. 그럼, 회사를 감정적인 임직원들로 꽉 채워야 할까요? 직무에 따라 다르다는 의견도 있지만, 어쨌거나 전부 그럴 수는 없습니다. 다만, 크고 작은 조직을 이끄는 리더는 타인에 대한 이해가 꼭 필요하고, 그러기 위해서는 감정을 더 아는 것이 좋겠습니다.

다음으로, 감성이 있는 조직을 만들고자 한다면, 어떤 실천이 필요할지 살펴보겠습니다. 네 가지 정도로 정리해 보는데, 회사의 업종이나 제조하는 제품에 따라 강약을 조절하거나 이외의 것을 연구해도 좋겠습니다.

첫째, 감정 용어感情用語를 잘 사용합시다.

회사의 행동 덕목, 경영 방침, 기초 질서, 핵심 역량, 복무규정 등등 조직의 운영에 필요한 용어가 많습니다. 그리고 보편적, 형식적, 사무적인 용어를 사용하는 것이 좋을 때도 분명히 있습니다. 이런 것을 사용하지 말자는 것이 아니라, 이제는 좀 순화하여 대화형 감정 용어의 사용을 시도하자는 것입니다. 이해하기 쉬우니 끄덕거려지고, 가끔 머릿속을 스치는, 가슴에 여운이 있는 용어를 선택하여 널리 사용할 때가 되었습니다. 아래 두 회사의 유사한 사례는 그 회사의 추구하는 가치나 사업 내용을 떠나 감정 용어의 관점에서 한번 살펴보십시오.

배달의민족(우아한형제들) 송파구에서 일 잘하는 방법 11가지 □ 12시 1분은 12시가 아니다 □ 실행은 수직적! 문화는 수평적~ □ 잡담을 많이 나누는 것이 경쟁력이다 □ 쓰레기는 먼저 본 사람이 줍는다 □ 휴가나 퇴근 시 눈치 주는 농담을 하지 않는다 □ 보고는 팩트에 기반한다 □ 일의 목적, 기간, 결과, 공유자를 고민하며 일한다 □ 책임은 실행한 사람이 아닌 결정한 사람이 진다 □ 가족에게 부끄러운 일은 하지 않는다 □ 모든 일의 궁극적인 목적은 '고객창출'과 '고객만족'이다 □ 이끌거나, 따르거나, 떠나거나! 〈우아한형제들 홈페이지의 '우아한 문화' 중에서〉

아마존의 14가지 리더십 원칙 중, □ 리더는 고객에게 지나칠 정도로 집착한다 □ 리더는 절대 '그것은 내 일이 아니다'라는 말을 하지 않는다 □ 다양한 관점을 탐색하고 자신의 믿음이 틀렸다는 것을 증명하는데 머뭇거리지 않는다 □ 특출난 인재를 알아보고 그 인재가 조직 전체를 경험할 수 있도록 기꺼이 이동시킨다 □ 리더는 가차 없이 높은 목표를 설정한다 □ 리더는 자신과 팀원들의 몸에서 나는 악취를 향기라고 믿지 않는다 □ 깊이 파고들기 □ 기개 지키기: 타협하지 않고 헌신하기 (콜린 브라이어, 빌 카 지음. 유정식 옮김, 《순서 파괴》, 다산북스, 2021, p.50~53)

둘째, 그림이 있는 공간을 제공합시다.

시각視覺은 눈을 통해 받아들이는 감각 작용이며 가장 빠르게 뇌로 전달됩니다. 마음을 치유하는 그림을 보면 마음을 위로받거나, 희망을 품거나, 의지를 굳게 할 수 있는 신통한 효과가 있다고 합니다. 회사 구석구석의 빈 벽에 걸린 좋은 그림은 임직원들에게 좋은 영향을 미칠 겁니다.

셋째, 개인 용무가 가능한 공간을 제공합시다.

예를 들어, 개인적인 통화를 해야 하는데 사무실엔 그럴 곳이 없어 순간 당황스러운 표정을 짓는 직원들이 많이 눈에 띕니다. 자기 집무실까지는 아니더라도 잠시 사용할 수 있는 (공용) 공간은 필요합니다. 모두 마음 놓고 번갈아 사용할 수 있는 작은 공간이어도 좋습니다. 그곳이 감정을 만들고, 추스르고, 강화하는 감정소感情所입니다.

넷째, 좀 믿어 줍시다.

상사에게 결재를 받으러 오는 사람은 긴장합니다. 결과가 안 좋아서,

뭔가 오류를 집어낼까 등등의 이유입니다. 그런데, 결재하는 사람은 이런 경향이 있습니다. 평소에 좋은 결과를 내고, 정확한 일 처리를 하고, 본인의 일을 덜어 주는 사람의 결재는 쉽게(?) 해 줍니다. 믿기 때문입니다. 보고 내용에 문제가 없을 것이라는 선입견이 작용합니다. 그렇지 않은 경우는 정반대로, 아무리 바빠도 꼼꼼히 봅니다. 꼼꼼히 보니까 오류가 눈에 띄는 것이고, 그래서 한마디 합니다. 그러니까 움츠러들고, 자신감이 점점 줄어듭니다. 이렇게 반복되면 서로 힘들어집니다. 실수가 있더라도 넉넉히 봐주고, "내가 당신 믿고 일하는 거잖아. 다음엔 이러지 맙시다. 수고했어요"처럼 해 보십시오. 그리고 나중엔 "당신이 한 거니까, 내가 믿고 간다."가 될 것입니다. 믿음도 감정 처리의 결과입니다.

감정의 두께가 중요합니다. 그것이 얇은 사람, 두터운 사람이 있습니다. 얇은 사람은 얇은 대로, 두터운 사람은 두터운 대로 써야 합니다. 그래서 사람마다 일이 다르고, 제자리가 있습니다.

그들의 결정 감정을 이해하되,
'안정적인 감정'을 유지할 수 있도록 관리해야 합니다
꽉 쥐어도 안 되고, 쓱 놓아도 안 됩니다   Management & Leadership

Go-To-Win®

3 - 8
회사를 위해? 그런 것은 없더라

회사를 위해?

동상이몽^{同床異夢}

기원전부터 현재에 이르기까지 제국^{帝國}, 국가^{國家}, 기업 역사의 단면을 보면, 뼈와 살과 피를 나눈 부자지간과 형제지간도 자신의 이익을 놓고 목숨을 건 다툼을 하는 마당에 친인척과 종업원^{Employee}은 말해 무엇 하겠습니까?

항시 동상이몽^{同床異夢}. 서로 같은 처지에 있으면서도 그 생각이나 이상이 다르거나, 겉으로는 함께 행동하면서도 속으로는 다른 생각을 가짐입니다.

특히 재정^{財政} 상태가 진퇴양난^{進退兩難}의 처지에 있는 허술한 기업일수록 동상이몽의 정도가 매우 심각합니다. 회사가 곤란해진 것도 견디기 힘든데, 직원들마저 제 살길을 찾겠다고 딴생각을 하는 게 뻔히 보입니다. 그들도 불안하고 두렵기 때문입니다. 어쩔 수 없습니다.

그러나, 성장 가도를 달리는 기업은 하지 말라고 해도 열심히 하는 직원이 더 많습니다. 그들은 불안하거나 두렵지 않기 때문입니다. 그리고 본인의 역할과 성과에 대한 큰 보상을 기대하고 있기 때문입니다. '회사를 위해서'라고 말할 필요도 없습니다.

탄탄대로의 회사든 개미지옥에 빠진 회사든 '회사를 위해서' 열심히 일하란 말은 할 필요가 없습니다. 그러든 저러든 '본인이 알아서' 합니다. 그러나, 모든 기업이 지속적인 성장을 똑같이 할 수 없으니, 회사의 존속과 성장을 위한 종업원들의 참여와 헌신을 끌어올리는 방법을 찾아 실행해야 할 것입니다. 3가지 정도를 제안할 수 있는데, 회사의 형편이 너무 어렵다면, 당장 실행할 수 없습니다. 따라서, 정상화된 시점부터 실행하겠다는 계획을 공개하는 정도면 괜찮습니다.

첫째, 직원들이 주주^{株主}가 되도록 합시다.

직원들은 주주의 자격으로 책임을 지기도 하지만, 이익을 취할 수도 있습니다. '회사가 잘되면' 주가가 오르거나 배당이 커집니다. 예측 불가능한 외부 요인도 적지 않으나, '본인의 이익을 위하는' 것이 회사를 위하는 것과 합치됩니다. 특별히 경영 방어가 필요하다면, 주식 매매 조항 등을 정하여 정관에 등록하는 방법처럼 선택, 보완할 수 있는 운영도 가능합니다.

둘째, 분사(分社)나 사내 창업 등으로 사업의 기회를 줍시다.

무엇인가를 '위해서' 일하는 사람은 자기 욕구가 있는 사람입니다. 회사에 사장, 임원, 팀장이 되고 싶은 강한 의지가 있는 사람도 많습니다. 물론 전혀 그렇지 않은 사람도 있습니다. 회사에서의 성공을 본인의 성공으로 이어 가게 할 방법은 '아메바 경영' 또는 'Mini Profit Center'란 형태에서 실마리를 찾을 수 있습니다.

셋째, 현금으로 리드합시다.

기본 연봉이 적어도, 성과급이 보장되면 좀 더 열심히 합니다. 입사 지원자들이 대기업을 선호하는 것도 안정성, 성과급, 복리후생, 기업 평판의 후광효과라고 할 수 있습니다. 중소기업에서는 어려움이 무척 많습니다. 뭐니 뭐니 해도 현금만큼이나 직원들이 좋아하는 것은 없습니다. 그게 최고입니다. 팀장급 리더들에게 연봉의 10~15% 정도를 직책 수당으로 지급한다면, 그의 반응이 어떻게 나올까요? 팀장을 계속하고 싶을 겁니다. 그러려면 성과를 내려고 할 것입니다. 업무와 인원을 잘 운영하려고 할 것입니다. 현재 팀장이 아닌 사람들은 어떤 반응일까요? 팀장을 해야 하는 확실한 이유를 보았습니다. 어떻게 해야 팀장이 될 수 있는지 고민할 것입니다. 힘들어도 그 고민을 시도해 볼 것입니다. 이런 자극이 회사의 일을 돌아가게 만드는 동력이 될 것입니다.

지금부터는 직원의 입장에서 생각해 보겠습니다.

급여를 더 받고, 직위를 더 높게 전직을 성공한 그 사람은 어떤 직원이었습니까? 장기근속해서 사내에서 성공한 직원은 어떤 직원이었습니까? 그들의 실체는 금방 파악이 됩니다. 본인이 원한 것을 잘 해낸 사람들이 아니라, 회사가 원한 것을 기대 이상으로 해냈던 사람들입니다. 이런 실력을 쌓기 위해서 생각을 어떻게 다듬어야 할까요?

첫 번째 실마리, '주사위는 던져졌다.' 〈율리우스 카이사르 Julius Caesar〉

당신은 고민과 고생 끝에 이 회사에 입사했고, 출근하고 있습니다. 이 회사에서의 시간이 인생의 얼마를 차지할지 모르지만, 당신이 주사위를 던진 것입니다. 실패할 것인가, 성공할 것인가는 오롯이 당신에게 달려 있습니다. 조직에 있는 한, 당신에 대한 당신의 주관적 평가는 전혀 의미가 없습니다. 오로지 제삼자에 의한 객관적 평가가 당신에게 제시됩니다. 당신은 계속 평가를 받을 것입니다.

두 번째 실마리. '라스트 신 Last Scene 부터 쓴다.' 〈스티븐 스필버그 Steven Spielberg〉

당신이 설정한 현재 직장에서의 마지막 모습은 무엇입니까? 어디까지 가서, 어떤 사람이 될 생각입니까? 지금 하루하루도 무기력한 상태라면, 당신의 미래 모습이 더 필요합니다. 상상想像의 힘은 당신의 의지보다 엄청 강력합니다. 그래서 현재는 이미 와 있는 미래입니다.

세 번째 실마리. '나는 거인의 어깨 위에 앉았기 때문에 더 멀리 내다볼 수 있었다' 〈아이작 뉴턴 Isacc Newton〉

당신의 회사는 당신이 갖고 있지 못한 많은 돈, 네트워크, 기술, 사람들, 고객, 시장 등을 갖고 있습니다. 또한, 당신이 해결해야 하는 과제를 계속 제공하여 당신의 역량을 올려 줍니다. 만약 당신이 혼자라면, 그것들의 도움을 받을 수 있겠습니까?

훨씬 더 많은 돈을 받고 싶은가?
훨씬 더 강한 권력을 갖고 싶은가?
회사의 문제를 완벽히 해결하면 자격과 기회는 충분히 보장됩니다

Management & Leadership

Go-To-Win®

3 - 9
관계가 중요한 건 정보 때문

정보 소외, 정보 격차, 정보 거지^{Information homeless}
관계가 나쁘면, 정보도 나쁘거나 아예 없습니다
정보 때문에 라인이 만들어집니다

만약에, 나에게 메일이 오지 않고, 메일을 보내도 답장이 거의 없고, 메신저 단체 대화방에 메시지를 올렸는데 아무도 대답을 하지 않고, 회의에 들어갔는데 내게는 눈길도 주지 않고 아무것도 묻지 않고, 부하 직원에게 보고나 결재를 올리라고 했는데 절반 이상이 올라오지 않는다면 어떻겠습니까? 조직에서 나의 관계와 정보가 사라진 것입니다.

이러면 바보가 됩니다. 남들은 다 알고 있는데 나만 모릅니다. 모르는 게 많으니 회의나 대화를 해도 끼어들 수 없습니다. 내가 "이런 것 아니야?" 하면 "그건 벌써 다 아는 이야기고요" 하거나, 그냥 무시합니다. 나의 시간이 완벽하게 정지된 기분입니다.

그리고 불안하고 두렵습니다. '내가 따돌림을 당하고 있는 것인가? 내가 뭘 잘못했는데? 내가 무슨 피해를 준 건가? 아! 나보고 회사를 그만두라고 하는 건가?' 업무 지시든, 협조든, 결정하는 일이 엄청나게 줄어들었습니다. 뭔가 내게 좋지 않은 움직임이 있는 것 같습니다. 나만 모르고 있으니 입안이 바싹바싹 마릅니다.

정보를 얻을 수 있는 위치인가 여부는 사내에 비공식적인 인적^{人的} 라인이 만들어지는 이유도 됩니다. 정보에서 소외되고 있다는 느낌 때문에 사람들은 악착같이 그 라인에 들어가려고 애씁니다.

정보 동지^{同志}, 정보 유대^{紐帶}, 정보 그룹^{群}이라고 말할 수 있는 2명 이상의 구성원들은 나름 쏠쏠한 정보를 독점 내지는 공유를 합니다. 즉, 정보의 종류나 질에 따라 그들의 결속은 강하거나 약한 고리를 갖습니다. 그리고, 철저히 정보의 Give and Take 거래가 왕성합니다. 좋은 정보든 나쁜 정보든, 흥미로운 정보와 자기 이익과 연관된 정보의 가치가 가장 높습니다.

당신에게는 그런 흥미롭고 가치(?) 있는 정보가 없다는 것입니다. 게다가, 정보를 주고받는 기술이 상당히 미숙하다는 것입니다. 아니면, 그런 '끌리는' 정보를 당신 성격상 아예 가까이하지 않는 이유도 있습니다. 그래서, 그런 정보를 어떤 방식으로든 공유하는 것을 윤리적이지 않거나, 음험한 수작이라며 거부합니다.

정보 자체가 좋고, 나쁘고, 흥미롭고, 쓸모없는 것은 없습니다. 당신의 선택과 활용에 따라 용도가 정해지기 때문입니다. 그러나, 정보가 들어오지 않는 것은, 사람들과 당신의 관계가 상당히 차단된 것이므로 정보가 잘 들어올 수 있도록 다음과 같은 당신의 태도가 매우 중요합니다.

첫째, 당신은 입이 무겁고, 속마음을 쉽게 내색해서는 안 됩니다.

많이 듣는 것은 전혀 문제가 없지만, 많이 말하는 것은 문제가 있습니다. 말이 많으면 나중에 화근이 되는 바이러스가 튀게 됩니다. 그곳에서 들은 누구의 어떤 이야기를, 그곳에 없었던 그 사람에게 전달하는 것은 절대 조심해야 합니다. 대화가 많은 것은 좋으나, 사람들은 몸가짐이 이런 사람을 좋아합니다. '말 적은 이가 제일 좋은 사람이다 Men of few words are the best men.' 〈셰익스피어〉

둘째, 단순한 정황이든, 필요한 솔루션이든 당신은 기꺼이 주는 사람인 Giver가 되어야 합니다.

정보는 지갑의 돈과 같습니다. 사람들은 지갑을 잘 꺼내지도 않지만, 쉽게 돈을 꺼내지도 않습니다. 그만한 가치가 있을 때, 그만한 가치가 있는 정보일 때, 서로 주고받습니다. 정보도, 관계도 오로지 받기만 하는 Taker, 주기만 하는 Giver, 받은 만큼만 주는 Matcher가 있습니다. 유익한 관계를 유지하기 위해서는 상대방이 원하는 정보, 필요한 솔루션을 주어야 합니다.

셋째, 당신이 그에게 '키다리 아저씨'가 되면 관계가 아주 좋습니다.

좋은 관계는 더 좋아지고, 대화의 양과 질이 훨씬 좋아지는 것은 그가 당신에게 감사하는 바로 그 순간입니다. 그가 어려움과 곤란함을 이야기해 버렸는데, 그가 모르는 사이에 당신이 해결될 수 있도록 벌써 도움을 주었고, 나중에 그 사실을 알게 되었다면, 안 좋아할 사람이 어디 있겠습니까? 대화(정보)를 통해 그의 형편을 알고, 그의 후원자, 코치가 되어 준다면 최고의 관계를 유지할 수 있습니다.

조직의 구성원들이 서로 좋은 관계를 갖고 정보를 공유하는 것은 회사에 많은 이익을 가져다줍니다. 경영진이 커뮤니티와 커뮤니케이션에 관심을 두고 지원하는 것도 다음과 같은 3가지의 중요한 가치가 있기 때문입니다.

첫째, 일반적인 업무의 결재 과정이나 특별한 사건이 발생하면, 논의를 통해 의사결정을 하게 되는데, 결론을 내리기 위해서는 모든 과정에 어느 정도 '협상'이라는 것이 내재하여 있습니다. 누가, 언제, 어떻게 등등도 결국 협상의 결과입니다. 협상이 안 되거나 협상을 망치는 결정적인 이유는 제공된 정보의 불신, 다른 팀의 대응에 대한 불신입니다. 그래서, 사안의 본질 파악과 대응책 마련의 접근 자체가 쉽지 않습니다. 즉 이미 편이 갈라져 있다는 것입니다. 그러나, 이미 훌륭한 소통의 문화가 있어서 서로의 관계가 좋고, 정보에 대한 상호 신뢰가 형성되었다면, 협상의 시간은 상당히 단축될 것이고, 그에 따른 손실 비용도 많이 감소할 것입니다.

둘째, 숫자 계산은 곤란하지만, 운영 비용을 최소로 감당합니다. 직원의 관계가 서로 좋지 않으면, 불필요한 자료를 여러 번 작성하고, 회의를 수차례 진행하고, 각각의 의견에 대한 유효성을 검증하는 시간이 과다하게 소요되어, 보이지 않는 비용이 상당히 발생합니다. 반면에, 좋은 관계가 이미 형성되어 있다면 신뢰를 바탕으로 문제해결에 더 집중함으로써 불필요한 절차나 공수工數를 줄이게 됩니다. 그래서 이익이 됩니다.

셋째, 좋은 관계는 공동체 의식을 강화합니다. 개인의 이기주의나 파벌주의에 따른 행동보다는 조직 전체의 이익을 먼저 다루게 됩니다. 경영진이 가장 좋아하고 원하는 행동입니다.

모든 사람과 잘 지내려고 목숨 걸면서 노력할 필요는 없습니다. 사실 그럴 수도 없습니다. 그러나, 본인을 위해 관계를 잘 형성하는 것은 매우 중요하고, 그러기 위해서는 정보를 잘 다룰 줄 알아야 합니다. 정보가 차단되면, 관계도 끊어집니다.

이메일에 CC$^{Carboncopy, 참조}$를 걸으십시오

메신저 단체 대화방에서 바로바로 반응을 보이십시오

좋은 연기$^{演技, Acting}$를 잘하십시오   **Management & Leadership**

김동순
경영과 리더십 반성

4

반성이 필요합니다

Go-To-Win®

4 - 1
경영자와 리더가 매일 반성할 것 세 가지

반성하지 않는 리더는
훌륭한 리더가 될 수 없습니다

경영자와 리더가 리더십이 있는지 알 방법은, 직원들이 나의 무엇을 벤치마킹^{Benchmarking}하고 있는지 살피는 것입니다. 나를 따라 하는 직원이 없다면, 난 매력 있는 리더가 아닐 수 있습니다.

완벽한 리더십이 불가능한 시대입니다. 그러나, 경영자나 리더이기에 계속 발전하는 모습을 보여야 합니다. 회사에서 MBA 과정을 이수하도록 지원하는 것처럼 특별한 기회도 있지만, 일상생활에서 경영자나 리더가 리더십을 스스로 단련하여 지속적으로 강화할 방법은 무엇이 있을까요?

한 뼘 크기의 포켓 다이어리(수첩)를 항상 지니고 다니는데, 삼십 년간 습관을 붙여 놓은 것이 있습니다. 일정 관리는 항상 꼼꼼히 따져서 단 하루라도 낭비가 생기지 않도록 조심합니다. 마찬가지로 꼭 빼먹지 않는 것은, 하루를 마무리할 때 그날 있었던 일들을 되짚어 보면서, 무슨 일이 있어도 세 가지를 기록하는 습관입니다. 하루를 정리하여 몇 줄의 기록을 남겨 놓는 것은, 경영자나 리더가 리더십의 내공을 쌓는 데 매우 의미 있는 일일 것입니다.

퇴근 전에, 이 반성의 시간을 잘 활용하는 습관을 얻으면, 하루하루 긍정적인 위안을 찾고 내일이 기다려지는 신통한 변화를 맞이하게 될 것입니다. 틀림없습니다. 이것에 만족하면, 리더십이 하나씩 견고히 쌓이게 될 것입니다. 이때, 주의할 점이 하나 있습니다. '엉뚱한 고집'으로 빠지면 안 됩니다. 자기의 생각 주장에 너무 빠져서 자기중심으로 실수의 변명을 합리화하는 잘못을 저지르지 않도록, 살피고 또 살펴야 올바른 반성을 할 수 있습니다. '나' 중심이 아니고 '회사와 일' 중심으로 생각하면 됩니다.

그렇다면, 하루하루 무엇을 반성하며 기록하여야 할까요? 첫째, 경영자나 리더로서 '회사에 이익이 되는 일을 오늘도 했는가?' 둘째, '반복하면 안 될 오늘의 실수는 무엇인가?' 셋째, '오늘 하기로 한 것을 내일로 미룬 것은 없는가?' 퇴근하기 전에 이 세 가지를 책상에 앉아 차분히 생각해 보고, 수첩에 기록합니다. 머릿속으로 생각만 해서는 안 됩니다.

경영자와 리더가 매일 수첩에 적는 3가지 중에서, 첫째 '회사에 이익이 되는 일은 무엇이었나?'. 예를 들면 이렇습니다. 어느 회사나 매일 전기 요금, 냉난방비, 식대, 전화 요금 등 '회삿돈'이 나갑니다. 그래서 매일 돈을 벌어야 하는 겁니다. 이익이 많이 남는 회사는 매시간이 감사하고 행복한데, 그 반대인 경우는 일분일초가 끔찍합니다.

리더로서, 회사가 돈을 벌기 위해 오늘 어떤 올바른 결정을 제때 내렸는지, 늦어지는 일을 방지하기 위해 어떤 상황에서 어떻게 지시하고 지원한 것이 효과적이었는지, 고객과의 불공평한 협상에서 끈질기게 물고 늘어져 이익이 되는 합의를 끌어냈는지, 피곤한 직원들을 위해 어떻게 사기를 올렸는지, 회사의 분위기를 바꾸기 위해 좋은 이벤트를 시도했는지 등등, 정말 회사에 이익이 되었다고 생각할 수 있는 것들을 추려 봅니다.

이익이 크든 작든 상관없이, 최소 한 가지 이상은 매일 이익을 낸 사건이 있어야 합니다. 그러니, 출근할 때부터 이것을 겨냥하고 회사에 와야 합니다. 이것이 이익을 내는 리더의 기본입니다. 경영자나 리더가 위와 같은 생각을 하고, 많은 의사결정을 할 텐데, 언제나 판단 기준은 회사 자원의 소비보다 훨씬 더 많은 이익을 반드시 내는 것입니다. 아니면, 똑같은 이익을 더 적은 자원으로 운영하는 것입니다.

둘째는, '반복하면 안 되는 실수는 무엇이었나?'를 생각해 보아야 합니다. 팽팽한 긴장 속에서 중요한 결정을 하다 보면, 가끔 실수할 수 있습니다. 하지만, 누구나 그렇듯이 실수가 반복되면 리더로서 정말 곤란한 처지에 놓입니다.

사소한 사건도 있습니다. 회의 시간 중에 조언이든 의사결정이든 한마디도 하지 않고 회의 자료만 보면서 자리를 지키고 있다거나, 근무 시간 중에 엉뚱하게 개인적인 일에 시간을 보내는 것 등은 리더의 가장 기본적인 것이 준비되지 않은 상태라고 할 수 있습니다. 이러면 리더도 아닙니다. 이럴 리 없겠지요. 서로 업무 내용과 시간을 왜 지키지 못했는가? 실수에 대한 핑계나 책임 전가를 왜 했는가? 부하 직원의 근무 태만과 집중하지 못하는 상태를 왜 방치했는가? 반성해야 합니다. 정보의 사전 공유를 부지런히 하지 않고 왜 소홀히 했는가? 알아서 하라는 식의 애매한 지시에 대해 분명히 반성하고, 그 원인을 분명히 찾아야 합니다.

타인에게 이유를 찾기보다는, 리더 자신에게서 이유와 해답을 찾는 것이 언제나 훨씬 빠른 방법입니다. 경영자와 리더는, 문제를 찾아내서 그것을 정확하게 정의하는 것이 해결보다 더 중요하다는 사실을 알아야 합니다.

셋째, '하기로 한 걸 했나?'를 따져 봅니다. 이것은 자기 개발에 관련된 질문입니다. 경영자나 리더라, 그 자리에서 더는 자기 개발할 것이 없는 게 아닙니다. 오히려, 많은 리더가 자신의 부족함을 절실히 느끼고, 없는 시간을 쪼개서 공부하고 실천하려고 애쓰고 있습니다.

그것들은 업무 지식의 확장이나 심화, 리더십, 어학, 컴퓨터 활용, 건강 관리, 심지어 카드놀이, 온라인 게임 등 잡기에서, 축구, 등산, 악기 등등의 동호회 활동에 이르기까지 매우 다양합니다. 이것 역시 그저 몰려다니거나, 교육 과정 또는 동영상을 신청해 놓는다고 되는 일이 아니라는 것쯤은 다 알고 있습니다. 자기 개발을 위해 매월, 매주, 매일의 일정과 목표에 맞춘, 계획 - 실천 - 확인 - 반복의 사이클로 계속 관리해야 진전이 있습니다. 때론 부하 직원에게도 내가 뭘 하고 있다는 것을 알려 자신을 경계하고, 그들에게도 자기 개발의 동기를 부여하거나 그런 기회를 함께하는 것도 좋은 방법입니다.

자기 개발은 좋은 인생을 설계할 수 있는 안목까지 넓혀 줍니다. 좋은 인생을 설계할 줄 알아야, 그 상상하는 미래 때문에 지금 하는 힘든 일의 가치를 기분 좋게 깨달을 수 있습니다.

회사를 그만둔 경영자나 리더가 무작정 사회로 던져져 실패를 맛보는 경우가 많습니다. 회사에 있을 때는, 회사의 시스템이 일하게 해 주고, 불편함이 없도록 나에게 권력을 주지만, 회사라는 그곳을 벗어나면 아무것도 없는 것 아니겠습니까? 그러니, 회사에 있을 때나 나중을 생각해서라도 게을리하지 말아야 할 것이, 본인의 능력을 항상 연마하는 것입니다. 자기에게 도움이 되면, 회사에도 반드시 도움이 됩니다. 그 반대도 마찬가지입니다.

3가지에 대해 살펴보았는데, 그래서 이익이 되는 매일의 일을 잘 찾아냈다면, 그것들을 단순히 본인의 업무 대응 능력으로만 가져가지 말고, 회사의 시스템에, 업무의 프로세스에 집어넣도록 합니다. 리더의 작은 개선이 시스템에 좋은 피드백이 되는 겁니다. 반복하면 안 될 실수를 발견했다면, 그것들의 재발을 방지하는 방법까지 찾아내어, 우선은 아는 것부터, 자신 있는 것부터 과감히 해결해 나갑니다. 한편, 본인의 실행 결과에 따라 자신에게 상도 주고 벌도 주어야 합니다.

이런 소중한 3가지의 실천은, 매일 기록하는 수첩 하나 마련하는 것에서 시작되니, 폼 나는 좋은 수첩 하나에 몇만 원의 큰돈을 쓰는 것도 심심한 일상에 자극적이지 않을까요?

생각으로 반성하는 것과
적어 놓고 보는 것은 아주 큰 차이가 있습니다

Management & Leadership

Go-To-Win®

4 - ❷
온 길을 보면, 갈 길이 보인다

자기 연구^{自己研究} 방법

 지루함? 지겨움? 뭔가를 하고 싶은데, 하루 또 하루를 보내며 뭘 어떻게 해야 할지 몰라 불안한 리더들이 있습니다. 그냥 이게 아닌데! 싶은, 그런 느낌의 순간이 올 때 말입니다. 갑자기 머리 회전이 '일단 멈춤' 상태가 되고, 심하면 숨이 막힐 정도로 답답합니다. 복잡한 길거리에 서서 바삐 어딘가를 향해 열심히 걷는 사람들을 볼 때도 그렇고, TV에서 비슷한 연배의 성공 스토리를 보면서 이렇게 앉아 있는 자신을 발견할 때도 마음이 힘듭니다. 가끔 피할 수 없는 '마음의 눌림'이 나를 찾아오면, 차분히 맞이해 보십시오.

온 길을 보면, 내가 갈 길이 보이지 않겠습니까? 여기서는 온 길을 어떻게 볼까를 생각해 보고자 합니다. 5가지 정도로 나누어 보겠습니다.

해답의 30%는 이렇게 찾겠습니다. '나는 무엇에 많은 시간을 사용했는가?'입니다. 하루의 절반을 회사에서 보내는 형편이니, 두 가지로 살피겠습니다.

회사에서 일합니다. 오랫동안 그 일을 맡아 하고 있다면, 그 일이 조직과 나의 발전에 가치가 있었는지가 중요할 것입니다. 조직의 입장에서야 필요하다고, 가치 있다고 월급을 주며 시키겠지요. 그러니 문제는, 내가 그 일을 좋아하고 있느냐는 점입니다. 별로 좋아하지도, 재미있지도 않은데 하고 있다면, 회사의 업무 중에 해 보고 싶은 업무에 지원해 보는 것도 방법입니다. 이게 가능하면 좋은 회사입니다.

그럼, 회사에서 보내는 시간을 빼고, 나머지 시간을 어떻게 보냈는지 생각해 볼 차례입니다. 하루건너 이어지는 회식? 동호회 모임? 가족 돌보기? 물론 조직이나 가족의 구성원으로서 해야 할 일이 있을 것입니다만, 그 많은 시간은 어디로 가 버렸는지 한 번쯤 계산기를 두들기며 따져 보기 바랍니다. 나에게 정신적, 신체적으로 도움이 되는 시간이 얼마였는지? 써 버린 시간에서 어떤 것을 버릴 수 있고, 버려야 하는지? 용기를 내어 버릴 것은 버려야 합니다. 그리고 나서, 무엇으로 채울지 며칠간 '상상해' 봅니다. 이 며칠간이라도 흐뭇할 수 있습니다.

해답의 또 30%는 이렇게 찾겠습니다. '누구와 가장 많은 시간을 보냈는가?'입니다. 그가 당신이 생각하는 매력적인 롤 모델이면 좋겠습니다. 동기 부여가 되는, 자극이 오는 사람을 만나면 좋겠습니다.

가정을 꾸리고 있다면, 가족과 가장 많은 시간을 보내는 것이 당연히 좋습니다. 그다음은? 이 질문에 맞도록 누구를 만났는지 한번 쭉 적어 보시기 바랍니다. 그리고 대략 얼마큼의 시간을 그와 함께했는지도 따져 봅시다. 만난 사람을 평가하자는 것이 아니고, 내 시간이 어디로 갔는지를 알아보는 것입니다. 그들과 만남에서 무엇을 얻었는지도 나름 확인해 보십시오. 그리고 다른 누구를 만나고 싶은지 적어 보면 생각이 움직이기 시작합니다.

만나서 편한 사람은 그냥 편합니다. 거기서는 편함을 그대로 즐기면 됩니다. 그런데, 편함에는 깨달음이나 자극이 없지 않습니까? 동기 부여가 필요하면, 좀 불편한(?) 사람을 만나야 합니다. 말하자면, 나보다 더 성공한 사람? 이 성공이 뭐냐에 따라 다를 수 있으나, 너무 고민할 필요는 없을 것 같습니다. 그건 당신이 알고 있는 대로 정하면 됩니다. 나보다 성공한 사람을 이렇다 저렇다 꼬치꼬치 내가 평가해서 괜히 언짢을 필요는 없습니다. 중요한 것은, 내가 '나는? 나도!'처럼 동기 부여가 되면 됩니다.

해답의 20%는 이렇게 찾겠습니다. '돈을 어디에 썼지?'입니다. 회사나 개인이나 돈이란 것은 유지와 투자를 목적으로 합니다. 개인적으로는 두 가지일 텐데, 자신과 가족의 행복 공감이나 공유에 필요한 지출, 그리고 자신의 소유 욕망 충족을 위한 지출인 것 같습니다. 아무튼, 돈의 지출이 '보상' 쪽으로 좀 더 기우는 것 같습니다.

복잡하게 따질 것 없고, 상세하지 않더라도 한 달의 지출 목록을 적어 보시기 바랍니다. 가능하다면 여러 달의 지출 목록이 있으면 좋겠지만, 그대로 한번 슬쩍 분석을 해 보십시오. 쓸모 있었던 지출과 하지 않아도 되었을 지출? 이렇게 구별해 봐도 답이 좀 보이겠지만, 혹 지출 항목과 금액이 거의 십수 개월간 똑같이 반복되고 있는지를 살펴야 합니다. 똑같은 곳에 똑같은 돈이 계속 나간다면, 내 생활도 과거와 지금이 똑같다는 것 아니겠습니까? 물론 엄청난 박봉薄俸에 시달릴 수밖에 없는 형편인 경우는 제외합니다. 변화를 위한 실제 자원은 시간과 돈입니다. 이것들이 빠듯하면 변화의 폭도 빠듯합니다. 그래서, 지출의 효용과 효율을 최적으로 할 꾀를 짜내야 할 것입니다. 개인적인 지출의 상황만 명확히 파악해도 그 순간 자극은 옵니다.

해답의 15%는 이렇게 찾겠습니다. '(스마트폰이든 컴퓨터든) 무엇을 가장 많이 보았거나, 검색했는가?'입니다. 온라인 정보는 우리 생활에 엄청나게 도움을 주고 있고, 그만큼 온라인 정보를 얼마나 잘 활용하는지도 이제는 삶의 질과 큰 관계가 있습니다. 정보를 알면 똑같고, 모르면 뒤처지기도 합니다.

흥밋거리나 관심사를 찾아 이리저리 접속하여 보는 것을 웹 서핑^{Web}

Surfing이라고 하지요. 말 그대로, 그때그때 이것저것 뉴스든, 스포츠든, 연예든, 생활 정보를 열어보는 것입니다. 이것을 하지 말자는 것이 아니라, 서핑도 좋지만, 때론 '다이빙Diving'도 좀 즐기자는 말씀입니다. 스프링보드에서 몇 번 발 구르다 목표한 지점으로 쏙 매끄럽게 빠지는 다이빙. 최근에 한 번이라도 어떤 관심사에 쏙 빠져 본 적이 있었습니까? 한번 빠져들어 지금도 꾸준히 챙겨 보는 게 있습니까? 그게 도움이 좀 됩니까? 리더라면 흥밋거리나 트렌드를 이해하기 위해서 서핑도 필요합니다만, 유용한 관심의 선택과 집중이란 다이빙을 통해 동기 부여를 꾸준히 이어 가는 것도 필요할 것입니다.

마지막으로 해답의 5%는 여기서 찾겠습니다. '어디를 가장 자주 갔나?'입니다. 동선動線은 자신의 물리적인 사고 범위를 알려 주는 증거입니다. 어디든 가고 싶어야 가는 것이고, 어딘지 알아야 가는 것 아닙니까?

똑같은 곳, 똑같은 것을 보는 것은 거기밖에 모르는 것이지, 거기가 꼭 좋아서 가는 것은 아닐 것입니다. 정말 편하고 행복한 장소가 그렇게 많거나 항상 그것을 제공하는 것이 아니기 때문입니다. 자, 이제 당신의 동선을 바꿔 보기 바랍니다. 당신의 사업이나 좋아하는 일과 관련된 곳이면 생각보다 큰 자극을 얻을 수 있을 것입니다. 회사 출근길도 안 다녀 본 길로 가보십시오. 회사에서 안 가 본 곳도 가 보십시오. 안 가본 식당에도 가 보고, 빵집도 가 보십시오. 다 좋은데, 가장 큰 서점에 지금 당장 꼭 가시길 권합니다.

30-30-20-15-5%로 풀어 보았습니다. 이 다섯 가지는 충분히 할 수 있는 솔루션입니다. 그러나, 왠지 아직 발목을 잡는 것도 남아 있을 것입니다.

금전적 문제로 인해 고민이 무척 크다면, 어지간한 사람이 위와 같은 노력을 병행하기가 절대 쉽지 않습니다. 이 문제로 인해 일상 자체가 자유롭지 못하고, 어떤 것도 좋게 결정할 수 없기 때문입니다. 얼른 경제적 문제를 해결하십시오 라는 말은 말뿐이니, 그 문제와 이 문제를 가능한 분리하기 바랍니다. 뜻대로 해결되지 않는 이런 문제는 그냥 어쩔 수 없이 당분간 함께 가야 하는 문제입니다. 그건 그거고, 이건 이거라고 조금만 여유를 갖기 바랍니다.

가족에 대한 고민 역시 '탁' 쳐 내기 힘든 문제입니다. 가족이기에 무척 어렵습니다. 가족에 대한 번민은 인연을 끊어 내는 출가出家가 아니면 줄일 수 없다고 합니다. 안 되는 것은 안 되는 것이니, 이것 역시도 받아들이는 수밖에 없습니다. 역시 이건 이거고, 그건 그거라는 조금의 여유를 만들기 바랍니다.

위와 같은 두 가지는 참 어렵습니다만, 조직에서는 일단 지금 내가 하는 일을 정말 잘하고 있어야 갈 길을 정확하게 찾을 수 있습니다. 그것도 제대로 못 하는 사람은 똑같은 실수를 반복하면서 계속 엉뚱한 길로 들어섭니다.

[30%] 무엇에 시간을 많이 사용했는가?

[30%] 누구와 가장 많은 시간을 보냈는가?

[20%] 돈을 어디에 썼나?

[15%] 스마트폰으로 무엇을 가장 많이 보나?

[5%] 어디를 자주 가는가?   Management & Leadership

Go-To-Win®

4 - ❸
임원의 빈틈

임원이 정해진 교육을 받고 있습니까?

임원은 본인의 성공 경험을 잘 활용합니까?

임원이 부하 직원을 애정으로 이끌고 있습니까?

다른 임원과 잘 협력합니까?

얼마나 기쁘겠습니까? 숱한 고비를 잘 넘기며 뛰어난 능력을 인정받아 임원으로 발탁되는 순간, 꿈 하나가 이루어졌으니 말입니다. 하지만, 그것도 석 달밖에는 못 간다고 합니다. 멋진 명함과 큰 책상, 승용

차 등을 받았지만, 임원 자리에 걸맞은 실적을 내야 하는 압박감에 경쟁의 정글에서 끝없이 쫓고 쫓기는 장면의 주인공이란 것을 금세 알게 됩니다. 깜깜한 밤에 몇 대의 자동차 헤드라이트 불빛이 모두 나를 비추고 있는 것과 같이 늘 주목받게 됩니다. 말 그대로, 웃는 게 웃는 게 아닙니다. 완벽한 것처럼 보이지만, 완벽하게 보이고 싶지만, 임원에게도 빈틈은 있습니다. 회사에서 채워 줘야 하고, 본인이 스스로 채워야 하는 빈틈입니다.

 능력을 인정받았다고는 하지만, 그래도 계속 듣는 말 중의 하나가 '역량 증진'이란 말입니다. 물론 임원뿐 아니라 모든 직원이 회사를 그만둘 때까지 잊을 만하면 듣는 이야기입니다. 그도 그럴 것이, 지금까지 보여 준 성과도 중요하지만, 지속 가능한 성장을 위해서 더 새로운, 더 강한 역량을 끊임없이 채워야 하기 때문입니다. 우리 중소·중견기업에서 부장까지 승진하는 동안은 최소한의 법정 교육을 비롯하여 다양한 관리자 교육과 직무 교육을 받고, 본인도 교육을 신청하여 필요한 지식과 요령을 쌓습니다. 그런데 이상하게도, 임원이 되면 더는 배울 게 없는지 학습이 딱 끊어집니다. 리더가 더 많이, 더 깊이 알아야 조직을 잘 이끌어 갈 수 있는데, 심지어 후배 사원이 뭐라고 하는데 그게 무슨 말인지 모르는 임원이라면 이게 가능하겠습니까?

 선진 기업이나 강한 기업의 내재한 조직 문화 중 꼭 유지하고 강화하는 것이 바로 임원들에 대한 학습 프로그램입니다. 오히려 이런 기업의 임원 교육은 직원 교육보다 훨씬 어렵고, 힘들고, 머리 아픕니다. 임원이기 때문입니다.

경영자는 말합니다. 임원의 역량이 곧 회사의 역량이다. 임원들도 말은 합니다. 회사의 발전 즉, 성과의 향상이 가능하도록 저 스스로 역량을 충실히 쌓아 가도록 하겠다고. 그런데, 모두 그렇게 하겠다고 했는데, 실제 그렇게 하는지 증거가 없습니다. 아침 일찍 출근해서 늦은 퇴근까지 고객이나 직원들과 엄청난 회의를 하고, 엄청난 결재를 하고, 문제해결을 위해 엄청나게 몸부림칩니다. 이것도 역량 증진이라고 할 수 있지만. 역량을 높이기 위해 '계획된' 무엇을 어떻게 하는지는 말할 것도 없고, 언제 하고 있습니까?

임원의 역량을 증진하겠다는 것은 임원의 역량도 '관리되어야 한다.'라는 것이고, 여기서 가장 중요한 것은 '누가' 관리할 것이냐는 점입니다. 이 '누가'가 없기 때문에, 실행으로 연결되지 않는 것입니다. 실행으로 연결되어야 계획도 세우고, 해 보고, 그 역량 증진 성과가 어떤 상태인지 확인도 하고, 적정한 피드백을 하는 것 아니겠습니까?

임원의 역량 관리는 전문가에게 맡겨야 합니다. 독립된 권한을 부여하고, 임원에 대한 현재 역량을 진단하여, 향후 2년간 꼭 확보해야 하는 역량을 정의하고, 당사자와 상의해서 로드맵을 확정하고, 적절한 주기로 평가해야 하며, 이 평가 결과를 그 임원의 성과와 마찬가지로 인사 고과에 반드시 반영해야 합니다. 임원 중 한 사람도 이 프로그램에서 제외되면 안 되고, 신임 임원이나 전직해 오는 임원에게도 마찬가지로 적용해야 합니다. 임원들의 평가를 이처럼 올바른 평가로 진행하고 있다는 것이 공개되면, 직원들이 임원들을 보거나 회사를 보는 시각도 상당히 바뀔 것입니다.

역량 증진이 기본을 바탕으로 새로운 것을 연마하는 것이라면, 임원이 되기까지 본인의 성공 경험을 충분히 발휘하는 것도 매우 중요합니다. 다만, 굳어진 성공 경험이라면 문제가 있습니다. 본인이 임원의 자리에 오를 정도라고, 자신의 잣대로 자기주장만을 고집한다면 이것이야말로 미친 짓입니다. "그런 게 아니야, 틀렸어. 도대체 내 말을 듣는건가 안 듣는건가? 무슨 소리야? 이렇게 해, 그래 봐야 안 될걸"이라는 식으로 자신만의 경험을 내세워 고집을 부리면 안 됩니다. 오히려 그 경험을 바탕으로, 수시로 변하는 문제 상황에 최적의 방법을 제시할 수 있는 최고의 전문가다운 모습과 의사결정을 보여야 합니다. 맡은 일에 차이는 있겠지만, 임원이 되면 누구나 그렇듯이 현장과 멀어집니다. 마음도 급해집니다. 의심도 무척 많아집니다. 그래서, 오랜 기간 익숙하고 편한 것을 버리지 못합니다. 이럴수록 셀프 컨트롤$^{Self\ Control}$ 해야 합니다.

변하고 있는 상황을 고객의 입장에서 판단하기 위해, 부하 직원들의 의견을 잘 다듬어 경쟁력 있도록 만들어 주기 위해, 고객과 공감할 수 있는 소통과 솔루션 제공의 근거 등등으로 활용이 되도록 즉, 회사와 고객에게 기여할 수 있는 곳에 본인의 경험을 써야지 자신의 잘못된 권위를 눈치 없이 뽐내는 데 엉뚱하게 사용되어서는 안 됩니다. 일하다 보면 성공했던 좋은 경험 즉, 성공하는 방식이 저절로 드러나는 것이지, 굳이 앞세울 필요는 없습니다. '경험이란, 변화를 위한 당신의 동력'이지 변화의 바리케이드^{Barricade}가 아닙니다.

임원은 부하 직원이 많습니다. 서로 믿어야 하는 존재입니다. 임원은 부하 직원과 어떻게 일해야 하겠습니까? 목표를 공유하고, 업무를 지도하여, 훌륭한 인재로 육성해야 한다고 합니다. 맞습니다. 그런데 지금 이것과 반대이지는 않습니까? 임원도 자기 일이 있어 엄청 바쁩니다. 직원들과 술 한잔, 식사 한 끼 할 시간도 없습니다. 그래서, 직원들에 대해 업무 빼고는 모르는 게 많아집니다. 직원들도 임원의 인생이나 스타일에 대해 모르는 것 같습니다. 이야기한 적이 별로 없으니까. 대화나 소통은 고사하고 서로에 대해 아는 게 부족합니다. 목표 공유? 내 목표도 명확하지 않은데. 직무 지도? 내 할 일도 못 하고 있는데. 인재 육성? 서로 말해 본 적조차 별로 없는데. 자, 이쯤 되면 차분히 생각해서 정리해 볼 필요가 있습니다.

시간이 없고 일이 많아도, 점심시간에 밥은 먹지 않습니까? 말하자면, 규칙이 필요합니다. 비공식적이며 자연스러운 모임의 규칙, 반복적인 업무 점검의 규칙, 교육의 규칙. 바쁠수록 계획을 잘 세우면 오히려 덜 바빠집니다. 아니, 최소한 그 규칙에 맞게 움직이려 하는 게 조직 행위입니다. 규칙을 만들고 운영하면서 직원들과 보내는 시간을 늘려야 합니다. 처음엔 익숙하지 않아 서먹하고 조심스럽겠지만, 하다 보면 편안해집니다. 어느 직원에게는 관계가 뻑뻑할 때, 참기름 같은 역할을 하기도 합니다.

여기서, 이런 과정과 자리에서 임원의 눈과 감정은 어때야 하겠습니까? 겉보기로 드러낼 필요는 없지만, 업무적인 입장의 임원이 아닌, 이때만큼은 부모의 눈과 감정으로 볼 수 없을까 하는 생각을 해 봅니다. 말도 안 되고 쓸데없는 일을 하는 게 보일 때, 그렇게 내버려 두는 게 맞는 것인지? 잘 몰라서 허둥대고 있을 때, 어떻게 가르쳐서 흥미롭게 일하게 해 줄 수 없을까? 내 아들이고 딸이라면 해서는 안 될 일을 어처구니없이 하고 있을 때, 당신이 가만히 있을 수 없지 않습니까? 아무 노력도 하지 않는 게으르고 한심한 태도를 보고 진심으로 야단치지 않을 수 없습니다. 물론 직원들이 오해하여 적응하지 못할 수도 있겠지만, 부모의 마음으로 직원들을 보자는 겁니다. 왜? 그래야 사람이 보입니다. 그래야만 진심으로 곁으로 갈 수 있습니다. 이런 시간을 공유하면 마음을 통하게 할 수 있습니다. 이것이 바로 믿음입니다.

다른 임원과는 어떻게 지내십니까? 협력하고 경쟁하고 있겠지요. 제발 친하게 지내고, 이너 서클$^{Inner\ Circle}$을 만들지 마십시오. 임원들이 서로 친하지 않으면 밑의 직원들이 일하기 너무 힘들어집니다. 다른 임원을 미워하는 임원의 눈치를 보느라 일을 할 수 없습니다. 임원끼리도 불편한 것이 뻔합니다. 소통은 고사하고 힘겨루기에 감정만 상하면서 불리한 선택과 결정을 하게 됩니다. 이너 서클? 이런 파벌이 존재하는 회사는 말할 것도 없이 망하는 쪽으로 아주 빠르게 직행합니다.

나 살자고 만든 이너 서클이 회사를 죽이고 자기도 죽는 꼴이 됩니다. 아무리 똑똑해도, 아무리 일 잘해도, 아무리 돈 많이 벌어 주는 임원일지라도 이런 식으로 하면 싹 잘라 내야 합니다. 학교, 출신, 성향 등으로 자리 잡지 못하게 모두 주전자에 넣고 팔팔 끓여서 하나로 결합한 힘을 보여야 합니다. 빨리, 단단하게 친해지기가 쉽지는 않겠지만, 임원 정도면 할 수 있습니다. 회사든 밖에서든 부지런히 듣고 말하다 보면 다듬어지는 게 관계 아니겠습니까? 나를 버리고 회사를 생각하면 골치 아플 게 없습니다. 아주 쉽습니다. 불안해하지 말고, 내가 할 일 열심히 하면 멀어질 사람도 없고, 돕지 않을 사람도 없습니다. 나부터 바로 세우면 됩니다.

임원도 관리되어야 합니다
누가 '계획적으로' 관리하고 있습니까? **Management & Leadership**

Go-To-Win®

4 - 4
얼마나? 딱 당신만큼

목표? 성과?
딱 당신 그릇만큼만 채워집니다

조직엔 큰 그릇도 필요하고, 작은 그릇도 필요합니다. 큰 그릇만 붙어 있으면 그 틈새도 커지기 때문이겠지요. 그러나, 조직이 바라는 성공 지점에 아주 가까이 도달하는 것은 결국 큰 그릇의 활약입니다. 그래서, 경영자들이 괴로워하는 큰 실패의 중요한 원인 중 하나는 사람을 잘못 썼다는 것입니다. 기대했던 그릇이 아니면 얼른 바꿔야 했는데 타이밍을 놓치면 그렇습니다.

그릇의 크기는 거의 변하지 않는 것 같습니다. 그릇이 딱딱하면 변형이 안 되니 유연해야 할 것이고, 그릇이 더 커지지 않으면 하다못해, 크게 보이려는 절실한 노력을 해야 할 텐데, 참 생각이 없습니다.

적은 노력으로 시작해서, 그릇의 크기 변화가 가능한 방법을 생각해 보는데, 그릇의 문제는 4가지에서 뿌리를 갖는다고 전제하겠습니다. 그릇의 '생각, 판단, 행동, 반응'으로 구별하여, 왜 그런지, 어떻게 바꿔 볼 것인지를 찾아보겠습니다.

생각뿐인 생각은 필요 없습니다. 생각으로, 단순 명료한 목표를 만들어 내야 합니다.

'생각'은 과거와 현재와 미래로부터 나오는 그림입니다. 이미 증명된 과거를 두고, 매우 복잡한 현재와 매우 불확실한 미래를 연결해 내는 작업입니다. 나만의 그림이라면 복잡해도 상관없지만, 많은 사람과 공유해야 하는 그림[생각]이라면 단순할수록 좋을 것입니다. 다른 사람들과의 공유는 화려하기만 한 그림을 보면서 감탄하는 것이 아니라, 매우 단순 명료한 목표[그림]를 공유하는 것이기 때문입니다.

일이 순조롭게 풀리고 있을 때는 생각을 해야 하는 압박이 몰려오지 않을 것입니다. 대부분은, 바라던 것과 실제가 일치하지 않을 때 두려움이 생깁니다. 이 두려움 때문에, 두려움을 피하거나 극복할 '생각'을 하게 되고, 꿈틀거리는 마음의 상태가 됩니다.

그리고, 두 가지 방향 중 한쪽으로 가게 될 것입니다. 하나는, 지금의 방법을 더욱 증강하여 이겨 내는 방법일 것이고, 다른 하나는 완전히 새로운 길을 발견하는 것입니다. 이 두 가지 길의 공통점은 바로 '새로운 목표'입니다.

이 새로운 목표의 크기가 바로 그릇의 크기를 결정합니다. 결국, 목표를 얼마나 높고 크게 잡아낼 수 있느냐가 중요해집니다.

여기서 필요한 역량이 바로 '전문성'입니다. 문제나 문제의 주변을 지배하고 있는 상황의 속성을 정확히 파악하여 솔루션을 찾아내기 위해 '얼마나 잘 알고 있느냐?'라는 능력입니다. 만약, 이 전문성이 부족하다면, 당연히 혹독한 학습이 필요합니다. 몇 주 안에 결판나는 비즈니스라면 급히 전문가의 도움을 받을 수도 있겠지만, 결국 리더가 스스로 공부해서 전문성을 갖추어야 합니다.

목표와 방법의 '판단'에서 이어지는 생각의 결정은 그 성과가 많고 큰 것이 좋겠지만, 확실하지 않아 불안하다면 하나라도 확실히 얻어낼 수 있는 것을 선택해야 합니다. 새롭지 않은 것으로 단번에 여러 가지 성과를 모두 획득할 수 있는 사업은, 다른 사람들이 모두 속아줄 때만 가능합니다. 이것은 정공正攻이 아니라 사술邪術입니다. 또는, 불법이 섞인 독점적 횡포이기도 합니다. 완전히 새로운 것이 아니면, 하나로 만 개의 결실을 얻는 것은 없습니다.

'판단'은 4가지로 나타납니다. 가장 좋은 판단은 옳은 결정을 신속하게 하는 것이고, 차선의 것은 옳다는 확신은 부족하지만 빨리 결정하는 것입니다. 그다음이 옳은 결정인데 시간이 좀 늦은 것이고, 가장 나쁜 것이 시간을 다 까먹고도 잘못된 결정을 내리는 것입니다.

좋은 판단은 고객에 대한 이해가 충분할 때 가능합니다. 모든 문제해결이 그렇지만, 고객에 관한 정보가 매우 중요합니다. 그런데도, 위에서 마지막의 가장 나쁜 판단이 자주 보입니다. 고객을 정확히 파악하지 않으며, 판단할 줄도 모르는 리더들 말입니다.

결론적으로 말하자면, 판단의 과정에서 역시 가장 중요한 것은 고객에 대해 얼마나 많은 것을 정확히 알고 있느냐입니다. 고객이 원하는 것! 파트너의 리스크^{Risk}를 확실히 줄여 줄 수 있는 것! 고객의 고객까지 자극할 수 있는 결정을 해야 합니다.

리더의 '행동'은 보이는 것과 보이지 않는 것의 이중성^{二重性}이 필요합니다.

우선, 생각과 판단을 했고 결정을 내렸다면, 당연히 그 결정에 맞도록 리더는 직원들과 똑같은 행동을 보여야 합니다. 그리고, 리더가 할 수 있는 지원은 당연하고, 직원들이 결정을 내리지 못하는 고비마다 리더는 행동 결정을 내려 줘야 일이 진행됩니다. 또한, 리더로서 직원들과 함께 같은 방향으로 뚜벅뚜벅 앞장서서 걸어가는 믿음직한 모습도 연출하여야 직원들이 의심 없이 따라올 것입니다.

단, 이렇게 직원들에게 등을 보이며 동행하는 모습만 필요하지 않습니다. 즉, 지금 가고 있는 길 말고, 또 다른 길을 좀 기웃거릴 필요가 있습니다. 왜냐면, 한 발 앞의 상황이 예측한 대로만 펼쳐지지 않고, 그 예측도 100% 정확하지 않기에, 리더는 그 길 말고 다른 길을 더듬거리다가, 갑작스러운 상황 변화에 길을 빨리 변경해야 하기 때문입니다.

직원들과 줄을 맞춰 걸으면서도, 고객이 변덕 부릴 때를 대비하여 다른 상황을 기웃기웃해야 하는 것을 행동의 이중성이라고 표현했습니다. 이런 이중성을 직원들이 알지 못하게 해야 하는 이유는 괜한 불안감을 주지 않기 위해서 그렇습니다. 직원들에게 보이는 모습과 보일 필요가 없는 모습을 잘 연출해야 합니다.

일이 잘됐든 잘 못 됐든, 리더는 반드시 '반응'을 보여야 합니다.

성공했을 때는 기쁨과 박수, 그리고 즐거운 회식으로 이어질 것입니다. 그간 직원 모두 매우 고통스러운 행진을 했고, 서로 고마운 일도 있었고 섭섭한 마음도 있었을 것입니다. 그런 모든 걸 성취의 감격과 자신감으로 포장하고 즐깁니다.

실패했을 때는, 누군가의 실수와 무능력에 분노가 생길 수 있습니다. 그래서, 리더에 대한 원망과 앞으로의 불신도 커지게 됩니다. 누구도 책임지지 않지만, 사실 책임지는 것이 큰 의미가 없지만, 이번 실패한 일에 대해 패배감과 자괴감이 높아집니다.

대부분, 성공과 실패를 대충! 마무리하는 경우가 많습니다. 그러나, 리더가 이 시점에서 정리를 잘해야 합니다. 성공이든 실패든, 그 요인을 돌아보고, 시사점을 찾아야 합니다. 그리고, 이 점에 대해 '공식적인 토론'을 반드시 실시해야 합니다.

이것을 안 하면 큰 문제가 됩니다. 왜? 성공은 이어져야 하고, 실패는 반복되면 안 되기 때문인데, 마음으로만 그걸 백 번 다짐해 봐야 아무 소용이 없습니다. 성공이든 실패든 그 요인에 대해, 같이 모여 명확히 정의하고, 프로세스를 고쳐 앞으로 리더와 직원 모두 행동을 바로잡는 기회이어야 합니다.

개인에 대해서는 '평전評傳'이란 기록이 있습니다. 국가에서는 《징비록懲毖錄》과 같은 '역사 기록'이 있습니다. 되돌아보고 교훈을 얻어, 더욱 실력을 강하게 하는 것이야말로 큰 리더가 되는 길이 아니겠습니까?

지금까지 살펴본 일상 업무에서 리더의 그릇 키우기 단계 '생각 - 판단 - 행동 - 반응'을 제대로 단련할 기회는 많습니다. 한 가지 더 말씀드리자면, 큰 그릇이 되려면 큰일을 해 보란 것입니다.

큰일을 해야 큰 그릇이 됩니다   Management & Leadership

Go-To-Win®

4 - 5
우물 안의 개구리, 자기반성

참마음 반성이
곧은 성장을 이루어 냅니다

'자기반성을 제대로 하는 기업이나 개인이 얼마나 될까?' 무척 큰 손해를 보게 된 사건에서 내부 문제나 외부 문제에 대응하는 모습을 보며, 경영진이 어떻게 저 정도 수준밖에 안 되냐는 생각이 들 때도 있었을 것입니다. 이런 것을, 문제에 대한 인식이나 처리가 가당^{可當}찮다고 합니다. 결국, 한 번의 올바른 수습으로 끝내지 못하고 처절한 바닥까지 드러내는 큰 책임을 지게 됩니다.

리스크^{Risk} 관리보다 더욱더 중요한 것이 자기반성$^{Self-Searching}$입니다.

반성$^{反省, Reflection}$은 자기 자신의 상태나 행위를 돌아보는 일입니다. 자기 자신의 상태를 대상으로 할 경우는 넓은 의미에서의 이론적 반성이고, 행위를 대상으로 할 경우는 실천적 도덕적 반성인데, 이론적 반성이 '인식'으로 나타나든, 실천적 반성이 '양심'으로 나타나든, 반성이라는 것 없이는 인간의 의식이란 있을 수 없다고 합니다. 이런 의미에서 반성은 인간의 의식을 성립시키는 기본적 작용입니다.

경영 리더에게도 자기반성은 꼭 필요합니다. 그런 시간을 스스로 갖든, 크고 작은 사고가 생기는 바람에 어쩔 수 없이 갖든, 자기반성이 있고 없고는 분명히 큰 차이를 보입니다. 반성은 뭔가를 하도록 만드는 동인$^{動因, Driver}$ 중 가장 큰 것입니다.

진심으로 자기반성을 하면, 사고의 근본 원인을 제거하여 재발을 막을 수 있습니다. 또한, 그 개선 과정에서 내면과 외부의 진정한 변화도 나타납니다. 그러나, 자기반성이 없다면 임시방편이기에 재발을 피할 수 없으며, 원인을 떠넘긴다면 모두 등을 보이고 돌아설 것입니다.

자기반성이 없는 리더의 모습은 '우물 안의 개구리$^{井底之蛙(정저지와)}$'입니다. 자기만 잘난 줄 압니다.

'황하^{黃河}의 신^{神} 하백^{河伯}이 강을 따라 내려가다 처음으로 끝없이 펼쳐져 있는 바다를 보고 북해의 신 약^{若}에게 "이 세상에서 황하가 가장 넓은 줄 알았는데, 바다를 보고 나니 더 넓은 세상이 있다는 것을 깨달았소"라고 말했다. 이에 약若은 "우물 안 개구리에게 바다를 말할 수 없는 것은 그들이 사는 곳에만 사로잡혀 있기 때문이고, 여름벌레에게 얼음을 말할 수 없는 것은 그들이 사는 계절만을 믿기 때문이죠"라고 대답했다' 《장자莊子》〈추수편秋水篇〉

　남들은 다 아는데, 나만 모르는 게 어쩌다 있습니다. 아마 우물 안 개구리도 그럴 수 있습니다. 그럼, 내가 우물 안의 개구리인지, 아닌지 어떻게 짐작할 수 있겠습니까? 몇 가지 단순한 유형이 관찰됩니다.

　회의 시간이든 회식 중이든 이야기가 오가는데, 도대체 그 말이 뭔 말인지 모를 때입니다. 또는 그 대화가 통 재미가 없고, 계속 듣고 있자니 답답해서 화가 슬슬 나기도 할 때입니다. 그리고, 뭔가 중요한 이야기를 하는 것 같은데, 거기에 날 끼워 주지 않습니다. 중요한 일인 것 같은데, 나에겐 일을 맡기지 않습니다. 그런데, 정반대의 상황도 있습니다. 다른 사람들이 일하는 걸 보거나, 말하는 걸 들어 보니 그들이 참 우습게 보이는 장면도 있습니다.

　이렇듯, 아는 게 없고, 착각까지 하고 있으니 우물 안 개구리와 다를 게 없습니다. 아무 생각, 정확하게 말하자면 자기반성 없이 대충 살아온 결과입니다. 어찌어찌해서 여기까진 왔는데, 더 나아갈 수 없는 상황입니다. 나름대로 노력한다 했는데도 불구하고, 이런 평가가 나온 것이 억울하다면, '그래! 지금까지는 맛만 본 거다, 이제부터 본 게임이야'라고 마음먹고 자기반성과 더불어 성장을 위한 새로운 시도를 해 볼 때입니다.

우선은 나의 '나쁜 습관'을 끊어 내는 것입니다. 그런데, 어떤 것이 나쁜 습관일까요? 사실 좋다, 나쁘다를 본인이 모르는 습관은 없을 것입니다. 처음엔 '이러면 안 되는데'라는 생각이 드는 딴짓이 시작이고, 그러다 나중엔 그런 자신을 용서해 버리는 것들이 나쁜 습관의 유형 아니겠습니까? 내가 좋아서, 또는, 난 이런(?) 사람이라 이런 걸 하면서 시간을 보내도 전혀 문제없는 것이라고 우기겠지만, 어느 정도 상식이란 기준으로 본인도 판단이 가능할 것입니다. 어찌 됐든, 그런 나쁜 습관을 끊기 위해 노력을 해 보자면, 그 습관을 계속해서 만드는 장치, 조건, 환경을 내 손과 내 주변에서 없애 버려야 할 것입니다. 또 다른 내가 나의 그것들을 과감히 치워 버리는 것입니다. 물론 치우는 게 어려운 것이 아니라, 다시 찾는 유혹을 통제하기가 더 어렵습니다만.

그렇다면, 다음 단계이자 앞 단계를 보완하기 위해 나쁜 습관들을 '내일 하지, 다음에 하지~'처럼 계속 미루기를 시도해 봅니다. 너무 고민하지 말고 그저 다음으로 미루어 지연시키는 것입니다. 가장 단순한 방법입니다. 그래도 마무리가 안 된다면, 앞의 두 가지 노력을 계속하면서, 지금을 더 바쁘게 만들어 그런 것들이 나의 시간에 들어올 틈을 주지 않는 것입니다. 바빠지는 것이 일이면 좋고, 설사 직장 업무가 아니어도 좋습니다. 아무튼, 긍정적인 시간의 소비를 최대한으로 끌어올리는 것이 필요합니다.

지금까지, 자기반성의 시작과 과정에서 먼저 해야 하는 '버리는' 것에 대해 생각해 보았습니다. 이제부터는 새로 '만들어 내는' 것에 도전해야 합니다. '새로운 경쟁의 틀에 뛰어들기'입니다. 고만고만한 사람들끼리 고만고만한 성과에 취해 있는 그곳을 뛰쳐나와야 합니다.

직장을 그만둔다는 의미도 있지만, 꼭 이직하자는 것도 아닙니다. 고통스럽겠지만, 흔히 비유하는 뜨거운 물의 개구리(?)$^{Boiled\ Frog}$가 되지 않기 위해 더 높은 곳을 보고, 더 큰 것을 얻기 위한 과감한 시도를 해 봅니다.

그러기 위해 일단, 생각하고 생각해서 본인에게 새로운 과업을 던져야 할 것입니다. 누가 해 주는 것이 아닙니다. 동시에 새로운 사람 관계를 만들어 보기 바랍니다. 이 두 가지는 어느 것을 먼저 해도 상관없지만, 나중에는 이 두 가지가 서로 보완적인 작용을 해 줄 것입니다.

우물 밖으로 나온 개구리가 되어야 하고, 여름만 보는 벌레가 되지 말자는 결기^{決起}를 다져 새로운 세상, 새로운 경쟁의 장으로 나가야 합니다. 닥쳐올 시련과 손해를 미리 따지면, 아무것도 할 수 없을 것입니다.

정상에 오른 사람들이 왜 안락함을 두고, 또 다른 정상을 향해 도전하는 것일까요? 그냥 그곳에 머물면 마음이 허^{虛}하기 때문입니다. 진정한 자기가 아니란 부정^{否定}입니다. 계속 전진해야 진정한 자기임을 긍정^{肯定}하고, 마음이 실^{實}해지기 때문입니다. 그 기본은 자기반성입니다.

'버리고, 새로 시작하고'
사람, 그리고 경영자의 기본은 자기반성입니다

Management & Leadership

Go-To-Win®

4 - ❻
노력하면 정말 되는 걸까?

2차선 도로. 온종일 잡화 매대에 멍한 눈을 내려놓은 노인의 청춘은 어떠했을까? 성공했다는 1%의 사람들에 비해, 이 노인은 단 1%의 노력도 하지 않았을까? 노인을 보고 있으면 공황(恐惶)입니다

어느 도시에서 거의 이십 년을 살았습니다. 그 동네 한 바퀴 걷다 보면, 보이는 사람들의 열 명 중 세 명쯤은 이십 년 전부터 눈에 익은 사람들입니다. 그들은 김밥집 사장이고, 약국의 약사이고, 내과의 의사입니다. 안경원의 홀로 사장은 아마 사업이 망하지 않으면 앞으로 또 십

년간 돋보기를 쓴 채 그 일을 계속할 것 같습니다. 좀처럼 바뀌지 않는 간판의 이름처럼, 그 자리에서 문 여는 시간과 문 닫는 시간은 기막히게 반복될 것입니다.

그분들이 젊은 시절, 해야겠다는 마음을 먹고 시작했거나, '한번 해볼까'로 시작했던 일이 지금까지 이르렀습니다. 그런 선택의 결과가 거의 삼십 년 인생이 되었습니다. 궁금합니다. 정말 김밥집 사장은 정말 김밥을 사랑할까? 찾아오시는 손님에게 정성으로 한 끼 식사를 내면서 접대의 희열과 순간의 행복을 느낄까? 약사나 안경원 사장, 내과 의사도 과연 그럴까? 지금에 만족할까?

모든 직업과 신분에 귀함과 천함은 없지만, 자기만족과 불만족은 있습니다. 만족보다는, 다른 것을 해 보고 싶은, 다르게 살고 싶은 바람이 훨씬 더 클 것입니다. 이 넓디넓은 세상의 한 곳에서 평생을 살고, 먹고사는 수많은 일 가운데 한 가지를 하고 있고, 또 그렇게 지금의 그 자리에서 거동이 불편한 노인으로 세월이 마감된다는 것은 끔찍한 일생입니다. 물론 소소한 행복이 있(었)는지 알 수 없지만.

시간을 거슬러 다시 태어나면, 아니, 기회가 온다면 다른 일을 하고 싶다, 또는, 지금 하는 일로 큰돈을 벌어서 먹고살 걱정이 없으면 다른 것을 해 보고 싶다고 합니다. 지금의 기억을 갖고 다시 태어나긴 곤란한 일이니, 결국, 먹고살 걱정 없이 여유가 있으면 좋겠다는 것이고, 그래서 돈을 많이 벌려고 '노력'한다고 합니다.

하고 싶은 것을 하며 재미있게 살고 싶다, 행복하게 살고 싶다는 절실한 바람이 마음의 목표가 되고, 그것이 더욱더 강렬할수록 일은 더 힘들어지고, 긴장과 피로는 최고조가 됩니다. 처음엔 돌파하겠다는 용기가 넘치지만, 대부분은 마음먹은 대로 상황이 쉽게 바뀌지는 않습니다. 그렇다면, 성공한 승리자들의 지적처럼 그들의 노력이 부족한 것입니까?

결국은 자부자강^{自富自强: 저 스스로 부강하게 함}이 다른 것들을 다 제치고 최우선입니다.

힘이 없으면 뜻을 제대로 펴지 못하고, 뜻을 펼 수 없는 상태라면 사정이 순조롭지 못합니다. 물론, 상상과 꿈은 시작할 수 있습니다. 그러나, 나의 힘이 턱없이 부족하다면, 그 여정과 현실은 고단할 수밖에 없습니다. 파도가 밀려오는 바닷가 모래탑 위에 대롱대롱 걸린 아름다운 꿈은 오래 버틸 수가 없습니다.

자부자강의 우선은 경제력입니다. 국민 소득 이천 달러가 되는 작은 나라의 국민 행복 지수가 세상에서 가장 높다고 합니다. 그러나, 그들의 행복은 그들의 행복일 뿐입니다. 그들이 다른 나라의 부자들에 대해 그 사람은 그 사람이라고, 나와 전혀 상관없다고, 아무렇지도 않게 말하듯 말입니다. 집안의 경제력이 충분하지 않아 평생 우울한 처자식을 두고 나만의 길, 나의 이상^{理想}으로 도피가 내 행복에 무슨 소용이 있겠습니까? 승려처럼 미련 없이 출가하지 않는다면, 인연을 끊을 수도 없습니다. 게다가, 나의 갈 길과 이상이 종교적 깨달음과 귀의^{歸依}는 아닐 것입니다. 그런 대단한 것이 아니라, 그저 내가 하고 싶은 것일 뿐입니다. 그런데, 내가 하고 싶은 것에도 투자가 필요합니다. 이 자금이 부족하면, 현실적으로 아무것도 할 수 없습니다. 경제적 준비에 '노력努力'을 해야 한다는 결론이 섭니다.

우리는 자부자강을 위해 얼마나 노력해야 합니까?

끝도 없다, 될 때까지, 죽을힘을 다해 등등의 말이 노력이란 두 글자에 붙습니다. 이렇게 해도, 저렇게 해 봐도 상황이 호전되지 않으니, 도대체 노력을 얼마나 해야 하는 거야? 라는 질문을 자신에게 던집니다. 가슴이 먹먹하고, 지쳐버립니다. 무능력을 알지만, 부정하고 싶지만, 팍팍한 생활이 부족함을 증명합니다.

노력을 '얼마나' 해야 하는가? 우리가 노력을 '측정'할 수 있을까 하는 생각을 해 봅니다. 집중했던 시간으로? 소비했던 에너지로? 경제적 수입과 얻어진 지위로? 만족감으로? 측정 가능한 최솟값과 최댓값이 존재하고, 그것을 깃발 삼아 전진할 수 있을까?

'얼마나?'에 대한 답은 없는 듯한데, '어디까지?'란 답은 있을 것 같습니다. 목적을 이루기 위함이라 하였으니 말입니다. 터질 듯이 답답한 마음에 '얼마나 더 해야 하는 거야?'라고 소리 질러 보지만, 스스로 위로하는 것, 그것밖에는 도리가 없는가 봅니다. 그래서, 인간의 성공이란 것이 계획에 따른 필연必然이 아니라 우연偶然이라고 하나 봅니다. 자부자강과 성공의 노력에 관한 생각을 조금 바꿔 보겠습니다.

첫째, 이 시대에, 아니 앞으로는 점점 더 혼자의 힘으로 가능한 것은 없을 것입니다. 상상과 계획과 설계가 비록 나로부터 출발하겠지만, 실행의 구체화나 착수의 시점을 맞이하면 홀로 있던 그곳에서 빨리 나가야 합니다.

사람이 싫든 좋든 사람을 찾아야 하고, 만나야 하고, 협력하지 않으면 작은 일도 할 수 없고, 큰일을 도모할 수 없습니다. 왜? 홀로 처리할 수 없을 정도로 세상의 관계가 복잡해졌기 때문입니다. 사람들과 관계 맺는 것을 몹시 불편해하는 사람이라도, 본인이 원하는 만큼의 것을 얻을 때까지는 어쩔 수 없을 것입니다. 그때까지만 참으십시오. 성공한 그다음부터는 당신의 위시리스트 Wish List 대로 하십시오.

둘째, 사업의 이익은 '이타利他'에서 나올 것입니다. 몇 차례의 산업혁명을 거치면서 결과적으로 소비 행태에 따른 이익 창출의 셈법이 달라졌고, 빠르게 달라지고 있습니다.

없는 게 없는 풍요의 시대에서 손해 보지 않으려는 (더 많은 이익을 취하려는) 고객과 공급자의 힘겨루기에서 결국은 고객이 이길 수밖에 없거나, 최소한 고객이 이겼다는 감정을 느끼도록 하는 겨루기입니다. 사업의 형태는 어느 공급자가 고객의 이익을 가장 많이 확보하여 주느냐의 경쟁 상황에서 서비스나 제품이나 플랫폼으로 가치를 제공해야 할 것입니다.

실패하는 사람은 나의 이익을 좇는데 계산이 성급합니다. 물론, 처지가 팍팍하여 그럴 수밖에 없지만, 성공을 반복한 사람은 타인의 이익을 생각하면서 여유롭습니다. 그런데, 성급하게 생각하든, 여유롭게 생각하든, 성공이나 실패로 판명될 때까지의 시간은 거의 비슷합니다. 서두르는 것도 어떤 생각으로 서두르냐가 중요합니다.

내 노력만 가지고 큰 성공을 할 수 없습니다
하지만, 우선 그것이라도 해야 합니다
우연을 필연적으로 만나려면   Management & Leadership

Go-To-Win®

4 - 7
두 박자 늦은 시작과 한 박자 빠른 끝내기 때문에

혁신이 안 되는 회사에서
왜 안 되는지 자기만 모르는 이유

"인간이 사용하는 가장 슬픈 말은 무엇일까?"라는 질문에 1800년대 시인 휘티어^{John Greenleaf Whittier, 1807~1892}는 "It might have been. 아! 그때 해 볼 걸!"이라고 했답니다. 이보다 먼저 1600년대 홍만종^{조선후기 학자겸시평가}의 '死後藥方文^{사후약방문} 〈旬五志^{순오지}〉'도 있습니다.

변화와 혁신이든, 크고 작은 의사결정이든, 경영 리더 자신은 물론이고 직원들이 원하는 것은 바로 '방향'과 '타이밍'입니다. 어떤 일의 시작도 그렇고, 마무리도 그렇습니다. 그렇지만, 대처는 이미 늦었고, 아직 안정되지 않았는데 서둘러 끝내 버린다면 정상적인 해결이 완성되지 않아, 더 큰 위기에 내몰리거나 문제의 재발을 피할 수 없습니다. 일상에서 감기 치료도 그럴 수 있고, 회사의 혁신 프로젝트에서도 비슷한 양상이 이런 상식적인 이치를 알면서도 반복되고 있습니다. 그럼, 경영의 리더들은 지금이 두 박자 늦었는지 어떻게 알 수 있습니까? 아주 간단히 말하자면, 아래의 세 가지 정도는 누구나 알 수 있습니다.

첫째는, 월간이나 주간으로 정기적인 경영성과지표 관련 회의를 할 텐데, 그 자료를 보면 금방 알 수 있지 않습니까? 물론 돌발적인 상황(이것도 문제입니다)으로 확인하고 넘어갈 것도 있지만, 각 팀에서 제시하는 데이터를 보면 당연히 알 수 있습니다. 요즘엔 신호등처럼 나쁜 숫자는 Red, 경계할 숫자는 Yellow, 좋은 숫자는 Blue로 색상을 맞춰 놓으니, 붉은색 영역이 넓어지고 있다면 뻔한 상황 아니겠습니까? 그런데, 이 숫자는 지금 나타나지만, 이미 2~3개월 전에 시작된 것입니다. 이미 많이 늦은 겁니다. 특히, 영업이나 마케팅의 데이터가 그렇다면 큰 문제입니다.

두 번째 증상은 이렇습니다. 직원들의 표정이 정확하게 말해 줍니다. 아래를 보고 걷고 있거나, 멍하고 매우 푸석푸석한 얼굴로 자료를 만들고 있거나, 활기가 없고 불만스럽다면, 뭔가 필요한 상황입니다. 이 현상은 왜 나타났겠습니까? 직원들이 리더에게 말을 했는데, 자료로 만들어서 보고했는데, 응답이 없거나, 좀 더 기다려 보자는 답변뿐이면, 그들이 할 수 있는 것은 낙담밖에 없으니 표정이 그런 것 아니겠습니까? 그러다 경영자의 눈을 피하고, 결국은 표 나지 않는 저항을 하게 됩니다. 이런 행동을 보이는 직원에게 리더들은 괜한 질책만 합니다.

셋째는, 흔한 일이 아닙니다만, 나름대로 용기 있는 직원이 소위 고언^{苦言}이란 걸 합니다. 에둘러 말하겠지만, 그 행간의 뜻은 '이래서는 안 됩니다'라는 의견입니다. 얼마나 고민해서 대화를 요청하거나, 이메일을 보냈겠습니까? 그 내용의 정확함과 상세함이 부족할 수 있으나, 이런 고민이 나타났다는 점이 중요합니다. 그런데 리더가 잘 알겠다, 앞으로 그런 좋은 의견이 있으면 또 전달해 달라는 답변뿐이면 아무 소용없는 노릇입니다. 그는 오랫동안 참았던 것을 말하는 것입니다. '아주 오랫동안' 말입니다. 벌써 늦어 버린 것입니다.

불행히도 경영진이나 리더의 자리는 시스템이 아무리 잘 되어 있어도, 가장 나쁜 정보를 가장 늦게 알 수밖에 없습니다. 이미 3개월 내지 길면 6개월간 나쁜, 계속 나빠지는 상황으로 가고 있는데 말입니다. 반대로, 생색내는 정보나 기분 좋으시라는 정보는 가장 빠릅니다. 이걸 뒤집어야 정상입니다. 사실, 경영의 리더가 이런 상황을 전혀 모르지 않습니다. 알면서도 망설이거나, 누구의 눈치를 보거나, 왜 내가 먼저 시작해? 지금도 힘든데 괜히 일 벌이지 말자는 등등의 심사^{心事}! 참 잘못된 리더입니다. 나서는 것도 용기입니다. 용기 있는 사람이어야 따르는 무리도 있습니다.

시작이 두 박자 늦으면 어떤 일이 벌어지겠습니까?

어이쿠! 큰일이 났고, 이제라도 알았으니까 더 열심히 해서 얼른 따라잡자? 사태 해결을 위해 각자 주도적으로 나서 보자? 천만입니다. 오히려, 이제 힘 있는 누군가가 따라나서겠지, 그리고 그가 지시하는 대로 따르면 되는 것 아닌가? 이렇게 저렇게 내 생각을 말할 필요도 없어, 나중에 그게 문제가 되면 오히려 나만 불이익이 생길 테니까. 사태가 커지면 커질수록 뒤로 물러나는 직원이 오히려 더 많습니다. 겉과 속이 다릅니다. 이럴 때 리더의 역할이 매우 중요합니다.

그리고, 이렇게 늦어지면 당연히 수습하거나 해결하는데 비용도 훨씬 많이 듭니다. 특히 현장의 경우에는 적은 투자로 예방할 수 있었던 문제를 예산이 없다고 내버려 두었다가 더 큰 사고로 이어지는 사례가 무척 많습니다. 그렇게 되면, 많은 혼란과 큰 비용이 지급되고, 만약 고객 클레임이나 법적인 문제로 이어진다면 무척 곤란해집니다. 아침마다 회의하고, 하루에도 몇 번씩 현장을 둘러보고, 경영자와 대화를 그렇게 자주 해도, 왜 이렇게 점점 커지는 문제에 대해서는 외면할까요? 문제 대부분은 미리미리 신호를 보내고 있지 않습니까?

그리고, 이것이 가장 큰 문제인데, 경영진이나 리더에 대한 직원들의 신뢰 저하입니다. 일이 벌어지기 전에 많은 전조前兆가 있었는데, 도대체 리더들은 뭘 한 거야? 다 보이고 들리는데 어떻게 그걸 모를 수 있단 말인가? 일의 수습을 위해 의견을 내라고? 아니, 자기는 해결 방법조차 없단 말인가? 그러고도 리더인가? 라는 생각을 가질 수밖에 없습니다. 경영 리더의 문제 해결력과 지도력에 대한 큰 실망이고, 문제가 해결된 후에도 믿음이 떨어집니다.

돌발 문제나 혁신 활동 프로젝트가 한 박자 빠르게 종료된다면 어떤 일이 벌어지겠습니까? 현장의 기계적인 해결은 몇 번이라도 테스트와 재현성^{再現性}을 확보하여 여러 가지 현상과 데이터를 가지고 마무리할 수 있습니다. 그러나, 시스템 운영이나 혁신이란, 본질적으로 끝이 없는 활동이고, 특히 현장의 직원은 퇴사와 입사가 늘 반복되고 있기 때문에, 직원의 참여로 진행되는 활동은 종료 시점이 없다고 봐야 합니다. 그런데도, 지금까지 해 왔던 프로젝트에 대한 신선함이 떨어진다, 지금의 것도 잘하지 못하면서 새로운 방식으로 하자, 이것을 계속하려니 많이 힘들다. 등등의 의견으로 경영진이나 리더들은 완성되지도 않은 프로젝트를 종료해 버리곤 합니다.

첫째, 아무리 힘들다고 해도, 비용이 들어도, 혁신 활동이란 것은 늘 해야 합니다. 물론 혁신 활동 하나를 한다고 해서 문제가 터지지 않는다는 보장은 없습니다. 그러니, 연속적으로 이어지는 사이클^{Cycle} 혁신 활동과 변동형(대응형) 스팟^{Spot} 혁신 활동을 섞어서 추진하는 것이 바람직합니다. 1990년대의 '메기론'을 떠올리지 않아도, 조직에 아무 힘도 가하지 않으면, 거기서 아무 일도 일어나지 않습니다.

둘째, 경영자나 리더라면 본인만이 관리하는 중대한 지표 4~5가지를 항상 관리하고 있어야 합니다. 경영 회의에서 발표되는 핵심 지표를 말하는 것이 아닙니다. 본인의 경험에 의한 감각적인 지표, 그리고 지표와 지표 사이에 숨어있는 항목을 심각하게 관리해야 합니다. 그런 데이터^{Data}에서 흐름^{Trend}을 찾아내고, 시사점^{Implication}을 고민하고, 다시 확인하기 위한 증거^{Evidence}를 가져야 리더입니다.

셋째, 뭐니 뭐니 해도 3현^{現}(현장, 현물, 현상)주의를 반드시 실천해야 합니다. 여기저기를 왔다 갔다 할 일이 아니라, 관찰과 질문과 확인이라는 프로세스가 몸에 배어 있어야 합니다. 3현을 빠뜨리면 리더는 참 엉뚱한 행동을 합니다. 아무리 바쁘고, 하기 싫어도, 데이터를 다 보고 있어도, 생산이든 영업이든 연구개발이든 현장에 가 보지 않으면 리더가 아닙니다.

3현^{現}을 지켜
두 박자 빠른 시작과 한 박자 늦은 끝내기를 선택하는
지혜를 발휘하시기 바랍니다 Management & Leadership

Go-To-Win®

4 - 8
혁신을 선언하고도 혁신을 용납하지 않는 조직

'오너는 혁신을 말했다. 그러나, 그는 혁신은 고사하고 자신을 거스르는 단 한마디 말과 작은 몸짓조차 절대 용납하지 않았다. 우리가 이 조직에서 살아남기 위한 절대 조건은 오너인 그에 대한 완전한 충성심이었다. 모두 늪에 빠졌다.'

 십오 년이나 이십 년을 꼬박 근무해도, 오너의 얼굴을 직접 본 적이 한 번도 없다는 큰 회사의 직원들이 있습니다. 회사에 안 좋은 일이 있어 오너의 결정이 어떻게 내려질까 추측할 때나 아주 가끔 떠올리게 되는, 나로부터 가장 멀리 앉아 있는 존재입니다. 그리고, 매 연말이나 연초에 그 오너는 더 죽도록 열심히 일하라고 참 어려운 고사성어$^{故事成語 또는 四字成語}$의 프린트를 읽어 보라고 합니다. 항상, 지금 회사가 극히 어려운 상황이니 위기 극복을 위해 '모두' 최선의 노력을 다하자는 의미입니다. 또한, 꼭 빠지지 않는 말씀이 바로 변화와 혁신에 대한 재촉입니다. 그것을 안 하면 '모두' 죽게 되니, 알아서 하라는 협박과 같습니다. 어디서 읽은 것을 기억해 보면, 위기 돌파를 위한 경영자의 필요조건이, 정보를 정확히 읽고, 깊은 생각과 생각을 연결해서, 방향과 방법을 찾고, 실행하거나 실행을 지원하는 것이라고 배웠습니다. 그러나, 이 회사는 고사성어로 매년 말만 바꾸고, 유행을 따르는 단어로 가득한 프린트만 나눠 줍니다.

'회사 사정이 어렵다'라는 말도 실감이 나거나 공감할 수 없습니다. 경영자의 말은 두 가지가 있습니다. 천사^{天使}의 경고와 악마^{惡魔}의 엄살입니다. 오너 자신만 생각하여 포장해 내는 그의 말은 누가 들어도 악마의 엄살입니다. 직원들은 바보가 됩니다.

어떤 회사는 이렇게 한답니다. 매우 중대한 사건이 발생했거나, 매년의 구체적인 사업 계획을 결정할 때, 이사회와 전문가들의 회의가 그대로 녹화되고, 그 동영상은 회사 홈페이지에 등록된다고 합니다. 그것들을 모두 볼 수 있는데, 참석자 개개인이 어떤 의견을 제시했고, 어떤 결정이 내려지게 되었는지 명백하게 공개되는 것입니다. 정직하고, 그럴 용기가 있는 회사입니다. 그런데, 그 회사도 엄청난 위기를 겪고 나서야, 그렇게 하는 것이 옳다는 것을 알았다고 합니다.

혁신을 말하며 빠지지 않는 것이 '사업의 절대 가치인 고객의 말씀을 귀 기울여 듣고, 정성 가득한 마음으로 최선을 다해 섬기겠습니다'란 선언입니다. 당연한 생각이고 태도입니다. 그러나, 엉터리 회사는 그렇게 고객의 말씀을 처리하지 않습니다. 고객이 불만을 표시하기 위해 고객의 소리로 접근하려 해도, 접근할 수 없도록 만듭니다. 접수가 되지 않도록 숨기거나 매우 복잡하게 구성을 해 놓습니다. 만일 접수가 되었다면 피해갈 방법을 철저히, 고생을 마다치 않고 찾아냅니다. 고객의 귀책 사유로 돌리기도 하고, 응답이나 해결을 최대한 고의로 지연시켜 고객이 포기하게 만들어 버립니다. 그래도 문제가 되어 보상을 어떤 식으로든 했다면, 그다음은 오너가 이 상황을 전혀 알 수 없도록 은폐하거나 허위 보고를 합니다. 고객을 섬겨야 하는 것을 비웃고, 고객과 싸워 비기거나 이겨야 오너로부터 징계를 피할 수 있고, 승진을 위한 눈도장이 된다면 이게 제정신의 조직이며, 무슨 혁신을 한다는 게 도대체 말이나 되겠습니까?

최고 경영자 말씀이, 싹 바꾸는 혁신을 하지 않으면 우리에겐 미래가 없고, 오늘이라도 망한다고 합니다. 그래서, 순진한 마음에 결기決起를 다져 문제의 해결책과 혁신의 방법을 내놓으니, 지금도 골치 아픈 문제 때문에 짜증 나는데 왜 자꾸 문제를 만드냐고 합니다. 몇 박 며칠의 워크숍이나 추진 계획서 만들기는 시간을 허비한 공염불이었고 가짜 행동이었습니다. 그럴 줄 몰랐냐고 합니다. 원래 다 그런 거라고 합니다. 하란다고 다 하느냐고, 대충 버티고 있으면 위에서 다 알아서 시키니, 먼저 나서지 말고 시키는 것만 하라고 합니다. 이런 소리를 들으니 내 가여운 영혼까지 사그라집니다.

말할 수 있고, 잘 들어 주고, 실행해 보자고 서로 머리를 맞대고, 안 될 것 같던 것도 함께 노력해서 만들어가는, 그런 전율이나 희열을 맛볼 수 있는 조직은 과연 없을까 하는 상상으로 가슴이 먹먹해집니다. 옛 속담에 시집가서 벙어리(언어장애), 장님(시각장애), 귀머거리(청각장애) 각 3년? 직원에게 숨겨진 장애를 치료하고, 드러내야 할 잠재력을 자극하는 것이 리더십 아닙니까? 무능한 장군이 이끈 부대는 단 한 번의 전투에서 전멸을 피할 수 없습니다.

혁신의 의지를 직원에게 무리하게 요구할 필요는 없습니다. 혁신의 의지는 리더만 제대로 갖고 있어도 충분합니다. 리더가 모든 걸 다 하려 하지 말고, 본인이 해야 할 것만 확실히 해도 됩니다. 리더는 아무 생각 없이 오너만 바라보고, 직원들의 의지(?)만으로 혁신을 실행하려니 현실은 아수라장阿修羅場이 됩니다.

'내가 조직에서 무슨 수를 쓰더라도 살아남을 궁리를 하는 것과 이 한 몸 부서지고 망가지더라도 구태와 악습을 타파하기 위해 앞장서기 위해 궁리하는 것, 이 둘 중 어느 것이 나을까?' 이 사람이 망가지지 않고 살아남는 양수겸장兩手兼將의 답은 '~척' 하는 것입니다. 아무리 둘을 보라 해도 하나만 보입니다. 그러니, 하나밖에 모르는 사람의 선택입니다.

변화와 혁신, 회사의 발전을 입에 달고 살면서도, 막상 자신의 요구를 들어 주지 않거나, 손해 볼 듯한 일에는 조금이라도 엮이지 않으려는 사람들입니다. 입으로만 하고, 실제 해야 할 일은 모두 동료나 부하 직원들에게 맡겨 버리고, 참견만 합니다. 이렇게 떠들고 다니는 사람들이 비정상적인 오너의 눈에 착착 들어옵니다. 오너에게 이런 리더는 아주 쉬워 보이기 때문입니다. 신호만 보내면 죽기 살기로 충성을 다할 테니 말입니다. 이런 자*들로 무리를 만들면, 기득권이 더욱 단단해집니다.

조직에서 사람을 바꾸려면 조직을 바꿔야 합니다. 서로 경쟁하는 조직, 그런 조직에서 경쟁할 수 있도록 성과가 개별적으로 평가될 수 있는 조직 체계로 바뀌어야 사람들이 정신을 차립니다.

변화와 혁신에 대해 정직하지도 않고, 용기도 없는 오너의 회사에서 우리 리더들은 어떻게 살아야 하겠습니까?

우선, 리더 본인도 그런 오너와 별반 다를 것이 없다면 즉, 정직과 용기가 없다면, 비겁하더라도 어쩔 수 없이 그냥 거기서 불평하지 말고 철저히 오너 손발이 되어, 그런 운명처럼 살아야 할 것입니다. 다만, 나중에 찾아올 후회와 비판을 조금이라도 줄이려면, 후배는 그렇게 살지 않도록 보살펴 주기 바랍니다. 최소한 양심이 있다면.

만약, 준비와 용기가 충분하다면, 그런 쓰레기 같은 조직에 당신의 인생을 허비하지 말고, 뒤돌아보지 말고 탈출하기 바랍니다. 거기서 망설이고 죽치면, 망해버린 회사의 갈 곳 없는 직원이 되거나, 오너의 탐욕만 충족시키는 벌레처럼 살다 말 것입니다. 거기서 그렇게 잘돼 본들 행복하겠습니까?

오너에겐 불편한 말이지만, 어떤 노력을 했더라도 몇 년간 회사의 성장이 없거나, 공정하지 않은 성장을 꾸렸다면, 당장 경영의 실행을 다른 사람에게 위임해야 합니다. 자신의 성공 방식과 생각이 이제는 시장과 고객의 요구와 다름을 인정하고, 새로운 방식으로 사업을 해야 하지 않겠습니까?

적어도
먹고살기 위해 하루하루 애쓰는 삶이 간절한 직원들에게
거짓말은 하지 말아야 합니다
하자고 한 것은 해야 합니다   Management & Leadership

Go-To-Win®

4 - 9
왜 그랬어?

'어제 뭔가 잘못됐다.'
오늘, 사람들에게서 듣는 소리는 '왜 그랬어?'이고,
내 안에서 울리는 소리는 '왜 그랬지?'입니다

 회사나, 내 일상에서 예상치 못했던 사고가 일어나기도 하고, 기대에 미치지 못하는 결과나 성과 때문에 당황스러운 상황이 벌어집니다. "잘 모르고 그렇게 했습니다"라거나, "그렇게 될 줄은 몰랐습니다."라는 해명이나 변명을 합니다. 아무튼, 사고가 잘 수습이 되고 "왜 그랬어?" 정도로 끝나면 그나마 다행입니다. 그런데, '왜 그랬어?'보다 더 두렵고 나쁜 말이 있습니다. "그럴 줄 알았다."입니다.

미리 알고 대비해서 아무 문제도 발생하지 않으니, 문제가 드러나지 않는 유능한 직원입니다. 미리 알지 못했는데도 문제가 없었다면, 시스템이 빈틈없거나 운이 무척 좋은 직원입니다. 미리 알고 있었으면서도 대비하지 않았다면, 책임감이 부족한 직원입니다. 미리 알지도 못했고, 대비도 하지 않았다면 무능력한 직원입니다. 사고를 초래한 두 가지 유형에 대해 생각해 보겠습니다.

미리 알고 있었으면서도 대비하지 않은 직원은 어떻게 해야 하겠습니까? 사실이 그렇다면, 직무 태만이나 직무 유기에 해당하는 것이니, 사고의 경중에 따라 정해진 문책을 분명히 조처해야 합니다. 필요한 경우, 철저히 조사하여 당사자뿐 아니라 관련된 직원까지 포함하여야 합니다. 공정하고 엄중한 처벌이 있어야 벌을 내리는 사람도, 벌을 받는 당사자도, 그것을 보고 있는 사람들도 혼란을 피할 수 있습니다.

알고는 있었으나 그것이 충분하지 않았고, 일부는 부정확하여 제대로 대비하지 못한 경우가 있습니다. 올바른 정보를 놓친 것입니다. 어떤 정보를 왜 놓쳤는가 확인하여, 프로세스를 잡아 주어야 하니, Job Note나 매뉴얼을 정확하게 작성하게 하고, 반드시 확인해야 합니다.

알고 있었고 정보도 충분했는데, 대응이 부적합한 경우도 있습니다. 이 경우는 대책을 계획하고 수립하는 과정에서 연구가 부족했거나, 아이디어가 부족한 결과입니다. 이런 상황의 재발을 방지하기 위해서라면, 그 일의 중간중간에 리더가 적절히 개입하기 위해 담당자에게 사전 보고나 중간보고를 하도록 합니다.

알고 있었고 정보도 충분했음에도, 결과적으로 가장 큰 문제가 발생했다면, 타이밍을 맞추지 못한 것입니다. 이런 경우에 속수무책입니다. 내용이 부실해도, 결론이 모호해도, 시간이 좀 남아 있다면 고치고 다듬을 수 있는데, 아예 그것이 차단되어 버리는 낭패가 벌어집니다. 이런 현상을 예방할 수 있는 아주 간단한 방법은 매일 아침 미팅이나 종료 미팅을 짧게 하는 것만으로도 충분히 가능합니다. 그리고, 매일 매시간 자기 스케쥴(일정)에 확인해야 할 것을 포함해 놓는다면 그것도 좋습니다.

미리 알지도 못하고, 대비도 못 하는 유형으로 파악된 직원은 어떻게 해야 하겠습니까? 일단 사고가 수습되는 대로, 원인 파악을 통해 재발 방지 대책을 확실히 수립하고 이행할 수 있도록 조처를 하는 것이 상식입니다. 그러나, 이런 사후 수습 과정을 잘 해 내는 직원이라면, 아마 사고가 발생하도록 사전에 내버려 두지 않았을 것입니다. 따라서 위와 같은 조치는 필요하지만, 그 담당자 혼자서 하기는 매우 어려울 것입니다. 그런 이유로, 다른 직원들이 피곤하겠지만, 위와 같은 원인 분석, 재발 방지 대책의 수립 과정을 함께하는 것이 좋겠습니다. 능력이 다소 부족한 직원의 일을 다른 직원들이 알고 있다면 집단 공유와 동시 인지의 효과를 볼 수도 있기 때문입니다. 물론 사고 유발 당사자의 재발 방지 노력이 전제되어야 가능한 일입니다.

몰랐고, 대비하지 못한 것의 또 다른 증상은 깜박 실수입니다. 챙겨야 하는 줄은 알았는데, 산만한 주의력 때문에 반복해서 실수하는 경우입니다. 어쩌다 한 번이 아니란 말입니다. 이런 경우의 판단은 그 일을 그 사람에게 맡기면 안 되는 것이고, 그 사람은 그 일을 할 수 없는 사람이란 것입니다. 당장 그 일을 하지 못하게 하고, 다른 일을 하도록 업무 조정을 신속히 시행해야 합니다.

항상 모르고, 언제나 대비하지 못하는 경우가 늘 발생하는 경우도 있습니다. 한마디로 능력이 안 되는 사람입니다. 단 한 가지의 방법밖에는 없습니다. 아무 일도 시키지 않는 것입니다. 이런 사람과 일을 나누어서 하는 것보다, 다른 직원들이 일을 좀 더 하는 것이 오히려 효율이 높습니다. 능력도 없고 의지도 없는 사람을 조직에서 유지하고 있는 것 역시 리더가 잘못하는 것 중에 가장 큰 실수입니다. 보내야 할 사람은 보내야 하는데, 떠나게 할 수 없다면 차라리 아무 일도 맡기지 말기 바랍니다.

'내가 왜 그랬지?' 후회하는 나의 입장에서 생각해 보겠습니다.

능력 부족이 있을 수 있겠지만, 좀 떨어져서 바라보면 '집중력 부족'입니다. 회사라는 조직은 할 수 없는 일을 누구에게도 시키지 않습니다. 그런데, 사람인지라 집중력을 근무시간 내내 유지하기 힘들 수 있습니다. 그래서 스스로 훈련을 많이 해야 할 것입니다. 아니면, 내가 집중력이 흐려져서 뭘 실수하게 되면 저절로 경고등이 켜지거나 하는 식의 통제가 되면 좋습니다. 장치적으로 예를 들면, 220V 코드를

110V 콘센트에 꽂으려고 해도 꽂히지 않는 것처럼 깜박 실수를 차단할 수 있으면 좋은데, 대부분 업무에는 아직 완전하지 않습니다. 일하면서 더욱 집중하여야 합니다.

사건이 터지고, 마무리되면 일단 다른 직원에게 본인의 실수를 인정하는 것이 꼭 필요합니다. 어수선한 상황에서 그냥 대충 피해 갈 생각을 하지 말고, 솔직히 인정해야 합니다. 인정하는 것도 용기에서 비롯됩니다. 이 정도의 용기는 필요합니다. 그리고, 사건에서 비롯된 부담감을 가능한 한 빨리 잊는 것이 좋습니다. 그 부담감으로 행동과 생각이 경직된다면 2차 사고의 확률도 높아지지 않겠습니까?

실수와 잘못을 인정하면서, 진심으로 사과하는 것도 꼭 필요합니다. 사과하고 용서하는 과정을 통해 조직의 모럴^{Morale}이 정상화됩니다. 사과할 일을 만들지 않는 것이 정상입니다만, 사과해야 한다면 진심으로 해야 하는데, 사람들이 흔히 말하는 자존심이란 것 때문입니까? 굽히기 싫어하는 사람도 있긴 있던데, 이처럼 동료를 완전히 무시하는 일이 있어서는 절대 안 됩니다. 지금까지 도와준 동료들을 화나게 하는 것은 도리가 아니지 않습니까?

실수에 대한 인정과 진심의 사과를 거치고, 마지막으로 해야 할 일은 조직이 바라고 동료가 바라는 모습 그 이상의 것을 보여 주도록 노력하는 것입니다. 이렇게 해야 상황이 완전히 회복됩니다. 기대하는 정도가 아니라 그 이상이어야 합니다.

'왜 그랬어?'라는 리더보다
'그럴 줄 알았다'라는 리더가 훨씬 더 나쁩니다

Management & Leadership

김동순
경영과 리더십 반성

5

사업이 잘돼야 합니다

Go-To-Win®

5 - 1
내년에도 북한산 836m. 그럼, 설악산은 언제 가나?

설악산 1,708m, 지리산 1,915m, 한라산 1,950m

"북한산 등산 코스인 우이동 ~ 백운대 ~ 향로봉 ~ 탕춘대 능선 ~ 상명대 길을 작년에 6시간 걸려 주파했는데, 올해는 체력훈련을 강화하고 일부 장비를 바꾸면 5시간 30분 정도로 가능합니다. 최선을 다해서 그 시간 내에 도달할 수 있도록 열심히 하겠습니다. 모든 분의 많은 지원을 부탁드리겠습니다."

"잠깐, 그렇게 되면, 제가 조사한 바로는 북한산 봉우리가 백운대, 만

경대, 인수봉, 염초봉, 원효봉, 노적봉, 영봉, 보현봉, 의상봉, 나월봉, 용출봉, 증취봉, 능봉, 비봉, 승가봉, 향로봉, 족두리봉, 형제봉, 상장봉 총 19개인데, 내년까지 몇 개의 봉우리를 정복할 예정이며 앞으로의 계획은 어떻게 되는 건가요?"

"아! 네, 그것까지는 파악이 안 되었습니다만, 현재로서는 앞서 말씀 드린 등산 코스를 좀 더 빨리 주파하는 것이 중점 과제라고 판단됩니다. 그것이 확실히 정복되어야 나머지도 가능해지지 않겠습니까?"

"…….(뭔 소리야?)"

매년 사업계획의 발표를 듣자면, 엉뚱하게도 위와 같은 장면이 연상됩니다. 다시 말하자면, 6시간 걸리는 코스를 30분 단축하는 게, 19개의 봉우리를 전부 조사한 것도 신기하지만 그걸 전부 정복하는 게, 오직 북한산에만 목숨을 거는 게 과연 좋은 계획일까요? 산이 어디 북한산만 있을까요? 아무리 올라가도 북한산 정상인 백운대는 836m입니다. 비유하자면, 연간 매출 836억 원이 목표이자 최고치입니다. 설악산 대청봉은 1,708m입니다. 비유하자면 1,708억 원의 매출입니다. 약 2배가 됩니다. 즉, 오르려는 산을 바꿔야 합니다. 수십 번 올라도 북한산은 836m입니다. 오르려는 산을 바꿔야, 매출의 목표가 바뀌고 사업 전략이 바뀌고 회사가 발전하게 되는 것입니다.

경영자는 물론이고 마케팅, 영업, R&D의 리더는 사업 전략과 사업 계획을 수립하면서, 과연 지금의 제품 구성이 이대로 가야 하는가? 기본 베이스를 과감하게 변경해야 하는 건 아닌가? 이 제품 구성으로 앞으로 몇 년간 매출과 이익을 키워 나갈 수 있을까? 이런 고민과 질문을 해야 합니다. 새로운 시도를 해야 미래의 능력으로 전환할 수 있는 것 아닙니까? 사업 전략의 패러다임^{Paradigm} 전환과 제품 구성의 진화^{進化}를 도모하기 위해서는 세 가지 정도에 주목할 필요가 있습니다.

첫째는, 미접점^{未接點} 고객과 미진입^{未進入} 시장에 대한 재분석입니다.

신경 쓸 겨를이 없었거나 정보가 부족하고, 진입하기에 불리한 상황이어서 잠시 미루었던 시장과 고객을 다시 면밀히 파악하여, 공격 가능한 틈새를 찾아내는 것입니다. 창업의 자세로 접근합니다.

둘째는, 제품의 제조라면 핵심 기술이나 핵심 부품의 발전 상황을 확인하고, 기술이 주도하는 시장을 예측하는 것입니다. 선점 효과를 위한 선제공격입니다.

전자 제품의 경우, 새로운 칩^{Chip}이 어떤 기능과 형태와 가격을 보이느냐에 따라 영업과 개발과 생산의 대응이 일어나게 됩니다. 이처럼 우리가 생산하거나 서비스하는 아이템을 좌우하는 핵심 기술과 부품의 향후 변화에 대해서는, 리더나 직원 중 누군가 그러한 추이를 어설프지 않게 꿰뚫고 있어야 합니다. 전자 제품만 그런 것이 아닙니다. 시장을 선점하는 것과 주도권 없이 나중에 끼어드는 것은, 회사가 이익을 내는 데 큰 차이가 있지 않습니까? 정보는 '어디서 누구에게$^{Know\ Who\ and\ Where}$ 파악하느냐?'도 중요하지만, '언제 파악하느냐$^{Know\ When}$?'가 더 중요합니다. 그리고 나서, 노하우Know How입니다. 한 번 성공을 위해 여러 번 실패를 계속해야 합니다. 많은 실패를 여러 번 빨리빨리 할 수 있는 능력이 진짜 기술입니다.

셋째는, 고객과 트렌드입니다.

단순한 유행으로 단기간에 오락가락하는 것이 아니라 큰 흐름입니다. 즉 디자인, 기능, 컬러, 편의성 등등 고객의 많은 요구 사항 중에서 핵심 니즈를 걸러 내는 것입니다. 매우 어렵지만, 고객의 잠재 욕구Unmet Needs를 발견하는 것도 정말 중요합니다. 고객 자신도 명확히 설명하기 어려운, 무의식에 숨어 있는 욕구이기에, 고객에 관한 반복적 관찰과 교감이 필요하며 상당히 어려운 작업입니다. 그러나, 사업 성공의 티핑 포인트Tipping Point가 될 수 있습니다.

지금까지 살펴본 세 가지 포인트를 모르지 않을 것입니다. 그런데, 알고 있다고 해서 잘하고 있는 것은 아닙니다. 회사의 마케팅 실력이 탁월하다면, 위의 세 가지는 어느 정도 파악이 가능할 것입니다. 그러면, 이 세 가지를 어떻게 관리할까요?

우선 경영자나 리더가 각각의 정보를 확인할 수 있는 어떤 형태의 사람 네트워크, 즉 인맥이 있는지를 점검해 보고, 그렇지 않다면 이 네트워크를 시급히 만들어야 합니다. 네트워크에서 정보를 받을 것만 생각해서는 안 되고, 네트워크의 다른 파트너에게 어떤 정보를 내어 줄 수 있는지도 준비하여야 합니다. 네트워크에서 정보는 거래되는 것이고, 내가 주는 정보의 가치만큼, 파트너들로부터 돌아오는 정보의 가치도 그만큼입니다.

그리고, 각 네트워크로부터 입수된 정보의 분석을 본인만 알고 있고, 말로만 의논하지 말고, 정기적으로 리포트 해야 합니다. 시장, 고객, 기술 등으로 미리 구분해 놓고, 매월 그 상황을 파악함과 동시에 기록을 유지해야 합니다. 경영자와 리더들은 이 리포트를 공유함으로써 토론하고, 추가적인 정보를 축적하고, 계획할 수 있게 됩니다. 힘센 기업의 역습이나 보복도 예상할 수 있습니다. 또한, 복제품에 대한 우려도 점검합니다. 그렇다면, 이에 대응할 수 있는 시나리오가 필요합니다. 반대 역할 팀 Devil's Advocate을 만들어 가상 공격을 설계해 봅니다.

그리고, 의사 결정을 해야 할 시기가 되면 실행하기 위한 마스터플랜을 수립해야 합니다. 사업계획을 수립하기 전이라면 말할 것도 없지만, 사업 기간 중이라도 이 마스터플랜이 확정되면 즉시 사업계획에 편입하고, 각 부서에서 직원들에게 분담하여 새로운 일의 시작과 과정을 관리하도록 합니다.

실무자들은 어떻게 하면 북한산을 더 안전하고 빠르게 오를 수 있을까를 고민할지 모릅니다. 하지만, 경영자나 리더가 836m짜리 북한산 백운대만 보고 있으면 곤란하지 않습니까? 더 높은 설악산 대청봉도 있습니다. 직원들의 일터를 북한산에서 설악산으로 어떻게 옮길 것인지 미리미리 고민해야 합니다. 경영자가 잘 리드해야 합니다.

C-Level 미션^{Mission}: 목표 지점의 변경　　Management & Leadership

Go-To-Win®

5 - 2
우리 제조업의 4가지 문제

반성하지 않는 경영진

생산량 급증이나 급감의 대처 능력 부족

직무 품질의 저하

처음부터 꼬인 구직과 구인

직장 생활 10년이나 15년쯤 되면 보이고, 들리고, 느낌이 오지 않습니까? 거래와 협상이 힘든 고객도 많이 겪어 보고, 회사의 이런저런 사건 사고도 처리해 보고, 간다는 사람을 보내고, 온다는 사람은 맞이하고. 그러다 무슨 일이 생기면, 예전엔 어떻게 했던가 경험도 돌아봅니다.

매년 성장하든, 한동안 정체되든, 지금의 상황이 왠지 전과 같지 않다는 진단을 내립니다. 그런데, 있는 사람들도, 새로 온 사람들도, '위기에 반응이 전혀 없다'라는 느낌입니다. 사람은 반응하는 존재라, 반응이 각각 다른 사람들의 태도가 예전 같지 않습니다. 사람만 봐도 이런데, 도대체 무슨 문제인지! 현재 우리가 겪고 있는 제조업의 문제를 조심스럽게 정리해 보겠습니다.

첫째, 반성하지 않는 경영진의 문제입니다.

가장 큰 문제입니다. 창업했거나 2~3세 경영자로서, 또는, 전문 경영인으로서 오랜 시간 숱한 어려움을 극복해서 그 자리에 있는데, 어찌 된 일인지 지금도 지난 몇 년간의 비슷한 실패와 어려움을 반복합니다.

제품 개발의 문제, 거래처와의 협상, 노사 문제 등 결국, 투자 실패를 이상하리만큼 반복하고 있습니다. 문제가 없는 조직은 없고, 실수 없는 사람은 없다지만, 똑같거나 거의 비슷한 문제가 반복된다면 실수라고 할 수 없습니다.

이런 경영 리더에겐 도무지 '반성'이란 프로세스가 존재하지 않습니다. 아마 두 가지 이유가 아닐까 추측합니다. 절대 권력과 거기에 기댄 교만입니다.

실제는 절대(!) 권력이 아닌데, 그런 줄 알고 그렇게 사용하고 있습니다. 철저히 '나의 이로움'을 좇기 때문입니다. 그는 그렇지 않다고 항변하지만, 주위의 모든 사람의 상식엔 그렇습니다. 나는 아니라고 하지만, 대부분 결과는 죄가 있다고 판명된 다른 그들과 똑같은 벌을 받습니다.

그 누구보다도, 사업이든 고객이든 직원이든 내가 가장 잘 알고 있으니, 내가 내린 결정은 이 어려운 상황에서 분명 '신神의 한수'가 될 것이라는 결심을 서슴지 않습니다. 물론 그 촉觸의 작용이 좋은 결과를 가져온다면 좋습니다만, 촉을 밀어붙여 설사 잘 돼도 문제고, 잘 안 돼도 문제입니다. 만약 실패로 이어진다 해도, 나는 그것을 또 해낼 수 있고 지금까지도 그렇게 해 왔다고, 실패 극복의 이상한 확신까지 갖고 있다면 더 심각한 문제가 아닐 수 없습니다(이건 불굴의 정신이 아닙니다). 마치 자신만의 세상에서 본인에게 쥐여 준 면책 특권을 가진 것처럼 용인합니다.

실패의 반성과 인정은 부끄러운 것이 아닙니다. 오히려, 인정과 반성을 숨기지 않는 경영 리더를 존경합니다. 그렇기 때문에, 가끔 생각을 정리하면서 '종이에 적어 보아야!' 합니다. 사건의 시작과 결말을 표시하고, 그 과정을 찬찬히 적어 보는 것이 새삼스럽지만 훌륭한 방법입니다.

생각하는 것과 자세히 적어 보는 것은 차원이 다릅니다. 내면內面의 괴물怪物을 끄집어내어 잘 길들여야 합니다. 누구에게나 괴물이 있으니까.

둘째, 생산량의 급증(急增)이나 급감(急減)이라는 위기의 대처 능력 부족입니다.

제조회사의 주요 사례에서 볼 때, 이유가 무엇이든 갑자기 생산이 증가하면, 제일 먼저 품질과 재고가 발목을 잡고, 이 두 가지 문제의 해결과 클레임 처리로 경영 이익이 악화합니다.

양을 맞추려고 몹시 서두르다 보니, 부적합한 품질 문제가 빈번히 발생하고, 그 와중에 생산과 판매에 경영진의 관심이 집중되어, 담당자는 문제를 숨기고, 리더는 근본적인 해결의 의견을 뭉갭니다. 또한, 최대 재고를 확보하라는데, 품질 문제가 발목을 잡습니다. 그래서 재고 확보도 안 됩니다. 그러니 그동안 번 돈을 사고 수습과 결품 처리에 쏟아부어야 합니다. 그리고, 이런 후유증은 경영진과 임직원의 교체, 시스템의 붕괴까지 이어집니다. 조직의 문화는 치명상을 입습니다. 가장 나쁜 사례지만, 글로벌 제조회사에서도 잊을 만하면 터지는 사례입니다. 그래서, 설계와 기술 기반의 품질이 중요한 것입니다.

판매와 생산이 급증한다는 것은 매우 신나는 일입니다. 우리 제품의 품질, 성능, 가격 등이 고객의 선택을 차지했으니 말입니다. 이때는, 불확실한 수요에 맞추지 말고, 우리의 확실한 생산 능력에 맞추어야 합니다. 고객의 수요는 공급을 기다려 줄 수 있기 때문입니다. 유혹을 따르는 무리(無理)가 위기를 초래합니다.

생산량이 뚝! 소리가 날 만큼 떨어지는 것 역시 대처가 쉽지 않습니다. 특히, 국가 간 정치적인 문제로 시장의 반응과 무관하게 속수무책으로 당하는 경우는, 억울하다 못해 분노에 이릅니다. 하지만, 평소에 좀 더 세밀하게 시장과 고객의 움직임을 관찰했다면, 사실 뚝! 떨어지기 전에 분명히 어떤 '전조^{前兆}'가 있었을 것입니다.

그런 전조를 모른 척했든, 방법을 찾으려 노력을 했든, 지금의 현실이 생산량의 급감이라면 매우 어렵습니다. 회복이 잘 안 되기 때문입니다. 짧게는 3개월 (운이 좋으면), 길게는 2년 이상 가기도 합니다. 부채가 엄청나게 늘어나고, 못 버티면 망합니다. 전화위복^{轉禍爲福}의 큰 사건(행운?)을 기다리지만 좀처럼 만나기가 쉽지 않습니다.

전조를 소홀히 여기고, 항상 긴장하지 않고, 막연한 자신감 때문에 비롯된 일입니다. 그래서 항상 잘될 때 조심하고, 항상 주위를 살피라고 합니다. 사막의 파수꾼으로 불리는 미어캣^{Meerkat}의 두려움과 경계를 우리 경영 리더도 피할 수 없습니다.

시장과 고객은 신기루^{Mirage}고, 실적은 모래성입니다. 재무제표를 늘 꼼꼼히 살피고, 지금의 고객과 미래 고객의 동태를 짧고 길게 바라볼 줄 알면, 속절없이 망하지는 않을 것입니다. 늘 경계하십시오, 경영 리더의 운명입니다.

셋째, 직무 품질의 저하입니다.

정해진 일도 똑바로 못하고, 새로운 일이나 개선과 혁신은 꿈도 꾸지 못합니다. 혁신 프로젝트를 시작할 때 벌어지는 장면은 어느 회사 할 것 없이 비슷합니다. 우선, 프로젝트를 함께 할 사람이 없습니다. 전담할 TF팀을 구성하기조차 어렵습니다. 구성이 된다 해도, 회의나 교육할 시간도 없고, 어찌어찌 이만큼의 자료를 만들거나, 무엇을 실행하자고 하면, 난색을 짓고, 결국 결과가 제대로 만들어지지 않습니다. 아니, 이럴 것이면 도대체 왜 혁신 프로젝트를 하자고 한 것일까요? 계속할 수 없고, 그렇다고 당장 그만두는 것도 고민인데, 이럴 거면 처음부터 시작하지 않는 게 낫습니다.

그동안 사람을 줄여도 너무 줄였습니다(분명 경영진은 이 말에 동의하지 않습니다만!). 두세 사람을 줄였는데, 남아 있는 사람의 능력이 두세 배가 된 것이 아니라, 업무만 두세 배가 되었습니다. 남아 있는 직원들은 열심히 할 생각도 없고, 잘 해낸다고 처우가 좋아지는 것도 아닙니다. 또 회사는 협업인데, 그 협업(남의 일까지?)을 절대 받아들이지 않습니다. 지금도 죽겠고, 먹고살기가 더 힘들어졌다고 푸념하고 저항합니다.

오죽하면 사람을 집에 보냈겠습니까? 회사가 너무 어려워서, 그 사람이 너무 성과를 내지 못하니까 등등 이유가 많겠지만, 너무 대비 없이 일을 벌였습니다.

남아 있는 사람들에게 가족과 나, 일과 삶의 균형 따위는 없습니다. 불합리하고 가혹한 근무 조건에서 무슨 동기부여가 일어나겠습니까? 그러니, 사무실이나 현장에서 그들의 태도는 여전히 불성실하다는 경영 리더의 항변도 맞습니다. 하지만 직원 월급쟁이들이 부득이 선택한 부적절한 대응이고, 자기 위안(慰安)이라 그렇습니다. 어쩌겠습니까?

생산성이 낮아서, 불필요한 인원이 많아서 정리한다는 것이 아니라, 그전에 생산성이 높도록, 그 사람이 꼭 필요하게 만드는 것이 경영 리더입니다. 그들에게 지급되는 고정비와 변동비를 잘 알고 있다면, 그 비용 이상의 수익을 만들어 낼 수 있도록 인력을 운영하는 것이 훨씬 훌륭한 전략입니다. 그렇게 하지 못하면 그것이 바로 리더의 무능력입니다. 오늘의 일만 하기에도 어려울 만큼 사람을 너무 줄이지 마십시오, 우리에겐 내일도 있지 않습니까?

넷째, 처음부터 꼬인 구인과 구직입니다.

요즘 구직자들은 3가지를 보고 직장을 고른(?)다고 합니다. 월급과 복지, 수도권인가 지방인가? 전공 또는 할 만한 직무인가? 여기에 정규직인가 비정규직인가도 포함될 것입니다. 이것 중 당연히 으뜸은 연봉입니다. 회사가 다 똑같은데, 월급이라도 많이 받자는 셈입니다.

사람을 뽑는 회사는 어떻습니까? 회사의 매출과 규모에 따라 차이는 있지만, 그 흔한 '인재상'이란 것을 기준으로 한다고 보기엔 마뜩잖습니다.

취업을 위해 준비하는 객관적인 각종 스펙, 인적성 등등을 짜임새가 매우 촘촘한 시스템으로 거르고, 문제를 일으킬 것 같지 않은 인재(?)

를 선택합니다. 결국엔 가장 평범한 모범생입니다. 하나 더 붙인다면, 불편한 지시를 거절 못 하는 성격의 인물도 있습니다.

상위권 스펙의 구직자들은 부모님이 적극적으로 추천한 연봉 많이 주는 대기업에 입사합니다. 애초 예상대로 월급은 달콤합니다. 미혼인 당사자는 대기업이라는 배경 덕분에 배우자 선택에 유리하다고 합니다. 그러나, 회사의 상황은 호락호락하지 않습니다. 거친 고객의 요구에 대응하기 위해 비용을 줄여야 하고, 품질을 높여야 한다는 흔히 벌어지는 문제에 예외 없이 봉착합니다. 그런데, 해결이 어렵습니다. 재미로 하는 일은 아니지만, 그는 짜증을 내고, 이 어려운 문제를 꼭 내가 해결해야 하나? 잘 알지도 못하고, 알고 싶지도(!) 않은데 말입니다.

자동차 회사에서는 자동차를 좋아하고, 전자 회사에서는 전자 제품을 좋아해야, 그가 하는 일이 그나마 흥미롭지 않겠습니까? 제품에 재미가 없으니, 일이 싫고, 일이 싫으니 사람도 싫어지는 악순환입니다. 남들이 연봉 높고 복지가 빵빵한 좋은 직장이라고 해서 왔는데, 정말 좋습니까?

'억지 춘향'보다 '평안 감사' 이야기에 가깝습니다. 현실이 어쩔 수 없다지만, 그 어쩔 수 없는 현실을 의미 있는 미래로 바꾸려면 말입니다.

'우리 제품의 가치, 제품에 대한 애정'과 '일에 대한 흥미로운 도전'과 같은 생각과 태도가 중요합니다. 사람의 생각과 태도를 쉽게 알 수 없지만, 사람을 뽑는 사람이 진지하게 고민한다면 어느 정도는 가능할 것입니다.

지금까지 우리 제조업의 4가지 문제를 살폈습니다
거창하지만, 현실의 단편입니다

이 발제보다 더 심각한 것은,
이것들이 겪어보지 못했던 문제가 아니라
이미 겪었던 문제라는 것입니다   Management & Leadership

Go-To-Win®

5 - 3
왜 전략인가? 좋은 전략, 그리고 전략의 함정

전략이란, 선택과 집중입니다
경쟁 상황에서 '차별화'를 어떻게 할 것인가?

"열심히 일만 하면 되는 줄 알았다. 똑같은 길로 출근하고, 일찌감치 새벽 회의하고, 거래처와 업무를 살피고, 골치 아픈 문제를 해결하느라 고민도 많이 하고, 꼬박꼬박 낼 비용 처리하고, 입금 예정 확인하고, 내부 기안 결재하고, 하루가 어떻게 가는지 모르게 정말 바삐 살고 있다. 그런데 가끔 이게 뭔가? 싶은 것이, 이렇게 일해서 남 좋은 일하는 건 아니냐는 생각이 든다. 말이 열심히 사는 거지 사실은 개고생이다. 말이 사장이지 직원들과 다른 것이 뭔가? 그럼 이렇게 계속 가도 되는가? 새로운 일을 구상해 보았지만 단지 아이디어에 그칠 뿐이었다. 여러 가지 아이디어를 사업화하려고 심각하게 오랫동안 고민할 여유도 없고, 직원들을 보면 고만고만한 일을 가지고 저렇게 허덕거리면서 버벅거리고 있는데, 더 힘든 일을 맡길 수 있을까 하는 염려도 많다. 뭘 하고 싶어도, 이런저런 이유로 그저 '지금의 일을 열심히' 하고 있다."

"우리 사장님은 왜 그 회사를 인수해서, 잘나가던 우리 회사를 이 모양으로 만들었는지 이해가 안 된다. 십 년이 넘도록 매년 꾸준히 10% 이상씩 성장해 왔고, 그야말로 알짜배기 회사인데… 느닷없이 웬 회사를 하나 사들이더니 이삼 년 만에 갖고 있던 부동산까지 다 팔아 버리고, 이제는 비상 경영이다 뭐다 하니, 여태껏 죽도록 일한 우리만 이게 뭔가? 우리야 똑똑한 윗분들이 하는 일이고, 뭐라 나설 입장도 아니어서 그동안 쳐다보기만 했는데, 결국 이렇게 되어 버렸네. 지금 다른 회사로 옮겨 갈 수도 없는데 참 억울한 일이다. 회장님이 참 안됐어. 자식에게 물려주었더니, 다 말아먹게 생겼네. 자식이야 밉지만, 지난번에 회사에 한 번 들르시더니 직원들 손 꼭 잡고 미안해하시더라는데. 우리 회사가 왜 이렇게 된 거야? 그러게, 하던 일 계속하지, 망해 가는 회사를 왜 인수해 가지고…"

"옆 회사는 대박이야. 작년에도 엄청나게 돈 벌었다네. 정년도 없고 비정규직도 없다는데. 사장이 보통 똑소리 나는 게 아니래. 직원들하고는 얼마나 사이가 좋고. 그러니, 직원들이 밤낮없이 열심히 일하잖아.

그렇게 늦게 퇴근하면서 일 많이 해도, 싫다는 사람이 없대요 글쎄. 그 회사 사람들은 좋겠어. 월급 많이 받지, 학자금 다 대 주지, 놀 때 화끈하게 놀지, 명절마다 바리바리 선물을 잔뜩 싸 가지. 나라에서 주는 뭔 상도 직원들이 많이 받은 모양이야. 참 좋겠다. 그런 회사에 나도 다녔으면… 우리 사장님은 뭐 하는 거야? 가서 한 수 배워 갖고 오지. 답답한 사장 같으니라고. 부장들도 마찬가지지. 허구한 날 사장한테 깨지기만 하고 한 번도 잘한다고 칭찬받은 적이 없어요. 누구 부장은 사장한테 찰싹 달라붙어서 하라는 대로 하면서, 우리한테는 소리만 지르고, 사실 그런 부장은 우리 회사에 있으면 안 돼. 사장님은 그것도 모르시나… 참 답답하다."

지금 일을 열심히 하는 것이, M&A 한 것이, 현재 사업을 유지하는 것이 절대 잘못은 아닙니다. 경영의 과정과 결과가 상대적으로 미흡한 것입니다. 전략이 왜 필요한가요? 사업에 있어 '선택과 집중을 해야' 하기 때문입니다. 하고 싶은 사업, 해야 하는 사업의 아이디어는 많기도 하지만 모호합니다. 그래도 다 해 볼 수 있다면, 하나씩 검증도 가능하고, 좀 실패해도 경영자 개인으로는 미련이나 아쉬움도 없을 것입니다. 하지만, 하고 싶은 사업을 다 해 본다는 것은 현실적으로 가능한 일이 아닙니다. 게다가, 기업은 보통 세 가지가 없습니다. 사람, 시간, 돈의 3무(無)입니다. 이러한 제약 조건이 하고 싶은 것과 해야 하는 것을 쉽사리 결정하지 못하도록 하는 현실입니다.

그러나, 기업 경영은 미래 비전^{방향과 목표}의 구현을 위한 끊임없고 매우 흥미로운 선택의 연속입니다. 또한, 이런 선택은 경영자로서 즐거움이

기도 합니다. 미래를 보고 회사의 비전을 위해 승부를 거는 것입니다. 중소기업의 경우, 무엇을 먹고살 것인가에 대해 2~3년, 몇몇 기업은 길어야 5년 정도의 사업을 확보하고 있습니다. 그 정도 기간만 이익을 얻을 수 있다는 의미입니다. 경영자로서는 당연히 불안감을 떨칠 수 없습니다. 신의 계시도 없고, 고객으로부터 대박 나는 연락도 없고, 아이디어를 내는 주인 같은 직원도 없습니다. 결국, 경영자의 피할 수 없는 불안입니다.

전략 수립의 '3단 뛰기'는 이렇습니다.

우선, 버릴 것을 찾아서 버립니다. 이것은 더 나아질 것이 없기 때문에 지금 버리는 것이고, 또한 이렇게 버려야만 3무無의 제약조건이 어느 정도 풀립니다. 그리고 나서, 지금까지 평균 실적의 2~3배 정도의 사업 목표를 잡습니다. 낮은 목표는 전략 수립을 자극하지 않으며, 어떠한 동기부여도 없기 때문입니다. 마지막으로, 목표를 달성할 수 있도록 판을 새롭게 짭니다. 지금의 것을 현재 수준에서 늘리는 것이 아니라, 처음부터 다시 구성합니다. 주의할 점은, 가능하면 복사 불가능한 경쟁력을 삽입하도록 합니다.

전략을 만들었지만 불합리한 것들이 들어 있으면 안 됩니다. 뭔가 숨겨져 있는, 의도가 의심이 가는, 너무 급격하거나 과장된 변화를 요구하는 목표나 방법, 기간에 있어 과욕이 있는, 소위 혁신의 기법만을 짜 맞춘, 타사의 핵심 (기술, 플랫폼) 노하우에 종속되는 등등의 덩어리가 있다면, 잘라 내거나 다시 만들어야 합니다. 무엇보다도 어처구니없는 것은 고객 가치를 무시하는 것입니다. 우리의 전략이지만, 철저히 고객 중심으로 구성하여야 합니다.

그렇다면 좋은 전략이란 무엇일까요? 기존의 사업을 어떻게 할 것인가와 새로운 사업을 어떻게 전개할 것인가라는 것이 핵심인데, 기간과 자금에 맞추어 우선순위를 잘 결정해야 합니다. 좋은 전략은 4가지 정도의 항목에서 든든한 골격을 갖추어야 합니다.

좋은 전략은 첫째, '무엇을 왜 해야 하는가'에 대해 분명해야 합니다.

고객과 시장의 경쟁 환경 변화에서, 기존 사업의 처리와 신규 사업의 추진 등등은 아무도 알 수 없는 미래에 도전하는 것이고, 그 미래를 누구도 가 보지 않았으니 이 사업을 해야 한다는 주장에 분명한 증거를 미리 내놓을 수 없습니다. 하지만, 예측 가능한 고령화 저출산, 1인 세대의 증가, 성인병 증상의 증가, 기후 변화, IT 기술의 가속화, 국민소득 4만 불, 사교육 혼란 등등에서 우리가 적극적으로 대응해야 하는 것을 찾아 준비하고 이익을 내자는 것입니다. 차가 막혀 기차를 놓치면, 비 오는데 우산이 없으면 얼마나 답답한 일입니까? 산의 정상에 안전하게 오르려면 등산 지도 하나는 가지고 있어야 하지 않겠습니까? 내부적으로는 미래에 대한 적응이고 대비입니다. 게다가 주주나, 금융 기관, 신용 기관, 관공서 등 외부로부터 향후 사업이나 매출, 투자의 계획 등을 요구받거나 보고해야 합니다. 그 사업을 왜 해야 하는가에 대한 해답은 기업의 생존과 성장에 맞춰져야 합니다. 즉, 이익이 나는 구조를 논리적으로 전개해야 합니다. 그래야 설득과 공감을 할 수 있어 임직원들의 방관을 예방할 수 있습니다.

좋은 전략의 둘째는, '과감한 목표'가 제시되어야 합니다.

터무니없이 높은 목표가 아닌, 그동안의 작은 성공으로 축적된, 가능성 있는 과감한 목표를 의미합니다. 너무 높은 목표나 늘 해 왔던 목표는 임직원들의 의지만 약화시켜 실망과 회의에 빠지게 합니다. 과감한 목표를 제시함과 동시에, 안 된다는 생각을 버리고, 할 수 있다는 의지를 갖도록 하는 것이 꼭 필요합니다. 하고자 마음먹은 것만 되는 것이고, 할 수 있다고 생각하면, 가능한 방법이 나오기 마련이지만, 못한다고 생각하면 죽어도 못합니다.

좋은 전략의 셋째는, 임직원들은 '무엇을 얻을 수 있는가'입니다.

전략은 회사의 변화입니다. 변화의 속성이 위험과 고통인데, 이것들에 도전하는 임직원들로서는 말 그대로 위험과 고통에 빠지는 것이 아니겠습니까? 그러니, 그들이 바라는 것은 당연히 크지 않겠습니까? 이것을 모른 척하고 갈 수는 없습니다. 회사의 미래 전략이 완성되어 가는 과정에서 임직원들에게 줄 수 있는, 금전적이든 비금전적이든, 보상을 구체적으로 약속해야 합니다. 여기에서 임직원들은 놀라운 에너지를 자가 발전하게 되는 것입니다. 뻔한 이야기지만, 회사만 성장하고 임직원들은 궁핍한 생활을 면치 못하여 그 상태를 연장하고 있다면 참 나쁜 회사입니다.

좋은 전략의 넷째는, 전략을 이뤄낼 수 있는 '실행과 운용체계가 구체적'이어야 합니다.

임직원이 좌절을 느낄 때는, 결과가 참담한 실패로 끝날 때가 아니라 아무것도 하지 않을 때입니다. 시작이 반인데, 여기저기서 한번 실천에 도전하는 것이 도통 보이지 않고, 오로지 말뿐이고 핑계뿐인 현실로 드러날 때입니다. 사실 어려운 게 말이지만, 말은 그렇게 중요하지 않습니다. 또한, 누구나 다 할 수 있는 게 말입니다. 그래서 실천이 중요한데, 마음먹고 실천했다고 모두 실적을 거두는 것은 아닙니다. 야구 경기에서 4번 타자가 매번 타석에 들어가도 잘 쳐야 3할이고, 축구에서 90분간 스물두 명이 공을 차도 골이 되는 것은 수십 번의 공격 중에 몇 골밖에 안 됩니다. 이렇게 실천에는 실패가 따릅니다. 실패할 수 있다는 전제를 이해하고, 그래서 꾸준히 반복하면, 서서히 강해져서 성공을 이루어 내는 것입니다.

기업의 전략이 성공을 거두기 위해서는 갖추어야 할 최소한의 4가지 장치가 있습니다. 현황 관리를 위한 'Dashboard, 미팅, 진단, 보상'이라는 네 가지 운용 도구가 사전에 준비되고 하나라도 빠짐없이 운영될 때, 실패도 보약이 되면서 최소한의 시행착오를 거치고도 큰 실적을 거둘 수 있습니다.

지금까지 언급한 좋은 전략이 갖는 4가지 요소는, 기업 스스로 진단을 통해 좋은 전략을 수립하고 실천하는 데 도움이 될 것입니다. 그런데, 경영자들이나 리더들이 전략의 계획과 운영에서 걸리기 쉬운 덫에 빠져 버리는 소용돌이가 있습니다.

그중에 하나가, 현상 파악의 오류입니다.

즉, 경영진 중심의 전략 수립 과정에서 발생할 수 있는 오류인데, 보고 받은 내용이나 예측을 확인도 하지 않고 중요한 전략을 수립하면 여지없이 실패하게 됩니다. 보고로 올라오는 것들의 대부분은 본질적인 문제가 숨겨져 있거나, 심하면 축소 또는 왜곡되는 경우가 많습니다. 또한, 문제 해결의 미래 방향도 늘 제안되었던 것들이 반복적으로 나타납니다. 이런 자료나 데이터를 가지고 전략을 수립한다는 것은 어처구니없는 일입니다. 그런 상태에서 만들어진 요란한 전략은 의미 없는 구호 속에 펄럭이는 깃발과 같습니다. 매번은 못하더라도, 전략 수립의 시기에는 경영자나 리더가 현장과 현상을 직접 살피고 진단해야 합니다. 보고서는 필요하지만 그걸 다 믿어서도 안 됩니다.

또 하나 있습니다. 전략 수립에 직간접으로 참여하는 리더 중에 경영자에 대한 충성심이 과한 경우에 발생합니다.

그런 충성심 때문에 회사의 미래 구상보다는 경영자의 호불호好不好 반응에 민감하게 반응하게 되어 전략의 오류가 발생하는 것입니다. 이런 잘못된 충성심을 바로잡기 위해서는 경영자 스스로 의사 결정의 습관을 올바르게 하는 것이 중요합니다. 경영자의 판단 기준도 중요하지만, 경영자로서 오랫동안 내린 의사 결정의 결과가 그간 어떻게 드러났는가를 잘 살펴보고 반성한다면 오류를 막는 좋은 피드백이 될 것입니다.

마지막으로, 전략을 실행하다 보면 많은 우여곡절을 겪게 됩니다.

어찌 보면, 잘되는 것보다 잘 안 되는 것이 더 많기도 합니다. 이쯤해서 그만두자, 맞지도 않는 지도를 보면서 계속 고난의 행군을 해야 하느냐는 말이 수도 없이 터져 나옵니다. 이게 심하게 반복되면 경영자 자신도 흔들릴 수 있습니다. 그러나, 분명한 것은 거의 모든 회사가 이런 문제들에 항상 직면한다는 사실이고, 훌륭한 경영자와 리더들, 좋은 회사들은 이런 문제를 잘 해결한다는 것입니다. 이것이 바로 우량한 회사와 부실한 회사의 확실한 차이입니다. 신세계를 향한 힘든 항해를 하면서 예측하지 못했던 날씨 변화를 몇 번 만났다고 항구로 되돌아올 것인가? 거친 폭풍과 거센 비바람을 극복해야 비로소 훌륭한 항해사가 될 수 있다는 말도 있지 않습니까?

한두 달 해 보다가 안 맞는다고 때려치우고
쉽게 원위치로 되돌아와 버리면,
그 회사는 경영도, 리더도, 미래도 없습니다
결국, 망합니다   Management & Leadership

Go-To-Win®

5 - 4
'제대로', '빠르게', '싸게' 중에서 제일 좋은 것은?

제대로!

즉, 품질^{Quality}

요즘은 없는 게 없이 넘쳐 나는 풍요^{豐饒}의 시대이니, 제품과 서비스가 고객에게 선택되기 위해서는 '매력적인 가치'가 최고의 경쟁 요소로 더욱 부각이 되고 있습니다. 하지만, 몇 년 전만 해도, 아니, 앞으로 몇 년 후라도 기본적으로는 품질^{Quality}, 납기^{Delivery}, 원가^{Cost}라는 고객을 위한 QDC 세 가지가, 제조업이든 비제조업이든 서비스업이든 기업마다 매년 사업 계획서의 첫머리 전략임은 틀림없습니다. 경영 환경의 예측이 어려울수록 이 QDC의 차별화된 경쟁력을 힘껏 확보하여, 어떻게든 이익을 내고자 온갖 변화와 혁신을 끊임없이 시도하고 있습니다.

고객 반응과 경쟁 환경에 따라 Q, D, C 중 한 가지가 경쟁사와 대결에서 우리 회사의 대표선수가 되기도 했고, 세 가지 전부 일등을 해야 하는, 격렬하고도 힘겨운 경쟁도 있었으니 Q, D, C는 오랫동안 우리 회사를 발전시켰지만, 그만큼 우리를 힘들게 하였습니다. 그런데 만약, 이 셋 중에서 하나만을 선택하여 집중할 수밖에 없는 형편이고, 하나에만 집중하고 싶다면, 과연 어느 것이냐는 생각을 해 봅니다. 선택과 집중이라는 전략적 접근으로 말입니다. 세 마리의 토끼를 다 잡고 싶은데, 세 마리 중 어느 한 마리를 잡아야, 나머지 두 마리까지도 동시에 잡을 수 있을까요?

Q, D, C 중에서 Q, 즉 '품질'을 먼저 잡아야 합니다.

고속도로 휴게소의 분식 코너에 4인 가족이 바삐 들어오며 튀김우동 두 그릇과 김치우동 두 그릇씩을 주문하였습니다. 아마도 고속버스를 타고 지방의 결혼식에 가는지 각자 신경 쓴 옷차림에 관해 이야기를 나누고 있습니다. 금방 만들어진 네 그릇의 우동을 한두 젓가락 맛을 보자 이 가족 모두 얼굴을 찡그리며, 덜 익은 면과 간이 형편없는 국물 맛에 도저히 먹지 못하겠으니 다시 빨리 끓여 달라고 법석을 떱니다. 식당 아주머니의 무표정한 얼굴에 답답함을 느낍니다. 고속버스가 출발하기 5분 전입니다. 네 그릇의 우동이 다시 끓고 있는 동안, 네 명의 불평도 부글부글 같이 끓고 있습니다. 더 기다릴 수 없으니, 버스를 타러 가야겠다고 가족은 분식 코너를 바삐 빠져나갔습니다.

　맛이 없다는, 불량이라고 말하는 고객의 엉덩이를 냅다 걷어차서 내쫓을 사람은 한 사람도 없습니다. "미안합니다. 깜박 실수가 있었나 봅니다"라는 변명과 함께, 빨리 다시 만들어 드리겠다고 하게 되는 것이 대부분입니다. 다른 주문을 잠시 미루더라도 다시 재료를 준비하고 물을 끓여서 새로 우동을 만드는데, 이러다 보면 우동 한 그릇 팔아서 얼마 남는다고, 한 번 더 비용(원가)이 들어가 버리니, 남기기는커녕 당연히 손해 보는 장사가 됩니다. 게다가, 바삐 서둘렀지만, 시간을 못 맞추는 바람에 화난 손님은 기다리다 못해 떠나게 됩니다. 그 우동 가게를 절대 다시 찾지 않을 것입니다.

　품질이 나빠 재작업을 하게 되면, 당연히 원가는 최소 3배 이상 지출이 되고, 납기는 이미 맞출 수 없는 지경이 됩니다. 반대로 품질이 좋으면, 재작업이 없어서 원하는 이익을 얻어 내고 납기를 맞출 수 있게 되니, 제일 좋은 것은 역시 처음부터 제대로 하는 것입니다. 밤낮 없고 휴일 없이 죽도록 일을 하는, (정확하게 말하자면) 재작업이 반복되는 회사는 쉬지도 못하고, 죽도록 일만 하는데도 돈을 벌 수 없습니다. 납품해서 수금하는 돈은 정해져 있는데, 재작업한다고 고정비와 변동비가 두 배 정도 더 들어가니 남는 돈이 있겠습니까?

　그렇다면, 왜 재작업의 원인이 되는 불량을 막지 못할까요? 원부재료나 기계 설비가 부실해서 그런 이유도 있겠지만, 그것들을 포함하는 가장 큰 요인은 일하는 사람들이 '확인'을 하지 않기 때문입니다. 그 사람은 듣기 싫은 말이겠지만, 도무지 이해가 안 가는 것이, 회사에서 한 2년 정도 일했으면 매일매일 하는 일을 이제는 눈을 감고라도 척척 문제없이 하는 것이 당연하지 않을까요? 하루에 8시간, 1년 약 250일을 일하면서, 2년 동안 거의 같은 일을 했다면, 무려 4,000시간 동안 그 일을 반복했다는 이야기인데, 이 많은 시간을 똑같은 일을 했음에도 이렇게 불량을 내는 사람들은 참 '아무 생각이 없구나'라는 생각에 이르게 합니다. 잘못된 것을 다음 사람이나 고객에게 절대 넘겨 보내지 않도록 '확인하고 또 확인하는 습관[프로세스]'이 꼭 필요합니다.

빨리하는 것이 빠른 것이 아니고, '제대로 하는 것이 제일 빠른 것'입니다. 그런데, 사람이 실수할 수밖에 없다면 실수를 하더라도, 바로 그 당시에 잘못된 것이나 잘못된 일이 다음으로 넘어가지 않도록 장치를 해야 합니다. 이미 널리 알려진 풀푸르프$^{Fool\text{-}Proof}$라는 것을 제조현장이든 사무의 현장이든 도구나 시스템으로 갖추어야 합니다. 이런 것들을 통해 일이 쉬워지고, 실수가 없고, 빨라지게 됩니다. 사람을 믿을 수 없다면, 장치를 붙여야 합니다.

'제대로', '빠르게', '싸게' 중에서 제일 좋은 것은 '제대로', 즉 '품질'입니다. 여기서 한 번 더 품질의 중요성을 강조하겠습니다. 제조업에서 매출 원가가 높다, 재고가 많다, 인원이 많다, 노동 생산성이 낮다, 전기 사용량이 많다, 유류 사용량이 많다, 포장 재료를 많이 쓴다, 잔업과 특근이 많다, 영업 오더가 안 맞는다, 수불이 틀려 결산에 애로 사항이 있다 등등의 문제가 계속 발생하기 때문에, 이것들 각각에 대해 주요 관리 지표를 만들어 거의 매일 많은 사람이 관리합니다. 그리고, 이 모든 것들은 품질[불량]이 춤을 추면, 덩달아 춤을 추는 것이라는 점은 모두 다 알고 있습니다. 그렇습니다. 일정 기간 품질이 좋으면, 위의 숫자들이 다 보기 좋게 나타나고, 품질이 한동안 나쁘면, 무슨 꼼수를 쓴다고 해도 온갖 숫자가 모두 빨간 불로 바뀌게 됩니다.

그래서, 널뛰는 품질을 좋든 나쁘든 우선 '안정되게 잡아 놓아야!' 다른 항목들을 관리하는 목적이 달성됩니다. 변동과 산포를 잡아야 안정이 되고, 안정된 상태에서 실적의 수준을 올리는 게 정도正道입니다. 이래서 QDC 중 선택과 집중을 하자면 품질이 최우선입니다.

늦지 않거나 너무 빨리 만들지 않는 것을 납기納期준수라고 합니다. 당연히, 납기는 시간의 문제가 되어, 납기가 며칠 남았는지, 언제쯤 시작하면 되는지가 관심일 수밖에 없습니다. 하지만, 다른 관점에서 보면 납기가 시간의 문제라는 점에서 약간 비껴갑니다. 예를 들면, 대형 할인점에 쇼핑하러 갔을 때, 찾는 물건이 거의 다 준비되어 있기 때문에 이 할인점들은 고객에게 납기를 못 맞추는 경우가 없습니다. 즉, 납기는 시간의 문제이기도 하지만, 제품과 서비스를 모두 재고로 갖고 있다면, 납기는 전혀 문제가 되지 않습니다. 그래서 '납기는 재고의 문제'로 접근하고 해결하도록 하는 것이 좋습니다. 그러나, 무작정 재고를 전부 가지고 있다는 것은, 알다시피 현금 흐름에 나쁜 영향을 주게 되니 적정재고나 안전재고, 나아가서는 무재고 동기생산同期生産, Syncronized Production System이라는 시스템으로 발전하는 것입니다. 다시 말하면, 납기는 시간의 문제보다 영업 예측이나 재고의 문제로 관리되어야 합니다.

그런데, 품질이 불량하면, 그 불안감을 줄이기 위해 (불량을 포함한) 재고를 쌓게 됩니다. 역시 품질이 중요합니다.

품질이 안정되면 새로운 전쟁이 벌어집니다. 경쟁사 간에 품질과 가격의 차이가 거의 없어지게 됩니다. 이때부터는 어느 회사의 직원들이 손발을 잘 맞추느냐와 기술적으로 뛰어난가가 승패를 좌우합니다. "품질과 가격은 기본이고 납기가 생명이다. 이제는 속도전이다." 맞습니다. 고객의 요구에 얼마나 빠르게 대응하는가가 진검승부가 되는 것입니다. 손발을 잘 맞추는가는 정보 공유의 속도와 깊은 관계가 있으니, 손으로 하든, 입으로 하든, 발로 하든, 전산으로 하든, 거의 실시간에 가까운 정보 공유가 이루어져야 합니다. 그리고, 정보의 공유와 효과적인 활용, 기술적인 해결과 발전은 기록, 즉 문서화에서 결정됩니다. 문제마다 해결의 고비마다 모든 것들의 기록이 유지되고 있다면, 문제의 재발은 최소화되고 실패의 예방은 튼튼해집니다.

Quality = f (Engineering, Attitude)
품질 = 관계 (기술, 태도)   **Management & Leadership**

Go-To-Win®

5 - 5
효율이 아니라 감정이다

'효율이란 성과는 모래성이더라.
사람의 마음은 열두 번씩 이랬다저랬다 하더라.'
둘 다 어렵습니다

아주 오래전 자동차 회사에서 경험한 사례입니다. 의장(조립) 라인의 시간당 생산량$^{UPH, Units Per Hour}$을 향상할 방법을 찾고자 한 달에 세 번씩 생산 현장을 관찰하며 현장 진단과 자료수집, 분석을 진행했습니다.

그러던 어느 날, 거의 2주일 만에 현장에 가게 되었는데, 자동차를 조립하는 현장 근무자들의 작업 속도가 엄청나게 떨어져 있었습니다. 컨베이어 스피드도 마찬가지였습니다. 이게 무슨 일인가 궁금하여 안면이 있던 분들께 까닭을 물었지만, 뭐가 불편한지 아무도 답변을 해 주지 않았습니다. 현장을 나와서 사무실로 가는 길 곳곳에 주차해 놓은 새 자동차들이 너무 많았습니다. 나중에 알게 되었는데, 야적장은 물론 공장 내 이면도로, 그것도 부족해서 심지어 공장 밖의 사용 가능한 장소마다 잔뜩 자동차를 주차해 놓았던 것입니다.

일주일 후에 방문했습니다. 이번에도 현장으로 바로 들어갔습니다. 놀라운 일이 벌어지고 있었습니다. 현장 근무자들이 모자를 꾹 눌러쓴 채 땀을 흘리며 빠른 속도로 작업을 하고 있었습니다. 예를 들자면, 시간당 40대를 조립하던 라인에서 무려 60대가 조립되고 있었습니다. 예상할 수 없었던 시간당 생산량이었습니다. 그만큼을 조립하기 위해 혁신 활동을 하고 있었는데, 지금 그 일(목표 달성)이 일어나 버린 것입니다.

놀란 순간에 아무에게나 물어보았습니다. "우리 차가 팔린대! 며칠 전부터 팔리기 시작해서, 이제 재고가 부족해!" 얼른 대답을 해 주면서도 그는 작업을 멈추지 않았습니다. '우리가 만든 차가 팔린다, 팔리는 양을[속도를] 공장에서 따라잡아야 한다.'라는 모두 똑같은 마음이었을 것입니다. UPH 목표나, 목표 대비 실적의 차이 분석이나, 개선의 아이디어가 전혀 필요 없게 된 순간이었습니다.

잘 팔리니까. 정말 기분이 좋았던 것입니다. 일할 맛 나게. UPH 생산성을 생산 부문에서 올린 게 아니었습니다. 영업과 판매가 결정적이었습니다.

어느 화장품 회사에서 경험한 사례가 있습니다. 중견기업인데, 약 5년간 지켜보았습니다. 사장께서 프로젝트를 급하게 추진해서 억지로 생산성을 올리려 하지 말고, 우리 직원들이 일에 대한 보람, 애사심, 동료애 그리고 개선이란 것의 진정한 의미를 알 수 있도록 현장 근무자들을 교육하고 이끌어 주길 바란다는 것입니다. 이런 프로젝트는 목표를 정량화할 수 없는 프로젝트라서 실행 프로세스를 설계하기가 쉽지 않았지만, 사장의 뜻에 따라 관련 팀장들과 함께 차분히 준비하고 진행했습니다.

문제란 무엇인지, 바람직한 모습을 추구하는 것이 왜 중요하고, 어떻게 이로운지, 일하면서 개선을 하는 것이 어렵지만 하나씩 하나씩 추진하였습니다. 처음엔 거의 무관심이었고, '좀 하다 말겠지'란 반응이었는데, 프로젝트의 진행에 따라 점점 그런 생각을 하는 현장 근무자들의 비율이 줄어들기 시작했습니다. 모두 힘들었지만, 4년 정도가 지나니 80% 정도 직원이 (사장의 뜻을) 이해하고 스스로 실천하는 모습을 보였습니다.

송년회 하던 날, 한 반장이 "우리 직원들 자랑 좀 하겠다!"라고 임원과 팀장들, 직원들 앞에서 마이크를 잡고 "이제 우리는 몇 년 전의 우리가 아닙니다. 우리 직원들이 이렇게 생각이 바뀔 줄은 상상하지도 못했던 일입니다. 변해줘서 고맙고, 많이 도와주지 못해서 미안합니다. 하지만, 사랑합니다. 감사합니다." 술에 취했는지 기분에 취했는지. 그러나, 무슨 말을 하고 싶었는지 그 자리의 사람들은 다 알아들었습니다.

그 뒤, 갑자기 계열사의 투자 실패로 인해 그 회사의 경영까지 매우 악화하였습니다. 전문 경영인이었던 사장도 회사를 그만두었고, 곧바로 직원들의 명예퇴직을 신청받는다는 공지가 내려왔습니다. 상황은 간단해졌습니다. 열심히 일했는데, 회사를 그만두라는 것입니다. 현장의 모든 활동과 관리는 정지되었습니다. 미리 정해진 인원만큼 회사를 떠났습니다.

모두 함께했던 5년간의 현장 변화 활동과 어렵게 쌓은 공든 탑이 한 번에 무너졌습니다. 남은 것은 현재의 분노와 미래에 대한 불신이었습니다. 세월이 가면 잊힌다 해도, 다시 쌓기는 너무 힘들 것입니다.

1997년 IMF 외환위기를 겪었습니다. 그 이전에도 생산성을 따져 경영의 방향을 잡긴 했습니다. 그 시절 많은 외국 기업이 한국 기업을 인수하면서 생산성과 효율 등을 앞세운 구조조정과 내실 경영(?)이 마치 경영의 바이블인 것처럼 산업계를 휩쓸었습니다. 생소한 경영 기법들이 경쟁적으로 소개되고, 지푸라기 잡는 식으로, 글로벌이다 뭐다 하면서 열심히 받아들였습니다. 막걸리 한 사발에 어깨동무하고, 그래 한 번 해 보자! 이런 맛이 사라졌습니다.

효율$^{效率, Efficiency}$을 거부하는 것은 아닙니다. 이제 주주, 투자자, 기업을 감시하는 공공기관도 있으니 공정하고 투명한 상태를 밝혀야 하는 기업의 책임과 의무도 있기 때문입니다.

공학적 접근으로 보면, 효율 향상은 노동 강화를 이용하지 않습니다. 각종 자원^{Resources}의 운영 최적화 솔루션을 구현하는 것입니다. 효율을 높이는 것은 좋은데, 어떻게 올리느냐는 문제입니다. 제대로 된 자동화를 빼면 남는 것은 사람의 몫입니다. 이 점에서 사람의 감정이 효율의 기저^{基底}이며 동력^{動力}이라고 볼 수 있습니다.

사람 중심 제조 현장에서 효율을 저해하는 요인이 몇 가지 있습니다. 첫째는, 근무자들의 머리가 복잡합니다. 일 때문이 아니라 개인 사정 때문입니다. 이것은 사는 게 뜻대로 안 되는 자기의 문제이기 때문에 본인 스스로 해결해야 할 문제입니다. 최소한의 배려는 근무 중 짧은 상담이나, 퇴근해서 인간적(?)인 대화를 나누는 것뿐입니다.

둘째는, 월급[시급]은 정해져 있는데, 팀 관리자의 기대치 안에 들거나 그의 목표를 달성하는 것이 나에게 무슨 이득이 되나, 그건 결국 내가 손해 보는 것이라는 자기 생각 때문입니다. 열심히, 잘하면 이익을 보는 사람도 있다는 것을 보여 주면 됩니다. 말로는 설득이 안 됩니다.

셋째는, 내 능력[시간]은 이만큼인데, 내게 시키는 일이 너무 과하다, 겨우겨우 할 만큼만 하는 것도 죽을 것 같다, 이제 지치고 지쳐서 아무것도 하고 싶지 않다는 사정입니다. 뻔한 말 같겠지만, 진짜 힘들면 일단 연차휴가 내서 3일간 푹 쉬고, 출근해서 팀장에게 솔직히 말하십시오. 일하다 죽겠다고, 그래도 반응과 조치가 없으면, 임원에게도 건의하시고, 그래도 반응과 조치가 없으면 다른 직장을 알아봐야 합니다. 아마 그만두게 할 작정인가 봅니다.

넷째는, 상사나 동료나 부하 직원이 하는 짓(?)을 지켜보면, 도무지 이해가 안 될뿐더러 화가 날 정도이니, 일하는 시간보다 한숨 쉬는 시간이 더 많습니다. 그렇다면, 그 부서나 그 회사와 인연이 안 되는 것이니, 고민하지 말고 다른 직장 정해지면 월급이 적더라도 바로 옮기십시오.

다섯째, 한다고 하는데, 그때마다 인정을 받지 못하는 경우도 있습니다. 경력직 매니저가 입사하더니 내 위로 오고, 팀장은 나를 빼고 동료나 후배를 찾아 미팅합니다. 이런 대접을 받을 내가 아닌데, 지금껏 우리 부서의 각종 성과가 나오거나 유지된 것도 내 덕분인데 말입니다. 이렇게 '억울'하게 회사를 그만두는 사람들도 적지 않습니다.

지금까지 언급한 것을 간단히 정리하면, 결국 투자를 잘하고 영업과 판매를 잘하면 사람의 감정도 좋고, 효율과 생산성도 높고, 이익이 많이 나는 선순환을 합니다.

그런데, 투자나 영업은 동기부여의 90%를 차지하지만, 항상 잘 될 수 없는 변수입니다. 그래서 10%에도 미치지 못한다고 말할 수 있는 사람의 감정이 중요합니다. 감정은 잘 안 될 때 (위기를) 극복할 수 있는 마중물이고, 번지는 불꽃이기 때문입니다.

조직에서 감정을 '관리'할 수 있을까요? 실용 사례에 의하면, 서번트 리더십과 셀프 모티베이션(이나 셀프 리더십)이 제시되는 듯합니다.

서번트 리더십$^{Servant\ Leadership}$이란 '인간 존중을 바탕으로 모든 구성원의 욕구를 만족시키기 위해 헌신하는 리더십, 구성원들의 성장을 돕고 진정한 공동체를 이루도록 이끌어 가는 리더십'이라고 합니다.

이 이론의 모티브가 되었다는 독일 작가 헤르만 헤세의 작품《동방순례$^{Journey\ to\ the\ East}$》에서 등장하는 인물의 모습은 이렇습니다.

'레오'는 순례자들의 허드렛일을 도맡는 사람이었다. 그는 식사 준비는 물론이거니와 순례자들 사이를 돌아다니며 필요한 것이 무엇인지 살폈다. 때론 악기를 연주하며 여행자들의 지친 마음을 달래 주기도 했다. 그러던 어느 날 레오가 갑자기 사라졌다. 순례자들은 혼란에 빠졌고 결국 여행은 중단됐다. 몇 년 후 그들은 심부름꾼인 줄로만 알았던 레오가 교단의 정신적 지도자이자 리더였다는 사실을 깨닫게 된다.

여기서 레오^{Leo}는 완벽합니다. 그러나, 모든 리더십은 완벽할 수 없습니다. 적당해야! 합니다.

서번트 리더십에 대한 부담은 조직 구성원들 스스로 알아서 잘하라는 '셀프 모티베이션'으로 중심을 살짝 옮깁니다. 진정 셀프(!) 리더십이 필요한 사람은 본성에 따라 침묵과 반성을 시도할 시간이 필요합니다. 강요하고 간섭한다고 될 일이 아닙니다.

감정을 '관리'하는 조직이 아닌, 그냥 '감정 조직'이 되길 권합니다. 물론 감정 조직이 되기 위해 관리가 필요하겠지만, 기본적으로 조직이라면 해야 하는 일에 더해서, 자극 즉 '툭 건드려 주는 정도'를 의미합니다. 감정 조직이 되기 위한 몇 가지 접근법을 살펴보겠습니다.

첫째, 무엇보다 회사의 실적이 좋아야 합니다. 감정은 실적을 따르기 때문입니다.

프로 스포츠팀엔 이런 인터뷰가 있습니다. "게임에서 연승을 하면 질 것 같지 않고, 연패하고 있으면 이길 것 같지 않다". 그다음 단어는 '결정적 순간에서의 집중력'입니다.

감정 조직이 되기 위해 최우선으로 노력해야 하는 것이 바로 승리하는 기업$^{Winning\ Company}$, 회사의 실적입니다. 물론 정반대의 상황도 있을 것입니다. 절체절명의 순간에 경영자나 조직원들의 믿을 수 없는 능력 발휘로 위기를 모면하고, 얻고자 하는 것을 얻어 내는 상황입니다. 마치 명량해전에서 12(13?)척으로 133척의 왜군을 물리친 기적과도 같이 말입니다. 덧붙이자면 기적은 하늘이 도와야 합니다. 그러나, 기적보다는 현실에 집중해야 합니다.

매출과 이익의 실적을 높게 유지할 수 있으면, 구성원의 감정이 좋아지고, 감정을 선순환시킵니다.

둘째, 거짓(정보)은 모든 부정적 감정의 빌미가 됩니다. 공식적인 재무제표, 주간 및 월간 회의 자료, 수주 현황, 재고 현황, 심지어 접대비 처리 비용과 내용, 방금 종료된 회의의 요약까지 숫자 정보든 의견 정보든 오류와 왜곡이 있으면 안 될 것입니다.

셋째, 효율과 같은 숫자만 해석하지 말고, 그 숫자 뒤에 숨겨진 직원들의 감정과 태도를 관찰해서 반응하도록 합니다. QDC$^{품질-납기-원가}$ 결과는 이미 나온 것입니다. 나와 버린 상황에서는 '피드백'이 중요하지 않습니까? 이 피드백을 아! 다르고, 어! 다르게 해야 합니다. 여기서 리더의 진단력과 말하기가 중요합니다.

넷째, 내 감정을 자유롭게 말할 수 있도록 합니다. 이것이 감정 조직의 요체^{要諦}, 핵심입니다. 내가 이런 말을 해도 될까? 업무상 아이디어나, 회의 중 다른 의견을 아무 거리낌 없이 온전하게 귀 기울여주는 조직, 누구의 감정 언어까지도 안전하게 받아들일 수 있는 조직이 감정 조직입니다.

풀리지 않고 쌓이는 감정은 두꺼운 장벽을 만들고, 그 장벽 안에서 증오나 억울함이 그렇게 커집니다.

직원들의 눈치를 보자는 것이 아니라,
감정을 돕자는 것입니다 `Management & Leadership`

Go-To-Win®

5 - 6
당신이 딴짓하는 동안

'Opportunities are never lost.
The other fellow those you miss. – Unknown
기회는 없어진 것이 아니다.
다른 사람이 가져간 것이다.
당신이 망설이고 미루고 딴짓을 하는 동안.'

그 임원이 하고 싶어 하는 일을, 임원 본인이나 다른 사람들이 '딴짓거리'라고 단정할 엄격한 잣대는 없습니다. 그래서 회사의 상황, 필요,

시기^{時期} 정도가 그 임원의 딴짓거리 판단 기준이 될 수 있습니다.

　자금이 빠듯하게 돌아가거나, 원소재 부족으로 생산이 간당간당하는데, 목요일과 금요일 이틀씩이나 고객과 (사업 때문이겠지만?) 골프를 친다면 경우에 맞지 않을 것입니다. 회사 안^{內部}의 일이 정신없는데, 급하지 않은 밖^{外部}의 일을 보느라 이틀이나 자리를 비우면 실무자들이 일할 수 없습니다. 그리고, 불량과 결품 클레임이 빗발치는데 인사 고과 체계나 경영 인증 시스템의 컨설팅 제안서를 진지하게 손보고 있다면, 그것도 중요한 일이겠지만 때가 맞지 않습니다.

　그리고, 평소에 경영 임원이 외부 사람을 거의 만나지 않고, 회의나 결재만 숨 막히게 열심히 하고 있다면, 임원으로서 무덤을 파는 것이고, 그러는 것이 딴짓거리를 안 하는 것 같지만, 그 임원은 진짜 딴짓거리를 하는 것입니다.

　딴짓거리는 그의 신분이나 일과 전혀 관계없는 행동을 말합니다. 이것이 잦으면 회사 경영에서 기회 즉, 어떤 일의 적절한 시기를 놓치게 됩니다.

　스트레스를 많이 받는 임원은 틈틈이 딴짓거리를 자주 해야 기회를 잡을 수 있다? 현업의 긴장에서 살짝 벗어나야 번뜩 떠오르는 아이디어가 나오니까 딴짓하다가 그때 탁 잡아채야 한다? 그렇게 하늘에서 기회가 떨어지는 것일까요? 정말 그랬습니까?

기회를 잡으려면, 철저히 고객 중심의 생각을 해야 하고, 고객의 불편을 제거하기 위해 우리가 솔루션을 내놓아야 하고, 그것을 내놓는 건 좋은데, 우리의 자원을 어떻게 최소로 할 것인가에 대한 방법을 찾고, 그 많은 방법을 '빨리빨리' 시도해 봐야 합니다. 빨리빨리 하려면 기술과 돈이 있어야 하고, 그 여러 가지 시도 중에서 하나가 성공을 가져오는 것입니다. 딴짓거리하다 우연히 당신의 것이 되는 일은 없습니다.

다른 이의 성공을 보고 '나도 생각했었는데', '나도 하려고 했었는데'라고 한다면, 다른 이가 그것을 하고 있을 때 당신은 무엇을 했습니까? 당신도 수없이 시도했음에도 불구하고 실패한 것이 아니라면, 그에게 빼앗긴 것입니다.

본인이 딴짓거리를 하는 것을 알고 있다면(대부분은 자기가 알고 있습니다), 그쯤에서 적당히 끝내고 원래의 자리로 돌아가면 됩니다. 그런데 본인이 딴짓거리를 하고 있는지조차 모르는 사람도 있습니다. 이때는, 다른 임원들이 공식적인 이사회에서 적절히 통제 조치를 해야 합니다. 당신이 딴짓거리를 하는지 안 하는지를 알 방법을 두 가지쯤 제시하겠습니다.

첫째, 솔직하고 진지한 마음이 준비되어 있다면, '지금 내가 어떤지' 다른 사람에게 들어 보아야 합니다. 그것을 말해 줄 사람은 동료 임원, 부하 직원 중에서 팀장, 그리고 재무 팀장, 그리고 외부 인사입니다.

그런데, 이 중에서 외부 인사는 당신 회사를 전혀 모르기 때문에, 당신 본인에 대한 개인적인 고민 상담 정도로 하십시오. 특히, 종교인이나 예술인과 같은 분들은 당신이 종사하는 사업의 본질과 대응에 관한 견해가 완전히 다른 분들이니, 사업 관련 대화는 절대 하지 마십시오. 섞이면 안 됩니다. 그러니, 나중에 절대 그들의 핑계를 대지 마십시오. 동료 임원은 당신의 일과 입장을 잘 알고 있으며, 회사의 전반적인 상황도 파악하고 있는 사람입니다. 또한, 중요한 일에 대해서는 공동으로 책임을 지는 사람이기도 합니다. 부하 직원 중 팀장은 당신을 상사로 보좌하면서 당신의 업무 추진을 실무적으로 돕고 있기 때문에 딴짓거리인지 아닌지 용기 있게 의견을 제시할 수 있습니다. 재무 팀장은 회사의 자금관리를 담당하기 때문에 재무 상태를 기준으로 당신이 하는 일에 대해 잔소리를 할 수 있습니다.

둘째, 당신이 스스로 체크해 보는 방법입니다. 최소 한 달 동안 본인이 했던 일들을 표시해 보십시오. 이때, 그 일들의 시간까지도 함께 계산하여 표시하십시오. 어떤 일에 내 시간을 얼마나 많이 사용했는지 파악해 보아야 합니다. 남에게 보여 줄 것이 아니니, 당연히 솔직하게 표시해야 합니다. 그게 완성되면 답을 구할 수 있습니다. 뭐가 잘못되었는지.

당신이 딴짓거리를 하는 줄 알게 되면 어떻게 해야 할까요? 당장 그만두어야 합니다. 아쉬움? 미련? 이런 것들이 있을 수 있겠지만, 그래도 당신이 결정해야 합니다. 그만두는 것을 임원들에게 알리고, 그다음을 협의하십시오. 팀장이나 담당들에게도 알리십시오. 이것은 창피한 일이 아닙니다. 오히려 그냥 뭉개는 게 더 비난을 받습니다. 시작한 이유가 있으면, 그만두고 끝내는 이유도 알려 줘야 합니다.

좀 이야기를 바꿔서, 어떤 중요한 프로젝트를 추진하려는데 중간중간에 당신이나 직원들이 딴짓거리를 하지 않도록 예방할 방법은 없을까요?

딴짓거리를 차단하려면 가장 중요한 방어의 틀은 그 과업의 책임자, 담당을 필요한 최소의 인원으로 구성하고, 그들에게는 그 일만 집중하게 해야 합니다. 양다리를 걸치지 않도록 해야 합니다. 겸업을 시키지 않고, 그 과업의 예상되는 장애물을 제거해 주는 것이 가장 중요하고, 가장 효과 있는 동기부여입니다. 꼭 필요한 협업이나 지원은 가장 최소로 하여 그들에게 과업의 추진과 결과물에 대한 의존도를 낮춰야 합니다. 그래야, 추진 그룹과 지원 그룹 모두 피로감을 줄일 수 있습니다.

당신이 딴짓하는지 세 사람에게 물어보십시오
재무 팀장, 당신 팀의 수석 부장
그리고, 당신의 아내나 남편   Management & Leadership

Go-To-Win®

5 - 7
새로운 사업의 발굴이 고민이다

몰라서 못 하고, 알고도 못 하는 게 신사업
진짜 할 거면,
신사업만 집중하는 최고의 팀을 만드십시오

고객의 주머니에서 돈을 꺼내기란 정말 쉽지 않습니다. 오래전부터, 없는 것이 없고 안 하는 사람이 없어, 그야말로 모든 것이 넘쳐 나는 풍요^{豊饒}의 시대입니다. 품질도 가격도 리드 타임$^{Lead\ Time}$도 거의 평준화되어, 고객의 입장에서도 구매를 선택하는 데 시간이 여간 오래 걸리는 게 아닙니다. 결국, 무엇 하나 매력적이지 않으면 고객의 눈길을 끌 수 없습니다. 이쯤 되니, 사업의 한계가 드러나면서 새로운 사업을 구상하는 것이 참 어렵습니다. 불안하기까지 합니다. 도대체 3년 후, 5년 후의 신규 사업은 어디에 숨어 있는지. 왜 보이지 않는 것인가요?

시장의 주도권이 없는 중소기업으로서는 편승(便乘)의 요령과 작고 강한 차별화가 신규 사업 발굴의 출발점일 것입니다.

제1단계는, 돈의 흐름을 보는 것입니다. 돈을 안 내놓으려는 고객에게 돈을 내놓으라고 하기보다는, 돈 쓸 준비가 되어 있는 고객이나 조건부 고객을 찾는 것입니다.

첫째, 정부 사업에서 새로운 비즈니스를 찾는 것입니다.

경제 위기마다 민간 기업이 현금 보유를 늘리고 신규 사업을 미루는 상황에 소비 심리까지 위축되었다면, 중소기업들은 기존의 사업 구조를 가지고 이익을 내기가 무척 힘듭니다. 이때, 정부가 막대한 예산을 집행하여 경제 성장이 후퇴하지 않도록 정책을 펼치는 것은 어찌 보면 위기 속에 기회인 셈이 됩니다. 언제든지 인터넷을 통해 국가정책정보마당, 각종 위원회, 중소벤처기업부 등 각 부처의 정책 자료는 물론이고, 민간연구기관이나 전문기관의 자료를 확인하고 활용할 수 있습니다. 정부 예산을 받아 사업을 추진하든, 독자적으로 사업을 만들든 일정한 자격 요건을 갖추기 위한 부설 연구소의 설립, 이노비즈나 벤처 기업 등록 등이 필요할 것입니다. 여기에 추가적인 조건을 맞춘다면,

정부 관련 사업이 회사 경영에 손해 볼 일은 없고, 사업과 관련해서 인적 네트워크를 더욱 확장할 수도 있으니 차근차근 진행해 나가도록 합니다. 정부 예산이 관련된 사업이나 추진 과정에서 이러쿵저러쿵 말이 많은데, 경영자가 목적에 맞고, 회사에 도움이 되도록 올바르게 일을 처리하면 됩니다. 남의 이야기에 신경 쓸 것 없습니다.

굵직굵직한 정부 사업에 야심 차게 뛰어들 수도 있겠지만, 중소기업이라면 큰 사업을 받치고 있는 작은 사업을 찾아내는 것도 좋은 방법입니다. 내연 기관 자동차는 2만여 개의 부품으로 조립된다고 하지 않습니까? 부품 없이는 자동차가 만들어지지 않습니다. 선풍기 날개처럼 생긴 거대한 풍력 발전기도 볼트, 와이어, 철판, 전기 부품, 전력 관리 프로그램 등이 필요하니, 각 부품 중에서 잘 골라서 우리의 핵심 기술을 집어넣은 제품을 개발하는 접근방식입니다. 덩어리를 쪼개 보고, 그 조각난 작은 것들이 무엇이고, 기회는 무엇이며, 내가 할 수 있는 것이 무엇인지, 철저한 시장 조사를 진행합니다. 조각에서 출발하여 언젠가는 덩어리를 만들고자 하면 됩니다.

둘째, 거창하지만 미래 예측입니다.

납품하는 협력 회사라면, 모기업의 개발계획을 읽어 내고 적극적으로 대응하는 것입니다. 자기 사업을 한다면, 스스로 판단할 것이 복잡해서 할 일이 무척 많고 큰 위험 부담을 감당해야 합니다. 미래 예측의 정보는 정보원이 될 만한 사람들을 평소에 알아 두고 그들과의 대화에서 찾아내도록 합니다. 물론, 무작정 대화가 아니라 우리의 고민 해결에 도움이 되는 좋은 질문을 준비해야 할 것입니다.

  소비재에 해당하는 제품과 서비스를 제공하는 사업이라 소비자들의 생활 패턴이나 소비 구조의 트렌드를 살피고자 한다면, 국가 통계나 마케팅 전문 회사가 잘 정리해 놓은 블루슈머$^{\text{Bluesumer = Blue ocean + Consumer}}$ 구매 패턴을 참고하는 것도 도움이 되겠습니다. 소비재와 산업재를 취급하고 있다면, 중소기업 마케팅 정보 제공시스템이나 수출지원센터의 국내, 해외의 거래 요청을 살펴보는 것도 좋겠습니다. 좀 더 넓게 보면서 사업 발굴과 전환을 의도한다면, LG경제연구원 등의 민간전문기관이나 대한상공회의소의 업종별 예측과 전문 자료를 활용하는 것도 역시 부족한 정보의 확보와 분석에 도움이 됩니다. 가깝게는, 같은 업종에서 계속 성장하고 있는 기업들을 벤치마킹하는 것도 단기적으로 보면 매우 효과적인 방법의 하나입니다.

  벤치마킹이란 관점에서 볼 때, 외국의 비즈니스를 살펴보는 것도 좋은데, 일반 소비자 시장인 경우에는 국민총소득$^{\text{Gross National Income}}$ 3만~4만 달러 수준의 나라에서 눈에 띄는 소비 패턴과 상품, 서비스를 눈여겨 볼 일입니다. 산업재의 경우는 해당 업종에서 기술과 운영시스템이 선진화되어 있는 나라가 좋을 것입니다.

  정보를 수집하더라도, 좋은 아이디어에 착안하더라도, 데이터를 가지고 하든 직감을 가지고 하든, 알 수 없는 미래에 관한 예측이므로 사업화에 대한 신중한 검토는 필요할 것입니다. '매력적인 사업인가? 우리 회사에 적합한가?'의 두 가지 관점으로 판단한다면, BMO$^{\text{Bruce Merrifield-}}$

^{One} 방법에 따라 몇 가지의 사업 대안을 평가해 볼 수 있을 것입니다. 이 방법을 활용하여 비^{非}유망 사업인지, 조건부^{條件附} 유망 사업인지, 유망 사업인지를 객관적으로 대략 검토하여 최고 경영자의 최종적인 의사 결정을 도울 수 있습니다.

현재 사업이 잘 안 되는 상황에서는, 사실 신규 사업을 찾아냈다 하더라도, 좋은 아이템을 발견했다 하더라도, 곤란한 일이 한둘이 아닙니다. 이미 잘되는 아이템, 돈을 벌어 주고 있는 아이템이 있어야 새로운 사업 추진도 힘을 얻게 되는데, 그렇지 못한 상황이라면 우선 자금을 만드는 것에서부터 상당히 어려운 일입니다. 사업의 성장 사이클이 성장기, 성숙기, 쇠퇴기라고 하는데, 쇠퇴기보다는 성숙기에서, 성숙기보다는 성장기에서 좀 더 적극적으로 신규 사업에 대한 발굴을 선제적으로 해야 합니다. 즉, 잘될 때 더 긴장하고 앞날을 준비해야 합니다. 타이밍이 중요합니다. 자금이 곤란하면 신사업이 어렵습니다.

현재 고객이든 고객이 아니든, 고객이 예상하지 못 하는 사업을 발굴하고 출시한다는 것은 분명히 어렵지만, 경쟁사와의 치열한 경쟁의 고리를 끊고 새로운 시장을 만들어 낸다면 아주 매력적인 비즈니스를 선점할 것입니다. '고객을 리드하는 사업'이 블루 오션$^{Blue\ Ocean}$에서 경쟁력 있는 사업입니다.

셋째, 고객의 소리와 고객의 경험 사이클[프로세스]에서 찾습니다.

이것은 신규 사업의 발굴과 기존 사업의 보완이라는 두 가지 측면을 모두 갖습니다. 가격(원가)이란 기준에서 제품과 서비스의 사양이 결정된 것이라면, 그것을 사용하는 고객은 그 가격과 비교하여 긍정적이거나 부정적인 느낌이 들게 됩니다. 가격 경쟁력을 높이기 위해, 꼭 해야 할 것과 현재로서 가능한 것의 검토를 하는 것은 내부적인 경쟁 요소의 확보입니다. 하지만, 좀 더 넓은 의미로 매출을 2배 이상 올린다는 것은, 가격 즉 내부적인 문제 해결로만 가능하지 않습니다. 고객의 입장이 되어 보아야 돌파구가 보입니다. 때로는, 가격을 떠나 '탐색 → 구매 → 사용 → 유지 → A/S → 폐기'라는 경험 사이클에서 고객은 불편함의 정도에 따라 재구매하거나 구매를 포기하게 됩니다. 새로운 경쟁 요소를 찾는다는 것은 분명 어렵습니다.

극장에서 표를 받는 직원, 스낵을 판매하는 직원, 안전 요원, 사무원이 과연 '고객처럼' 영화를 즐기는 것에 다양한 관심을 두고 극장을 경험할 수 있을까요? 그 직원들은 현재 상태에서 고객의 불만이 더 나오지 않게 하는 것이 가장 큰 목적이니, 고객이 진정 불편해하는 것이 무엇이고, 무엇 때문이고, 언제이고, 늘 찾아오는 극장이지만 아쉬워하면서 새로운 느낌을 찾으려는 것이 무엇인지 과연 직원들이 생각해 낼 수 있을까요?

태양의 서커스$^{Cirque\ du\ Soleil}$는 고리타분한 동물 쇼를 집어치우고, 거의 무료 입장객인 아이들 구경꾼 대신에 비싼 돈을 낼 수 있는(구매력이 있는) 어른 고객을 끌어들이기 위해, 마치 스토리가 탄탄한 뮤지컬 작품과 같은 환상의 공연을 창조해 내지 않았습니까? 또한, 가정용 냉장고는 화려해졌습니다. 검은색과 흰색에서 와인 컬러로 변색하더니, 인조 다이아몬드를 전면에 두르고 나타났습니다. 그리고 고급형 빌트인, 성능 좋은 제품에 고객이 원하는 감성을 집어넣었고, 이제는 고객이 원하는 색상과 디자인을 맞춤형으로 제공하고 있습니다.

고객의 새로운 욕구를 발견하는 노력을 할 때, 고객의 경험 프로세스를 살펴보면 큰 도움이 됩니다. 즉, 고객은 제품이나 서비스를 탐색하는 데부터 폐기하는 데까지 6단계의 과정을 거치기 때문에 이 여섯 단계에서 고객의 경험을 자세히 살피면, 단계마다 고객이 갖는 불만이나 추가적이며 숨겨진 요구를 찾을 수 있고, 고객이 그럭저럭 구매해 주고 있지만, 더욱 매력적으로 구매를 촉발할 수 있는 요소를 발견할 수 있습니다.

'탐색' 단계에서는, 우리의 제품이 쉽게 선택될 수 있도록 효과적인 노출을 겨냥하는 것과 고객이 스스로 필요한 것은 선택할 수 있도록 지원해 주는 것이라고 할 수 있습니다. '구매' 단계에서는, 고객의 3가지 제약인 금전적, 시간적, 공간적 문제를 해결해 주는 것입니다. '사용과 유지, A/S' 단계에서는, 고객이 조금이라도 불편해하거나 부담스러워하는 부품 교체, 점검, 실시간 A/S 등 애로 사항의 해결 방법을 사전에 확실히 제공하는 것입니다. '폐기' 단계에서는, 언제든지 고객이 폐기를 원하면 금전적, 시간적, 공간적 부담이 없이 가능하도록 조치해 주는 것입니다.

위와 같은 사례는 소비재에서 많이 볼 수 있습니다. 온라인 쇼핑몰의 파워링크, 프리미엄 제품 등록, 홈페이지 운영, 컴퓨터 회사의 고객 마음대로 사양 결정, 통신 회사들의 고객 통화 성향에 따른 다양한 휴대전화 선택 요금제, 정수기나 비데, 공기 청정기 회사들의 청소 점검, 유지 관리, 부품 교체 서비스, 프린터 회사들의 폐토너 및 통 무료 교체, 24시간 콜센터 운영 등, 이제는 상당히 많은 고객 경험 프로세스에서 고객조차도 미리 말하지 않은 사항들이 이미 제공되고 있습니다.

 같은 사업을 하더라도, 얼마나 매력적으로 사업의 내용을 가지고 가느냐가 관건입니다. 그것을 만드는 곳이 아닌 사용되는 곳에서, 제공자가 아닌 사용자의 입장에서 쉴 틈 없이 현장, 현물을 살피고 현상을 명확히 파악해야 합니다. 그리고 고객을 중심에 놓고 경쟁사보다 세 번 이상은 고민해야 합니다. 이러한 고민은 고객을 향한 진정성이 포함되어야 합니다. 고객을 중심에 둔 진정성이야말로, 새로운 사업의 아이디어 발상과 결행을 도와주고 사업 추진의 용기를 북돋아 줍니다.

 신규 사업의 발굴 1단계, '돈의 흐름을 본다.'에서 첫째는 정부 사업, 둘째는 미래 예측, 셋째는 고객의 소리, 즉 경험 프로세스의 세 가지로 사업 기회 구상의 실마리를 모색해 보았습니다. 이 단계를 한마디로 요약하면, 정보의 수집과 분석입니다. 더 부지런히, 돈 줄 사람을 찾아내고 고객이 있는 현장을 찾아다니면, 답답한 마음이 좀 사라지고, 작은 아이디어라도 직원들과 시간 불문, 장소 불문하고 많이 떠들다(?) 보면, 신규 사업이나 새로운 시장과 고객이 서서히 정체를 드러낼 것입니다.

 제2단계는 스펙$^{Specification,\ 사양}$을 결정하는 것입니다.

마케팅에서 이야기하는 제품(상품)기획입니다. 하자고 하는 사업의 아이템이 무엇What이고, 목표 고객은 누구이고Who, 왜 이 아이템을 구매해야 하고Why, 어디서 사용하며Where, 언제 사용하는지When, 고객은 주로 어떻게 사용하게 될 것인가How, 그리고 고객은 얼마를 낼 것인가How much와 같은 5W2H를 검토해 봅니다. 좋은 검토의 방법은, 함께 토론할 직원들을 회사와 고객의 두 그룹으로 나누어, 열띤 설득과 냉정한 질문을 판매자와 구매자 입장에서 충실히 교환하면서 하나씩 정리해 나갑니다. 이렇게 하면, 5W2H에서 윤곽이 잡힌 기본 스펙이 서서히 상세 스펙으로 결정될 것이고, 이렇게 결정된 것들에 대해 각각 좋은 점, 미흡한 점을 정리하여, 차별화할 수 있는 세일즈 포인트와 적극적인 공격과 방어 전략을 구상하면 될 것입니다.

제품의 사양, 서비스의 콘텐츠는 중요합니다. 그러나, 더 중요한 것이 바로 '고객이 지급할 의사가 있는 최적의 가격' 결정입니다. 높은 가격으로 할지, 낮은 가격으로 할지 참 고민이 되는 문제입니다. 고가高價의 자격은 무엇일까요? 모든 재질이 우수해야 하고, 다양한 기능이 내재하여 있어야 하며, 성능의 신뢰감을 주어야 합니다. 또한, 기능의 구현에는, 우리 회사만이 제공할 수 있는 차별화된 기술이나 콘텐츠가 들어 있어야 합니다. 저가低價인 경우에는 어떻게 할까요? 다양한 기능은 없더라도, 고객이 선택한 한두 가지의 성능은 다른 제품이나 서비스보다 확실히 뛰어나야 합니다.

경기가 호황일 때나 불황일 때나 고가, 저가의 제품이 공존합니다. 고객에게는 고가나 저가의 두 가지로 구분되지만, 기업의 입장에서는 가격에 따른 대응이 복잡합니다. 고가의 아이템인 경우에는 고객의 신뢰가 중요하기 때문에 개발부터 A/S까지 회사의 모든 기술이나 인력이 총동원되어야 합니다. 그래서, 핵심 기술이 안정되고 서비스 프로세스가 정상적으로 가동된다면 기대하는 이익을 취할 수 있습니다.

박리다매^{薄利多賣}를 겨냥한 저가의 아이템인 경우에는 세밀한 관리의 부담이 상당히 가중됩니다. 판매량을 증가시켜야 하므로 구매, 생산, A/S 등에서 물자와 인력이 초기부터 부담스러울 정도로 늘어나게 됩니다. 계획된 대로 매출이 올라가면 그래도 다행이지만, 자칫하면 이익률이 급격히 떨어지면서 경영의 어려움이 초래될 수 있습니다. 어느 정도 확실한 수요 예측이 가능한 경우, 현재 캐시 카우$^{Cash\ Cow}$ 역할을 든든히 하는 아이템이 버텨 줄 수 있는 경우, 적은 양으로 구색 상품으로서 라인업의 구성이 필요한 경우 외에는 선택하지 않는 편이 좋습니다. 하지만, 판매가 부진하여, 실적에 쫓기는 입장에서는 저가형 모델이라는 유혹을 만납니다. 저가형 아이템이 잘못이라는 것이 아니라, 제품기획 단계에서 최소한 손익 분기점 매출량이나 매출액이라도 계산해 보면서 판매의 가능성, 인원이나 설비 운영의 효율성, 재무적 위기 대응 방안까지 검토한 후에 결정해도 늦지 않다는 것입니다.

제3단계는 고객의 기대치를 확실히 뛰어넘자는 것입니다.

그 정도이겠지, 그렇게 하겠지, 그만큼일 거야 등등 고객이 기대하는 업무 처리, 외관, 내용과 질, 특히 타이밍에 있어서 이전보다 또는, 경쟁사보다 특별함을 보이는 것이 중요합니다. 예전의 방식으로는, 한번 성공했던 방식으로는 새로운 것을 새롭게 할 수 없으며, 높은 실적을 달성할 수 없다는 다짐을 하면서 스스로 철저히 견제해야 합니다. 참신하게 고객을 만족시키고 더 편하게 지갑을 열게 하려면, 어떻게 접근하는 것이 좋을까요?

첫째, 고객 가치에 집중하는 것입니다.

지금까지 해 오던 제품에 대한 고객의 빈번한 불만 개선이나 몇몇 특별한 고객의 요구 사항을 살짝 집어넣은 약간 개량된 제품을 만드는 것이 아니라, 처음부터 고객이 원하는 가치를 고객의 입장에서 구현하는 노력이 필요합니다. 따라서, 단순한 디자인이나 기능의 보완 및 신기술 접목이란 마케팅 포인트보다는, 최종 사용자 고객의 경험이나 요구에 대응하는 것이 최우선입니다. 고객이 이미 경험한 아이템에 대해 불편함을 느끼는 것과 그 아이템을 통해 얻고자 하는 본질적인 가치는 다를 수 있습니다. 고객이 결정한 가치도 있을 것이고, 고객도 이 제품을 만나야 비로소 알아챌 수 있는 가치도 있을 것입니다. 아무튼, 고객의 입장에서는 가치가 인정되어야 그다음에 가격과 디자인과 성능을 눈여겨보게 됩니다. 사업화 검토 단계나 고객 사양 결정 단계에서, 이미 드러난 고객 중심의 논의를 더욱 발전시킵니다.

둘째, 고객과 그 고객의 고객을 편하게 해 주는 것입니다.

구매 (관계) 고객은 사용자, 구매자, 구매 결정자가 있습니다. 예를 들면, 아이가(사용자) 가지고 놀 장난감이고, 퇴근할 때 아이 아빠(구매자)가 사 오는데, 아이 엄마(구매 결정자)가 장난감을 정해 주는 것처럼 구매 관계가 형성되면 누가 구매의 핵심인가가 중요합니다. 또한, B2B 고객 회사에는 구매 결정이 되기까지 진행되는 절차와 각 담당이 있습니다. 그리고 우리의 제품·서비스를 구매하여 다시 판매하는 중간 고객도 있습니다. 고객은 이처럼 구매 결정의 과정에 상당히 많이 존재하게 됩니다. 그러므로, 고객의 고객이 의심 없이 편하게 의사 결정을 할 수 있도록 최초 접점 고객을 지원하는 것이 매우 중요합니다. 이 최초 접점 고객이 우리의 제품/서비스가 매력적이라는 것을 무리 없이 받아들일 수 있도록 정보를 제공하고, 구매 결정 과정을 진행하면서 상위 고객의 의사 결정을 적합하게 끌어낼 수 있도록 도와주어야 합니다. 여기서 도와준다는 것은 어느 정도 함께 일을 한다는 것입니다.

우리 입장에서는 제품이나 서비스를 판매하겠다는 일차적인 목적이 있지만, 그 과정에서는 고객을 위한 진정성이 분명 있어야 합니다. 이러한 진정성을 고객이 알게 되는 데는 어느 정도 시간이 필요하므로 일관된 태도를 성심껏 유지하여야 합니다. 차츰차츰 알고 보니 자신을 위해 진정 수고를 마다하지 않는 사람을 어느 누가 경계하고 멀리하겠습니까? 이런 시간의 흐름은 복리의 이자처럼 더 많은 기회를 가져다 줄 것입니다.

셋째, 나가는 것이 아니라 고객을 불러들이는 것입니다.

우리 회사에 초대하여, 우리의 모습을 있는 그대로 보여 주는 것도 서로 신뢰를 쌓아 가는 것 중 하나입니다. 우리 회사가 어떤 회사인지 궁금할 수도 있고, 우리가 고객을 위해 열심히 일하는 모습을 제대로 각인시킬 수 있다면 비용이 좀 들더라도 시도할 일입니다. 고객의 입장에서도 정식으로 초대를 받았다는 기분, 낯선 곳을 방문하는 약간의 기대감, 응대의 높은 수준, 자신에게 뭔가 기대하고 있다는 긴장감 등등이 생기지 않겠습니까? 그저 예전처럼 우리의 영업 사원이 고객사를 방문해서 늘 같은 모습으로, 같은 곳에서, 거의 똑같은 대화의 주제를 가지고 수십 번 만났던 것에 비하면 서로 신선한 감이 있습니다. 고객이 방문하여 좋은 인상을 받았다면, 방문 이후에도 두고두고 서로 편안한 이야깃거리가 될 것입니다.

단체로 불러 모으는 것은 바람직하지 않은 듯합니다. 마치 우리를 과시한다는 느낌을 줄 수 있고, 무엇보다 너무 많은 고객을 응대하다 보면 비즈니스에 집중할 수가 없습니다. 개별적이거나 우리가 리드할 수 있는 정도의 소그룹으로 초대하여 성심성의껏 응대하는 것이 서로를 더욱 잘 알 수 있고, 면밀하게 일을 추진할 수 있습니다. 밖에만 영업이 있는 것이 아닙니다. 우선, 고객의 사업과 현장을 꿰뚫고 그다음엔 고객을 불러 안에서 하는 영업이 진짜 영업입니다.

넷째, 플러스알파를 주는 것입니다.

받는 걸 싫어하는 사람이 있을까요? 오고 가는 대화 속에 좋은 말 한마디라도 더, 이메일을 보내면서 단 한 줄이라도 더, 식사를 주문하면서 맛난 음식 하나라도 더, 악수할 때는 더 따뜻한 손으로, 경청과 함께 더욱 진지한 눈빛으로, 헤어질 땐 정말 아쉽게, 정성껏 준비한 감동적인 작은 선물까지…. 그렇습니다. 우리의 진심이 동반된 플러스알파는 분명히 고객의 마음을 움직이게 할 것입니다. 그럴 수밖에 없습니다. 이렇게 작지만, 유치해 보일지언정 자신에게 마음 쓰고 있는 사람에게 고객은 쉽사리 등을 돌릴 수 없습니다.

고객이 놀라지 않으면 신사업이 아닙니다 　Management & Leadership

Go-To-Win®

5 - 8
갑^甲 회사와 을^乙 회사의 윈^{Win}-윈^{Win}

민법

제2조 (신의성실) ① 권리의 행사와 의무의 이행은 신의에 좇아 성실히 하여야 한다

납품을 받는 회사인 갑^甲 회사와 납품을 하는 회사인 을^乙 회사 사이에는, 거래계약서라는 것이 있고, 대부분 계약서의 끝부분엔 '신의와 성실' 조항이 있습니다. 신의와 성실을 현실적으로 유지하기 위해 계약서가 필요한데, 일부 회사에서는 충분히 예견될 수 있는 문제조차 계

약서에 써넣지 않아 막상 문제가 발생하면, 그 계약서를 가지고는 협의나 조처를 진행할 수 없어 해결이 곤란한 경우가 의외로 많습니다.

그래서, 계약서를 작성할 때는, 애초부터 문제 발생 시 의견 불일치가 심각해서 법정까지 갈 수도 있다는 상황 설정까지 염두에 두고, 매우 구체적으로 작성하여야 합니다. 거래가 크든 작든 마찬가지입니다. 그러니, 표준 서식으로 먼저 잘 만들어 놓고, 비용을 좀 들여서라도 법률적 검토까지 끝내 놓으면, 나머지는 계약마다 응용하는 것이 좋습니다. 항상 그렇지만 기업 간의 비즈니스에서 '신의와 성실'은 절대 말로 되는 것이 아닙니다.

협력 관계로서 갑과 을이 맺어진다는 것은, 기본적으로 서로 상생相生하자는 것이며, 각각의 존재나 서로의 협력이 사업의 성공에, 갑 회사는 을 회사가 있어서, 을 회사는 갑 회사가 있어서 각자 이익의 거래가 되기를 희망하는 것입니다. 이런 목적을 얻기 위해 갑 회사나 을 회사나 서로에게 지켜야 할 3가지의 도리가 각각 있습니다.

갑 회사는 첫째, 을 회사를 부당할 정도로 가혹하게 이끌면 안 되고 둘째, 부정不正하면 안 되고 셋째, 결제는 정확하게 해야 할 것입니다.

첫째, 을 회사를 가혹하게 이끈다는 것은 주로, 매우 높은 품질 수준의 요구, 매년 정당한 비율 이상의 납품 가격 인하, 납기 미준수에 대한 너무 큰 페널티 부과가 대표적인데, 이것이 심할 경우, 갑 회사의 횡포로 여겨져 을 회사들이 집단으로 무리함을 호소하고 적극적으로 조정을 요청하기도 합니다. 하지만, 갑 회사가 을 회사가 처할 부담을 전혀 예측하지 않고 을 회사에게 무작정 요구하는 것도 아닐 수 있습니다. 따라서, 갑 회사는 1년에 한두 번 정도 이러한 요구의 과정과 배경, 목표 설정의 근거를 투명하게 밝히고 제시해야 합니다. 을 회사의 정당한 수정 요구에 대해서는 적절하게 대응하여 협력할 일입니다.

어쨌거나, 갑 회사의 근거 있는 요구 사항과 을 회사의 목표 달성으로 갑 회사의 경쟁력이 높아지면서 을 회사의 지속적인 성장이 함께 보장될 수 있다는 것을 서로 확실히 인식해야 합니다. 을 회사인 협력 회사들이 지금은 따라오기 힘들겠지만, 결과적으로는 갑 회사인 "모기업 덕분에 좋아졌다, 고맙다."라는 인사를 들을 수 있어야 합니다.

이 요구와 설득의 과정에서 꼭 필요한 것이 갑 회사와 을 회사가 협의, 결정하는 평가 기준입니다. 이 평가 기준, 룰^{Rule}은 두 가지 기능을 하게 되는데, 하나는 치열한 경쟁과 더불어 공정한 평가가 가능하게 하여, 그 성과에 따라 지속적인 거래를 할 것인가를 결정하며, 그러기 위해 을 회사는 어느 정도의 수준까지 도달해야 하는가를 제시하는 기준이 됩니다. 또 다른 한 가지는, 을 회사가 이 평가 기준을 자세히 해석하면, 갑 회사와 비즈니스에서 앞으로 어떤 행동을 단계적으로 취해야 하는지 그 경로를 알 수 있도록 즉, 잘할 방법을 알 수 있도록 기준을 만들어야 합니다.

물론, 평가 기준을 작성하기 전에 매우 중요한 것이 있는데, 그것은 갑 회사가 을 회사로부터 받는 품목과 서비스에 대한 요구 사항을 명확하게 제시하고 서로 합의해야 합니다. 이 요구 사항의 대표적인 것이 바로 품질 사양, 가격, 결제 조건, 납기임은 말할 것도 없습니다. 이 요구 사항이 불명확하면 거래의 모든 것이 불명확해집니다.

둘째, 갑 회사는 을 회사와 거래에 있어 처음부터 끝까지 부정함이 있으면 안 됩니다. 윤리 경영, 신뢰 경영을 표방하지만, 그런 표어나 의지를 액자나 현수막에 넣는 것처럼 현실적으로 쉬운 일이 아닙니다. 윤리 경영이나 신뢰 경영은 경영자나 임원, 주주들의 압력 또는 방임, 예우 등에서 문제가 일어나기도 합니다. 당연하고도 당연하지만, 의사 결정에 권한이 있거나 개입할 수 있는 권력 집단이 이러한 부정을 아예 멀리해야 합니다. 말로는 경영진의 경영 차원에서 의사 결정이라고 하지만, 그런 모호한 말과 방식으로 부정이 일어난다면, 회사는 곧 부실해지고 부패하게 됩니다. 떳떳하지 못한 일을 저지르면서 경영의 책임과 권한을 유지할 수 있겠습니까? 무슨 일이 있어도, 직원들에게 투명하게 업무를 처리하도록 정하면 됩니다. 규정에 따라서 올바른 검토와 심의의 과정(프로세스)을 진행하도록 하는 것이 맞습니다.

거래 관계에 있어, 소탐대실小貪大失의 유혹이나 후안무치厚顔無恥에 빠지면 절대 안 됩니다. 예방이 가장 좋지만, 누구든지 부정한 거래 행위가 드러나면 공개적으로 큰 벌을 주어 일벌백계一罰百戒해야 합니다. 일하다 실수하는 것과 의도적인 부정은 다릅니다. 부정으로 시작된 거래 때문에 망한 회사는 수없이 많습니다. 망하는 데 시간문제일 뿐입니다. 지금까지도 잘해 왔지만, 앞으로도 임원과 리더들은 스스로 경계하여, 백 번이고 천 번이고 조심하고 조심할 일입니다. 그러면 안 된다는 것을 알면서, 말도 안 되는 이유를 붙이면 안 됩니다.

셋째, 갑 회사는 을 회사와의 정상적인 거래에 있어서 계약에서 벗어나지 않는 결제를 이행해야 합니다. 보통, 을 회사는 하나의 거래에서 두 번 신나는 때가 있습니다. 갑 회사로부터 주문받았을 때와 받을 돈이 입금되었을 때입니다. 아침에 출근하자마자 통장을 확인하니, 갑 회사로부터 입금될 금액이 제대로 들어와 있는 것을 확인하는 순간, 을 회사의 담당자는 '역시!'라는 생각과 함께 힘이 불끈 날 것입니다. 갑 회사에 대해 어떤 생각을 하게 될까요? 말할 것도 없습니다.

그런데, 그 반대로 갑 회사가 "월말이라서 좀 어렵네요", "금액이 너무 커서"라면, 을 회사는 "아니, 그 (갑) 회사에만 월말이 오나요?", "아니, 우리 금액이 많다는 것은 그만큼 매출액의 의존도가 높은 걸 모르나요?"라고 합니다. 몇 차례 망설이다가 어렵게 전화했는데, 이런 말을 듣는다면 을 회사는 어떤 생각을 하게 될까요?

을 회사에 주문을 내는 것도 신중해야 하지만, 결제는 무조건 정확해야 합니다. 우리 회사 직원 월급이나 을 회사의 결제 대금이나 똑같이 생각해야 하고, 돈이 부족하면 갑 회사는 어떤 핑계도 대지 말고 마이너스 대출을 받아서라도 지급해야 합니다. 거래에서의 신의와 성실은 갑 회사로부터 나옵니다.

지금까지 갑 회사가 지켜야 하는 3가지의 도리를 생각해 보았습니다. 이제 협력 회사 즉, 을 회사의 기본 3가지를 살펴보겠습니다. 첫째, 갑 회사를 고맙게 생각하고 둘째, 뭔가 억울하면 더 잘해서 더 강해져야 하고 셋째, 스스로 시장과 고객을 넓혀야 합니다.

어떤 경우는, 을 회사가 기술적 주도권을 갖고 있고, 갑 회사보다 규모가 커서 거래를 좌지우지하기도 하는데, 그래도 어쨌거나 갑 회사는 고객이므로 감사하게 생각해야 합니다. 매출이 크든 작든, 갑 회사인 고객이 있음으로써 사업이 지속되기 때문입니다. 반면에, 큰 규모의 갑 회사 사업에 상당 부분 의존할 수밖에 없는 작은 을 회사라면 더욱더 그럴 수밖에 없는데, 일단 을 회사가 필요한 매출을 일으켜 주고, 때로는 새로운 사업과 아이템을 개발할 기회나 지원을 해 주기 때문에 감사해야 합니다. 을 회사가 원했던 갑 회사와의 거래가 '필요'하다는 조건이 완전히 사라질 때까지는, 어떤 상황에서도 진정성 있는 감사의 마음과 태도를 보여야 합니다. 이러한 태도에 덧붙여, 함께하는 사업에 대해, 개선이나 제안 등 각종 아이디어를 갑 회사에 먼저 꾸준히 건의한다면, 이것이야말로 갑과 을 회사의 훌륭한 파트너십이라고 말할 수 있습니다.

을 회사끼리 모이면, 아니 을 회사 안에서도 갑 회사의 횡포(?)에 대해 무척 화를 내면서, "말도 안 된다, 계속 거래를 해야 해? 자기네들 것만 챙겨 이익을 내면서 우린 다 죽으란 이야기냐, 정말 나쁘다." 등등 성토가 이어질 때가 많습니다. 그런데, 그런 이야기를 듣고 있다 보면, '그래서 어떻게 할 건데? 그럼 거래를 그만둘 건가?' 여기까지 도달하면 결론은 새로운 것이 없습니다. 물론, 갑 회사의 매우 부당한 처사가 명명백백하다면 법적인 절차를 거쳐서라도 반드시 제대로 처리해야 합니다. 하지만, 법적인 문제가 아니고, 흔히 듣는 말로 '갑 회사는 을 회사를 죽이지도 살리지도 않는다'라는 억울함이라면, 그렇게 억울하면, 을 회사는 더 잘해서 지금보다 훨씬 강해지는 수밖에 없습니다. 무결점 품질을 제공하고, 납기는 밤을 새워서라도 맞춥니다. 5% 가격 인하를 요구하면 10%(?) 싸게 만들어 웃으면서 주면 됩니다.

갑 회사의 무리한 요구를 긍정적으로 받아들이고 열심히 따라잡다 보니, 을 회사 스스로 생각하지 못했던 경쟁력의 목표가 갑 회사로 인해 뚜렷해졌고, 그것을 달성해 낸다면 그만큼의 경쟁력을 확보할 수 있게 됩니다.

"가끔 와서 '왜 이렇게 안 했습니까? 약속 안 지킬 겁니까? 그러면 3개월 후부터는 거래 안 합니다. 인원을 줄이든지, 생산량을 늘리든지, 불량을 내지 말든지, 뭔가 내놓지 않으면 정말 신규 물량은 없습니다. 이 지경인데, 사장님이나 임원이나 집에서 잠이 옵니까? 직원들이 퇴근해도 됩니까? 이 회사의 부장, 과장은 뭐 하는 사람들입니까? 실력이 이 정도밖에 안 돼요?'라고 자기네들 하고 싶은 말을 다 하더라고. 화나지. 무척 화나지. 그래서 사흘 동안 직원들하고 죽기 살기로 집에도 안 가고 오기로 붙어서 해결했지. 그래도 분이 안 풀리더라고. 그런데 자네한테만 하는 이야기지만, 그 친구들 한편으로는 잘하는 거야. 나한테 그렇게 안 했으면, 그거 해결 안 됐어. 나도 그 친구들 핑계 대고 소리 질렀고, 같이 밤새웠으니까…. 결국, 해결했잖아! 허허." 을 회사의 임원으로 있는 친구의 이야기였습니다.

알아서 하든, 시켜서 하든, 지금보다 더 잘할 기회를 잡아서 내 것으로 만들면 됩니다. 그렇게 만들어진 경쟁력을 가지고, 국내와 해외에서 제2, 제3의 고객을 만들어 내면 성공하는 겁니다. 지금의 고객에게 충실한 것은 기본이고, 새로운 시장과 고객을 넓히는 것이 을 회사로서 당연한 경영 과제입니다. 경영의 위기관리, 수익의 다각화 관점에서 당연합니다.

새로운 고객을 만드는 것은, 일단 업계에 좋은 평판이 나도록 노력하는 것이 첫째입니다. 둘째로, 때가 되면 그런 소문을 업고 적극적으로 홍보, 마케팅을 펼쳐야 합니다. 셋째로, 새로운 고객은 어렵고 까다롭게 인연을 맺어야 하고, 서두르지 말고 최선을 다해 꼭 성공해야 합니다. 준비가 안 됐는데, 여력이 부족한데, 기회가 갑자기 생겼다고 무조건 덥석 거래를 시작하면 안 됩니다. 차근차근히 해도 늦거나 뒤처지지 않습니다. 확실하게 실수 없이 하는 것이 사업을 더 빠르게 확장합니다. 되는 사업은 되게 돼 있습니다.

을 회사의 도리와 적응 방식 세 가지를 살펴보았습니다. 지금부터는 갑 회사의 을 회사에 대한 평가에 대해 생각해 봅니다. 평가에 관한 생각과 시스템을 설계할 경우, 고려해야 할 세 가지가 있으니 먼저 알아봅니다.

첫째, 평가는 복잡할 필요가 없다는 것입니다. 평가 항목은 갑 회사의 입장에서 관리 가능한 것이어야지, 굳이 을 회사의 내부적인 문제, 예를 들면 을 회사의 경영자 학력이나 경력, 자금 현황, 경영 이념, 조직도, 인원 구성, 설비 현황 등등은 협력 회사로서 등록의 가부를 판단할 때나 을 회사에 대한 경영 기술 지도 등이 협약되어 있을 때의 고려 사항이지, 이미 거래 관계가 진행된 경우에는 중요한 평가 항목이 아닙니다. 그런 사항들은 을 회사가 알아서 할 내부 문제이기 때문입니다.

이런 관점에서 본다면, 평가 대상 기간 중의 품질, 가격, 납기의 세 가지 큰 항목을 놓고, 갑 회사의 관리 지표와 연계하여 몇 개의 소항목으로 설계하는 것이 바람직합니다. 다시 말해서, 현상을 유지하든, 개선하든, 갑 회사가 을 회사에 대해 관리 가능한 것만을 평가 항목으로 설계하여야, 오해가 없고 불필요한 일이 없고, 좋은 평가를 위해 서로 집중할 수 있습니다.

둘째, 측정이 가능해야 합니다.

측정이 가능하기 위해서, 각 평가 항목의 데이터를 활용하는 '산출 공식'이 올바로 정의되어야 합니다. 각각의 변수가 올바르게 정의되지 못하면, 계산과 평가의 오류가 넘치게 됩니다. 예를 들어, 생산량이라면 현장에서 작업이 종료된 양인지, 창고에 입고된 양인지, 출하된 양인지를 명확하게 해야 합니다. 매출액이라면, 제품 매출액인지 아니면 상품 매출까지 포함한 것인지를 구별해야 합니다. 고객과의 통화 건수는 통화를 시도한 전체 건수인지, 실제로 고객과의 유효한 통화 건수인지를 정확히 해야 합니다.

산출 공식이 명확하다면, 그다음으로는 '추적'이 가능해야 합니다. 수불(受拂)의 반복에 따라 최종 데이터가 나오게 되므로, 평가 항목 지표의 수준이 저조하거나 이상한 값을 보일 때, 데이터를 추적하여 개선의 여지를 찾거나 오류를 수정할 수 있게 됩니다. 이렇게 추적성이 확보되면 또 한 가지, 크로스 체크, 즉 필요할 때 이중으로 검증이 가능한 장점이 있습니다. 이따금 평가라는 것이 일방적으로 한쪽의 의견만 듣고 할 수 없는 경우가 있는데 이때 역시 유용합니다.

마지막으로, 측정이 가능하다는 것은 금액으로 표현할 수 있다는 것입니다. 평가라는 방법을 통해, 그간 노력의 결과를 기업의 이익으로 반영할 수 있어, 갑 회사든 을 회사든 경영의 향후 방향을 설정하는 데 큰 도움이 될 것입니다. 즉, 불량이나 오류가 5% 감소되었다거나, 납기 준수율이 20% 좋아졌다는 것이 금액적 효과로 계산될 수 있을 때, 개선의 보람이나 평가의 중요성은 더욱 커지고 그 의미가 있는 것입니다.

셋째, 여러 항목인 경우에는 항목별 가중치를 적용해야 하며, 각각의 항목은 절대적 성과와 상대적 향상도로 종합 평가하도록 합니다.

항목별 가중치는 품질 40%, 납기 30%, 가격 30%같이 갑 회사의 전략에 따라 배분, 배점하는 것입니다. 그리고 품질에 대해서라면, 품질 목표나 합의 수준에 얼마나 도달하였는지를 계산한 절대 성과와 전년 대비 그것들이 얼마나 개선되었는지를 보는 향상도의 2가지를 종합하여 평가합니다. 목표를 달성하면서도 전년 대비 향상도가 높은 것이 당연히 가장 좋고, 성과는 높은데 향상도가 낮은 것이 그다음이고, 목표 미달로 성과가 낮은데 향상도는 높은 것이 세 번째이며, 향상도까지 낮은 것이 가장 나쁜 것이 됩니다. 성과만을 볼 것이 아니고, 이처럼 역량의 변화까지도 올바른 척도로써 판단하도록 합니다. 마지막으로 덧붙이면, 어쩌면 있을지 모를 갑 회사의 귀책사유로 인한 을 회사에 대한 평가 부적절도 고려해야 합니다.

을 회사에 대한 인센티브든, 페널티든, 결국 지금까지 밝힌 평가 기준, 즉 룰에 따르면 됩니다.

갑^{甲}이든 을^{乙}이든
넘지 말아야 할 선^{線}은 넘지 마십시오 Management & Leadership

Go-To-Win®

5 - 9
협력協力사? 협박脅迫사?

의로움義과 이익利의 충돌

더 많은 물량과 더 높은 단가를 받아 내고 싶은 입장이 협력사입니다. 그런데, 다른 곳으로 물량이 빠져나가고, 단가가 깎이고, 결제 조건마저 나빠지고, 합리적인 단가 인상 요구까지 거절당하면, 협력사도 마음이 틀어지고 시비를 걸게 됩니다. 이런 시비의 '조짐'이 쌓이고 쌓이면 납품을 거부하고, 결정적인 시기에 거래 중단을 통보합니다. 거래 당사자 간 신의 성실이 사라지고 각자의 이익만을 다투게 됩니다. 물품을 받아 공장을 가동해야 하는 회사는 협력사가 통보한 극단적인(?) 요구 사항에 대한 정확한 상황 판단과 피해를 줄이는 결정을 해야 합니다.

모든 사건에는 원인이 있고, 상당한 기간 조짐이 있는데, 그냥저냥 방치했던 잘못에 대한 대가를 치르게 되었습니다. 협력사가 협박사로 돌변하여 거래 중단을 전제로 무리한 사항을 요구해서, 공장은 생산을 멈추고, 결품이 발생하여 고객사의 막대한 클레임까지 감당해야 합니다. 어떻게 대응해야 할까요? 정당한 귀책 사유가 협력사가 아닌 우리 회사에 있다면, 우리가 할 방법은 두 가지 정도밖에 없습니다.

첫째, 과감한 보상을 해야 합니다. 이 상황에서도 부득이 거래를 유지해야 하는 협력사라면 그들의 요구 사항이나 그것에 좀 더 추가하여 금전적 보상을 해야 할 것입니다. 불공평하였음을 말로만 인정하는 것은 협상에 전혀 도움이 되지 않고, 오히려 더 무리한 요구만 촉발합니다. 조건을 추가하여 보상의 의도를 의심케 하는 것도 불필요합니다. 또한, 그 협력사 업무를 담당했던 직원의 직무 변경까지 조치하는 것도 사안에 따라 필요합니다.

둘째, 최고 경영자[권력자]가 담판에 나서야 합니다. 이 지경에 이르렀다면, 이미 최고 권력자가 그동안의 히스토리를 모르는 것도 아니고, 협력사에 손해를 끼친 것이 확실하다면 '타이밍'을 늦추지 말고 신속히 협력사의 최고 경영자에게 사과하고, 요구 사항에 대한 담판을 짓는 것이 좋습니다. 더는 문제가 번지지 않도록 틀어막아야 합니다. 시간을 끌어서, 누군가 대신 나서서 해결될 일이 아니라면 더욱 그렇습니다. 피해서 될 일이 아니다 싶으면 당장 만나야 합니다. 이 사과는 절대 쉽지 않습니다. 오랫동안 계속 밀어붙였던 사람이 갑자기 진정한 사과를 하는 것도 어려울 것이고, 협력사 최고 경영자 역시 그런 사과를 받아들이기가 절대 쉽지 않을 것입니다. 사과의 진정성을 의심하지 않도록 몇 번이고 사과해야 합니다.

지금부터는 협력사를 협박사로 만들지 않는 사전 조치나, 거래의 파트너로 관계를 유지하며, 갈등을 예방할 방안을 몇 가지 찾아보겠습니다.

첫째, 협력사의 뒤통수를 치는 비밀은 비밀이 아닙니다. 뒤통수를 치기 전에 벌써 다 알려지게 됩니다. 우리 회사든 협력사든 무리한 욕심엔 반드시 보복이 따르게 되니, 이해가 걸려 있는 품질, 단가, 납기나 사업계획 등에는 합리적인 협상과 거래가 필요합니다. 결국, 물량과 단가의 문제가 모든 관계를 결정합니다. 따라서, 인정 가능한 협력사의 요구는 받아들이는 것이 맞고, 가능하면 서로 협력하여 단가의 유지나 저감을 위한 노력을 해서 이익의 공정한 분배를 할 수 있다면 더 좋습니다.

반대로, 협력사의 요구가 터무니없다면, 그 의도를 파악하는 것이 매우 중요합니다. 무엇인가 더 심각한 문제를 숨기려는 의도가 있을 확률이 매우 높습니다.

둘째, 협력사가 의도했든 그렇지 않든, 우리 회사에 불리한 사건들이 빈번히 발생하면 당연히 다른 업체를 발굴해야 합니다. 물론, 신규 업체를 찾는 것부터, 찾았다 하더라도 조건과 자격을 갖추도록 육성하는 것도 시간과 비용이 상당히 들어갑니다.

그런데, 신규 업체의 발굴과 육성 자체가 매우 곤란하다면, 현재의 협력사가 납품하는 제품을 리스크^{Risk} 품목으로 지정하여 적정 재고를 당장 2배에서 4배로 늘려서 관리해야 합니다. 이 방법은 협력사의 무리한 요구에 대응하는 방법이기도 하지만, 전체적인 공급망^{SCM} 관점에서 외부요인에 의한 차질이 예상될 경우에도 선제 대응으로 꼭 필요한 조치입니다. 재고(금액) 증가보다 생산 중단의 피해가 더 커지면 안 됩니다.

셋째, 거래계약서는 필요에 따라 갱신해야 합니다. 보통은 기본거래 계약서에서 출발합니다만, 거래 기간 중 중요한 조항의 수정이나, 삭제, 추가의 필요가 발생하면 바로바로 보완하여야 합니다. 계약 사항을 수정 보완하는 불편함이 있지만, 그 불편함을 감수할수록 회사는 점점 더 안전합니다.

넷째, 임원 대 임원의 미팅을 정례화하는 것이 좋습니다. 협력 관계란 마치 '이인삼각^{2인3각} 달리기'와 같습니다. 당연히 혼자 냅다 뛰는 것보다 훨씬 불편합니다. 각자 다른 곳을 보더라도, 문제는 함께 해결하기 위해 정보를 공유해야 합니다. 특히, 고객이 요구하는 CR$^{Cost\ Reduction}$을 요청받았거나, 원가 절감을 위한 생산 조건 변경의 아이디어 논의와 꾸준한 공동 추진도 좋은 협력입니다.

협박에 대한 협상의 칼자루는
재고$^{在庫,\ Inventory}$입니다   **Management & Leadership**

김동순
경영과 리더십 반성

6

변해야 합니다

Go-To-Win®

6 - 1
변화? 아~ 이젠 나도 모르겠다

혼자 살 수는 없지 않습니까?

걸으며, 말하며, 먹고 마시며, 쉬며, 전화하며… 참 많은 것을 보고 듣고 느낍니다. 그러다 어느 순간, '아 그래!', '맞다!'라는 울림이 분명 있을 것입니다. 이렇게 탁! 알아채는 순간, 마침 앞에 놓인 달력에 금요일부터 3일간의 연휴가 보이면, 산에 가겠다고 배낭을 챙기거나, 가방에 책을 넣어 도서관에 가거나, 가족과 함께 여행을 떠나거나, 남들이 출근하지 않은 회사로 가서 컴퓨터를 켜기도 합니다. 사람마다 알아채는 것마다 다릅니다.

  살면서 우연히 반복되는 '순간의 깨달음'을 얻지 못하면 우둔한 사람이라고 합니다. 그리고, 그 깨달음의 순간을 '연장하지 못하면' 더 우둔한 사람이 아닐까요? 게다가, 남이 이걸 알려 줘도 모른다면 정말 정情 떨어지는 사람입니다. 깨달음에서 출발하는, 왜 변해야 하는지? 어떻게 변해야 하는지? 에 관한 길지 않은 줄거리를 펼쳐 보겠습니다.

  변화에 성공했다는 회사는 가끔 보이지만, 그 안에서 실제로 변한 사람들은 찾아보기 힘든 경우가 있습니다. 회사 시스템의 변화에 개인이 적응하였지만, 개인의 태도까지는 회사가 변화시킬 수 없음을 알게 됩니다. 경영자와 리더로서, 직원들 개인까지 모든 걸 다 챙겨 줄 수 없는 어려움과 부담을 갖습니다. 그러므로, 변화할 뜻과 욕심이 있는 개인이 노력할 일입니다. 변화에 대한 현상 파악, 방향 설정, 방법의 연구라는 단계로 뭔가 변화하는 사람들의 모습을 상상하고 추적해 보도록 하겠습니다.

  첫째, 현상 파악의 단계는 현실에 대한 인정입니다.

  의식주衣食住부터, 즐기는 것, 일하는 것, 심지어 말씨까지도 세상 빠르게 변하고 있습니다. 정말 누구의 말처럼, 변한다는 사실만 변하지 않을 뿐입니다. 주변의 변화에 놀람과 두려움이 있으나, 그것조차도 벌써 익숙해졌습니다. 불편함을 덜어 내는 것(변화)들에 '익숙함'은 변화의 속도에 맞추지 못하는 자신을 그럴듯하게 합리화하는 좋은 핑계도 됩니다. 물론 주변의 변화가 나의 온전한 변화는 아닙니다. 변화는 힘든데, 핑계는 참 쉽습니다.

기업의 변화에 대한 절박함은 때로 경영자와 리더의 목에 칼을 들이대기도 합니다. 회사든 부서든 집단을 변화시키지 못해 필요한 성과를 내지 못하면, 자기 자리를 내놓아야 하는 끔찍한 표현입니다. 회사에 들어와서 죽자고 일하는 것이 아닌데, '죽을래? 살래?' 합니다. 오죽하면 그러겠습니까만, 그만큼 경쟁이 워낙 치열하다 보니, 항시 긴장하고 실적을 내라는 현실의 요구사항입니다.

기업이 변해야 하는 이유는 '고객이 원하기 때문'입니다. 다른 이유는 모두 곁다리입니다. 시장과 고객이 더 싼 것, 더 빠른 것, 더 좋은 것, 더 매력적인 것을 줄기차게 요구하지 않으면, 굳이 변할 필요가 없습니다. 하지만, 시장과 고객이 원하는데 그것을 맞추지 않는다면, 고객은 우리에게 지갑을 열지 않을 것이고, 당연히 우리 회사의 이름은 시장에서 사라지게 됩니다.

개인이 변해야 하는 이유 역시 고객이 원하기 때문입니다. 나와 관련된 그 많은 외부 고객과 내부 고객의 요구와 협력과 견제 속에서 확실히 자리를 지켜 내려면 당당히 대응할 수 있어야 합니다. 버스 타고 모두 떠났는데, 나 혼자 터미널에 남아 있을 수는 없지 않습니까? 변화에 적응하지 못하면, 회사에서 내가 할 수 있는 일은 점점 줄어들고, 결국에는 일할 수 없게 됩니다. 일은 많은데, 내가 할 일이 없다는 것입니다. 대형 마트에 가도 돈이 없으면 아무것도 살 수 없습니다.

현상 파악은 일상에서 만나는 깨달음의 순간에서 시작됩니다. 그 깨달음을 정리하는데 회사에서 활용하는 SWOT^{강점Strength-약점Weakness-기회 Opportunity-위협Threat} 분석을 잠시 활용하는 것도 나쁘지 않습니다. 즉, 내 인생이나 회사에서 나에게 다가오는 기회와 위협은 과연 무엇일까? 회사의 경영 전략이나 사업계획을 잘 파악해 보면 됩니다. 그리고, 나의 강점과 약점은 무엇인지, 상사나 동료, 부하 직원과의 솔직한 대화에서 발견하고 확인할 수 있도록 마음을 열고 노력해 봅니다. 변화에 대한 자극은 스스로 하는 것입니다.

둘째, '필요'에 대해 적극적으로 대응하기 위한 방향과 계획을 잡습니다.

회사는 필요한 사람만 필요로 하고, 필요한 만큼만 처우합니다. 이렇지 않은 회사는 엉터리 회사이고, 오랫동안 근무해 봤자 당신을 화나게 하는 장면만 보게 되니 회사를 옮기는 게 낫습니다. 일단, 회사에 꼭 필요한 사람이 되는 것, 회사의 필요를 채워 줄 수 있다는 것은 '문제 해결의 전문가'가 되는 것입니다.

그러면, 지금 내게 필요한 것은 무엇이겠습니까? 현상 파악이 제대로 되었다면 많은 부분이 밝혀집니다. 그래서, 나에게 필요한 것이 무엇인지 결정되면, 그것을 얻기 위한 순차적인 계획을 잡아야 합니다. 이때, 정보의 활용이 매우 중요합니다. 두 번 세 번 거듭하지 않도록 최대한 가장 좋은 방법을 찾아야 하므로, 폭넓게 정보를 수집하고 꼼꼼히 따져서 본인 스스로 믿을 수 있는 계획을 잡아야 합니다. 예를 들어, 어학 공부라 하면, 교재도 수백 권이고 공부 방법도 수십 가지입니다. 여기서, 남들이 뭐라 하든 나는 딱 두 권의 교재로 하겠다, 공부 방법은 이렇게 한다, 어느 수준을 목표로 한다고 정해 놓고, 그 결정을 의심하지 말고, 꾸준히 정진할 수 있도록 결정해야 합니다.

회사에 꼭 필요한 사람이 되는 것은, 회사가 나를 필요하게 만드는 것과 같습니다. 그래서, 회사의 필요에 맞춘다는 선택은 결국 나를 위한 선택입니다. 나는 월급을 주는 회사가 필요하니까, 기왕이면 특별히 인정받자는 것입니다. 선택과 집중을 최적화하자는 두 번째 단계였습니다.

셋째는, 뚝심의 발휘와 저항의 수용이라는 단계입니다.

할 거면 제대로, 끝까지 하자는 것이고, 하다 보면 당연히 고비가 있을 테니 그때마다 긍정적인 마음을 갖고 극복하자는 것입니다. 뉴턴의 운동 법칙 Law of Motion이 있습니다. 뉴턴은 1687년, 지금으로부터 335년 전, '관성의 법칙, 가속도의 법칙, 작용과 반작용의 법칙' 3가지로 물체의 질량 및 힘의 개념을 명백히 밝혀 고전 역학의 기초를 확립하였습니다.

'제1의 법칙, 관성慣性의 법칙이다. 물체는 현재의 운동 상태를 계속 유지하려는 성질이 있는데, 이를 관성이라고 한다. 물체에는 이런 관성이 있어, 물체의 외부에서 힘이 작용하지 않거나 물체에 작용한 모든 힘의 합력이 0^{Zero}이면, 물체는 정지해 있거나 현재의 운동 상태를 유지

한다.'〈네이버 두산백과〉

변화를 더디게 하는 것이, 회사 시스템과 분위기의 관성, 자기의식의 관성 때문은 아닐까요? 익숙해져 있는 것, 그래서 비효율적이지만 편한 것, 그 정도면 됐다는 방식 등등 오랫동안 만들어진 모든 타협을 유지하고 싶은 것은 아닐까요? 그렇지만, 절벽이 코앞에 있어서 재빠르게 우회전해야 하는데, 오던 대로 가자고 계속 직진을 할 수는 없지 않습니까?

새로운 관성을 만들어 봅시다. 늦게 배운 골프에 맛을 들여 토요일과 일요일 연습 벌레가 되거나, 차츰차츰 느는 영어 실력으로 해외 배낭여행을 하거나, 필름 카메라로 사진을 찍다가 DSLR로 무장하거나, 출퇴근 시간을 바꿔 보거나, 책상을 옮겨 보거나, 컴퓨터 파일을 정리하거나, 회의 방식을 바꿔 보거나, 보고서 서식을 변경하거나, 관리 항목을 수정하거나 등등 새로운 관성을 만들어 버리는 것입니다.

관성에 매이지 말고, 관성이란 열차를 그때그때 목적지에 맞도록 계속 갈아타자는 것입니다. 눈길이든 산길이든 자꾸 다니면 그게 길입니다. 어떻게 알고 사람들이 그 길로 다니기 시작합니다. 길은 그렇게 생겨났습니다. 모든 길이 완전할 수는 없습니다. 길마다 사연도 많습니다. 그래서 길도 많습니다. 정지와 유지의 관성이 아닌, 현재의 관성을 참지 못하는, 계속 변화를 '시도'하는 뚝심의 관성을 가져 보도록 합시다.

'제2의 법칙, 가속도^{加速度}의 법칙이다. 물체 운동의 시간적 변화는, 물체에 작용하는 힘의 방향으로 일어나며, 힘의 크기에 비례한다는 법칙이다. 즉, 물체에 힘이 작용했을 때 물체는 그 힘에 비례한 가속도를 받는다.'〈네이버 두산백과〉

그저 그런 정도로, '하다 보면 언젠가 되겠지…' 식의 변화는 우리가 진정 원하는 것이 아닙니다. 대단한 목표에 열정이란 가속도를 붙여 봅시다. 몰입이란 가속도 붙여 봅시다. 이 몰입과 열정으로 예상치 못했던 힘이 생기고, 자신도 놀랄 만한 일이 벌어질지도 모릅니다.

하고자 했던 일의 계획대로 하나씩 작은 성공을 경험하고, 이 작은 성공의 경험이 쌓여 열정과 몰입을 다시 동기부여할 것입니다. 내적 자극과 외적 자극을 잘 조정하여 열정을 일으키는, 몰입을 유지하는, 본인만의 방식을 터득하고 즐길 수 있어야 합니다. 가속도를 붙이기 위해서는, 목표를 월 단위나 주 단위로 잘게 쪼개고, 성공한 사람들을 틈틈이 찾아 벤치마킹해야 합니다.

'제3의 법칙, 작용作用-반작용反作用의 법칙이다. 두 물체가 서로 힘을 미치고 있을 때, 한쪽 물체가 받는 힘과 다른 쪽 물체가 받는 힘은 크기가 같고 방향이 반대임을 나타내는 법칙이다.'〈네이버 두산백과〉

동의하지 않는 사람들, 행동에 옮겨 주지 않는 사람들, 포기하는 사람들로부터 시작하여 나 자신도 '내가 무슨 부귀영화를 누리겠다고', '내가 이 정도밖에 안 되나?' 등등 수많은 저항과 고비에 시달리게 될 것이 뻔합니다. 이미 예상했던 것들입니다.

물레방아가 돌아가려면 칸막이마다 물이 차야 합니다. 웅장한 산의 정상에 오르려면 중력을 디디고 몇 개의 봉우리를 몇 시간이나 넘어야 합니다. 이처럼 우리의 시도에는 저항이 따르고, 어쩌면 이 저항이야말로 앞으로 나갈 수 있는 디딤돌이 아니겠습니까? 디딤돌이 있어야 차고 오를 수 있습니다. 또한, 마찰이 일어나야 미끄러지지 않고, 헛돌지 않고, 또 한 걸음을 뗄 수 있습니다. 저항의 힘을 잘 살펴서 그 힘보다 조금만 더 세게 하여 튕겨 나가면 됩니다.

핑계를 단호히 잘라 내고 긍정의 마음으로 하면 됩니다

Management & Leadership

Go-To-Win®

6 - ❷
자기 개발^{開發}인가, 자기 계발^{啓發}인가? 뭐든 합시다

한 사람과 안 한 사람의 차이를 보셨지요?

'개발^{開發}, 지식이나 재능 따위를 발달하게 함. 자신의 능력 개발. 계발^{啓發}, 슬기나 재능, 사상 따위를 일깨워 줌' 두 단어의 사전적 의미를 각각 찾아보았는데, 계발은 깨닫고 찾아내는 면이, 개발은 발전시키는 면이 두드러진 듯합니다. 일반적으로는, 비슷한 말로 여겨서 직장이라면 자기 개발이란 용어가 많이 사용되고 있습니다. 어찌 되었거나, '깨닫고, 배우고, 익히고, 실천하고, 경험을 쌓고, 남을 가르치는' 6단계의 과정을 지속적으로 반복하는 것이 자기 성장임에는 틀림이 없습니다.

옛말에 곳간에서 인심 난다, 곳간이 가득 차야 예(禮)가 바로 선다는 말이 있습니다. 그래서, 자기 개발도, 시간이 있고, 돈도 있고, 즉 여유가 있어야 가능한 것이지, 빠듯이 하루하루 일에 치여 사는 사람들이 무슨 자기 개발을 할 수 있냐는 말을 하기도 합니다. 정신이 없을 정도로 너무 힘들 때는 어쩔 수 없지만, 그래도 자기 개발을 해야 한다는 마음만은 놓지 않습니다.

누구에게는 자기 개발이 끔찍한 스트레스입니다. 불황기엔 자기 개발에 관련된 서적이 주로 40대의 직장인에 의해 더 많이 판매된다고 합니다. 소위 위에서 누르고, 아래에서 치받는 상황? 그것이 아니더라도, 도통 마음을 진정시킬 수 없는 일과 직장에서 하루하루를 버텨 내기 위한 묘책이라도 찾으려 애쓰는 것일까요? 볼품없이 꼬깃꼬깃 접힌 천 원짜리 지폐가 커피 자판기의 투입구에서 다시 밀려 나오는 것을 보며, "이놈의 자판기도 빳빳한 천 원짜리 만 받아먹는구나." 실소(失笑)를 머금고, 요즘 말로 스펙과 실력이 빵빵해야(?) 한다고 다짐하면서, 자기 개발과 인생 보장을 위해 노력합니다.

그렇게 자기 개발을 위해 열심히 공부하는 사람도 많지만, 토요일 일요일이면 산을 찾는 사람들도 적지 않은데, 산에 가 보면 거의 40~50대입니다. 젊은 사람들을 찾아보기 어렵습니다. 건강을 위한다지만, 한편으로는 이제 자연이란 신비함 속에서 자신을 돌아보고 마음을 다스리는 사오십 대도 있습니다. 한편, 버스나 지하철을 이용하다 보면, '사람들이 참 치열하게 살고 있구나'라는 것이 보이기도 합니다. 열 명 중에 예닐곱은 책이나 스마트폰을 들고 뭔가 열심히 보고 있으니, 머리 숙인 그들을 보고 오죽하면 '수구리족族'이란 말도 있겠습니까? 나도 뭔가를 들여다보고 있지 않으면, 뒤떨어지는 것이 아닐까 하는 조바심이 생길 만도 합니다.

이렇게 주변을 눈여겨보면, 너나 할 것 없이 뭔가를 부지런히 하고 있고, 모두 자기 개발이 자신의 사회적 안전망을 튼튼히 하고, 미래의 꿈에 좀 더 접근하기 위해 피할 수 없는 일이 되어 버렸습니다. 어찌 안 그렇겠습니까? 이쯤에서 자기 개발이 왜 필요한가, 무엇부터 시작할 것인가를 한 번 정리해 보겠습니다.

첫째, 자기 개발은 탈脫바보입니다.

심한 표현일까요? 현상 파악을 제대로 못 하고 방향 제시가 부족해서, 매번 뻔한 이야기만 반복하는, 도무지 생각이란 것이 없는 사람이라고 낙인찍히는 상태에서 벗어나는 것을 말합니다. 이 정도가 되면, 본인 자신도 자괴감에 빠지고, 결국엔 열정을 잃게 되어, 몰입의 행복과는 거리가 멀어지는 것이 당연합니다. 회사의 경영자나 리더가 시장과 고객의 트렌드를 놓치고, 고객과 직원들의 대화에 적합하게 대응할 수 없다면, 아는 것이 없어 문제의 돌파구를 제시하지 못하고, 오로지 자신의 잣대만 들이댄다면, 바보가 되는 것입니다.

둘째, 자기 개발은 자신감을 갖는 과정입니다.

작은 것부터 시작한 꾸준한 자기 개발의 경험은 분명히 자신감을 서서히 키워 줍니다. 그러면 어떤 일이 닥쳐도 두려움 없이 일을 저지르며 적극적으로 수습하는 태도를 멋지게 보일 수 있게 됩니다. 작은 시도이지만, 한 달에 책을 2권 읽었다, 두 달짜리 어려운 교육과정을 마치면서 자격증을 받아 냈다, 포토샵을 열흘 만에 통달했다. 등등은 사소한 것일지는 모르겠지만, 다른 사람이 주저하거나, 귀찮게 생각하거나, 고된 일이라고 여기는 것들을 어느 순간 본인이 해냈을 때, 하나하나 자신감이 쌓이고 두려움은 없어지게 됩니다. 안 해 본 사람은 모릅니다.

셋째, 자기 개발의 과정은 만족滿足과 자족自足을 알게 합니다.

내가 이룰 수 없어 끝없이 이어지는 욕망으로 보이는 것이 '만족'이고, 내 인생의 시간마다 내가 정한 만족의 한계가 '자족'이 아닐까 생각합니다. 부질없이 매달리는 욕심을 버리고 자족할 수 있는 최선이 어디까지인지를 알고 노력하는 것이 더 현실적입니다. 아직 채우지 못한 여백은 그냥 여백으로 남기거나 훗날 우연한 기회에 이어서 채우면 됩니다. 자기 개발을 열심히 실천하는 과정을 겪어야 비로소 내 모습이 보입니다. 내가 보이면 미래 인생이 잘 설계됩니다. 그래야 지금의 난관을 흔쾌히 받아들이고 못된 스트레스를 날릴 수 있습니다.

자기 개발에 있어서, '이제 늦었는데, 머리가 다 굳었는데, 의지가 부족해서, 회사 일만 해도 버거워서, 시간이 없어서'라는 이유를 말하면서도, 사실 그것들이 다 핑계라고, 누구나 반성을 합니다. 시간만 따져 본다면, 2022년이 365일인데 주 5일 근무할 때, 주말인 토요일과 일요일이 모두 100일이고, 주말과 겹치지 않는 공휴일이 13일, 연차는 빼더라도 매월 한 번씩 쉰다면 12일이 보태져서 125일, 즉 34%가 최소 휴일인 셈이니, 결국 이틀 일하고 하루 쉬는 셈이 됩니다. 이 정도면 시간이 없다고 말할 수는 없습니다.

시간이 없는 것이 아니라, 정말 하고 싶은 것이 없는 것 아닐까요? 골프에 푹 빠지면 평일의 첫 라운드를 하려고 새벽 4시에 일어나서 아침도 안 먹고 두 시간을 운전해서 갑니다. 온라인 게임을 좋아하면, 잔업을 하고도 새벽까지 게임을 즐기고 다음 날 멀쩡히 근무합니다. 등산을 좋아해서 무박 이틀의 지리산 코스도 혼자 무작정 떠나는 사람도 있습니다.

좋아하니까 어쩔 수 없는 것입니다. 그것에 너무 끌리니까, 시간이 없고 힘들어도 빠져드는 것입니다.

자기 개발을 위해 '무엇을 할까'의 첫째는, 이처럼 하고 싶은 것을 하는 것입니다. 여기에 자신의 경쟁력을 키우고 싶다면, 본인이 잘하는 것은 더 개발하면 좋습니다. 본인의 강점이 무엇인지는 잘 알고 있을까요? 비즈니스 영어를 못한다, 운동을 못한다, 말을 잘 못하는 것 같다는 등 자신의 부족한 점에 대해서는 잘 알고 있는 듯이 말하지만, 정작 본인이 무엇에 강점이 있는지는 잘 모르겠다고 합니다.

다른 사람들이 나에 대해 칭찬하거나, 잘한다고 하거나, 당신이 최고라고 평가해 주는 것이 바로 나의 강점입니다. 이렇게 강점을 파악하여 더욱 강하게 만드는 자기 개발을 시도하면 당연히 월등한 경쟁력을 갖게 될 것입니다. 예를 들어, 내가 지금 제일 잘하는 것이 잘 요약된 보고서를 만드는 것이라고 합시다. 거기에 나만 알고 있는 노하우를 동료나 후배들에게 알려 주면서 매뉴얼도 만들어 본다면, 혼자 하는 하나에서 시작하여 연관된 몇 가지 기술과 요령이라는 추가적인 자기 개발이 충분히 가능해집니다.

하고 싶은 것과 자신이 잘하는 것을 더욱 개발하자는 말씀이었습니다. 당연히, 이렇게 마음을 먹었으면 계획을 잡아야 합니다.

1년으로 하든 2년으로 하든 계획을 잡는데, 목표만큼은 1, 2달짜리로 나눠 잡는 것이 목표 달성에 훨씬 효과적입니다. 또한, 사내에 스승을 만들어 그에게 배우고, 나중엔 그를 뛰어넘는 즐거운 경쟁도 해 볼 만합니다. 게다가, 지금 자기 개발하는 것이 국가공인자격증에 관계된다면 내친김에 합격에 도전하는 것도 훌륭합니다. 그렇게 하면 됩니다. 2022년을 지내고 보니, 1월엔 뭘 했고, 3월엔 뭘 했고, 그 여름엔 뭘 했고, 10월부터 12월엔 무엇을 했는지 또렷이 기억이 나고, 그야말로 2022년 한 해 동안 내가 얼마나 좋아졌는지, 작지만 '하고자 한 일을 해냈구나'라는 보람을 느끼게 된 것입니다. "지난 일 년 동안 뭐 했어요?"라는 질문에 "열심히 일했지"라는 것 말고 무엇이 있었나요?

무엇인가를 정해 놓고 하는 자기 개발 말고도 틈틈이 생활의 습관이 되어 우리를 단련시켜 주는 것들이 많습니다.

우선은 독서입니다. 독서의 중요함과 방법은 너무 잘 알고 있을 것입니다. 시청이나 구청 등 지방 자치 단체에서 잘 지은 도서관이 참 많아졌는데, 집에서 아주 가깝습니다. 출근하지 않는 평일이나 토요일, 일요일에 한 번 가 보면 참 좋습니다. 새로운 세상을 혼자서 만나게 될 것입니다. 그리고, 홀로 가는 여행이나 트레킹, 유적지 탐방입니다. 올레길, 둘레길, 동네 앞산이라도 이것저것 생각 말고, 신발 끈 묶고 문 열고 나가면 됩니다. 먼 길을 혼자 걸어 본 적이 언제였습니까? 혼자서 다섯 시간 넘게 내면의 소리에 귀 기울여 본 적이 언제였습니까? 이렇게 하면서 취미 없는 사람이 취미를 갖고, 종교 없는 사람이 믿음을 따라가게 됩니다. 자기 개발도 반복에 따라 단련됩니다. 인터넷 포털 사이트의 허접한 기사는 당장 꺼 버려야 합니다. 남들이 아홉 시 저녁 뉴스 볼 때(매일 1시간입니다), 내셔널지오그래픽이나 역사책을 보는 것이 인생에 훨씬 도움 될 수 있습니다. 아니면, 그 짧은 시간에 제일 좋은 것은 TV 시청이 아니라, 차라리 가족 간의 대화입니다.

**자기 개발은 담배를 끊거나 치과에 가기보다 쉽습니다
시작하는 날이 행복한 날입니다** Management & Leadership

Go-To-Win®

6 - 3
회사의 주인 말고, 인생의 주인공이 되자

회사와 인생에서 동시에 '주인공'이 될 수 있다면

'주인 의식' 참 좋은 말입니다. 때로는 조직에서 권력을 가진 사람들이 자신의 과거를 포장하며 직원들을 독려督勵할 때 하는 말 아닙니까? 하지만, 그들도 주인 의식만으로 그 자리에 올랐다고 할 수 없을 것입니다. 이런 성공에는 복합적인 요소가 있습니다. 본인의 능력과는 아무 상관없이 운運 좋아(우연히!) 성공하는 경우도 있기 마련입니다.

'주인 의식' 참 좋은 생각입니다. 그러나, 공감은 되지만, 쉽게 넘어서기엔 꽤 망설여지는 경계선입니다. 회사에서 월급 받는 직원으로서 해야 할 일을, 주인처럼 하고 싶은 일로 바꾸는 것이 얼마나 어렵습니까?

'주인 의식'을 가질 수 있습니다. 누가 강요하지 않아도 그런 마음과 행동이 있을 수도 있습니다. 우선, 최고의 리더인 오너 경영자가 사사로운 자기 욕심만 차리지 않는다면 말입니다. 회사와 직원보다 자신의 잇속 챙기기에만 몰두하는 경영 철학이 얄팍한 경영자가 아니라면, 좀 힘들어도 주인처럼 살아 볼 순진한 월급쟁이가 될 수 있습니다. 최소한 동업자 의식이라도 있다면 말입니다.

"위에서 시키면 시키는 대로 하면 되지, 시키는 일을 쳐 내기도 하루가 부족한 형편에, 그것도 제대로 못 하고, 남들은 대충하면서 마음 편히 살고 있는데, 뭐 주인 의식까지나 생각합니까?"라는 솔직한 마음도 있지만, 적어도 한 조직의 리더라면 그게 쉽게 넘어갈 문제는 아닐 겁니다.

주인의 마음을 가지라는 강요보다, 주인처럼 행동하자는 교육보다, 주인 된 마음으로 일할 수 있도록 '분위기'를 만드는 것이 필요합니다. 이것이 리더의 매우 중요한 책임이기 때문입니다.

회사의 주인처럼 산다는 게 쉽지 않다면, 그럼 어떻게 해야 할지가 문제가 됩니다. 일을 앞에 놓고 가치 있는 것을 찾아봅시다. 회사에서 일하는 것의 궁극적인 목적은 본인의 행복일 것입니다. 만약, 어디서든 주인공으로 살 수 있다면, 행복한 순간이 좀 더 많을 것입니다. '주인공'이란 세 글자가 부담스럽다면, 훌륭한 조연으로서 주인공과 함께 성공할 수도 있을 것입니다.

크든 작든 조직에서 주인공들은 어떤 대접을 받을까요? 아마도 늘 기대를 한 몸에 받을 겁니다. "저 사람은 잘하고 있고, 앞으로도 잘 해낼 거야, 우리의 에이스^{Ace}지." 그에게 대한 근거 있는 믿음을 계속 보입니다. 그만큼, 그도 기대를 저버리지 않고 실수하지 않습니다. 설사 그가 실수한다고 하더라도, 도의적인 문제가 아니라면 주변의 사람들은 그에게 진심으로 위로의 말을 건넬 겁니다. 이렇게 위로해 주는 사람과 응원해 주는 사람들이 '주인공'의 곁에는 있습니다. 응원하는 사람들 덕분에 그는 몇몇 실패를 시원하게 인정하는 의연함, 성공을 향한 또 한 번의 도전을 할 수 있습니다. 그가 당신이면 좋겠습니다.

이렇게, 주인공으로 계속 성장하고, 최고가 되면 회사의 압박으로부터 조금은 더 자유로울 수 있습니다. 여기서 이 주인공은 회사의 주인으로서 행동했다기보다 살아가는 방식을 주인공답게 자기를 훈련했다는 점이 중요합니다. 에이스 대접을 받기 위해 에이스처럼 행동했습니다. 그렇다면, 회사에서 내 인생의 주인공이 되기 위해 무엇을 어떻게 하는 것이 좋은 방법인지 기본부터 살펴보겠습니다.

첫째는 건강입니다. 'Sound Body, Sound Mind'란 말도 있습니다만, 병약한 상태라면 자신감도 용기도 들어설 자리가 없습니다. 신체의 건강을 위해 할 수 있는 한 가지라도 꼭 하는 것이 좋습니다. 반대로, 마음으로 짊어진 병이 모든 일을 망치게 하는 경우도 있겠습니다. 누구에게도 떳떳해야 합니다. 즉, 윤리적인 면에서 부끄러운 점이 있다면 안 됩니다. 누구라도 끝까지 묻고 갈 수 있는 비밀은 없습니다.

둘째는 일의 과부하를 막아야 합니다. 일을 잘하는 사람이 일이 많은 게 당연합니다. 지치지 않도록 균형을 잡아야 하는데, 그러기 위해서는 일 처리에서 불합리한 점을 스스로 개선하거나 권한이 있는 사람과 의논하여 줄여 가야 합니다. 틀이 짜여 있고 쉽게 바꿀 수 없지만, 진지하게 파고들면 분명히 해결책이 보입니다. 다음에 그 일을 맡을 후배들을 위해서라도 개선해야 합니다. 쓸모없는데 관습적으로 해 오던 보고나, 목적도 없는 지표들, 중복되거나 면피용 회의와 결과 보고서 따위가 얼마나 많습니까? 시대와 상황은 계속 바뀌고 있는데 '원래 당연한' 것은 없습니다.

셋째는 내가 'OK!' 만족할 수 있을 만큼 충실히 일해야 합니다. 여기서 주의할 점은 내가 만족할 수 있는 수준 즉, 나의 눈높이입니다. 이게 상급자나 고객의 눈높이와 큰 차이가 있다면 아무 의미가 없습니다. 따라서, 항시 내 눈높이는 상급자나 고객의 그것보다 높아야 합니다. 지시받고, 보고하다 보면 알 수 있는 게 그 높이 아닙니까? 그걸 눈치채지 못하면 당신은 일하기 싫은 것이고, 리더가 될 자격이 없습니다. 맡은 일을 시작할 때 생각해 보고, 초안이 나오면 그들보다 높은 눈높이로 냉정히 검토하고 또 검토하면 됩니다. 한 번 제대로 하면 두 번 세 번도 가능해집니다. 그러면서 선제적으로 대응한다면 이것은 충분히 할 수 있습니다. 이걸 잘해야 주인공이 될 자격이 있습니다.

넷째는 눈치껏 다른 이들을 돕는 것입니다. 후배를 돕는 선배가 되는 것이 특히 중요합니다. 내가 맡은 일을 잘하면 그건 당연히 선배를 돕는 것이니, 후배를 챙기기 위해 둘러볼 필요가 있습니다. 성실하지 않은 후배, 일을 제대로 처리하지 못하는 후배는 보통 선배의 잘못이라고 봅니다. 이런 말도 있습니다. '나쁜 후배는 없다. 나쁜 리더만 있을 뿐이다.' 물론 어찌해도 안 되는 후배도 있습니다. 못할 말이지만, 그에게 회사를 떠나라고 (다른 행복을 찾으라고) 이직을 권하는 게 옳은 조언일 것입니다. 몰라서 못 하거나 동기부여가 안 된 후배들을 잘 챙겨서 함께 일하고 좋은 분위기를 만드는 게 리더라면, 주변을 살피는 눈치[도움]를 발휘하여 선배의 도리를 하면 됩니다.

위의 4가지를 일상화했다면, 조직에서 많은 사람이 당신을 응원하고, 치켜세울 것입니다. 권한 아닌 권력도 생겼을 것입니다. 그렇다면 마지막으로, 당신만의 비밀 프로젝트를 수행해야 합니다. 자기 인생의 주인공이 될 수 있는 연결핀을 만들 때가 된 것입니다. 이런 비밀은 그것이 비밀이어야 가치가 있습니다. 비밀은 자신은 물론 타인에게도 좋은 신비감을 제공합니다. 그 신비감은 열정의 샘^{Spring}입니다. 이 열정의 샘물은 힘든 당신을 기운 나게 하는 자신의 명령이자 보상이 될 것입니다.

조직에서 큰 사람이 되기 위한 역량이든, 당신의 내면에서 울리는 요구이든 상관없습니다. 여기까지 와야 조직의 에이스에서 내 인생의 주인공이 될 수 있습니다. 42.195㎞ 마라톤에서 그들은 5㎞를 남긴 37㎞부터 가장 고통스럽다고 합니다. 완주를 가늠하는 순간입니다. 그 지점에서 당신은 결정해야 합니다.

　내 인생의 주인공이 된다고 해서, 꼭 부자가 되는 것은 아닙니다. 꼭 승진하는 것도 아닙니다. 꼭 에이스가 되는 것도 아닙니다. 더 가슴 아픈 것은, 어쩌면 그 선택이 꼭 행복해진다는 보장도 없습니다. 하지만, 내 소중한 시간을 낭비하거나, 평생 화를 내며 살거나, 실의에 빠져 있거나, 비굴해지는, 적어도 그러지는 않을 수 있지 않겠습니까? 언젠가는 자신이 원하는 '순간'이 오지 않을까요?

당신이 '원하는 순간'은 반드시 옵니다
준비하십시오　　Management & Leadership

Go-To-Win®

6 - 4
혁신의 본질은 애정과 희망이다

그 어떤 혁신 프로젝트도
그것의 궁극적인 목적은
회사의 임직원들이 조직과 동료들에 관한
희망과 애정을 지금보다 더 갖도록 하는 것입니다

혁신革新의 사전적 의미는 묵은 풍속, 관습, 조직, 방법 따위를 완전히 바꾸어서 새롭게 하는 것이랍니다. 이노베이션Innovation의 어원을 찾아보면 in과 nova의 결합으로, 보이지 않는 속부터 시작해서 보이는 겉까지 달라지는 것을 의미한다고 합니다.

 제조업, 비제조업, 서비스업, 공공부문 등 모든 조직에서 온갖 종류의 혁신을 전개하고 있습니다. 인사, 마케팅, 영업, 생산, 품질, 원가, 물류, 고객 만족 등등 전사적이거나 부문별로 다양한 최신 기법을 도입합니다. 또한, 조직이 엄청난 곤경에 빠지면 뼈를 깎는 고통을 감수하여 혁신하겠다고 어김없이 선언합니다. 뼈를 깎는 혁신은 구조조정 Restructuring 을 의미하기도 합니다. 사업 재편이나 인력 감축 등으로 살아날 길을 모색하여 보자는 것입니다.

 구조조정과 같은 선언이 아니더라도, 앞서 언급한 조직 기능 즉, 고객 만족, 품질, 물류 혁신, 디지털 트랜스포메이션 등을 추진하겠다는 방침은 매년 경영 전략으로 등장합니다. 혁신 운동(?)을 하지 않는 조직이 없다 보니, 혁신은 이제 경영의 기본 활동이 되었습니다. 물론, 각종 경영 지표가 훌륭하게 드러난 성공 사례나, 숫자보다 더 감동을 주는 조직 문화의 변화 사례를 아주 드물게 만나기도 합니다.

 그런데, 매년 그렇게 혁신을 선언하고 추진한다지만, 매년, 또는 몇 년간 결과와 성과는 홍보하지는 않습니다. 결산의 결과가 미흡한 것인지, 대외비인지 아무튼 거창한 시작에 비해 늘 성과는 미흡한가 봅니다. 입버릇처럼 되어 버린 우리도 하자, 우리도 해야 한다고 하는 혁신이 왜 미흡한 결과를 내는지, 도대체 무엇을 위해 한 것인지, 그 혁신의 본질과 혁신이 겨냥해야 할 원점原點을 생각해 보겠습니다. 어디를 바라보면서 혁신 활동을 추진해야 하겠습니까?

대부분 기업이 상시로 추진하는 CS혁신, 물류 혁신, 생산 혁신, 품질 혁신, 원가 혁신 등등의 활동은 모두 '생산성 향상'이란 큰 테두리 안에 있습니다. 그러므로, 생산성의 정의를 한번 확인해 보겠습니다.

우선은 투입^{Input}과 산출^{Output}의 관계입니다. 사람이든 시간이든 물자든 자원의 투입량을 줄이거나 똑같이 투입해도 산출을 더 크게 하자는 것입니다. 둘째는, 최소의 노력으로 최대의 효과를 얻어 낸다는 정의입니다. 셋째는, 유럽생산성기구에서 정의한 것인데 '어제보다 나은 오늘, 오늘보다 나은 내일을 추구하는 정신 상태'라고 합니다. 일신우일신^{日新} ^{又日新}입니다. 즉, 모든 인간이 더 나은 상태를 원하는 욕망과 같습니다. 여기에서 키워드는 바로 '정신 상태'입니다. 즉, 생산성 향상의 기반이자 목표가 정신 상태라는 점입니다.

이어서, 혁신의 동력을 좀 더 살펴보겠습니다. 혁신의 에너지는 3가지에서 폭발합니다. '위기의식[자각]과 자신감과 자원'입니다.

위기를 모르면, 생각이 없습니다. 생각이 없으니 자극이 없고, 자극이 없으니 준비나 대응도 없습니다. 위기 대응 방법을 모색하는 것도 중요하나, 더 중요한 것은 '위기 상황의 전파^{傳播}'입니다. 위기를 먼저 알아챈 리더는 모든 구성원이 사실과 위기를 공감할 수 있도록 조직적 전개를 서둘러야 합니다.

그리고, 위기가 정확히 파악되면, 그 극복을 위한 도전적인 실행 과업이 등장해야 하는데, 이 과제를 실행할 수 있게 하는 것이 바로 임직원들의 '자신감'입니다. 따라서, 도전적 과제의 설계는 임직원들이 이미 알고 있는 방법으로 시작하는 것이 좋습니다.

그리고, 위와 같은 마인드 영역이 정비되면, '현실적으로 가용한 자원을 준비'해야 할 것입니다. 자금, 인재, 하드웨어 등입니다. 이 자원의 확보가 내부적으로 가능한 것과 그렇지 못한 것도 물론 큰 차이가 있습니다. 이때, 절대 부족한 자원을 채우는 것 역시 리더의 몫입니다.

위와 같이 세 가지로 혁신의 에너지원源을 정리해 보았습니다. 극복할 방법을 찾는 것도 중요하지만, 임직원 모두가 위기를 공감하고, 자신의 역량을 확신하는 것이 반드시 선행되어야 합니다.

물론, 혁신의 고통도 있습니다. 그러나, 고통이 있기는 있는데, 과연 모든 임직원이 진정 고통스러운 것인지는 확인이 필요합니다. 혁신을 위해 부여되는 과제는 세 가지입니다. 지금보다 더해야 하는 것, 지금부터는 하지 말아야 하는 것, 지금과 완전히 다른 것을 한계에 이르기까지 달성해야 합니다. 그래서 고통스럽다고 합니다.

진정한 고통은 분노라는 반환점을 돌아야 정제精製되는데, 자신의 처지에 대한 분노는 넘치지만, 위기 해결에 대한 분노는 거의 안 보입니다. 경영진의 무능(?)함에 대한 분노, 실직의 두려움에 대한 분노와 같은 것이 훨씬 더 많이 나타납니다. 이건 진정한 고통이 아닙니다.

혁신에 있어 분노는 드러나는 감정이자, 필요한 감정입니다. 리더에게 중요한 것은 임직원들의 분노를 컨트롤해 주는 것입니다. 과거를 들추지 말고, 근거가 없는 미래를 강요하지 말고, 오직 현실에 대해서만 논의하길 바랍니다. 분노 역시 혁신의 에너지로 승화(昇華)해야 합니다.

반대로, 리더가 하면 안 되는 것이 있습니다. 바로 고통과 분노의 전가(轉嫁)입니다. 이 고통의 전가는 "네가 해라"입니다. 계층별로 각자의 임무를 분별하는 것은 옳지만, 고통의 크기까지 나누어서는 안 됩니다. 리더가 짊어지고 해결해야 할 고통을 부하 직원에게 분담시키면 안 되고, 오히려 더 큰마음과 시간의 짐을 짊어져야 합니다. 고통의 전가가 있으면 진정한 혁신 조직이 아닙니다.

지금까지 살펴보았는데, 그 어떤 혁신도 인간과 인간 존중의 가치가 존재해야 합니다. 조직 구성원의 마음과 의식에서 시작하여, 조직 행위로 이어져서, 조직의 성과가 구현됩니다.

그 어떤 조직 역량에 대한 혁신이든
임직원들이 자기 조직에, 자기 일에, 함께 일하는 동료들에
더 희망을 갖고, 더 애정을 갖도록 하는 것이
모든 혁신의 본질입니다   **Management & Leadership**

Go-To-Win®

6 - 5
공수^{工數}를 줄이지 않으면 잘할 수 없다

늘어나기만 하는 일을 바로잡기

일 같지 않은 일? 소위 낭비^{Loss}라고 합니다. 실무자들이 겪는 애로 사항을 진단해 보면 일 같지 않은 일이 의외로 많다고 합니다. '왜 그런 일(?)을 하는지 모르겠다'라는 것이지요. 일에 목적이 없다는 뜻 아니겠습니까? 일방적으로 지시를 받은, 그것도 아무런 설명 없이 상사가 툭 던진 것도 있을 것이고, 벌써 퇴사한 담당자들로부터 시작해서 오랫동안 (그저) 해 왔던 업무도 있을 겁니다. 그 밖에도 이런저런 일에 파묻혀 온종일 열심히 컴퓨터 자판을 두들기고, 숫자 자료를 끝없이 정리하곤 합니다. 사람이 일의 주체가 아닌지는 꽤 오래되었습니다. 아주 가끔 눈이 번쩍 띄는 좋은 일이 있지만, 정말 어쩌다 한 번입니다.

사무실에서의 일은 중간중간에 업무를 털어 내지 않으면 계속 늘어날 수밖에 없습니다. 사무실의 일이라는 게 현장에서 뭘 조립하듯이 눈에 보이는 일도 아니고, 업무를 처리하는 시간도, 생각해야 할 시간도 필요하고, 이것이 사람마다 다르니 딱 얼마큼의 시간이라고 정하기 곤란합니다. 불가능한 것은 아니지만, 아마도 이런 특성 때문에 일이 넘치는지, 여유가 있는지는 그 일에 경험이 많지 않으면 정확히 알 수가 없습니다.

그런데, 업무나 사무가 계속 증가하면 절대 소요시간이 증가하게 되고, 이렇다 보면 업무나 사무를 쳐내기만(?) 할 수밖에 없습니다. 실수나 오류가 없다 해도 '효율'이나 '생산성' 즉, 어제보다 나은 오늘, 오늘보다 나은 내일을 상상할 수 없고, 동기부여는 꿈도 꾸지 못합니다. 이쯤 되면, 회사의 창의적인 분위기는 싹을 틔우지 못하고, 직원들은 그야말로 기계의 부속품처럼 될 수밖에 없습니다. 이렇게 일하는 모습에서 진정한 삶의 의미를 찾기는 어렵습니다. 이런 직장 생활을 바랐던 사람은 단 한 명도 없을 것입니다.

이렇다면, 방법을 찾아 조직 전체가 이 곤경을 뛰어넘어야 합니다. 비정상이기 때문입니다. 말도 안 되는 상황인데, 다들 이렇게 사는 거라고 합니다. 단지, 그놈의 목표, 성과지표에만 목숨을 걸고 말입니다.

아니! 목표하고 성과지표가 직장의 전부는 아니잖습니까? 해결을 위해 누구 한 사람, 어느 부서만 추진할 일은 아니고, 가능한 부서 전체가 함께 고민하고 움직이려면 어떻게 해야 할까요?

여기서 잠깐, 공수^{工數}라는 용어에 대해 생각해 봅니다. 공수란, 몇 명의 인원이 몇 시간 동안 해야 하는 일인가를 숫자로 나타낸 것입니다. 한 사람이 10시간 할 일이면 10인시$^{人時, ManHour}$라고 합니다. 이 일을 2시간에 마치려면 10인시÷2시간=5인처럼 계산을 할 수 있듯이 일의 양, 부하량을 숫자로 표현하여 더하기, 빼기, 나누기, 곱하기를 편하게 해서 일의 양을 적합하게 처리하도록 하는 단위입니다. 물론, 벽돌 쌓기도 아니고, 개수^{個數} 세기도 아닌 사무실의 일이니까, 사무 처리의 공수가 계산이 딱딱 맞아떨어지지 않을 겁니다. 그러나, 사무의 양을 이처럼 공수의 개념으로 계산할 수 있어야 합니다. 가능합니다.

우선, 사무실에서 하는 일을 주의 깊게 관찰하여 (공수로 계산하여) 쓸데없는 일을 많이 줄여야 합니다. 더 적극적으로 일 자체에 대한 관찰과 개선의 노력을 하기 위한 4단계 절차를 소개하겠습니다.

1단계는 '업무 재고 조사^{業務在庫調査}' 입니다. 회사의 물건에 대해 재고 실사를 하듯 각자가 무슨 일을 얼마나 하고 있는지 파악해 봅니다. 월 단위로 정리해 보는데, 본인이 업무를 늘어놓고 일, 주, 월, 분기, 반기, 년으로 주기^{周期}를 표시하고 매일, 매주, 매월 업무는 그대로, 분기나 반기, 연간의 업무는 월 단위로 환산하여 소요시간을 분^{分} 단위로 조사합니다.

그런데, 이렇게 정리해서 숫자로 나타내 보면, 의외로 근무 시간에 비해 업무 시간이 남는 것으로 (엄청나게 일에 바쁜 것으로 알고 있었는데) 계산될 때가 있습니다. 오히려 이것이 정상입니다. 생각하는, 준비하는 시간 등이 포함되지 않는 경우가 종종 있기 때문입니다. 그래서, 어떤 이는 숫자를 불려서 정정하기도 하는데 그럴 필요는 없습니다. 아무튼, 정상적으로 소요되는 시간을 가능한 한 정확히 산정하여 써넣습니다.

2단계는 그 시간의 30%를 잘라 내는 것입니다. '강제적으로!' 해 봅니다. 될까 안 될까 두려움이 있겠으나, 무슨 일이 있어도 30% 이상을 "Cut"하도록 합니다. 앞으로는 절대로 안 한다! 입니다. 이런 각오와 지침 없이는 업무나 사무를 줄일 수 없습니다. 만약에, 정말 만萬에 하나, 큰 문제가 생길 것으로 확실히 예상했고, 실제로 발생하면, 그때 가서 다시 하면 된다는 배짱을 갖고 해 봅니다. 사실 그럴 일은 별로 없습니다. 관습이 문제입니다. 실무자가 망설이겠지만, 상사가 적극적으로 지도하면서 결정해 주면 더 효과적입니다.

이 과정은 '목적이 없는' 업무나 사무를 제거하는 것이지, 담당자가 쓸데없는 일을 하고 있다는 지적과 야단을 하자는 것이 아닙니다. 목적이 있는 업무만 남기고 목적이 없는 일들을 싹 제거해 버리는 중요한 단계입니다. 법에 따라 시행하는 업무는 그대로 둡니다.

3단계는 "반半, 1/2으로 하라!"입니다. 사무의 시간, 양, 빈도, 문서양 등등을 모두 반으로 줄이는 겁니다. 매월 하던 것을 두 달에 한 번으로,

10명이 참석하던 회의를 5명으로, 30페이지 자료는 15페이지로, 2가지 회의는 통합해서 하나로 재설계하는 것입니다. 이미 1단계에서 목적이 없는 것은 모두 제거했으니, 이 단계로 들어온 업무나 사무는 목적이 있는 것이고, 그 목적을 살리면서 효율성을 검토하는 단계입니다. 이 단계에서도 '한번 해 보자'라는 생각으로 반감시키는 의지가 중요합니다. 역시, 실행해 보고 도저히 안 되겠으면 원래대로 돌아가면 됩니다.

안 된다는 염려를 하지 않기 바랍니다. 단순히 반감시키는 것이 곤란한 경우도 있습니다. 이럴 땐, 해당 업무나 사무를 사람의 공수가 아닌 기계의 공수로 즉, 전산화나 자동화하는 것을 검토합니다. 이것도 곤란하면, 아웃소싱Outsourcing으로 뺄 수 있는 것은 비용이 들더라도 더 효용성이 있으면 그렇게 하도록 적극적으로 검토합니다.

4단계는 표준화, 규정화하는 단계입니다. 사람이 하는 일이니까 각자 알아서 잘 챙기자고만 해서 되는 것이 아닙니다. 필요한 것은 표준을 만들어, 규정으로 해 놓는 것이 중요합니다. 지켜야 하기 때문입니다. 그래야 원래로 돌아가지 않습니다. 문서로 거창하게 잔뜩 만들지 않아도 서로 알고 지킬 수 있을 정도로 일상화되도록 하는 것이 목적입니다.

위와 같이 4단계로 차분히, 일정 기간 집중해서 요령껏 진행하면 공수 즉, 일의 양은 상당히 줄어들게 되고 새로운 분위기로 바뀌게 될 것입니다. 일 년에 한 번씩이면 좋지만, 최소 이 년에 한 번씩 위와 같은 절차를 반복하면 더 좋습니다. 물론 처음 할 때보다 두 번째는 더 쉽고 빠르게 할 수 있습니다.

업무 개선의 유지는 꼭 표준화로만 끝나지 않습니다. 그래서 아래의 두 가지는 조직의 리더가 유의해야 할 사항입니다.

첫째, 위의 단계를 거쳐 정규적으로 반복되던 업무의 양을 가용^{可用}시간의 80% 정도로 맞추도록 해야 합니다. 20%는 여유^{Buffer}로 가지고 있어야 합니다. 그래야 신규 발생 업무나 특별한 상황에 적극적으로 대응할 수 있는 여력이 있어야 하기 때문입니다.

둘째, '업무 총량제'라는 기준도 가지고 운영해야 합니다. 쉽게 말해서, 업무나 사무가 새로 발생하게 되면, 그만큼의 부하 시간만큼 기존 업무 중에서 제거하도록 한다는 개념입니다. 이렇게 견제하고 유지하도록 늘 관리하도록 합니다.

바쁘게 일하는 게 나쁜 것은 아닙니다. 그러나, 왜 바쁜지? 목적은? 의미가 있는 일!을 하고 있는지? 관찰하고 파악하여, 하지 않아도 될 일을 없애는 것이 일을 만드는 것보다 몇 배 중요합니다.

하나의 일을 더 하기보다
하나를 빼는 것이 조직을 건강하게 합니다
Investigation → Cut 30% → Divide 1/2 → Standardization

Management & Leadership

Go-To-Win®

6 - 6
이익의 DNA, 업무매뉴얼

인간의 유전^{遺傳}

기업의 전승^{傳承}

DNA | 디옥시리보핵산^{Deoxyribonucleric Acid}, 생물체의 개개의 유전형질을 발현시키는 원인이 되는 유전자의 본체

"지난주까지 끝내야 할 것을 지금 가지고 오면 어떻게 하나? 그리고, 이런 것들까지는 필요 없는데 뭐 하러 만든 거야? 자네도 쓸데없는 일

을 했지만, 다른 사람들까지도 엄청나게 괴롭혔겠구먼…" 과잉^{過剩}입니다.

"이걸 뭐 하러 작성했어? 시간이 남아도는군, 남아돌아. 구매팀에 다 있는 자료인데 뭐 하러 여기저기 전화해? 이것은 옆에 있는 김 과장이 벌써 하는 업무 아닌가?" 중복^{重複}입니다.

"당신이라면 이 자료를 가지고 어떤 의사 결정을 할 수 있겠나? 현황 자료조차 없는 데다 관련 부서에서 검토하고 중간 합의한 것도 전혀 없는데, 뭘 가지고 어떻게 결재를 해 달라는 건가? 도대체 일을 알면서 하는 거야? 똑바로 일해…" 누락^{漏落}입니다.

"아니, 이 사람아, 영업하는 사람이 갑자기 회사를 그만둔다면 자네가 하는 업무는 어쩌라고? 고객들 인적 사항도 파악 안 되지, 그동안 업무 연락했던 것들 하나도 정리 안 돼서 뭐가 뭔지, 돈 받을 건지 아닌지도 모르지, 앞으로 거래는 어떻게 되는 건지? 고객이 뭘 좋아하고 싫어하는지 누가 알아야 할 거 아냐?" 노하우의 축적^{蓄積}이 없는 것입니다.

"이 회사를 실사^{實査}해 보니까 보통 아니네요. 전에 부탁한 지 이틀밖에 안 됐는데 거의 완벽하게 준비해 놓고, 오늘도 요청할 때마다 착착 자료를 내놓는데, 정말 정리가 잘 되어 있어요. 역시 기본이 제대로 잡혀 있는 회사입니다." 품격^{品格}입니다.

기업을 하는 것은 이익 즉, 부가가치를 만들어 내는 것인데, 이처럼 일을 함에 있어 과잉, 중복, 누락 등이 발생한다면, 이것은 일을 하면 할수록 부가가치는커녕 '낭비'를 만들어 내는 꼴이 됩니다. 따라서 이러한 오류를 사전에 차단하고, 사고의 재발 방지를 위해서 일하는 방식을 올바르게 정하고 관리해야 합니다.

일하는 방식, 관리하는 방식이 올바르게 정해져 있어야만 성과의 유지와 개선을 할 수 있습니다. 왜냐하면, 일하는 데는 기준이 있어야 하고^{Administration}, 그 기준을 지키면서 성과를 유지하도록 해야 하고^{Control}, 일의 방식이 안정되었으면 더 잘하기 위한 개선의 노력을 하는 것이^{Manage} 순서이기 때문입니다.

업무 효율화와 사무 간소화라는 일의 개선은 '프로세스', 즉 일의 절차가 어떤가에 따릅니다. 프로세스는 '업무라는 일의 목적'과 '사무라는 일의 수단'으로 구성이 되는데, 업무를 완수하기 위해 무슨 사무가 어떻게 각 담당에 의해서 진행되고 종료되어야 하는지를 명확하게 정해 놓아야, 제멋대로 하고, 바쁘다고 빼먹고, 여유 있다고 늘어지는 직원들의 나쁜 습관을 바로잡을 수 있습니다. 그리고, 업무를 잘하는 노하우는 그 사람의 퇴직과 함께 사라지는 것이 아니라, 한 장 한 장 다음 사람에게 이어져 내려가야 합니다. 후배가 선배로부터 정확하게 많이 배우고, 그 후에 또한 이어지는 기록으로서 축적된 노하우를 다른 후배에게 가르쳐야 합니다. 이런 축적된 노하우의 활용이 바로 경쟁력의 원천입니다.

이익을 내는 유전자^{DNA}는 업무매뉴얼로 시작해서 업무매뉴얼로 끝납니다.

왜 업무매뉴얼이 이익을 내는가에 대해 따져 보았습니다. 그럼, 작성하고 관리해야 하는 매뉴얼의 대상은 무엇일까요? 직원들이 하는 모든 일이 대상입니다. 주문받는 것, 견적 내는 것, 작업 지시를 내고 받는 것, 일일 실적 집계하는 것, 재고 관리 하는 것, 배송하는 것, 수금 후 마감하는 것, 제품 기획하는 것, 사람 채용하는 것, 테스트하는 것 등등 직원들에게 맡겨진 모든 일이 매뉴얼의 대상입니다. 따라서, 각자가 매년 하는 것, 정해진 월에 하는 것, 매월 하는 것, 매일 하는 일을 빠짐없이 먼저 분류해 봅니다. 그리고, 긴밀히 연관된 일들을 묶어서, 업무를 대분류, 중분류, 소분류 더 나아가면 세분류하여, 마지막으로 (나무뿌리, 나뭇가지, 나뭇잎을 생각하면서) 그 연관도를 그려보면 업무 분류가 되는 것입니다. 예를 들면, '경영 지원(대분류) - 인사(중분류) - 채용(소분류) - 공고(소분류) - 매체별 공고(세분류)'같이 분류할 수 있습니다.

이렇게 분류가 되면 소분류 수준을 업무매뉴얼에서 하나의 제목으로 잡고, 그 업무를 제일 잘하는 직원이 작성하도록 배정합니다. 그래야 두 번 일 안 하고, 제대로 진행됩니다. 작성하는 순서는, 우선 제목에 맞도록 그 업무의 시작에서 끝, 즉 프로세스의 범위를 결정합니다. 그리고 플로차트Flowchart 방식에 따라, 위에서 아래로 일의 순서에 따라 업무의 내용을 정리해서 그리게 됩니다. 본인과 본인의 부서에서 하는 일은 물론이고, 관련 부서가 어디고 어떤 일을 하는지도 써넣습니다. 잘 알다시피 이렇게 플로차트를 그려야, 전후의 인과관계를 명확히 하며, 서로 관련된 일을 빠뜨리지 않게 됩니다. 그래서, 글로 써 내리는 서술형보다는 선으로 연결된 차트 형태로 그리게 됩니다. 업무의 플로 차트가 완성되면, 잘 검토하여 다른 사람이 보더라도 잘 알 수 있게끔 만들어졌는지 확인하고, 그 각각의 업무 중에서 잘할 수 있는 노하우나 판단의 기준이 있다면 역시 상세히 기록합니다. 이 점이 매우 중요합니다. 이 단계에서 실무자와 리더가 적극적으로 참여하도록 합니다.

마지막으로, 이 업무에 관련된 직원들 모두와 함께 리뷰 미팅하면서, 전체적으로 검토하여 올바른 작성이 되었는지, 또 다른 노하우는 있는지, 타 부서로부터의 개선 의뢰를 점검하여 작성을 종료합니다.

그런데, 이 미팅을 할 때 열 명 중 일곱 명 정도는 상당히 무관심합니다. '이런 걸 뭐 하려 하나', '지키지도 않을 건데', '만들어 놓으면 뭘 해? 윗사람 말 한마디에 휙휙 다 바뀔 텐데…' 등의 생각입니다. 참석한 리더가 이런 분위기를 엄격히 바로잡아야 합니다. 경영자가 직접 참석해서 함께 토론하면 더 말할 것도 없이 좋습니다.

드디어, 우여곡절 끝에 업무매뉴얼이 마련되었습니다. 본격적인 문제는 지금부터인데, 이 매뉴얼을 구석에 처박아 놓지 않고 효과적으로 잘 활용하는 것입니다.

첫째, '천 리 길도 한 걸음부터'란 말이 있습니다. 바로 그겁니다. 매뉴얼대로 하기로 했으면, 바로 그날부터 업무 결재를 할 때마다, 업무를 확인할 때마다, 매뉴얼대로 진행했는지 매뉴얼을 옆에 탁 놓고 찾아보면서, 일부러라도 확인해야 합니다. 경영자가 매뉴얼을 보지 않으면, 아무도 안 봅니다. 이걸 첫날부터 강력하게 실행해야, 업무 매뉴얼이 쓸모 있습니다. 각 부서의 리더들도 마찬가지이며, 그렇게 하지 않으면 큰 벌로 다스려야 합니다.

둘째, 타이밍이 문제이겠지만 경영자나 리더는 업무 매뉴얼이 완성되는 순간, 이러한 프로세스를 업무 전산화로 연계할 구상을 해야 합니다. 매뉴얼만 가지고는 시스템이 제대로 가동될 수 없습니다. 그러니, 업무 전산화를 추진해야 하는데 이미 만들어진 업무매뉴얼이 프로젝트에 엄청난 도움이 되어, 기간은 물론이고 비용까지도 상당히 절약됩니다. 어찌 되었거나 업무매뉴얼의 다음 모습은 업무 전산화, 즉 지식경영시스템Knowledge Management System입니다. 사실, 전산화가 제대로 되면 실무자들의 업무가 일부 개선되는 분명한 효과도 있지만, 경영에 있어 정작 큰 효과는 경영자나 임원들이 누리게 됩니다. 키보드 자판 몇 번 두드리고 클릭 몇 번 하면, 알고 싶은 대부분 데이터가 제공됩니다. 스마트 전산화는 그래서 합니다.

셋째, 전산화를 바로 연계해서 하든 안 하든, 1년에 한 번 정도는 정기적으로 업무매뉴얼을 샅샅이 점검하도록 합니다. 업무 프로세스가 끊어진 곳은 제대로 연결하고, 이제 쓸모없게 된 것은 과감히 털어낸다는 자세로 검토합니다. 이때 업무매뉴얼의 절차를 따랐음에도 오류가 발생하는 것을 잡아내는 것이 제일 중요하고, 업무나 사무를 과감하게 약 30% 잘라 내는 것이 필요합니다. 그리고 나서, 잘라 내고 남은 업무나 사무를 반으로 줄이는 겁니다.

이렇게 유지하고 관리해야 그야말로 이익이 되는 업무매뉴얼입니다. 이미 널리 알려진 각종 경영시스템 인증을 위한 경험도 있을 테니, 올바로 하지 않았을 때의 부작용과 낭비에 대해서는 더 나열하지 않겠습니다. 몰라서 안 하는 게 아니라, 하기 싫어서 안 하는 것이니, 그냥 시작하면 됩니다.

돈 버는 회사를 만드는 데 꼭 필요한 도구라는 믿음을 갖기 바랍니다. 업무매뉴얼에 대해 이렇게 이야기하면, 분명히 "이것은 거의 매일 업무매뉴얼만 붙들고 있자는 이야기로 들립니다. 일은 언제 하고, 돈은 언제 버나요? 우리가 뭐 시간이 남아도는 줄 아십니까?"라는 반론이 나옵니다. 정말 그럴까요? 이런 리더의 리더십은 어떨까요? 문제가 있는 겁니다.

업무매뉴얼은 만드는 게 맞는데,
경영자와 리더가 정말 생각을 많이 하고 시작하십시오

(Management & Leadership)

Go-To-Win®

6 - 7
정해진 것을, 정해진 때, 정해진 대로

'알아서 척척 돌아가는 회사가 있을까?'
없습니다
그렇지만, 덜커덕 덜커덕… 우상향^{右上向}으로
굴리는 방법은 있습니다

사무실. PC를 로그인하면 오늘의 'To-Do List'가 쫙 나옵니다. 이 리스트는 우리 담당 임원, 팀장, 팀원 모두가 이미 공유하고 있어 오늘 누가 무슨 일을 언제 하는지 한눈에 알 수 있습니다. 그 시간에 맞춰

또박또박 업무를 처리하고, 회의가 끝날 때마다 파일을 공유하고, 온종일 To-Do List를 꼭꼭 보기 좋게 채워 넣으며 업데이트를 합니다. 근무시간이 종료되기 30분 전에 오늘의 과업을 요약해서 보고하고, 결재를 확인합니다. 이렇게 To-Do List에 따라 오늘도 무난히(?) 일해 냅니다.

임원과 팀장은 팀원의 일과^{日課}와 보고서들을 아주 쉽게 챙겨 볼 수 있습니다. 담당들이 To-Do List의 일들을 척척 잘 해 내니, 그들에게 맡겨진 업무가 적다고 판단하고 일을 더 늘려서 이것저것 추가로 지시합니다. 그가 더는 못하겠다고, 회사를 그만둘 수도 있다고 하기 직전까지 몰아붙입니다. 왜 업무를 늘리는지, 무슨 업무를 늘리고 있는지는 단지 임원과 팀장의 결정입니다.

경영진은 흐뭇합니다. 직원들을 이렇게 일하게 해야 당연하고, 내가 주는 월급이 아깝지 않다(?)고 여깁니다. 회사가 아주 잘 돌아가고 있다고 합니다. 내용도 잘 모르고, 뭐가 중요한지는 중요하지 않습니다.

만약, 정말 이렇다면 참 재미없는 최악의 직장인데, 이런 회사는 없을 것입니다. 과장하여 상상한 것으로 하겠습니다.

'정해진 것을, 정해진 때, 정해진 대로' 하는 것은 분명 좋은 것입니다. 직원들도 해야 할 일이 분명히 정해져 있기 때문에 본인의 에너지를 어떻게 집중해야 하는지 알 수 있습니다. 경영진 역시 톱 다운$^{Top\,Down}$으로 성과지표를 전개하고, 일사불란하게 회사 목표를 거의 실시으로 확인하고 관리할 수 있어 좋습니다. 적어도 늘 반복적인 업무 처리나 사소한 문제가 가끔 생기는 직장에서는 완벽한 방식입니다. 새로운 문제가 발생하지만, 기본적인 업무를 얼른 처리하고 문제 해결을 해야 하는 회사에서도 효과적, 효율적인 방식입니다.

그러나, '정해진 것을, 정해진 때, 정해진 대로' 일하는 방식을 도입하고 정착시켜, 정상적으로 운영하기에는 숨겨진 어려움이 분명히 있습니다. 보통, 시스템, 프로세스를 잘 만들어야 한다고 합니다만, 그게 전부는 아닙니다.

시스템이란, 개별적인 것들의 집합^{集合, Set}이고, 서로 유기적^{有機的}인 관계를 하며, 궁극적으로는 목표를 지향한다는 3가지 속성을 가지고 있습니다. 여기서 우리는 하드웨어나 업무적인 관점이 아닌, 그 시스템의 주체인 '사람' 중심으로 볼 필요가 있습니다.

즉, 각자 다른 성격과 태도, 욕망을 가진 사람들이 모인 '집합'이기에 IT 프로그램처럼 사람 모두가 말 그대로 하나가 된다는 것은 어렵습니다. 사람의 시간, 지식, 태도를 표준화하는 것 자체가 거의 불가능하고, 오히려 규정함으로써 더 큰 손실을 초래할 수도 있습니다. 그다음으로 '유기적인 관계'를 갖는 것인데, 이 부분은 어느 정도 일하는 순서나 (중간) 결과물로 통제할 수 있습니다. 다만, 결과물에 대해서는 만드는 사람과 보고하는 사람, 결정하는 사람의 기댓값이 다르기 때문에 일정 수준에 이르기까지 반복적인 피드백이 필요합니다.

'목표'라는 점은 'If'와 'Then'을 놓치면 안 됩니다. 즉, 경영진이 말하는 '목표가 달성(!)되면'이란 말보다, 직원은 '그러면 이만한(!) 보상을 받는다'를 더 기억합니다. 받을 것에 관한 더 큰 관심으로 정해진 그만큼의 목표에만 본인의 에너지를 알아서 조절하게 됩니다. 그 이상 쏟아붓는 일은 없습니다.

따라서, '정해진 것을, 정해진 때, 정해진 대로' 일하는 것은 업무표준, 매뉴얼, 절차라는 틀을 만드는 것부터 시작해야 하지만(이것들을 만들었다고 다 되는 것이 아니란 것을 이미 경험했을 겁니다), 성과를 올리고 유지하기 위해서는 여기에 '사람'에 대한 동기부여가 포함되어야 합니다.

동기부여가 되어야 시스템, 그 시스템을 운영하는 프로세스가 정상적인 작동을 하게 됩니다. 프로세스의 성공 요인은 동기부여의 선순환善循環입니다. 이 선순환에 대해 생각해 보겠습니다.

가장 기본적인 것은 임직원들이 느끼는 '안전감安全感, Psychological Safety' 입니다. 자기 포지션이 나빠지지 않는 것이고, 특히 회사가 나를 퇴직시키려는 계획이나 나에 대한 의심이 없다는 확실한 감정이 안전감입니다. 두려움 없는 이 안전감이야말로 조직 생활과 개인의 성취 의욕을 버티게 하는 힘이라고 할 수 있습니다. 퇴사나 해고의 불안감을 가진 사람에게 프로세스를 지키라고 하면 그가 받아들이겠습니까?

안전감이 필요충분해야 '행복감幸福感'이 생깁니다. 본인이 하는 일, 그 일의 결과와 성과에 대해 본인이 만족하고, 상사와 동료의 관심과 인정을 꾸준히 받는 것이 행복감입니다. 이것은 꼭 성과지표의 달성 여부와 일치되지는 않습니다. 특히, 자기 주도적 업무 수행에서 상당히 발현되고 크게 얻을 수 있습니다. 개인적인 부분이 큽니다.

그리고 '존재감^{存在感}'입니다. 타인으로부터 존중받고 있음을 아는 감정입니다. 논점이 합리적이고, 시의적절하며, 발전을 응원하는 다양한 피드백^{Feedback}으로부터 본인이 존중받고 있다는 자극을 얻습니다.

안전감, 행복감, 존재감이 중요합니다. 그러나, 이 세 가지는 온전히 자리 잡기가 여간 힘들지 않습니다. 논의 자체가 어려운 문제이며, 임직원들이 처한 사회적, 경제적 분위기나 인구 구성에 따른 세대 문제 등에 영향을 많이 받기 때문입니다. 그래서 기본적인 것부터 충실한 것이 좋습니다.

요즘은 이런 현상이 발견됩니다. "그들은 일에 대해 절대 자발적이지 않다. 딱 할 일만 하는 것이 월급쟁이로 최선이며, 과잉을 절대 견디지 못한다. 평생직장은 당연히 없고, 늘 새로운 직장이나 사업의 기회를 잡으려 한다. 회사는 회사고, 나는 나다. 회사를 믿는 것은 바보 같은 짓이고, 차라리 내 손에 쥔 주식$^{株式, Stock}$을 믿는다" 등등. 기업에 있는 사람이 모두 이러면 안 된다는 것이 일반적인 오너의 희망 사항이지만, 이미 상당히 그렇습니다. 회사가 잘 돼야 내가 잘 된다가 아니라, 회사가 잘 돼야 내 성과급이 더 나오니까 나에게 이익이 된다는 것입니다.

그럼, 본인의 일을 척척 알아서 하는 사람은 정말 애사심 때문일까요? 끈끈한 동료애 때문일까요? 경영진에 대한 존경심이나 보은^{報恩} 때문일까요? 일이 무척 재미있어서? 그렇지 않을 것입니다. 그렇게 일을 해야, 크든 작든 자신에게 이익이 된다고 생각하기 때문입니다. 그것도 그때만!

뒤집어 보면 여기에 답이 있습니다. 내게 이익이 된다면 임직원들은 정해진 것을, 정해진 때, 정해진 대로 할 가능성이 매우 커집니다. 그래서 본인의 인풋$^{Input, 소요시간과 자료 등}$은 적게 투입하고, 아웃풋$^{Output, 결과나 성과}$을 크게 만들 수 있도록 유인하는 것이 꼭 필요합니다. 이 관점에서 방법을 알아보겠습니다.

우선, '정해진 것을, 정해진 때, 정해진 대로'란 방식을 손에 잡히게 한 것을 '업무표준'이라고 이름을 붙이겠습니다. 이 업무표준을 만드는 것도 큰일이기에, 고리타분하게 들릴지 모르겠지만, 나름 업무표준에 대한 경영 철학, 즉 대의명분^{大義名分}이 필요합니다. 특히, '목적과 시기, 방식'이란 3가지를 경영진은 직원들에게 명확히 제시해야 합니다. 단순히 "그런 것이 있어야 하는 것 아니야?", "있으면 좋은데, 쓸모가 있고, 잘 활용할까?"가 아니고, 왜 업무표준이 우리 회사에 필요한가에 대해 직원들을 이끌고, 그들이 이해할 수 있는 논리가 만들어져야 합니다. 어설프게, 남들도 하는 것이니까 우리도? 그런 것 말고, 우리 회사의 스토리가 있어야 합니다.

왜 '지금' 그것(업무표준)을 만들어야 하는가에 관한 주장도 필요합니다. 왜냐하면, 대부분 회사는 매일, 매시간 문제가 터지고 있습니다. 당장 고객으로부터 클레임이 들어오고 있거나, 클레임이 될 만한 사건과 회사가 손해 볼 사건들이 계속 발생하고 있는데, 한가롭게(?) 책상에 앉아서 그림을 그리고 있으라는 게 직원들은 좀처럼 이해할 수 없습니다. 하라니까 하겠지만, 그래서는 정상적인 진행이 되질 않습니다. 지금 당장 해야 한다면 왜 당장 해야 하는지 이유가 분명해야 합니다.

업무표준을 만드는 방식에 대해서도 고민을 해야 할 것입니다. 누가 지침을 내릴 것인가? 누가 지도할 것인가? 어떤 파일로 만들 것인가? 등등. 분명한 것은 '형식이 내용을 규정한다.'라는 말처럼 가장 적합한 방식으로 업무와 사무의 누락이 없으며, 명확하게 표현될 수 있고, 개정이 쉽고, 누구나 알아볼 수 있도록 해야 합니다.

그다음으로, 업무표준은 스스로 만들어야 합니다. 대신 만들 수 없고, 누가 대신 만들어도 안 됩니다. 일이 많은 사람은 업무표준을 많이 만들어야 합니다. 일을 잘하는 사람이 일 잘하는 표준과 노하우를 공개해야 합니다. 스스로 만들어야 본인의 사무를 뒤돌아볼 수 있고 문제도 잘 알아챕니다. 그 사람이 개선에 신경 쓰도록 리더가 미리 이야기할 것이 있습니다. "그 일(업무, 사무) 꼭 해야 해? 해야 한다면 꼭 그렇게 해야 해?" 이런 생각이 중요합니다.

아직 아무것도 모르는 신입사원이 업무표준을 만들 수 없으나, 그 신입사원이 알 수 있을 정도로 만들어야 합니다. 고민이 되어 시간이 오래 걸립니다. 많이 만들고, 잘 만든 사람에게 '팔만대장경八萬大藏經상賞 -

표창장과 금일봉'이라도 주어야 합니다. 잘 참고해 냈으니까.

마지막으로, 사실 마지막이 아니라 시작입니다. 업무표준과 실제를 챙기는 일입니다. 임원과 팀장이 관찰을 잘해야 합니다. 업무표준대로 진행이 되는지? 애로 사항은 없는지? 빠진 부분이나 수정할 부분은 없는지? 그렇게 해서 업무 담당자는 뭐가 좋아지고 있는지? 등등. 실컷 만들라고 해서 만들었는데, 아무도 점검하지 않고 피드백하지 않으면 무슨 소용이 있습니까? 최초에 치열하게 논쟁했던 목적과 실제가 일치하는지 열심히 확인해야 합니다.

뭐가 좋아지고 있는지를 확인하고 공감하고 공개하는 것이 제일 중요합니다. 가장 중요하고 강조할 포인트는 인풋이 줄어드는 것입니다.

위와 같이 만들고 지속적으로 관리하면 좋습니다. 두 가지만 추가로 제시, 제안하겠습니다.

첫째, '정해진 것을, 정해진 때, 정해진 대로' 하는 업무표준은 처음엔 공수工數도 상당히 많이 들어가고, 비용도 들어갑니다. 그러나, 목적 중의 하나가 자원의 인풋을 줄이는 것이기에, 이것만 잘 정하고 관리가 된다면, 결국 인풋 되는 비용이 줄기 때문에 딱 떨어지는 계산은 안 되지만, 회사의 이익으로 돌아옵니다. 그러니, 할 수 있을 때 하는 것이 좋습니다.

둘째, 모순처럼 들릴 수 있는데, 소위 똑똑한 사람들(그 사람이 누구인지는 아실 겁니다)에겐 이런 것을 만들거나, 꼭 지키라고 강요하지 않는 게 좋을 것입니다. 누구는 지키고 누구는 안 지키면 안 되는 것이지만. 달리 말해서, 정형 업무와 비정형 업무는 구별이 필요합니다. 사람을 용도에 맞게 일하게 하는 것이 훨씬 더 중요하기 때문입니다. 표준이란 틀에 가두면 안 되는 사람들이 있습니다.

반복적인 정형 사무엔
'정해진 것을, 정해진 때, 정해진 대로'가 맞습니다
그리고 그것은 완벽해야 합니다
그래서 완벽하다는 확신이 생길 때까지 점검을 '반복'해야 합니다

그대로 되는지 안 되는지
경영진이 확인할 마음과 시간이 없으면
하지 마십시오
아직 때가 아닙니다   **Management & Leadership**

Go-To-Win®

6 - 8
'디지털 혁신 2.0시대'라고?

Platform, Bolckchain, FinTech, Virtual Asset, Web2.0, Algorithm, Hydrogen economy, ESG, Metaverse, NFT, Big Blur … &

2016년 세계경제포럼(WEF[World Economic Forum, 다보스 포럼])에서 디지털 혁신이 화두였고, 코로나 19 이전 약 3년간이 '디지털 혁신 1.0'이었다면, 팬데믹[Pandemic]을 거치는 지금을 '디지털 혁신 2.0' 시대라고 합니다.

디지털 시대를 맞이하여, 산업계에 새롭게 등장한 Business[용어]

가 많습니다. 간략하게 정리해 보겠습니다. '플랫폼^{Platform} | 공급자와 수요자 등 참여한 여러 그룹이 공정한 거래를 통해 각자가 기대하는 가치를 교환할 수 있도록 만들어진 환경. 블록체인^{Blockchain} | 온라인 거래 정보를 수정할 수 없도록 데이터를 블록으로 만들고 암호 기술을 사용한 체인으로 연결하여 분산 컴퓨팅 기술로 저장·관리하는 방식. 핀테크^{FinTech} | Finance + Technology, 금융과 IT의 융합을 통해 변화된 금융 서비스 및 산업. 가상자산$^{Virtual\ Asset}$ | 컴퓨터 등에 정보 형태로 존재하는 것으로 실물이 없이 사이버상으로 거래되는 자산. 웹2.0$^{Web2.0}$ | 사용자 참여 중심의 인터넷 환경. 알고리즘^{Algorithm} | 사용자 이용 기록, 개인 정보 등을 활용하여 사용자에게 맞춤형 콘텐츠나 광고 등을 보여주는 규칙이나 시스템. 수소경제 | 석유나 석탄 등의 화석연료를 대체할 에너지원으로 수소를 개발하여 관련 산업을 육성하려는 경제. ESG$^{Environmental,\ Social\ and\ Governance}$ | 기업 활동에 친환경, 사회적 책임 경영, 지배구조 개선 등 투명 경영을 고려해야 지속 가능한 발전을 할 수 있다는 경영의 개념이나 방식. 메타버스^{Metaverse} | Meta + Universe 현실 세계와 같은 사회·경제·문화 활동이 이루어지는 3차원의 가상 세계. NFT$^{Non-Fungible\ Token}$ | 교환과 복제가 불가능하여 각각의 고유성과 희소성을 지니는 블록체인 기반의 토큰. 빅블러$^{Big\ Blur}$ | 빠른 변화로 인해 기존에 존재하던 산업의 비즈니스 경계가 모호하게 되거나 사라짐.'

애플^{Apple}은 2018년 8월 기업 가치 1조 달러를 넘어섰습니다. 스티브 잡스$^{1955-2011}$가 실리콘밸리 차고에서 1976년 4월에 창업한 지 42년 만의 사건입니다. 이후 코로나 19 사태로 2020년 3월 잠시 1조 달러 아래로 내려갔지만, 불과 5개월 만인 8월 19일 뉴욕 증시에서 두 배인

시가총액 2조 달러, 약 2,400조 원을 돌파했습니다. 2년 만에 또는 5개월 만에 두 배가 된 것입니다. 간단히 말하자면, 코로나 19로 재택근무가 확산하면서 아이클라우드, 애플 뮤직, 애플TV+, 애플 아케이드 등 비대면 사업 부문의 탁월한 실적 덕분이었습니다. 그리고 2022년 1월 3일 장중 시가총액 3조 달러, 약 3,580조 5,000억 원을 세계 최초로 돌파했습니다.

기업 경영의 불확실성은 항상 존재하였지만, 이제는 그 범위를 가늠할 수 없을 정도로 팽창하면서 대기업, 중소기업, 제조기업, 비제조기업을 불문하고 '모바일, 클라우드, 인공지능[AI] 등 기술의 디지털 기반으로 비즈니스 전반을 변화시키는' 디지털 트랜스포메이션[DT, Digital Transformation, DX]을 통한 프로세스 혁신과 새로운 비즈니스 모델 개발에 관심을 가질 수밖에 없는 상황이 되었습니다. 특히, 매출이 정체나 감소하는 상황에서는 더욱 그렇습니다.

그러나, 현실을 보면 DT를 적극적으로 추진하는 국내 기업은 2020년 5월 기준으로 9.7%이며, DT 전담 조직을 보유한 기업은 2.1%에 불과하다고 합니다. 제조업은 제조 공정의 스마트화, IT와 서비스업은 플랫폼 사업 창출을 위해 DT에 집중하고 있으나, '사업 특성상 필요 없어서, 재정적 여건이 안 되어, 전문 인력 확보가 어려워, DT를 추진할 계획이 없다'라는 기업도 약 37%로 나타났습니다. 국내 중소기업의 경우엔 DT의 개념과 추진 방법에 관한 정보가 거의 없는 상태입니다.

디지털 트랜스포메이션[DT, DX]

기업 생존과 성장을 위한 핵심 과제로 등장

데이터 활용 역량이 기업의 핵심 경쟁우위로 부상하면서 기존 산업의 비용 구조 및 수요·공급 모델에 변화가 나타나고 있으며, 이에 대응하기 위해 디지털 기반으로 '고객 경험, 운영·관리 프로세스, 비즈니스 모델 등'을 변화시키는 경영 전략으로 디지털 트랜스포메이션을 선택할 수밖에 없습니다. 심지어, DT로 인한 기존 시장 구조의 급변이 지속하면, 현재 18년 정도인 기업 평균 수명은 2027년에 12년으로 단축되고, S&P 500대 기업 중 절반이 사라지고 그 자리가 다른 회사로 대체될 것이라는 예측도 있습니다.

맥킨지McKinsey의 2019년 보고서에 따르면, 많은 기업이 지속 가능한 성장에 매우 긍정적인 영향을 주는 DT에 상당한 노력을 하고 있지만, 최종적으로 성공한 기업은 약 3%에 불과하다고 합니다. 또한, 선발 기업과 후발 기업의 DT 투자 규모는 유사하지만, 성공과 실패를 가르는 요인은 'DT 전략과 실행'의 문제로 밝혀졌습니다. 즉, 기존 사업의 비즈니스 모델과 운영 모델을 어떻게 전환하고 확장할 것이라는 점이 중요합니다. '비즈니스 모델'은 시장에서 가치를 발견하고 창출하는 방식이며, '운영 모델'은 비즈니스 모델이 지향하는 가치를 조직에서 구현하는 방식을 말합니다.

디지털 트랜스포메이션? 경영經營 불안不安의 극복을 위해

"시장과 고객? 알 만한 것도 있고, 명확하게 말할 수 없는 뭔가 있는 것 같습니다. 아무튼, 매출과 이익에 심각한 변동이 계속 발생합니다. 긴장되지요. 이런 상황이 계속된다면 지금의 사업이 제대로 될는지, 앞으로도 성장할 수 있는지 확신이 서질 않습니다. 사업에, 조직에 분명히 뭔가를 하긴 해야 할 것 같은데, 이러다가 사업과 경영에 실패할 수 있겠다는 불안한 현실입니다."

확실한 예측이 어려운 시장과 고객의 변화와 놀라운 디지털 기술을 끌어안고 가야 하는 디지털 혁신 2.0 시대입니다. 디지털 트랜스포메이션은 거부할 수 없는 시대의 흐름이며, 누구에게는 (급)쇠퇴의 길이고, 누구에게는 (급)성장의 길이 될 것입니다.

DT 전략 설정에 중요한 점은, 성공적인 디지털 트랜스포메이션이 반드시 사업과 운영의 완전한 해체나 급진적인 파괴를 강요하는 게 아니며, 지금의 비즈니스 모델에 디지털 신기술의 활용으로 고객의 문제를 해결하는 것이므로 그 핵심은 항상 '고객'에 있다는 것입니다.

우리 중소·중견기업의 디지털 트랜스포메이션 추진 방향을 ① 고객 가치의 새로운 탐색, ② 운영 모델과 기술의 확보, ③ 투자 유치 또는 자금 확보, ④ 청년 주도, ⑤ 진정한 오픈 이노베이션으로 제시하겠습니다.

첫째, 고객 가치의 새로운 탐색이 필요합니다. 이 탐색은 새로운 일이 아닙니다. 오늘날 고객이 경험하는 그들의 생태계, 신기술 등이 고객의 욕구와 요구를 빠르게 변화시키기 때문에 그에 맞게끔 다시 탐색하는 것입니다.

B2B, B2C 사업과 관계없이 고객의 불만과 위기감이 무엇인지를 탐색해야 합니다. 어쩌면 고객 그들조차도 정확히 알지 못하는 숨겨진 요구까지 탐색해야 합니다. 제조업이라면, 기획에서 개발을 거쳐 양산, 물류까지 '전체 사업 프로세스'에서 고객이 만족하지 못하고, 피하고 싶은 상황을 정의하고, 해결 방법을 찾아 디지털 신기술의 도입과 활용을 검토하는 것입니다.

B2C 사업의 경우엔 시장과 고객의 피할 수 없는 요구가 바로 '개인화'입니다. 개인화^{Personalized} 된 맞춤형 제품이나 서비스의 제공이 대전제^{大前提}입니다. 내 지갑을 열고 싶으면, 그만큼 나에게 매력적이어야 한다는 인식입니다. 결국, 고객의 경험과 요구를 데이터로 분석하고, 회사와 고객의 교집합을 키워 가는 것입니다.

이 두 가지 방법의 실행에 부담을 느끼거나 위험을 피하고 싶다면 '2위$^{Second\ Class}$ 전략'을 진행해 보십시오. 같은 업종의 경쟁사가 디지털 트랜스포메이션을 먼저 하고 있으면 그들의 시스템과 성과를 벤치마킹하고 연구하여 일단 닮은꼴로 진행하는 것입니다. 먼저 추진했다고 시장과 고객 전부를 다 가질 수는 없으니, 두 번째로 진입하여 시행착오를 철저히 줄이는 방법입니다. 먼저 추진한 회사가 국내든 해외든 비즈니스 모델이 동일하다면 철저히 연구합니다.

둘째, 비즈니스 모델을 받쳐 주는 운영 모델과 기술의 확보입니다.

비즈니스 모델의 변화를 확정하였다면, 당연히 그 비즈니스를 성공시키기 위한 조직을 재구성하면서, 필요한 기술을 확보합니다.

여기서, 기존 조직을 활용하기보다는 완전히 별도의 조직이나 사업체를 설립하는 것을 강조하고 싶습니다. 기존의 조직으로는 감당이 되질 않습니다. 아니면, 이미 기술을 보유한 (스타트업) 회사를 M&A 하는 방법을 권합니다.

셋째, 투자 유치와 자금 확보입니다. 중소기업들이 디지털 트랜스포메이션을 선뜻 받아들이지 못하는 이유 중의 하나가 재정이 넉넉하지 않다는 것입니다. 거기에 덧붙이면, 도대체 얼마나 돈을 써야 할지 경영자가 구체적으로 알 수 없기 때문입니다. 따라서, 자금이 넉넉하지 않은 기업이라면, 위에서 언급한 신규 사업체 설립이나 기술 보유 회사를 M&A 하는 것이 투자 유치나 재무 운영에 비교적 유리할 수 있습니다.

넷째, 청년 주도로 추진합니다. 한동안 40세 이상 임직원에게는 ICT 관련 교육을 '절대' 하지 말라는 말도 있었습니다. 교육 훈련에 상당히 큰 비용을 부담하지만, 그 효과는 기대에 턱없이 미치지 못한다는 이유랍니다. 시대의 흐름을 20~30대 청년이 주도하고, 주도할 것이기에 이 DT 전략은 청년이 주도해야 합니다. 엄청난 아이디어 내놓기, 아이디어 구현을 위한 디지털 신기술 활용, 사용자 관점에서의 검증 등등에 청년들이 매우 유리하기 때문입니다.

하지만, 디지털 트랜스포메이션을 주도하는 청년들에게 마흔 살 안팎 장년들의 조언이 꼭 필요합니다. 사업을 만들어 내는 것과 매출 사업화와 사업 운영은 분명히 다르고, 장년들에게는 그것의 경험이 있습니다. 이렇게 비즈니스 모델과 운영 모델이 청장년의 협업으로 만들어지면 위험을 상당히 피할 수 있습니다.

다섯째, 진정한 오픈 이노베이션$^{Open\ Innovation}$입니다. 경영자가 본인의 불안을 떨치는 가장 효과적인 방법은 새로운 도전에 온전히 힘을 쏟는 것입니다. 새롭지 않으면 살아남을 수 없다, 변하지 않으면 안 된다는 결심으로 제품, 기술, 운영, 조직 문화까지 열린 상태에서 진심으로 혁신해야 함은 말이 필요 없습니다. 본인 업무와 권한의 80% 이상을 위임하고 디지털 트랜스포메이션의 인재 확보와 기술 개발에 집중하시면 됩니다.

디지털 2.0 시대
경영자가 '귀한 인재'를 찾는 것이 가장 시급합니다

Management & Leadership

Go-To-Win®

6 - 9
스타트업 애로 사항과 솔루션. 그리고 기대

스타트업Startup이란 신생 벤처기업을 말합니다. 1995년에서 2000년 닷컴.com 창업 붐과 버블 시기에 생겨난 말로 고위험, 고성장, 고수익 가능성을 가진 기술과 인터넷 기반의 혁신적인 사업 모델을 보유한 창업 기업으로서, 대규모 자금 조달 이전 단계라는 점에서 벤처기업과 차이가 있습니다. 국내에서는 창업 보육 기타 공공 기관인 창업진흥원이 2008년에 승인되었으며, 그때부터 13~14년간 스타트업을 지원하였습니다.

스타트업에 대한 정의를 좀 더 살펴보면 다음과 같습니다. Y Combinator 공동 창업자인 폴 그레이엄Paul Graham, 1964~은 "스타트업은 매우 빠르게 성장하도록 디자인된 기업이다. 지리적인 제약 없이 성장에 집중한다는 것이 작은 사업(체)과 다르다. 동네에 있는 레스토랑이나 프랜차이즈는 스타트업이 아니다."《The Startup Owner's Manual》의 저자인 스티브 블랭크$^{Steve\ Blank\ 1953\sim}$ 스탠퍼드대 교수는 "스타트업은 반복적이고 확장 가능한 비즈니스 모델을 찾아내기 위해 만들어진 조직이다." Warby Parker 공동 창업자인 닐 블루멘탈$^{Neil\ Blumenthal\ 1980\sim}$은 "스타트업은 해결책이 명확하지 않고, 성공이 보장되지 않는 영역에서 문제를 해결하기 위해 노력하는 기업이다." IMVU 공동 창업자이자 《The Lean Startup》의 저자인 에릭 리스$^{Eric\ Ries\ 1978\sim}$는 "극심한 불확실성 속에서 신규 제품이나 서비스를 만들고자 하는 조직이다."라고 정의하고 있습니다.

요약하면, 스타트업의 가장 중요한 속성은 '비즈니스를 확장할 수 있고, 지속적으로, 가파르게 성장할 수 있는가?'라는 것이 스타트업에 대한 판단의 적정한 기준이 될 것입니다. 따라서, 있으면 좋은 사업이지만, 없어도 그만인 사업은 스타트업이 아닙니다. 따라서, 작은 규모의 기업뿐 아니라, 대기업도 할 수 있는 사업입니다. 우리가 진행하고 있는 사업이 과연 스타트업의 본질에 들어맞으며, 스타트업으로서 사업성이 있는 것인지를 한 번쯤 짚어 보고, 돌아보아야, 가야 할 길을 올바르게 찾을 수 있을 것입니다.

스타트업 붐 현상이 두드러집니다. '스타트업'만의 조사 통계가 없으니, 중소벤처기업부의 '2020년 1인 창조기업 실태조사'를 참조하겠습니다. 1인 창조기업은 상시 근로자 없이 사업을 영위하는 1인 또는 5

인 미만의 공동 사업자로서 도소매업, 숙박업, 음식업, 주점업 등 32개 업종을 제외한 기업을 말합니다.

1인 창조기업은 2017년 40만 2,612개사에서 2018년 42만 7,367개사로 6% 정도 증가했습니다. 업종별로는 제조업 41%, 교육서비스업 25%, 개인 및 소비용품수리업 10%에 종사하고, 평균 매출액은 2.43억 원, 평균 고용인원은 2.3명이라고 합니다. 창업 동기는 적성과 능력 발휘가 60%, 높은 소득 창출 20%, 생계유지 24%이며, 창업 준비 기간은 7.8개월로 조사되었습니다. 최근 코로나 19로 84.5%가 어려움을 겪고 있으며, 신규 판로 개척 45%, 비대면 서비스 강화 20%, 주요 제품과 서비스 변경 11%와 같이 대응하고 있다고 합니다.

2020년 중소벤처기업부와 창업진흥원에서 발표한 창업실태조사(2021.5, 2018년 기준)에 따르면, 창업 기업 수는 2016년 173.3만 개, 2017년 174.7만 개, 2018년 187.4만 개로 2016년 대비 8%가 증가하였습니다.

이렇게 창업기업, 스타트업 창업이 확산하는 이유는 무엇일까요?

첫 번째 이유는 '일자리 미스매칭Mismatching'으로 볼 수 있습니다. 청년 세대는 불안정한 일자리가 아닌 제조업이나 공공일자리와 같은 양질의 일자리를 희망하는데, 2019년에 비해 2020년에 30대의 일자리가 제조업에서만 3만 8,000개 줄었습니다. 이러한 일자리 미스매칭은 15~34세 미혼 청년 중 니트족NEET, Not in Education, Employment, Training. 일하지 않고, 일할 의지

^{도 없는 청년 무직자}의 수가 172만 3,000명이란 숫자(10명 중 1명)와 떼어 볼 수 없습니다.

직업의 안정, 소득의 안정, 먹고살기 위해, 부자가 되기 위해, 받아주는 곳 없고 갈 곳이 없는 어려운 시기에 이불을 걷어차고 나와 자신의 재능과 시간으로 뭐든 해 보려는 발버둥으로 시작하는 경우가 많습니다. 물론 기업에서 재직 중에 멋진(?) 아이디어를 가지고 자기 사업의 욕구를 채우려는 창업자도 있으나, 이 역시 기업 내에서 일자리 미스매칭과 무관하지 않습니다.

두 번째 이유는, 스타트업이 디지털 1.0~2.0 시대를 살아가는 MZ세대^{1980-2000년 출생}에게 익숙한 생태계라는 점입니다. MZ세대는 집단보다 개인의 행복, 소유보다 공유, 경험을 중시하면서, 무엇을 구매할 때도 자신의 신념을 나타내는 '미닝 아웃^{Meaning Out}' 소비를 주도하는데, 이러한 미닝 아웃 소비의 공급자 역할에 도전하는 것이 MZ세대의 움직임입니다.

사람들의 욕구를 연결하는 생태계의 탐색, 발굴과 조성을 시스템 사업화하려는 호기심을 발휘함과 동시에 자신의 스타트업에 정체성과 비전을 일치하려고 시도합니다. 기울어진 운동장에서 탈출하여 자신이 원하는 부^富와 행복, 나아가 사회적 기여를 이루기 위해 힘들어도 버티고 있습니다.

세 번째 이유는, 스타트업이 세계적으로 급증하고 있다는 것입니다.

스타트업 관련 글로벌 사이트인 스타트업 랭킹에 따르면 현재 스타트업은 미국 7만 217개, 인도 1만 2,069개, 영국 6,063개이며, 중국은 614개, 한국 338개라고 합니다. 미국 시장 조사업체인 CB인사이츠에 따르면, 유니콘 TOP 3 국가는 미국 478개, 중국 169개, 인도 50개입니다. 한국은 11개로 싱가포르와 함께 공동 10위입니다. 2021년 9월 집계된 전 세계 유니콘 기업은 936개로 전체 시장가치가 3조 490억 달러, 약 3,615조 원이라고 합니다.

또한, 스타트업을 끊임없이 자극하고 있는 미국 빅테크 기업 20개를 마켓워치 사이트에서 알아보겠습니다[(2021.7)]. 대형 기술주를 대상으로 앞으로 3년간 가장 성장할 기업들을 추정한 것인데, 1위부터 보면 스퀘어, 테슬라, 우버, 줌, 마이크론, 서비스나우, AMD, 메타(페이스북), 엔비디아, 페이팔, 아마존, 알파벳, 세일즈포스닷컴, 마스터카드, 인튜이트, 어도비, 넷플릭스, 비자, 어플라이드 머티어얼즈, 마이크로 소프트입니다. 이런 대형 기술기업은 미국 경제가 성장하면서 최고의 매출 증가세를 보일 것으로 예상합니다.

글로벌 혁신 벤처, 스타트업 육성을 위해 중소벤처기업부는 2022년 예산에서 중소기업모태조합출자 5,200억 원과 민관협력창업자육성 1,303억 원을 편성하였고, 기타의 정부 지원 등을 합하면 약 2조 원 가까운 예산으로 창업 및 스타트업 육성에 힘을 쏟고 있습니다.

창업 기업 대표들이 말하는 창업 장애, 기피 요인은 무엇일까요?

창업 활성화 정책과 벤처 투자를 확대하고 있는 중소벤처기업부와 창업진흥원의 2020년 창업기업실태조사에서 (복수 응답) 창업자 대표들의 애로는 ① 창업 자금 확보 애로 72%, ② 창업 실패 및 재기에 대한 두려움 44%, ③ 창업 관련 지식, 능력, 경험 부족 34%, ④ 창업 준비부터 성공까지 생계유지 26%, ⑤ 창업 아이디어, 아이템 부재 9%의 순으로 나타났습니다.

이 데이터를 2019년 기업생멸행정통계와 겹쳐 볼 필요가 있습니다. 우선, 2018년 신생기업의 산업별 생존율은 63.7%입니다. 전기·가스·증기 90.6%, 보건·사회복지 81.3%, 제조업 73.5%가 상위이고, 하위로는 금융·보험업 51.9%, 도·소매업 59.5%, 사업시설관리 59.7%입니다. 즉, 신생기업 10개 중 3~4개가 1년을 넘기지 못하고 소멸합니다.

창업 기업의 기준을 1인 이상으로 넓히면, 2018년 창업 열풍이 불어 창업 기업이 92만 개로 3년 연속 사상 최고치를 기록했습니다. 그러나, 92만 개 중 종사자가 1명이거나 연 매출액이 5,000만 원 미만인 영세기업이 89.3%인 82만 1,000개였습니다. 업종도 숙박, 음식점, 도·소매업에 치우쳤습니다. 그해 사라진 소멸 기업 69만 8,000개의 92.2%인 64만 4,000개가 1인 기업이었습니다.

또한, 우리 경제의 가장 아픈 부분이 있습니다. 2018년 제조업 고용 인원이 504만 명인데, 영세 자영업이 대부분인 도·소매(358만 명), 숙박 음식(178만 명), 부동산(170만 명)의 합계가 706만 명으로 제조업 종사자보다 약 200만 명, 40%가 많습니다. 또한, 활동 기업 625만 개

중 79%인 492만 개는 1인 고용입니다. '10명 중 8명은 셀프 고용'인 셈입니다. 그야말로 한국 제조업의 엄청난 위기입니다.

이런 문제들을 해결하기 위해 정부, 기존 기업은 물론이고, 스타트업이 활력을 되찾아야 합니다. 창업 기업의 대표들이 말한 창업의 장애, 사업화의 어려움을 어떻게 풀어야 할지를 생각해 보겠습니다. 이 다섯 가지는 시간과 과정[단계]과 상황이 서로 얽혀 있는 것이지, 따로따로가 아닌 것은 분명합니다.

첫째, 창업 자금 확보 애로(72%)에 관한 생각입니다.

수년 또는 수십 년간 기업을 성장시킨 사업가들은 단순하게! 말합니다. "사업은 사람과 돈이다". 사업가마다 다르겠지만, 여기서 사람은 기술과 네트워크입니다. 사업 구상을 제품이나 서비스로 만들어내는 과정에 들어오는 사람들입니다. 그런데, 돈과 관련된 사람은 누구일까요? 1인 창업을 하든 몇몇이 모여서 하든 액셀러레이터나 인큐베이터의 도움을 받지만, 정말 필요한 사람 중의 한 사람은 자금을 담당하는 사람일 것입니다. 그런데, 스타트업 초기의 인원 구성을 보면 대부분 이 사람이 없고, 자금 조달과 운용까지 전문적인 지식과 네트워크가 없는 창업자가 홀로 맡아서 하는 경우가 많습니다.

스타트업도 아주 작지만 기업입니다. '기술만 있으면 되지?' 스타트업이 참신한 아이디어와 기술로 시작되는 만큼, 그 기술자처럼 초기 단계부터 자금(재무) 전문가도 파트너로서 참여하는 것이 맞습니다. 자금 확보, 운용과 투자 유치에 온 힘을 쏟아서 사업 모델이 매출을 일으켜 본격적인 사업으로 성장하게끔 스타트업의 살림을 챙기는 것도 '재무 기술'입니다. 재무 기술자[전문가]가 없으니 사업 운영 자금의 확보에 큰 문제가 생기는 것입니다. 지금이라도 사람을 찾으십시오.

둘째, 창업 실패 및 재기에 대한 두려움(44%)에 관한 생각입니다.

먼저, 이 말씀을 꼭 드리고 싶습니다. "사업[창업]이 실패했다 하더라도, 당신은 절대 실패자가 아닙니다. 당신의 생각과 행동 중에서 하나가 잘못된 것뿐입니다." 그리고, "재기에 성공하려면 실패한 후가 중요한 것이 아닙니다. 지금 하고 있거나, 실패했던 모든 과정을 많은 사람이 알고 있어야 재기의 가능성이 큽니다."

스타트업의 성공과 실패는 당사자인 창업자의 판단입니다만, 대부분 창업의 실패는 매출 미달, 수익 없음, 더 이상 운영할 수 없으므로 파산과 소멸입니다. 스타트업 역시 고객이 인정하는 상품성을 갖추지 못하면 기대하는 매출이 발생할 수 없습니다. 창업자는 사업 과정에서 '개발의 절벽'과 '매출의 절벽'을 만나게 됩니다. 기술의 영역으로서, 아이디어를 가지고 사업을 발굴하고 창업해서 개발하고 커스터마이징을 했지만, 고객이 이 제품과 서비스에 관심을 두지 않는 상황을 마주하는 것이 개발의 절벽입니다. 다른 하나는, 고객의 관심을 끌었지만, 창업자가 의도한 만큼의 매출이 달성되지 않아 결국 신사업으로 성립되지 못하는 매출의 절벽입니다. 여기는 마케팅과 영업의 영역입니다.

사실, 엄청 두렵습니다. 너무 쉽게 말하는 것 같지만, 두려움이 커질수록 실패를 피하려는 생각보다, 두려울수록 성공을 생각하는 편이 훨씬 더 낫습니다. 실패를 피하려고 하면, 결국 실패를 피하는 것뿐이지 성공하는 것이 아니기에 어려움이 반복됩니다. 어떻게 생각하든, 두려움은 현실입니다. 사업은 이 두려움을 극복해 가는 과정이라 스타트업 창업자에게만 찾아오는 것이 아닙니다. 유니콘에게도, 기존 빅테크 기업의 경영자에게도 두려움은 항상 곁에 있습니다. 두려움과 욕망을 두 손에 올려놓고 사업을 경영하는 것입니다. 그래서, 경영자는 항상 대안 A, B, C를 생각해 둡니다.

셋째, 창업 관련 지식, 능력, 경험 부족(34%)에 관한 생각입니다.

50~60대 스타트업 창업자도 지식, 능력, 경험이 충분하지 않습니다. 젊은 창업자에 비해 본인이 경험했던 부분이 좀 더 많을 뿐입니다. 스타트업의 생태계는 기존 사업과는 다른 생태계 아니겠습니까? 이 부족분은 본인이 발품과 시간품을 팔아야 서서히 채워지는 역량입니다.

미국, 독일, 중국 등의 스타트업 창업보육시스템이 우리나라와 약간 다르지만, 분명한 것은 우리나라의 스타트업 지원제도와 자금이 절대 뒤지지 않고 충분합니다. 정부나 공공기관 등의 지원 정책, 공간 제공, 자금 지원, 기술 공유, 실증, 마케팅, 판로 개척 등등 창업부터 매출까지 전체 프로세스에 걸쳐 창업자의 지식, 역량의 부족을 채워줄 각종 제도가 마련되어 있습니다.

이러한 부족을 실감하고 있다면 도와줄 사람을 찾아내는 것도 창업자가 해야 할 일입니다. 단, 듣기 좋은 '말씀'을 만나지 말고, 좋은 '사람'을 만나는 게 중요합니다. 좋은 사람을 만나기까지 찾아다니는 것을 멈추면 안 됩니다. 어렵게 찾은 이 좋은 사람이 유니콘에 이르기까지 당신을 도울 것입니다.

넷째, 창업 준비부터 성공까지 생계유지(26%)에 관한 생각입니다.

일찌감치, 항상 예산! 예산!! 예산!!!을 관리해야 합니다. 대부분 투자 유치에 성공하기 전까지, 창업보육지원을 받거나 그전까지 내 돈을 넣고 시작합니다. 개발 공간이나 운영의 지원을 받지만, 충분한 매출이 언제 발생할지 모르는 상태에서 회사 주머니와 내 주머니의 구분 없이 돈이 빠져나가면 난감함을 넘어 열패감과 자괴감까지 몰려옵니다. 가족을 책임지거나, 몇 안 되는 직원들의 생계 불안이 걷잡을 수 없게 됩니다.

운영이든 투자든 돈을 빌리는 것도 창업자 사장의 능력입니다. 그러나, 그 이전에 내 주머니와 회사 주머니와 직원들의 주머니는 철저히 분리해야 합니다. 창업자로서 당연히, 매우 힘든 자금 운용입니다. 이미 말했듯이, 창업 초기부터 자금 운용 전문가와 시작하는 것이 그래서 중요합니다. 사업에 성공하기도 전에 고꾸라질 수는 없지 않습니까? 이 사람과 본격 창업을 하기 전에 그나마 구체적인 자금 운영 계획을 (보수적으로, 최악의 상황을 두고) 짜 놓고 시작하십시오. 늦었지만 지금이라도 그렇게 해야 합니다. 창업자가 어찌어찌 이리저리 돌려막기는 절대 통하지 않습니다.

직원이 하나둘 늘어날 때마다 성공으로 가는 길이 보이기도 하지만, 그 반대로 실패의 위험도 하나둘 커지는 게 자금입니다. 몇 명까지 버티고, 몇 명으로 성공할 것인가를 창업자가 고민해야 합니다. 생계유지에 관한 걱정은 미리! 일을 벌여 놓고 하는 것이 아니라, 일을 벌이기 전에 해야 합니다.

다섯째, 창업 아이디어, 아이템 부재(9%)에 관한 생각입니다.

있으면 좋고, 없어도 그만인 아이디어나 아이템이 스타트업의 성공을 보장할 수 있을까요? 창업 전에 사업 아이디어나 아이템이 '과연 스타트업이라고 할 수 있는지' 매우 객관적으로 살펴야 합니다. 설사, 무슨 창업 경진 대회에서 큰 상을 받았다고 창업의 성공이 보장되는 것이 아닙니다. 그냥 거기서 상 받은 것으로 끝입니다. 사업과는 전혀 다른 이야기입니다.

창업해 놓고, 아이디어와 아이템이 없다? 이렇다면 창업자로서 무책임하고 자격이 없다고 합니다. 창업보육기관들이 공모하고, 액셀러레이팅을 하는 것은 그들도 할 일을 해야 하기 때문입니다. 사업은 오롯이 창업자가 하는 것입니다. 그래서, 창업자에게는 액셀러레이션보다 남다른 스케일업 전략이 훨씬 중요합니다. 최소한 창업 기업 생존율과 손익분기점을 넘고, 안정된 수익을 올리고, 나아가 새로운 사업의 투자까지 추진하려면 어느 시장, 어느 고객에게 집중해야 할 것인지가 중요합니다. 큰돈을 벌고 싶다면서, 창업자가 겨냥하는 시장이 작은 규모라 매출이 안 올라간다고, 내 사업을 인정받지 못했다고 하소연하면, 앞뒤가 맞는 말이 아닙니다.

또한, 지식재산권도 살펴야 합니다. 아주 열심히 개발하던 중에 특허에 저촉되는 것을 알게 되면 전부 엎어지는 꼴이 됩니다. 특허를 비롯한 지식재산권에 예리한 관심이 필요하고, 본인 창업자의 기술도 마찬가지로 보호받도록 하십시오.

업종과 규모와 관계없이 다양한 형태의 스타트업으로 돌파해야 합니다.

1990년대 중반 이후 한국의 장기성장률이 '5년마다 1%포인트 하락의 법칙'에 따라 거의 규칙적으로 추락하고 있다고 서울대학교 김세직 교수는 국가 통계를 연구하여 주장하고 있습니다. '제로성장시대'입니다. 한계 산업, 한계기업, 부도 기업이 급증할 수 있습니다.

흔히 말하는 시장과 고객의 변화에 더해 '기술의 발전'이 우리 기업이 가야 할 곳을 정하고 있습니다. 전통적인 제조업 역시 모든 경영 체계의 대전환이 필요합니다. 또한, 디지털 시대를 맞아 부진했던 신사업의 기회를 찾아야 합니다. 스타트업이 하나의 선택이며, 이곳에 물적 자본과 인적 자본을 축적하여 돌파해야 합니다.

지금까지 정부나 공공기관이 주도했던 창업 육성을 더 확대하고 정교하게 발전시켜야 하겠지만, 이것만 가지고 되는 것은 아닙니다. 대기업, 중견기업, 중소기업 모두 직원들의 스타트업 사내 창업을 적극적으로 장려하고 지원해야 합니다. 그리고 기업이 직접 공모하여 후원하는 스타트업과 협업을 해야 합니다.

우리가 사는 이 세상^{지구, Earth}에 매우 중요하고
정말 어려운 문제가 아주 많습니다
'식량, 음식물의 폐기와 결핍, 질소, 육류 소비, 유아 사망, 냉난방 단열 등'
이 해결을 스타트업에 부탁하고, 기대합니다

Management & Leadership

7

고비가 많습니다

Go-To-Win®

7 - 1
변하는 세상에 길을 잃은 리더들

보이는 변화는 제발 보십시오
외면하지 말고

'변하지 않는 것은 변한다는 사실뿐'이란 말이 있습니다. 변화는 위기危機이고, '위기에는 위험危險과 기회機會가 공존한다.'라는 말도 있습니다. 그러나, 많은 기업이 위험에 점점 빠져들고, 가물가물한 기회를 찾지 못하고 있습니다. 모든 게 변한다는 지금, 눈에 뻔히 보이는 뻔한 길조차 리더들이 찾지 못합니다. 이러니 세대를 아울러 평범한 사람들이 현실과 소망 사이에서 갈팡질팡합니다. 조직에는 리더라고 불리는 계층이 다양하고 많습니다만, 이것저것 빼고 보면 역시 경영진이 가장 책임 있는 리더입니다. 책임보다는 권력이 있다는 표현이 더 나을 겁니다만, 책임지는 리더의 활약을 기대하며 여기서는 그렇지 못한 부분을 살펴보겠습니다.

첫째, 매년 새해가 시작되기 전이나 막 시작되면, 경영 방침이나 경영 전략 등을 공표합니다. 사자성어四字成語를 꼽거나, 영어 약자略字를 사용해서 경영자의 신년 의지를 전달합니다. 격려激勵나 배려配慮할 여유가 없다 보니, 거기엔 늘 '독려督勵'만 있습니다. 좋습니다. 하지만, 이 3려 (격려·배려·독려)가 대부분 '말로만' 그치면 문제입니다. 처음 한두 달 정도 입에 달고 살지만, 공식적인 자리에 현수막과 액자로만 남습니다. 치열한 경쟁환경에서, 급변하는 시장에서 생존을 위해 선택한 전략이란 게 참 볼품없어집니다.

때가 됐으니 직원들에게 덕담德談 한마디 하자는 것은 아니지 않습니까? 문서로 만든 수십 쪽짜리 경영 전략보다 하나하나 착실하게 모든 직원과 함께 실천하는 '전략 경영'이 더 중요하지 않습니까? 지키지 못할 말을 하는 것보다 차라리 말하지 않는 게 낫습니다. 기왕에 말해 버린 것이라면, 정기적으로 꼼꼼히 결과를 따져 알려야 합니다. 직원들이 듣고 싶고 보고 싶어 합니다. '말로만' 하지 말자는 말씀이었습니다.

둘째, 최고 경영자나 임원들이 가장 지키고 싶은 '자리 보전保全'에 관한 것입니다. 올바른 성과에 따른 자리 보전에 누가 시비를 걸겠습니까? 그러나, 윤리적이지 못한 방법이라면 아주 민망한 일입니다. 누군가 세워 놓은 줄에서 벗어나지 않기 위해 열심히 따르고, 뜻을 거르지 않기 위해 누구보다 앞장서고, 그래서 조직보다 오로지 '그분'을 위해 온 힘을 쏟는다면 답이 없습니다. 회사와 직원들은 변화에 맥을 못 추고 있는데, 오로지 그들만의 길을 가고 있다면, 변화에 대응하는 위대한 결정을 내리고 용맹하게 실행해야 할 그들이, 그들만의 리그에 안주하고 있다는 것을 과연 직원들이 모르겠습니까?

변화는 위험하니까 기회를 찾아야 하는데, 그 노고가 매우 크기 때문에 그만한 임원 보수報酬를 지급합니다. 그런데, 누구보다도 안전하게 살고 있다면? 그런 사람들이 놓지 않으려고 애쓰는 것이 무엇일까요? 책임감 없는 임원과 리더들 본인이 그토록 지키고 싶어 하는 게 무엇인가요? 가만히 생각해 보면 별 것 아닙니다. '말로만'과 '그분만'을 풀어 보았습니다. 비겁한 사람들입니다.

셋째, 노동조합. 변화에 필요한 동력의 한 축을 맡은 회사 내 조직입니다. 경영진의 파트너로서 시대의 변화에 정확하게, 빠르게 호흡을 잘 맞추어 회사의 발전에 큰 몫을 하는 노동조합도 있습니다. 여기서는 그렇지 못한 일부 노동조합에 관해 말하려고 합니다. 다른 사람들의 말이라곤 전혀 들으려 하지 않고, 고집이 센 집단 말입니다.

노동조합은 있어야 합니다. 위험한 작업과 불합리한 통제에서 조합원들을 보호하고, 회사의 성장 발전을 위해 직원들의 힘을 모아야 하기 때문입니다. 이 두 가지 이유만으로도 조합은 존재해야 합니다. 그러나 반대로, 보호할 이유가 전혀 없는 부적격 조합원조차 표 한 장 때문에 감싼다거나, 조합 보직자들의 사리사욕만 챙기기 위해 사업 계획에 사사건건 트집을 잡는다면, 그런 노동조합은 조합원들로부터 분명히 배척될 것입니다. 1980년대 이후 많은 시간이 지나고, 세상이 바뀌는 시대입니다. 노동조합도 변화를 도모해야 합니다. 4차 산업혁명이나 새로운 세대의 인구 구성, 그와 유사한 변화에 따라 예전의 노동조합의 형태나 구성, 운영 방식이 완전히 바뀔 것입니다. 왜? 회사의 인적 구성이 완전히 바뀌기 때문입니다. 앞으로 일어날 일이라면, 다시 돌아와서 지금을 생각하고 미래를 바라보며, 노동조합은 변화하는 이 시대에 무엇을 챙겨 보고, 어떤 선택을 하는 것이 옳은 길인지 생각해 봅시다.

포퓰리즘^{Populism, 인기 영합, 대중 연합}만은 사라져야 합니다. 포퓰리즘인지 아닌지 명확히 구별을 못 한다고도 합니다. 조합원마다 처지가 다르고, 유불리^{有不利}에 따라 이익이 각각 다르기 때문입니다. 하지만, 노동조합의 위원장이나 리더들은 자기들이 하는 일이 포퓰리즘인지 아닌지 잘 알고 있습니다. 조합원 다수에게 합리적인 이로움이어야 포퓰리즘이 아닙니다. 포퓰리즘을 통제할 수 있다는 것은 노동조합의 정체^{政體, 참된 본디의 형체, 본심의 모양}를 증명하는 것입니다. 따라서, 노동조합의 본질을 살피고, 옳은 길로 가야 합니다. 회사의 역사와 노동조합의 역사에서 옳은 길을 찾을 수 있습니다. 가장 근본은 지나온 길에서 찾는 것입니다. 항상 그렇습니다.

변하는 세상. 바로 앞에 두 갈래 길이 나타납니다.

어느 길로 갈 것인가? 경영의 리더가 가장 골치 아픈 문제입니다. 모든 것을 다 갖고 있어도 이 길이 과연 맞는 길인지 두렵고, 이 길이 맞는다고 확신하지만, 현재의 능력이 부족하면 의지가 꺾입니다.

지금 '처음'인 변화는 없습니다. 질문과 변화는 늘 있었습니다. 단지, 그 변화에 잘 대응할 수 있는 좋은 솔루션이 있었는가, 없었는가의 차이였습니다. 그래서, 예측이 힘든 변화보다, 어떤 변화가 나타나더라도 그것에 대응할 힘을 갖고 있느냐가 중요한 문제입니다. 변화가 두렵지 않은 그런 힘을 어떻게 갖출 것인가에 관해 3가지로 생각해 봅니다.

첫째, 조직이 건강해야 합니다. 그런데, 건강한 조직의 모습은 어떻습니까? 안 해도 될 일이 더는 없는 조직, 공개와 공정 운영의 조직, 건강을 보장하는 환경을 완성한 조직입니다.

해야 할 일이 참 많은데, 안 해도 될 일만 잔뜩 하고 있습니다. 자세히 살펴보면, 지금 하는 일의 50% 이상은 가치 없이 시간만 소비하는 일입니다. 앞으로의 일을 해야지, 다 끝난 일을 아무 목적도 없이 챙기고 있습니다. 실제 일을 하는 담당들은 이 사실을 뻔히 알고 있는데, 도대체 이런 일을 누가 계속 시키는 겁니까? 우선, 필요 없고 가치 없는 일들을 삭제하십시오. 우리는 꼭 필요한 일만 하고 있다고 리더인 당신은 자신 있게 말할 수 있습니까? 하나를 더 하는 것보다 하나를 버리는 것이 결국 일의 효율, 변화의 대응력을 높여 이익을 내는 데 도움이 됩니다. 우리에게 '안 해도 되는 일은 더 없다. 앞으로도 없을 것이다'가 실현되어야 조직이 건강합니다.

직원들과 공감은 소통과 협업을 끌어내는 요소이기 때문에 모두 중요하다고 말합니다. 그런데 이 공감은 2가지를 전제로 합니다. 바로 '공개公開'와 '공정公正'입니다. 미래의 조직 운영 핵심 가치는 바로 이 두 가지가 될 것입니다. 왜냐하면, 하드웨어든 소프트웨어든 모든 시스템 구성이 이 두 가지로 'OPEN' 상태가 되기 때문입니다.

앞으로는 더 많은 것들을 선제적으로 공개해야 합니다. 모르는 사람은 못 하고, 아는 사람은 합니다. 못하는 사람은 이렇게 만들어지는(!) 것이지, 원래 못하는 것이 아닙니다. 또한, 선제적이란 점이 중요합니다. 뒷북치는 것은 항상 더 많은 피로를 쌓이게 하고, 직원 간 파열음을 만들어 냅니다. 공정한 운영은 쉽습니다. 원칙을 지키면 되기 때문입니다. 우리가 목격한 불공정 대부분은 정해진 원칙을 지키지 않았기 때문이었습니다. 게다가, 그 원칙을 지키지 않았던 감춰진 이유를 들어보면, 감출 수밖에 없었던 부끄럽고 치졸한 것이었습니다. 공정은 경영진에서부터 지켜야 합니다. 제대로 된 규정이라면 규정대로 꼭 하십시오. 원칙이 무시되고 무너지면, 조직도 무너지고 리더는 무시됩니다.

현장이든 사무실이든 직원들이 일하는 환경은 이들이 건강할 수 있는 좋은 조건을 갖추어야 합니다. 건강과 안전이 확보되지 않은 상태에서 직원들이 자기가 할 일에 집중할 수 있겠습니까? 청결을 만들고 유지하기 위해 회사는 큰돈을 투자해야 하고, 직원 역시 고된 몸을 움직여 잘 유지해야 합니다. 쉽지 않지만, 꼭 해야 합니다. 청결한 곳에서, 좋은 생각을 해야, 좋은 성과가 나옵니다. 그래서 좋은 사람들이 떠나지 않고, 더 많이 모입니다. 좋은 사람들이 많아야 잘되는 것 아니겠습니까?

둘째, 인사^{人事}에 더 각별해야 합니다. 앞으로 사람 관리에 어떻게 각별해야 합니까? 오로지 능력을 최우선해야 하고, 정규직보다 비정규직을 늘려야 하고, 최적의 아웃소싱을 전개해야 미래 변화에 대응할 수 있습니다. 능력! 능력! 능력이 리더나 직원의 미래 조건입니다. 새로운 이야기는 아닙니다만, 실제 이렇게 운영되는 조직은 거의 없습니다. 인사 규정이나 정서적으로 완전히 적용할 수 있는 제약이 아직 있습니다만, 앞으로는 절대 기준이 '능력'이 될 수밖에 없습니다.

오래 근무해서 경험이 많다? 그러나, 그 경험으로 고집을 부리지 말고 악착같이 변화에 역량을 발휘하지 않으려면 회사를 떠나야 합니다. 인적 네트워크가 회사 안팎으로 잘 형성되어 있다? 리더가 될수록 가장 못 믿을 것이 사람 관계이고, 사람 관계만으로 버티려는 그런 사람들의 집단 역시 와해될 것입니다. 올바른 협업은 꼭 필요하겠지만 사람 관계로 어찌어찌하는 것은 반드시 사라집니다. 회사와 동료에게 기여하기 위해 자기가 맡은 일에 관해 끊임없이 공부해야 하고, 회사 역시 이러한 직원을 위해 지속적이며 수준 높은 학습을 강제로라도 제공해야 합니다. 능력이 안 되는 사람은 누구에게도 보호받지 못한 채 떠날 수밖에 없고, 보상이 낮은 자리로 갈 것입니다. 능력자만이 그들 몫까지 수행하고 그만큼 더 보상받을 것입니다.

비정규직 직원을 늘려야 한다는 말은 고용 안정을 원하는 직원들이 듣기 싫은 이야기입니다만, 듣기 싫은 것과 세상이 변하는 것은 아무 상관이 없습니다. 여기서 비정규직 직원으로 바뀔 직원은 지금의 사무관리직, 연구 개발직, 현장 기술직을 말합니다. 비정규직 직원을 늘려야 한다는 것은 이들이 정규직 직원의 옷을 벗고, 각자 전문가로서 더 높은 연봉의 개별 사업자가 된다는 것을 말합니다.

기업 입장에서 자리만 차지하면서 성과를 내지 못하는 정규직 직원에게 굳이 고정적으로 높은 급여를 계속 제공할 이유는 없습니다. 지금도 실력 있는 외부 전문가에게 일을 맡기면 더 높은 성과를 만들어 냅니다. 구매, 시스템 개발, 자재관리, 고객 모니터링, A/S, 설비보전 등등 상당히 많은 기술과 업무, 심지어 인사 부문까지도 아웃소싱하고 있지 않습니까? 아웃소싱의 문제를 더 보완해야 하지만, 큰 흐름은 바뀌지 않습니다.

기업의 직원 입장에서도, 본인이 탁월한 능력이 있는데 그에 적합한 급여나 처우를 받고 있다는 사람이 얼마나 됩니까? 능력 있는 사람이 '(근무)시간을 팔아서' 돈을 벌지 않고, 자기 '재능을 팔아' 돈을 버는 Job Shift 시대가 벌써 와 있습니다. 이런 사람들이 회사를 나와 많이 활동해야 하고, 그럴 수 있는 사회 시스템이 작동되어야 합니다. 그렇게 변할 수밖에 없습니다. 양질의 비정규 인적자원이 풍성해질 것이고, 그렇다면 조직은 그들의 경쟁을 통해 만들어진 최고의 역량을 최적의 아웃소싱으로 받아들이면 됩니다. 이런 선순환 시스템이 가동되면 됩니다.

셋째, 고칠 일이 아니라 새로 지어야 합니다. 시장에는 트렌디한[Trendy],

힙한^{Hip} 제품과 서비스 출현이 요동을 칠 것입니다. 그리고, 품질 보증에 대한 기본적인 요구는 계속 높아질 것이며, 이 품질을 위한 IT 기반의 자동화나 솔루션 투자 역시 매우 증가할 것입니다.

본품^{本品}과 거의 차이가 없는 파일럿 제품을 시장에 계속 출시하고, 그 반향^{反響}에 따라 신속히 본품으로 대응하는 식의 시장과 기업의 관계가 무한정 형성될 것입니다. 그 이유는 소비자의 구매 행태가 더욱 불확실하고, 더욱 다양해질 것이고, 고객을 구분하여 시장과 고객의 구조를 파악하는 것도 의미가 없을 것입니다. 불확실하다는 것은 그만큼 확실해진다는 것을 의미합니다. 그래서, 공급자인 기업은 과거 '누가 많이 공급'에서, 최근까지는 '누가 빨리 공급'으로, 이제부터는 '누가 더 다양하게'로 바뀌는 소비를 따라가야 합니다. 시장은 커지지만, 제품별 시장은 작아지거나 심지어 없어진다고 보면 될 것입니다. 이런 변화 때문에 규모 있는 제조업이라면, 지금까지의 관리 방식과 제조 방식이 단순 데이터에서 의미 있고, 의미를 살리는 정보 중심으로, 사람에서 설비 중심으로, 제조 중심에서 개발 중심으로, 그리고 아직은 알 수 없는 어떤 시스템으로 변하게 될 것입니다. 왜? 복잡한 것을 단순하게 대응해야 하기 때문입니다.

지금까지 불확실한 예측만을 제시했으나, 가장 확실한 것 하나는 바로 '품질'입니다. 앞으로 이 용어가 어떤 단어로 바뀔지 알 수 없으나, 현재 우리가 알고 있는 것 중에서 가장 큰 가치입니다. 가격 대비 소유 가치나 소비 가치로 보면 될 것 같습니다. 성능은 기본이고, 감성적 기댓값이 품질기준에 들어가게 됩니다. 감성적 기댓값을 얼마나 신속하게 피드백하느냐가 제품이나 서비스 라이프사이클을 결정할 것입니다.

이 감성적 기댓값에 대한 솔루션이 바로 Big Data입니다. 시장과 기업조직이 보유한 제조나 서비스 시스템 전체를 통제하게 됩니다. Big Data 운영체계는 완전히 새로운 경영 시스템을 요구합니다. 과거에는 현재의 시스템을 두고 경영 패러다임이나 핵심 역량을 변경하였으나, 이제는 하드웨어나 소프트웨어를 어떻게 구축하느냐에 따라 경영의 솔루션이 따라올 것입니다. 이제부터는 10년을 보고 하나씩 바꾸는 것보다, 아예 통째로 바꿀 생각을 해야 합니다. 쉽게 말하자면, 30년 이상 된 제조공장을 조금씩 바꾸는 것은 통하지 않고, 다른 곳에 새 공장을 지어야 합니다.

할 수 있다고 생각한 만큼은
해낼 수 있습니다 Management & Leadership

Go-To-Win®

7 - ❷
답이 없네. 사장은 뭐하나?

'공장을 세워 버리고 싶다'

나쁜 일들이 한꺼번에 몰려올 때가 있습니다. 고객에게 납품이 잔뜩 밀려 있는데 며칠째 생산량을 못 맞추고 있습니다. 공장의 모든 공정에서 생산하는 대로 불량이 계속 터지고 있습니다. 빨리 다시 작업해야 하는데 자재가 들어오질 않습니다. 거기도 자재가 없거나 불량이 많이 발생하여 납품할 수 없답니다. 느닷없이 중요한 설비들이 고장나는데, 교체 수리에 짧아도 며칠이 걸린답니다. 게다가 퇴사하는 작업자들이 늘고 있습니다. 고객들은 인정사정 보지 않고 우리가 보장할 수 있는 납품 물량과 정확한 납기를 거짓 없이(?) 약속하라고 닦달합니다.

긴급회의가 소집됩니다. 어제도, 그제도 '긴급회의'를 했지만, 계속 터지는 문제만 나열됩니다. 회의 중에도 고객으로부터 중대 불량으로 인한 큰 클레임을 통보받았습니다. 도대체 방법이 있기는 있는지 도무지 모르겠습니다. 나쁜 일들이 한꺼번에 몰려옵니다.

무엇이 어디서부터 어떻게 잘못된 것인지는 지금 중요하지 않습니다. 지금 당장 무엇을 어떻게 해야 하는지가 중요합니다. 일단 막아 내야 합니다. '우리는 답이 없는데, 사장님은 뭐 하십니까?' 사장에게 결정해 달라고, 방법을 알려 달라는 무언無言의 압박이 대단합니다. 사장이 왜 모르겠습니까?

안타깝지만, 이런 사태에서 직원들이 사장에게 그렇게 듣고 싶은 사장의 어마어마하거나, 단 한 번에 해결되는 단 한마디 놀라운 결정은 사실 없습니다. 어찌 보면 사장 역시 이러지도 저러지도 할 수 없는, 직원들에게 말 못 하는 사정이 있을 수 있습니다. 사장이면 다 할 수 있을까? 때로는 사장이라 못하는 게 더 많습니다. 그래도 이런 상황에서 사장이기에 뭐라도 지시해야 합니다.

우선, 고객에게 사실을 알려야 합니다. 불가피함을 알리고, 거래에 문제가 되지 않는 범위에서 사유를 밝힙니다. 고객이 곤란한 상황이 될 것이면 고객도 끌어들여야 합니다. 고객도 황급히 들이닥치겠지만,

이미 그렇게 터진 문제이니 고객과 해결책을 찾아야 합니다. 고객의 고객까지 전파되면 안 됩니다. 이제는 우리 회사만의 문제가 아닙니다. 고객의 문제가 됩니다. 나중에 고객의 보복이 두렵지만, 그땐 그때고, 고객의 도움으로 해결할 수 있다면 간곡히 요청하고 따르는 것이 맞습니다.

그리고, 공장을 세웁니다. 물론 고객과의 협의에 따라야 하지만 기본적인 사장의 입장은 그렇습니다. 하루면 좋겠지만, 필요하면 이틀이든 사흘이든 단기간으로 공장을 세웁니다. 그러고 하나하나 빠짐없이 점검해야 합니다. 문제를 모두 나열하고 바로잡아야 할 조건과 할 일의 순서를 정합니다.

그다음으로, 정해진 순서에 따라 조처를 합니다. 기술적인 문제가 있고, 관리적인 문제도 있을 것입니다. 이때, 꼼수나 반칙을 쓰지 말아야 합니다. 그런 꼼수나 반칙으로 설사 일주일, 보름은 버티더라도 결국엔 그로 인해 조만간 더 엄청난 사고로 반드시 돌아옵니다. 임시 조치와 꼼수는 다릅니다. 공장을 세우고 문제를 신속히 해결하는 일은 경영진과 팀장의 결행이 중요합니다. 우리 직원은 물론 고객사와 협력사도 진정으로 설득해야 합니다.

분명히 회사는 큰 손해를 볼 것입니다. 이처럼 잠시 공장을 세우고 조처한 손해도 막대하지만, 사고로 인해 벌써 큰 손해를 보았고, 그 손해로 말미암아 더 큰 손해로 이어지지 않기를 바랄 뿐입니다.

사태가 종료된다고 해도, 고객사나 고객사의 고객사로부터 이 일에 대한 보복, 처분을 감수해야 합니다. 그렇다고 우리 회사를 망하게 하겠습니까? 쉽게 그럴 수 없으니, 감수하고 다시 시작하면 됩니다.

고객은 앞으로 모든 일에 사사건건 참견할 것입니다. 이번 일로 회사 안팎의 모든 사람에게 신뢰를 완전히 잃었으며, 사업가로서 심각한 모욕감을 느끼게 됩니다. 이때 사장에게 필요한 것이 반성의 시간입니다. 어떻게 해야 이런 위기의 재발을 차단할 것인가? 그러기 위해 세 가지 정도를 지금부터 더욱 잘 대비해야 합니다.

첫째는, 정상 완제품의 재고를 확보하는 것입니다(변질 재고가 아니면). 다품종의 초^{超}단납기 주문생산을 하는 중소기업이라면 생존의 절대 조건입니다.

'재고는 기업에서 가장 최악의 결과물이며, 이익과 개선을 해치는 절대악^{絶對惡}이다'라는 말이 있는데, 우리 회사에 그런 말을 한다면, 그 말과 우리의 현실은 많이 어긋납니다. 고객이 원하는 적정재고를 확보해 놓지 못하면, 결품을 피하고 싶은 고객의 불만과 요구사항이 엄청나게 증가하며, 경우에 따라 클레임이나 긴급 항공 배송처럼 불필요하고 불합리한 비용도 상당히 부담해야 합니다. 이런 비용이 제품당 이익을 초과하는 경우가 많습니다.

적정재고가 없으면 품질과 원가의 문제를 해결할 수 없습니다. 납기 때문에 쫓긴 각 공정에서 해결되지 않은 모든 문제가 최종 공정에서 터지게 됩니다. 이러면 고객과의 약속을 아무리 지키려 해도 지킬 수 없습니다. 공정마다 공정 납기가 촉박해지고, 결국 품질보다는 생산량에 더 신경 쓸 수밖에 없습니다. 불량의 원인은 찾을 수도, 찾을 시간도 없고, 설사 찾았다 해도 개선해 볼 시간도, 개선의 유효성을 확인할 시간도 전혀 없습니다.

불량 나는 것이 빤히 보이는데 그냥 생산을 밀어붙이고, 급기야 특채特採로 막아 보려고 합니다. 이런 일을 벌이면서 착한 사람들을 불량의 공범共犯으로 만들고 있습니다. 적정재고가 있으면 불량이 발생한 생산 라인을 잠깐이라도 세울 수 있습니다. 주어진 시간 동안 뭐라도 해 볼 수 있습니다.

둘째는, 기술자입니다. 품질 전문가와 설비 전문가를 확보해야 합니다.

그들의 몸값이 회사의 현재 기준보다 높아도, 필요한 인재는 필요합니다. 이만한 전문가를 내부에서 육성하기 쉽지 않습니다. 외부의 전문가가 선뜻 입사를 결정할 수 있는 규모가 아닌 중소기업이라도, 오히려 그런 중소기업일수록 기술자가 절대 필요합니다. 문제 해결의 접근 방법, 프로세스, 시스템 등등 각종 기법을 알아도 막상 기술적인 접근, 기술적인 논리, 기술적인 조치를 할 수 없으면 결국 그런 관리와 운용 기법은 그저 껍데기일 뿐입니다.

나이가 많든 적든, 학력이 높든 낮든, 사람과 관계가 좋든 나쁘든, 그런 이유로 기술자를 보유하지 못하면 그 이유로 결국에 큰 손실을 반드시 보게 됩니다. 기술자는 기술을 가지고 품질 문제와 설비 문제를 해결하면 끝납니다. 그에게 더 바랄 것도 없습니다. 나머지 문제는 조금만 신경 쓰면 됩니다.

셋째는, 제품을 개발할 때부터 정확하게 해야 합니다.

시간에 쫓겨서 제대로 개발하지 못했다는 것은 실력이 없거나, 팀 간의 협업이 안 됐거나, 두 가지 모두의 이유 때문입니다. 잘 모르니까 질질 끌었고, 챙기는 사람과 해야 할 사람의 관계가 좋지 않기 때문입니다.

어느 회사나 글로벌, 국내, 고객사의 엄격한 프로세스에 따라 개발하고 양산하게 되어 있습니다. 시간도 걸리고 까다롭습니다. 그러나, 정해진 프로세스에 적합하게 '처음부터' 잘해야 나중에 사고가 터지지 않습니다. 그래서 팀장들에게 상당한 권한을 위임했다 하더라도 이것만큼은 임원들이 확실히 챙겨야 합니다. 믿을 수 있어도 끝까지 믿어서는 안 됩니다.

개발단계에서 품질 능력, 생산 능력, 공정 능력, 리드 타임 등에 대한 확신이 없으면 이미 원가는 망가진 상태고, 고객의 클레임이 빗발치게 됩니다. 이미 이걸 다 알고 있는데도 아직 잘못을 반복하고 있습니다.

사장조차 답이 없는 몹시 어려운 상황은 여러 가지 나쁜 일이 한 번에 몰려올 때입니다. 이런 일이 없어야 하지만, 그냥 닥쳐올 때가 있습니다. 최악의 사태에 빠져도 사장은 정신 차리고 버텨야 합니다.

"절대로 적을 미워하지 마라, 판단력이 흐려지니까"
(Never hate enemies. It affects your judgement)
〈대부 3〉 (1990)   Management & Leadership

Go-To-Win®

7 - ❸
두려움과 각자도생^{各自圖生}

리더는 호기심과 두려움으로 성장합니다
단, 두려움에 대한 처방이
곤궁^{困窮}한 자신을 위로하려는 도피^{逃避}여서는 안 됩니다

가끔 지나가는 듯하다, 한두 달쯤 일상(사업이든, 일이든)이 꼬이고 형편이 안 좋은 상태가 되면, 서서히 그림자를 드러내는 것이 바로 두려움입니다. 나와 내 사랑하는 가족에 대한 걱정입니다. 안절부절, 무감각, 무기력 등등 익숙하지 않은 증상 때문에 벗어나고 싶은 불안이

길어집니다.

두려움에 당신은 '모두 남의 일 같은' 무감각^{無感覺}, '뭘 그런 것 갖고 그래'라는 무대응^{無對應}, '내가 해결할 건 아니야'라는 무기력^{無氣力}을 보입니다. 관계와 소통이 사라져 버리는 3무^{無}입니다. 당신은 이 3무의 와중에도 절대 무시당하고 싶지 않습니다.

이렇게 된 것이 다 나의 잘못은 아니라고, 다른 사람들을 탓합니다. 이전에도 지금도 난 최선을 다하고 있는데 나에게 왜 이런 대접을 하느냐고, 그들이 없는 곳에서 사정없이 공격합니다. 공격하고 공격하면서 본인의 존재를 확인하려고 애쓰지만, 정작 그들은 아무 대꾸도 하지 않습니다. 지금 당신의 모습, 잘하고 있다는 당신의 모습을 쳐다보는 그들은 "그건 당신의 생각일 뿐, 그 모습은 우리의 기대에 미치지 못한다."라고 합니다. 그들의 센 반격입니다.

변하지 않으면, 더 잘하지 않으면 결코 살아남을 수 없다고 당신은 수없이 말했지만, 정작 당신의 모습은 어떻습니까? 이미 옛것이 되어 버린 당신의 그것들을 아직도 절대 가치인 양 계속 직원들에게 들이대고, 지금의 이치에 적합하지 않은 부적절한 참견을 시시콜콜 하지는 않습니까? 당신이 옳다고 화를 낼수록 그들이 외면하는 이유입니다.

두려움에 또, 당신은 안절부절못합니다. 이것저것 되는 일이 없는 청년이 이불 속에 누워 그냥 잠이나 자자는 도피 행동처럼, 나이를 많이 먹은 당신도 행동의 도피처를 찾습니다. 일이 손에 잡히지 않으니, 두

리번두리번 뭔가를 찾습니다. 마뜩한 것이 없다가 제법 체면을 차릴 만한 것들이 몇 가지 눈에 들어옵니다. 최근 언론에 소개되는 인문학 서적이나, 수십 년간 스테디셀러 자리를 지키는 불후의 고전들, 인생의 풍미를 더한다는 나 홀로 또는 동반자와 여행, 큰 의미는 없지만, 나만의 쏠쏠한 재미를 보는 취미 활동과 같은 것이 눈과 귀에 들어옵니다. 이제 나도 웬만큼 살았고, 더 늙기 전에 해 봐야겠다는 의도이자 안절부절에서 탈출하기 위한 저항의 소심하고 불안한 선택입니다.

앞을 보고 내달리던 청년 시대를 지난 지금쯤 독서와 여행으로 마음을 채우는 것은 당연하고 대견한 것입니다. 다만, 이런 선택이 두려움을 잠시 속이기 위한 것이라면 좀 생각해 볼 필요가 있습니다. 물론 예술이란 것이 삶에 대한 두려움, 시간과 공간에 대해 놀라움으로 정제된 것입니다. 역사의 그들과 함께 숨을 쉬는 것은 정말 멋진 일입니다. 다만, 책을 펴서 글을 읽고 있음에도, 역사의 현장을 지나고 있음에도, 두려움을 버리지 못하고, 분노를 다스리지 못한다면 자신을 속이는 가짜이고, 현실에서의 도피입니다. 이런 일탈이 반복되면 사회 적응 장애가 될 것입니다.

두려움에 또, 당신은 무리를 짓습니다. 나만 이런 게 아닐 거야, 누군가로부터 도움을 받을 수는 없을까를 생각하며 연대감을 내세워 적극적으로 접근합니다. 슬쩍 다른 이들도 나와 비슷한지 의중을 떠보거나, 두려움에 빠진 것을 스스로 소문내어 '무리'를 찾습니다. 그렇게 서로 기대고, 공격성을 높일 수 있는 무리를 만듭니다. 하지만, 이런 연대감이 무엇을 가져다줄 수 있겠습니까? 편을 가르는 잣대만 더 강해지고, 배타적인 자기 보호의 욕구만 더 강해집니다. 그 연대한 모임이 끝난 늦은 저녁, 홀로된 당신은 더 큰 상실감에 빠집니다. 그 무리의 '우리끼리'엔 처지를 이해하고 가엾게 여기는 동정^{同情}이 있었으나, 자신을 돌이켜보는 반성^{反省, Self-Searching}이 없었습니다. 주인공이 되려 했지만, 반성과 변화가 없는 그들을 주인공처럼 보는 사람은 없었습니다.

이미 와 버린 두려운 미래에 저항하는 세 가지 모습을 보았습니다. 3무^無와 안절부절, 무리 짓기라는 현상들이었습니다. 시간이 한참 흐르고 그럭저럭 경험의 터널을 벗어나면 나름대로 해답을 찾고, 진정될 것입니다만, 지금부터 솔루션을 생각해 보겠습니다.

첫째, 각자도생^{各自圖生}입니다.

어려운 상황은 함께 풀어야 지혜로운 대처입니다만, 그래도 자기 노력이 먼저일 것입니다. 나의 가치가 없으면, 나도 없고 남도 없으니, 관계가 없게 됩니다. 그래서 제각기 살아갈 방법을 찾아야 합니다. 등대처럼 내가 빛이 나야 그들이 나를 찾아옵니다. 말할 수 없이 힘들고 힘들어도 버티고 버텨야 합니다. 며칠을 버티다 보면 보입니다. 나의 업^業에서 가장 중요하기에 지금 바로 시작해야 할 것이 모습을 드러냅니다.

분노를 가라앉히면서, 그 에너지를 이 복잡한 모든 상황을 단순하게 조율하는 데 그대로 사용하기 바랍니다. 세상은 내가 생각하는 것보다 천천히 바뀌니 조급할 필요 없습니다. 누구를 원망하거나 자신을 탓할 필요도 없습니다.

내가 안 해도 될 걱정은 하나씩 지워 버리고, 해야 할 것 같은데, 도무지 방도가 없는 것은 한 달이든 석 달이든 그냥 뒤로 미루십시오. 어차피 할 수 없거나 일어나지 않은 일입니다. 정말 속상하겠지만, 이렇게 치워 버리고 남은 일에 당신의 내공을 집중하십시오.

이런 과정 역시 두려울 것입니다. 두려움을 극복하는 것도 두렵기에, 두려움은 결국 나와 함께 끝까지 가는 것이기에, 나의 선택은 두려움의 성질을 바꾸는 시도입니다. 이기심과 이타심이 혼재된 각자도생의 길을 찾아가야 합니다.

둘째, 주인공이 더 낫습니다.

자신의 무대에서 조연이 아닌 주연이라고 생각하십시오. 남들이 뭐라 하든 주인공처럼! 이라도 행동하십시오, 당신이 사랑하는 이들을 위해서라도 그렇게 해야 합니다.

어떻게? 만나는 사람들에게 속상한 마음을 감추고 미소를 보이십시오. 당신이 늘 있는 그곳을 청결하게 하십시오, 하나, 또 하나, 하나씩 일을 정확히 처리하십시오. 옷을 깔끔히 입으십시오. 하루의 식사는 거르지 마십시오. 잘 시간에 자고, 깰 시간에 깨십시오. 당신은 주인공이 되는 법을 이미 알고 있습니다. 당신과 당신이 사랑하는 이들에게 부끄럽지 않은 하루를 보낼 수 있다면, 당신은 곧 주인공이 됩니다.

셋째, 신독^{愼獨}, 혼자 있을 때를 더욱 삼가라 - 大學과 中庸이 답^{答}입니다.

두려움을 한 뼘 손안에 놓아 다스리고, 각자도생과 주인공의 입장을 굳게 하는 것에 신독만 한 것이 없습니다. 왜 내가 이것을 하려는가, 그 의지가 실하고 튼튼하다면 나에게 두려움이 없기 때문입니다.

리더가 집중한 관심사를 이타심$^{타인을\ 위한\ 善}$으로 성심껏 도모해 가면, 어떠한 두려움도 해결의 실마리로 사용할 수 있습니다.

이타심이 없기에 두려운 것입니다　　Management & Leadership

Go-To-Win®

7 - 4
새로 시작한다

새롭게 시작하는 상상^{想像}만으로도
용기를 낼 수 있습니다

새해, 새달, 새날 그리고 무슨 일이 생긴 그때마다, 새로운 시작을 생각해 보는 것은 어떤 상황이냐에 따라 기분이 다른 것입니다. 새로 시작하는 것은 이전의 부족함을 채우는 것이라서, 마치 밤이 지나 아침이 되면 어제 일을 잊고 매일 새로운 희망으로 다시 출발할 수 있는 것처럼 아주 좋은 일입니다. 성공 후 또 다른 성공이나 도전을 위해서,

아니면 심각한 실패나 위기에서 새로운 시작을 결심합니다. 걱정 없는 평상심에서 대단한 무엇인가를 새로 시작하기는 흔한 일이 아닙니다.

제대로 된 시작을 위해 보통 '왜?'라는 절실한 질문을 던지고 합당한 이유를 찾아야 할 것입니다. 또는 그 반대로, 성공적인 결과를 상상하는 것부터 시작하는 것이 더 나을지도 모릅니다. 어렵고 힘든 것을 해냈다는 보람, 자신을 대견하게 여기는 감정, 또 한 번 맛보는 자신감, 더 나아가서 다른 사람들에게 커다란 이익을 준다면 얼마나 행복하겠습니까? 그래서 완성은 시작이고, 시작은 완성입니다.

매년 연말이나 연초의 인사 발령에 적응하기에 관해 풀어보겠습니다.

승진 승급이 되기도 하고, 부서 전환 배치가 되기도 합니다. 어찌 됐든 새로운 상황이 시작됩니다. 본인이 원하는 대로 되거나, 원하지 않았던 처지가 되는 것입니다. 어떤 상황이 더 부담스럽겠습니까? 인정을 받았다는 것은 그것으로 끝난 것이 아니라, 기대가 더 높아진다는 것입니다. 또한, 인사를 위한 평가는 절대 평가보다 대부분 상대 평가이기에, 서운한 사람도 여럿 있기 마련입니다. 이렇다면 스스로 처신을 잘 살펴 더욱 '겸손'하지 않으면 나중에 후회할 상황이 생기게 됩니다. 또한, 단점과 약점을 '어느 정도' 줄이고 보완해야 하며, 다른 이들이 말하는 강점이나 장점을 지금보다 '어느 정도' 더 드러내야 합니다. 이런 것들을 스스로 아는 것이 익숙하지 않다면, 주변의 선배나 동료에게 물어보고 도움을 받아 부족함을 채우도록 합시다.

인사 명령으로 원하지 않았던 자리에서 다시 일 년을 출발해야 하는 심정은 절대 편할 수 없습니다. 불편한 마음이지만 선택은 둘 중 하나입니다. '그만두든가' 아니면 '받아들이든가'입니다. 이 문제는 나의 문제이므로, 다른 사람이 나를 어떻게 생각할 것인가를 고민할 필요는 없습니다. 사실, 나에 관한 다른 사람들의 관심은 그다지 많지 않습니다. 나만 고민하는 겁니다. 아무튼, 남아 있을 것이면 얼른 초심으로 돌아가는 것이 상책이며, 지금부터 중요한 것은 실패를 반복하지 않는 것입니다. 어떻게? 본인의 출세 능력이 부족하면 배전^{倍前}의 노력을 해야 하고, 상사가 당신의 능력을 알아채지 못했다면 정정당당하게 알려야 합니다. 실패하지 않을 1년간의 작전을 철저하게 짜야 합니다.

일에 대한 시작은 크게 두 가지 아닐까요? 새로운 성과 목표를 받거나, 아니면 새로운 업무를 맡게 되는 것입니다.

목표는 절대 줄어드는 것이 아니니, 부담스러울 정도로 상당히 높은 목표를 세울 수밖에 없거나 맡게 될 것입니다. 영업 부문에서 매출 목표처럼 말입니다. 목표는 연간 누적 목표와 매월 유지 목표의 2가지 형태가 있습니다. 매출은 최종적으로 연간 '누적 목표'의 모습을 갖는데, 이런 경우는 연간을 상하반기별로, 분기별로, 월별로, 주간별로 잘게 잘게 쪼개어 시작하는 것이 좋은 방법입니다. 아무튼, 쪼갤 수 있는 한 가장 작은 단위로 나누어 시작하는 것이 중요합니다. 매월 '유지 목표'인 경우는 그 목표에 영향을 주는 중요한 것(들)을 정확히 골라내어 실행으로 연결해 놓는 것이 중요한데, 일상적인 실천이나 관리가 되어야 합니다. 반드시 실행해야 하는 것이 목표달성의 70%를 좌우합니다. 예를 들면, 사무실과 현장의 3정 5S, 근태, 교육훈련과 같은 항목들입니다.

전환 배치에 따라 새로운 일을 맡게 되는 경우에 인수인계가 시간상으로 충분하지 않은 때가 많습니다. 새로운 근무 환경이나 사람들과 만남도 그리 편하지 않습니다. 이때 중요한 것은 당신의 태도입니다. 긍정의 사고방식과 부지런함이 필요합니다. 피할 일이 아니라면 어깨와 허리를 곧게 펴고, 웃음을 띠고, 열심히 묻고 메모하는 모습을 보여야 합니다. 이러한 모습의 반대라면, 당신은 그 조직에서 끝장난 것입니다. 이런 것이 쉽고, 안 쉽고는 본인이 생각하기 나름입니다.

본인이 원하던 일을 맡게 된 경우는 무척 잘된 일입니다. 왜 그 일을 원했습니까? 시간적 여유를 누리기 위해? 경력 개발에 도움이 되어? 그냥 해 보고 싶어서? 여러 가지 이유가 있을 것입니다. 내가 정한 이유나 목적도 중요하지만, 회사가 원하는 것이 우선이어야 하니, 잘 살펴야 합니다. 또한, 밖에서 본 것과 안에서 실제 하는 것의 차이를 빨리 파악하여 적응해야 합니다. 이곳에서 3년 또는 5년을 근무한다는 목표로 구체적인 계획도 필요합니다. 그렇게 시작해야 집중할 수 있기 때문입니다.

새로운 습관 만들기에 관해 풀어보겠습니다.

직무나 자격에 관한 공부든, 건강을 위한 운동이든, 여러 가지 목적의 외국어 훈련이든, 습관을 새롭게 들이는 것입니다. 달성한 것도 있었고, 중도에 포기한 것도 있었던 것처럼 참 어렵습니다. 하고 싶은 것이 '해야 하는 것'으로 바뀔 때, 이건 참 어렵고 힘든 것이 됩니다. 어려운 것은 몰라서 그런 것이니 공부하면 될 것이고, 힘든 것은 안 해 봐서 익숙하지 않아 그런 것이니 해 보면 될 일입니다. 아무튼, 결심보다 실천이 어렵다고 합니다만, 결심도 쉽지 않습니다. 해 볼까가 아니라, 하겠다는 마음을 굳히기 말입니다. 그래서, 그 결심 후에 몇 날이든 몇 년이든 지났을 때 나의 모습, 나의 역량을 상상해 봅니다. 하고 싶은 건 해야겠지요!

습관이란 어떤 행위를 오랫동안 되풀이하는 과정에서 저절로 익혀진 행동 방식입니다. 습관이 운명을 바꾼다는 것이 가능할까요? 운명이라(?) 알 수 없기에 참 궁금합니다. 그 운명이 나만을 위한 것이 아니라, 내 가족, 동료, 회사에 큰 이익이 될 수 있다면 가장 가치가 있는 일일 것입니다. 누구나 마음만 먹고 계획 목록에 넣었지만, 몇 년이 지나간 것들이 있을 텐데, '그때 해 볼 걸'이란 슬픈 후회가 없도록 '그냥 시작이라도' 해 봅시다.

누구나 다 똑같습니다
모르면 배우고,
안 해 본 건 해 보면 됩니다   Management & Leadership

7 - 5
열정이 아니라 절박함

열정 때문이 아닙니다
리더는 절박함으로 독해지는 것입니다

"너나 잘하세요", 누구로부터 열정을 강요받는 느낌일 때, 2005년 상영된 영화 〈친절한 금자씨〉의 대사가 불쑥 떠오르기도 할 것입니다.

왜 열정을 가져야 한다고, 자꾸 열정을 가지라는 것인가? 그 열정 때문에 나만 손해 보는 것 아닌가? 열정을 갖는다고 사실 뭐 달라지는 것도 없는 것 아닌가? 열정은 분명 '좋은 말'인데, 사람들은 상황에 따라 생각이 달라지는 것 같습니다. 그래도, 경험 많은 사람들의 말을 잠시 새겨 봅니다.

너는 왜 평범하게 노력하는가, 시시하게 살기를 원치 않으면서! 존 F. 케네디[1917~1963]. 성공이란 열정을 잃지 않고 실패를 거듭할 수 있는 능력이다, 윈스턴 처칠[1874~1965]. 세월은 피부를 주름지게 하지만, 열정을 저버리는 것은 영혼을 주름지게 한다, 더글러스 맥아더[1880~1964]. 평균적인 사람은 자기 일에 자신이 가진 에너지와 능력의 25%를 투여한다, 세상은 능력의 50%를 일에 쏟아붓는 사람들에게 경의를 표하며, 100%를 투여하는 극히 드문 사람들에게 머리를 조아린다, 앤드류 카네디[1835~1919]. 精神一到何事不成[정신일도하사불성] 정신을 한곳으로 하면 무슨 일인들 이루어지지 않으랴. 盡人事待天命[진인사대천명] 인간으로서 해야 할 일을 다하고 나서 하늘의 뜻을 기다린다. 不狂不及[불광불급] 미치지 않으면 미치지 못한다. 鞠躬盡瘁[국궁진췌] 死而後已[사이후이] 온 마음의 정성 몸이 부서질 때까지 노력하고 죽음에 이르도록 정성을 다하겠다, 제갈량의 후출사표[後出師表].

열정은 배우는 게 아닙니다. 본받을 수 있으나, 쉽게 따라 할 수 있는 것도 아닙니다. 이것은 철저히 나에 관한 문제입니다. 문득 무엇을 하고 싶어서! 집중하는 것이 아니라, 그저 하고만! 있는 자신을 발견할 때, 가장 무기력한 자신을 발견하게 됩니다. '왜'라는 질문과 정면으로 맞서야 하는 때를 맞이합니다.

'열정'의 반대편은 '무기력' 상태일 것입니다. 누구나 무기력을 원하지 않습니다. 둘 중 하나를 선택하자면 당연히 열정을 선택하는 것이 낫습니다. 그것이 자기를 아끼는 것이기 때문입니다. 소극적 체념은 '그냥저냥'일 것입니다. 상당히 기분 나쁜 상태입니다.

열정 때문이 아닙니다. 리더는 절박함으로 독해지는 것입니다.

아직 상황이 좋을 때는 비전이나 열정이란 단어를 말하지만, 막상 아주 힘들 때면 열정이고 뭐고, 모든 것이 '절박'해집니다. 코앞에 난감한 일이 닥쳐 몹시 급한 형편이 됩니다. 이렇게 되면, 사람은 둘 중 하나, 포기해 버리거나 독해지게 됩니다. 절박함을 극복하여 벗어나려면 어떻게 해야 하겠습니까? 그런 희열을 맛보기 위해 세 가지 능력을 발휘해야 할 것입니다.

첫째는, 그 절박함이 던지는 스트레스를 자신만의 관리법을 터득하여 이겨 내야 합니다. 자신만의 공간을 만들거나 찾아도 좋고, 자신만의 소리를 들어도 좋습니다. 이겨 낼 수 없는 압박이라면 그냥 함께 가는 것도 방법입니다.

둘째는, 분리할 수 있는 능력입니다. 마치 전자제품의 스위치를 ON/OFF 하듯이 이런저런 생각과 상황을 차단할 수 있는 능력을 말합니다. 한 번에 하나를 단순하게 생각하여 처리해 버립니다.

셋째는 물고 늘어지는 능력입니다. 끝장낸다는 호기豪氣를 부리는것입니다. 어차피 내가 끝낼 일이라면 확실하게 끝내 주는 것입니다. 가장 큰 동기부여를 일으킬 것이며, 누구라도 충분히 가능한 실천입니다. 이걸 해 본 것과 해 보지 않은 것이 사업에 큰 영향을 미치게 됩니다.

열정은 습관이 될 수 없습니다.

열정으로 매분, 매시, 매일을 산다면 최고의 성과 인간이고, 보통 사람이 아닙니다. 만약 당신이 보통 사람이면, 열정의 불꽃만 살려 두십시오. 때가 되면 확 불을 붙이면 됩니다. 그러니, 계속 일을 저지르기 바랍니다. 저질러야 수습이 필요하고, 수습하는데 당신의 열정이 필요하지 않습니까?

열정이 없는 당신은 절박하지 않은 것이고
절박함을 아직도 모르는 당신에게 열정은 필요 없습니다
정말 절박하지 않으면 열정 따위 없이 그렇게 살면 됩니다

Management & Leadership

Go-To-Win®

7 - ❻
맡길 사람이 없을 때

그곳을 바라보고 있다고 해결사가 등장하지 않습니다

다른 곳을 보아야 합니다

'결정'은 확신이거나 좀 더 높은 성공 확률입니다

좀 위험하더라도

작은 문제가 반복되더니 큰 문제가 생겼고, 급기야 중대한 사건이 발생했습니다. 고객으로부터 매우 심각한 클레임이 제기된 것입니다. 터질 게 터졌다는 직원들의 쑥덕거림에 경영자는 더욱 화가 났습니다.

이미 직원들에게 실수하지 말라는 경고를 하였고, 빈틈없는 준비를 지시하였건만 사건이 발생했기 때문입니다. 직원들이 뻔히 알고 있는 문제를 방치하였다는 것이나, 최고 경영자의 경고가 무시되었다는 상황이 절망에 가깝습니다.

하지만 일단 사건을 수습해야 하니, 고객의 무리한 요구사항을 100% 이상 들어주어야 했고, 그래서 경영의 손실은 예상을 훨씬 넘어섰지만 다른 도리가 없었습니다. 앞으로가 더 큰 문제입니다. 잃어버린 신뢰를 되찾아 고객을 마주 보고 제대로 비즈니스를 할 수 있겠냐는 것이 더욱더 두렵습니다. 추가적인 보복은 말할 것도 없고 말입니다.

지금 발생하고 있는 경영의 손실을 최소로 하고, 앞으로 고객과 정상적인 사업 진행을 위해 사고의 재발을 차단하는 특단의 조치를 보여주어야 합니다. 최고 경영자는 그 특단의 조치라는 것을 제대로 기획하고, 추진하여 완성할 사람을 찾아 맡겨야 합니다. 그런데, 맡길 사람이 없습니다. 이런 상황이라면, 경영의 리더들은 4가지 정도의 방안을 놓고 따져 보게 될 것입니다.

첫째는 그냥 좀 더 지켜보자는 가장 최악의 선택(?)입니다. 어떤 식으로든 업무나 조직에 신속히 충격과 변화를 주어야 하는데, 의지가 없는지 용기가 없는지 그러고 있습니다. 좀 더 지켜보자는 것은 좀 더 망해 보자는 것과 다를 바가 없습니다. 아무것도 하지 않는 불확실은 조직 구성원 모두에게 불안과 무기력을 증폭시키기 때문입니다.

최소한, 경영진의 위기의식과 대응 전략은 밝혀야 합니다. 형식적인 수사(修辭)로 그치지 않고, 즉시 행동으로 옮길 수 있는 공언(公言)이어야 합니다. 공평무사한 진상 파악과 처벌을 분명히 해야 합니다. 사건의 재발 방지에는 투자가 반드시 따르는 것이니, 이 점을 소홀히 하면 진심 있는 처리라고 볼 수 없습니다.

둘째는, 좀 할 만한 사람을 현재 부서에서 빼내 중요한 일을 맡길 다른 부서로 전환 배치하는 것입니다. 그런데, 빼낸 부서가 불안해지니 선뜻 결정하지 못하고 계속 늦추고 있습니다. 옛말에 '아랫돌 빼서 윗돌 괸다.'라는, '그 나물에 그 밥'식의 처리입니다. 이렇게 해서 무엇이 얼마나 바뀌겠습니까마는, 이러는 경영자의 심정도 이해는 갑니다.

이럴 수밖에 없는 조직이라면, 무엇을 어떻게 하더라도 결과는 절대 좋아지지 않습니다. 또한, 조직 편제만 그럴듯하게 바꾼다 해도 사태 해결이나 재발 방지에 별 의미가 없을 것입니다. 시간 벌기용으로 이런 선택을 했다면 더 큰 실패에 더 빠르게 근접할 뿐입니다.

조직 편제가 바뀐 것이지 알맹이인 사람이 똑같으니, 해결이 어렵고, 다른 곳에서 억눌려 있던 문제가 부글부글 더 발생할 것입니다. '사람을 좀 더 키워 놓았어야 했는데'라는 후회도 앞으로의 '인재에 대한 절박함'으로 연장되지 않는다면 역시 의미는 없습니다.

셋째는, TF(Task Force)-Team을 만들어 해결해 보는 것은 어떤가입니다. 사실, 어떤 목적과 목표를 갖더라도 TF-Team 운영은 방어보다는 선제공격에 더 효과적이라고 할 수 있습니다. 그 이유는 모티베이션^{동기부여}이 방어보다 공격할 때 더 잘되기 때문입니다.

TF-Team이 꼭 필요한 이유가 뚜렷하게 없다면, 이런 팀을 구성하는 것보다 최고 경영자나 선임급 임원이 현장에 직접 나서는 것이 더 효율적이고 효과적입니다. 최선의 해결이든, 차선이나 차차선의 해결이든 당장 처리가 되기 때문입니다. 어차피 근본 해결은 시간이 필요하지 않습니까? 최고 경영자나 선임 임원이 나설 수 없는 상황이라면, 현장의 누군가를 지정하여 문제 해결을 위한 '선조치 후보고'가 가능한 권한을 위임하는 것이 좋습니다.

넷째는, 우리 임직원들이 고만고만하니, 외부 영입을 결정하는 것입니다. 조직 내에 맡길 만한 인사가 없을 때, 누구에게 중책을 맡겨 볼까 고민할 필요조차 없습니다. 몇 시간 생각해 보고 답이 없으면, 서둘러 밖의 사람을 찾아보는 편이 훨씬 낫습니다.

인재를 구하는 것도 최고 경영자가 미리미리 준비하는 능력입니다. 성공 확률 50%를 선택하고, 그 확률을 크게 만드는 것이 더 좋은 선택입니다. 승리가 목적인 프로 스포츠 세계에서 용병^{傭兵}은 놀랄 일도 아닙니다. 좋은 인재를 잘 영입하여 새로운 변화를 성공적으로 이루어 내기 위해 애쓴다면, 조직의 성장발전을 동기부여할 수 있습니다.

외부 영입에 대해 이런저런 걱정을 하기도 합니다만, 안 하는 것이 더 걱정을 키우게 될 것입니다. 경영 리더가 믿지 못하는 임직원에게 기대는 것보다는, 한번 믿어 볼 만한 외부 인사의 영입이 더 낫습니다. 그리고 보이는 것에 투자하십시오. 사람도 중요하지만, 재발 방지에는 하드웨어도 꼭 필요합니다.

지켜보자? 사람 돌려막기? TF-Team? 신규 영입?
뭐라도 빨리 하십시오   Management & Leadership

Go-To-Win®

7 - 7
사람이 정말 더 필요한가?

120%의 일이 알맞습니다

회사의 매출이 정체된 상태인데, 업무가 너무 많아서 사람이 더 필요하다는 말이 들리기도 하고, 좀처럼 늘어나지 않는 매출이 걱정되어 영업을 보강하거나 신제품을 개발하기 위해 정말 직원을 더 뽑아야 하는 건지 망설여질 때가 있습니다. 그런데 누구는 매일 밤늦게까지 일하고, 누구는 일찍 퇴근해 버려 직원들이 불만을 드러냅니다.

우선, 일이 많고 적다는 것의 실태를 정확히 판단해야 합니다. 어떤 일이 어떻게 바쁜 것인지, 아침부터 저녁 늦게까지 하는 일이 제대로 된 것인지, 혹 잘못된 습관으로 늦게까지 일을 늘려서 하는 것은 아닌지, 일의 우선순위가 없어 전부 중요하고 전부 급하다고 이것저것을 건드리고 있는 것은 아닌지, 서로 손발이 맞지 않아 일하는 시간보다 대기하는 시간이 더 많은 것은 아닌지에 대한 실태 파악이 필요합니다.

생산이나 판매의 현장은, 하루가 지나면 눈에 보이고 숫자로 나타나는 실적이 있는데, 그 외의 부서나 업무는 쉽게 알 수 없다고 합니다. 그래서 오늘 할 일, 즉 처리해야 하는 문서, 보고, 회의 결과, 연락 등을 했는가 하지 않았는가를 끊임없이 확인하게 되는데, 이것조차 빼먹을 때가 많습니다. 게다가 일을 끝냈다고 퇴근 시간이 되면 꾸벅 인사하고 나가 버리는 직원들을 보면, 정말 할 일은 다 하고 가는 건지, 퇴근 시간이 되었으니 퇴근하는 건지 도대체 알 수가 없습니다. 점심시간을 포함해서 아홉 시간 동안 정말 열심히 일하고 집으로 향하는 직원에게는 미안한 말이지만, 어떤 직원은 정말 오늘 할 일은 제대로 하고 가는 건지 의심스럽습니다.

직원들의 일이 많고 적음은 그 직원의 능력과 그 직원에게 맡겨진 일에 관계됩니다. 네 가지 유형으로 진단과 처방을 살펴봅니다.

능력이 충분한 직원이라 맡은 일을 잘 처리하는 직원은, 현재의 업무와 노하우를 다른 직원에게 서서히 이관하면서 새로운 일에 도전하도록 유도합니다. 능력은 있는데 맡은 일이 적은 직원은, 해당 부서의 업무를 더 많이 맡기면 됩니다. 능력은 없는데 맡은 일이 많은 직원은, 일을 많이 주면서 우선순위를 정해 주거나, 업무 지도를 통해 시간이 걸리지만 능력을 키우도록 합니다. 이 선택은 시간이 오래 걸리고 잠시라도 소홀히 하면 제자리걸음이 될 수도 있으므로 유의해야 합니다. 마지막으로, 능력이 부족하고 맡은 업무가 적은 직원인데 (어찌 보면 채용에서부터 문제가 있었던 최악의 경우) 단순 반복적인 사무를 하루 만큼의 할 일로 주거나, 본인에게 적당한 일을 찾아 다른 회사를 선택하게 하는 것도 냉정해 보이지만 오히려 그 직원을 돕는 방법의 하나입니다. 어떤 선택이든 모티베이션이 필요하게 됩니다.

직원들이 정상적인 근무를 하고 있다고 가정할 때, 바쁨과 안 바쁨의 정도는, 아마도 퇴근 시간 이후에도 한두 시간 이상 더 남아서 일하고 있는지, 아니면 퇴근 시간 후 십 분 이내에 모두 퇴근하는지를 보면 쉽게 알 수 있을 것입니다. 보통, 근무 시간 내내 온전히 업무에 몰입하는 경우는 거의 없고, 밀린 일을 해서 맡은 업무를 마무리하려면 어느 정도 추가시간이 필요합니다. 물론 잔업이라는 것은 없어야 최선입니다. 하지만, 경쟁하고 있는 다른 회사들과 사무의 인프라가 상당한 수준 차이가 있다면 몰라도, 더 열심히 더 많은 업무를 해 내야 하는 상황이라면, 가끔 늦게까지라도 남아서 일해야 경쟁에서 이길 수 있습니다.

정시[칼] 퇴근이 자연스럽게 자리를 잡기 전에, 몇몇 대기업이나 중견 기업에서는 여섯 시만 되면 무조건 퇴근을 시키기도 했습니다. 그렇다 보니 직원들로서는 본인이 해야 할 일을 그 시간 안에 끝내야 해서, 더욱 시간 관리를 철저히 하고 근무 시간 중에 더욱 집중해서 일을 수행해야 합니다. 점심시간도 쪼개 쓰고, 회의시간을 길게 가져가지 않으면서 결론을 내려고 노력하는 것도 당연합니다. 이런 것은 좋은 역발상이지만, 어찌 보면 이렇게 할 수 있는 시스템적인 준비, 즉 개인별 업무 분장, 성과 평가, 업무 네트워크 등 많은 부분에서 이것을 뒷받침할 수 있는 다양한 제도의 지원이 가능해야 합니다. 이런 지원이 안 되는 상태에서의 어설픈 시도는, 한두 달간의 엉성한 이벤트로 끝날 수 있음을 조심해야 합니다.

사람이 더 필요한가에 대한 문제를 명확히 하고 해결의 실마리를 찾기 위해서 세 가지 측면으로 접근하여 봅니다.

첫째, 실제로 업무가 많아 직원들이 밤늦게까지 일하고 있는 경우입니다. 참 고마운 직원들입니다. 오랫동안 늦은 야근과 이른 출근으로 피곤이 겹쳐 있을 텐데, 그런데도 본인에게 주어진 일을 잘 해 보겠다고 열심히 하고 있으니, 업어 주고 싶은 직원들입니다. 가끔은 약속한 기간 내에 일이 끝나지 않아 일이 착착 맞아떨어지지는 않지만, 잘 조정해서 해결하기도 합니다. 소위 자아실현을 위한 동기부여가 되는 직원입니다.

이런 현상은 그들에게 좋은 리더가 있기 때문에 가능한 것입니다. 반대로 말하자면, 이런 집단에는 좋은 리더가 꼭 필요합니다. 리더십이 없는 리더라면, 이런 집단의 태도와 성과를 제대로 관리하지 못하여, 오히려 직원들의 걸림돌이 되거나 시행착오를 유발할 것이 뻔하기 때문입니다.

어찌 되었거나, 이런 집단이 업무의 과부하 상태라면, 회사의 전략에 따라 과감히 인원을 충원할 필요가 있습니다. 이런 집단은 보통, 리더가 인원 부족을 먼저 요구하지 않는 것이 특징입니다. 본인들의 일과 역량 향상에 욕심이 많기 때문인데, 이것이 너무 지나치거나 과함을 알고도 그냥 둔다면, 오히려 회사의 전략 달성이 지연될 수도 있습니다. 그러니, 요구하지 않는다고 그냥 둘 것이 아니라, 적절히 충원하여 누적 피로를 줄여 주고, 회사의 경영 실적이 좀 더 속도를 낼 수 있도록 하는 것도 중요합니다.

둘째, 사람이 더 필요하다고 꽤 시끄럽게 요청하는데, 면담을 해 보면 그 팀을 맡은 팀장과 그 팀에 속해 있는 직원들의 이야기가 서로 다른 경우가 있습니다. 즉, 한쪽은 부족하단 의견이고, 다른 쪽은 충분하다는 의견이 함께 있는 것입니다.

이런 문제는, 팀에 누구인가 팀워크를 해치는, 조직을 깨는 사람이 있기에 발생한다고 볼 수 있습니다. 그러니 문제를 일으키는 그 사람이 누구인지를 찾아 그 조직에서 빨리 빼내면 됩니다. 사람을 더 넣지 않아도, 그 팀은 팀워크가 더욱 발휘되어 오히려 몰입도가 높아지고 성과가 향상됩니다. 회의할 때 항상 찬성하는 것도 있을 수 없는 일이지만, 직원 대부분이 한번 해 보자고 하는데, 안 된다는 이유가 더 많은 직원입니다. 새로운 업무가 맡겨지면, 다른 직원이 해야 한다고 우겨 대고 자기는 쏙 빠져나가는 직원입니다. 직원들만의 회식이나 경조사에 거의 참석하지 않거나, 그곳에서 환영받지 못하는 직원입니다. 회사에 와서 회사 일보다는 본인을 위한 일을 더 열심히 하는 직원입니다. 오류가 많은 보고서를 성의 없이 보이면서, 내가 회사를 위해 이렇게 열심히 하고 있다고 뻔뻔하게 강변하는 직원입니다. 이런 직원이 그런 태도를 보인다는 것을 알고, 오랫동안 주의하라고 경고하고 기회를 주었는데 여전히 팀워크를 해치고 있다면, 이제 경영자는 리더나 그 직원을 빼낼 수밖에 없습니다.

셋째, 직원의 역량을 높이고 업무를 배분하는 리더십이 형편없어서 인원이 부족한 것처럼 보이는 현상입니다. 직원 몇 명이 현재 자기에게 맡겨진 업무만 하고, 더 이상의 업무를 거부하고 있는데, 가만 보니 그 업무량이 과다하지 않으며, 게다가 그 일만 맡아서 앞으로 계속해도 업무의 질이나 처리 범위가 더 좋아질 것이 없는 상태입니다.

큰 이유는 이것입니다. 우선 이 팀의 리더가 직원들을 아직도 장악하지 못한 것입니다. 야단칠 줄도, 칭찬할 줄도 모르고, 이래도 저래도 적당한 이유와 더불어 죄송하다는 직원의 말 한마디에 그저 봐 주기만 하는 리더입니다. 또 하나의 이유는, 이 리더는 직원의 업무를 제대로 파악하고 있지 못하여 업무 통제가 불가능하기 때문입니다. 게다가 큰 소리가 나서, 팀의 이런 사정이 회사에서 구설에 오르는 것을 피하고 싶기 때문일 것입니다. 큰일입니다. 이래서는 어림도 없습니다.

팀장으로서, 팀장이기에 관리해야 할 것을 확실히 가져가야 합니다. 어떤 결정이 있으면, 리더 본인이 그렇게 정한 것을 확실히 직원에게 알리고, 일의 진행에 차질이 없도록 지시와 요구를 강력하게 하고, 정해진 시점에서 꼬박꼬박 보고를 받고 하나씩 지적하면서, 팀장 본인도 그 업무의 핵심에 신속하게 접근해야 합니다. 서로 약속한 내용과 시간은 철저하게 지켜야 하고, 이런 업무 미팅과 보고서 공유가 끊어짐 없이 반복됨으로써 리더로서의 역량을 키워나갈 수 있습니다. 회사에 꼭 필요한 인재를 만들어 내는 것이 리더의 몫입니다. 우습게 보이는 팀장이 되어선 곤란하지 않습니까?

해당 업무 범위 내에서 설계된 주요 관리 포인트[항목]에 관한 확인과 조치가 정상적으로 운영된다면, 직원들의 담당 업무를 점점 확대하는 단계로 돌입하도록 합니다. 예전에야 위에서 시키면 시키는 대로 했다지만 요즘은 꼭 그렇지 않습니다. 사전에 이런 점에 관한 대화가 필요합니다. 왜 이 업무를 해야 하는지, 이 업무의 어느 범위까지 담당하는 것인지, 이 업무를 함으로써 당신에게 무슨 좋은 일이 생기는지, 앞으로 이 일에 대해 어떤 식으로 진행할 것인가를 잘 생각해 놓고, 일대일(1:1)로 설명해 주어야 합니다.

해당 직원의 의견을 충분히 들어 줍니다. 직원이 흔쾌히 동의할 경우에는 업무에 착수하도록 하는데, 처음엔 다소 강도 높게 업무 관리를 해야 합니다. 직원이 조건을 걸면서 동의하는 경우엔, 팀 내에서 해결할 수 있고 다른 직원에게 피해가 없으며 발전적인 조건은 적극적으로 수용하지만, 그렇지 않은 경우에는 그런 조건을 그 자리에서 거부하여야 합니다. 이렇게 거부했을 경우나 아예 처음부터 동의하지 않을 경우에는, 회사를 대표하는 팀 리더로서 팀원에게 그에 따르는 불이익을 명확히 전달하여야 합니다. 선을 그을 때는 분명히 그어야 합니다.

넷째, 일부 부서에 국한하지 않고, 직원들의 반응이나 경영자가 보기에도 언제부터인가 업무의 불균형이 드러나는 경우입니다.

알다시피, 사무실의 업무라는 것이 언제나 늘어나기만 하지 줄어들지는 않습니다. 어느 순간에 보면, 일이 많은 사람은 많고, 상대적으로 적은 사람은 적습니다. 능력보다 일이 많아져 이것저것 시간에 쫓겨 처리하면 일을 빼먹거나 부실해지고, 반대로 일이 적은 사람은 쓸데없는 일을 만들거나 시간을 허비합니다. 이런 불공평한 현상을 내버려 두면, 당연히 직원들의 불만은 증가할 수밖에 없습니다. 그러니 일 년에 한 번 정도는 부서별로 업무의 재고 조사를 할 필요가 있습니다.

그 당시에는 필요했지만, 지금은 필요 없는 것, 즉 목적이 없는 것은 과감히 없애 버려야 하고, 필요한 업무는 그 업무량을 절반으로 줄일 방법을 찾아야 합니다. 이 과정에서 문서, 회의, 연락 등의 종류나 양, 빈도를 모두 개선해야 합니다. 사람이 부족한 것이 아니라, 목적이 없는 업무와 시간을 많이 잡아먹는 일 처리 방식이라는 낭비가 늘어난 것입니다.

초심으로 돌아가 업무를 30% 없애고, 필요한 업무의 사무량을 1/2로 삭감하고, 이것들을 잘 유지하기 하기 위한 업무의 매뉴얼(노하우, 비결)을 운영하는 것이 방법입니다. 이런 개선 활동에 좀 시간을 들여 추진하면, 몇십 배 이상의 시간을 아껴 쓸 수 있고, 소중한 직원들이 귀한 시간에 가치 있는 일을 할 수 있게 됩니다.

정상적인 두 사람을 채용하는 것보다
이상한 한 사람을 내보내는 것이 훨씬 낫습니다

Management & Leadership

Go-To-Win®

7 - 8
혁신 활동을 다시 한단 말입니까?

이런 말하는 이유가 7가지 있습니다

"혁신 활동을 처음부터 다시 해야겠습니다" 보고하는 임원도 면목 없고, "아니, 5년간 계속해 왔는데 왜 처음부터 다시 한단 말입니까?" 보고받는 최고 경영자는 욱! 화가 납니다. 담당 임원이 다시 해 보겠다고 결심하고 보고하는 것이 어디 쉬운 일입니까만 최고 경영자 역시 기운이 쭉 빠지기는 마찬가지입니다.

도대체 몇 년간 해 오던 혁신 활동을 지금 와서 왜 다시 처음부터 하겠다는 건지요. 무엇보다 분명한 것은 활동의 성과가 없기 때문이라고 합니다. 재무적인 이익과 단단히 연결된 혁신 활동을 포함하여, 임직원들의 애사심이나 기초질서 준수와 같은 당장의 이익 실현과 일정한 거리가 있는 혁신 활동도 성과가 없다고 판단하였기 때문일 것입니다. 아무튼, 다양한 목적과 목표를 갖고 매년 지속적으로 실천하는 혁신 활동이 어느 날 "처음부터 다시!"의 판결을 왜 받는지, 그 이유와 재발 방지의 처방에 대해 생각해 보겠습니다.

첫째, 총체적인 책임과 권력을 가진 혁신 리더인 담당 임원(최고 경영자도 포함)의 관심[관리] 부족입니다.

임원이라는 입장에서야 그걸 나보고 처음부터 끝까지 시시콜콜 다 챙기고, 전부 같이하란 말이냐는 억울한 심정이 드는 것은 이해됩니다만, 가만히 따져 보면 그렇게 감정적인 반론으로는 문제의 해결이 어렵습니다.

혁신 활동을 시작하기 직전이나, 직후엔 임원도 당연히 관심이 많습니다. 이런 혁신 활동을 왜 해야 하는지, 어디까지 도달할 것인지, 누가 주로 추진할 것인가에 고민하고 담당자 설득도 합니다. 그러나, 좀 지나서는 추진 그룹의 리더에게 그 고민이 넘어가게 됩니다. 이렇게 고민이 넘어가면, 고민만 넘어가는 것이 아니라, 그 활동에 대한 추진력도 넘어가는데, 임원급 파워가 아니라 팀장급 파워 정도로 쪼그라들게 됩니다. 무게나 무게 중심의 변경이 혁신 활동의 부진^{不振}에 고스란히 영향을 미칩니다.

  게다가, 임원이 이 혁신 활동에 집중할 수 없는 외부로부터의 문제와 내부의 사고 발생 때문에, 시작할 때만큼 신경을 쓸 수 없고, 그러다 보니 매주 간략한 보고서나 매월 좀 더 두꺼운 보고서를 회의시간 중 접하게 되고, 그것만 보고 그 정도 지시를 딱 그만큼 합니다. 이때부터 현장 중심이 아닌, 보고서 위주의 영혼 없는 혁신 활동 관리를 하게 됩니다.

  그러다 가끔 혁신 활동의 행사에 참석합니다. 현장 진단이나, 평가, 포상, 관련자들과 회식 등등입니다. 모두 모인 자리에서 간단히 말씀하며 진심 어린 당부도 합니다. 본인도 성과의 부족함을 느끼지만, 큰 문제는 없을 것이라고 억지로 위안합니다.

  담당 임원의 관심[관리] 부족에 관한 문제 해결을 이렇게 생각해 봅니다. 처음의 관심과 시간을 계속 이어가면 좋겠지만, 여건이 그렇지 못하다면 일단, 현장에 가서 혁신 활동의 진행이 어떤지를 주기적으로! 확인해야 합니다. 이때, 제출된 보고서 한 장이라도 꼭 가지고 가는 것이 중요합니다. 그 보고서의 결과와 현장을 눈으로 직접 보면서 맞비교를 하기 바랍니다. 그래야 허위 보고서가 제출되지 않고 활동의 오류를 딱 잡아줄 수 있습니다.

  그리고, 가끔 의도적으로 야단을 쳐야 합니다. 우리 직원은 물론, 설사 그 혁신 활동을 지원하는 외부 컨설턴트에게도 그렇게 해야 합니다. 이런 긴장감을 적절히 자극해야 집중력이 발휘되고 초심을 잃지 않습니다. 게다가, 조직 구성원 모두에 대한 경고의 신호가 전파되도록 해야 합니다. 수고에 대해 칭찬을 하되, 매우 중요한 핵심 이슈에 관해서는 더 심하게 질책하는 의도된 연기력을 발휘하십시오.

그리고, 어쩌다 한 번이라도 현장 근무자들과 함께 혁신 항목의 작은 활동이라도 해 보기 바랍니다. 물론 쇼^{Show}라고 말하는 직원도 없진 않겠지만, 담당 임원이 진정한 태도로 짧은 시간이지만 같이 했다는 의미가 중요합니다. '왜 내가 같이했는지, 해 보니까 이렇군요' 같은 메시지를 만들기 바랍니다.

둘째, 혁신 프로그램의 일정 계획에 따라 '1단계는 3개월 추진하고, 2단계는 4개월 추진하고~'처럼 진도만(!) 나갔기 때문입니다.

일정에 따라 계획과 실적에 쫓기듯 현장은 내버려 두고 '단계별 (보고)문서만 완성'했던 것입니다.

특히, 사전 고민이나 학습 없이 외부 전문가로부터 컨설팅을 받는 경우에, 미리 검증하지 않고 무책임한(!) 컨설턴트를 선정하면 이런 상황으로 전개됩니다. 컨설턴트에게 정확한 정보를 주지 않았거나, 요구사항이 분명하지 않았던 이유도 있겠지만, 오히려 컨설턴트의 책임이 더 큽니다. 컨설팅 경험(기간이 길고 짧음이 아니라)이나 조직 구성원 특히 현장 근무자들과의 협력 태도나 스킬이 부족한 경우에는, 현장을 직접 이끌어 가는 것보다 주로 관리자들만 붙잡고 일을 하고, 보고(서)

에 사용하는 시간이 많습니다. 뚜렷한 혁신 가이드 프로세스가 없다 보니, 여기저기 널린 이론적인 절차대로만 진행하는데, 시작해 놓고 끝을 보지 못한 채, 그다음 단계로 서둘러 진도만 나가고, 조직 구성원들은 그냥 그런가보다 라고 끌려만 갑니다.

무책임한 컨설턴트도 문제지만, 혁신 활동을 추진하는 그룹이 오직 평가나 고과에 유난히 신경 쓰는 인원으로 구성되어 있다면 똑같은 일이 벌어집니다. 평가에 신경 쓰이지 않을 수 없지만, 도를 넘어서 작은 성과를 크게 하거나, 작은 잘못이라도 은폐하려 무척 애를 쓰기 때문이고, 그게 또 여실히 눈에 드러납니다.

그리고, 지금의 혁신 활동 그 자체의 문제이기도 합니다. 즉, 잘못된 선택이었고, 그것을 알았음에도 그 잘못된 로드맵과 프로세스를 유지하려고 하니, 본질은 사라지고 껍데기만 남게 되는 경우입니다. 혁신 활동은 시대적 유행이[필요가] 있지만, 잘 살펴서 우리에게 꼭 맞는 프로그램을 선택했어야 했습니다.

3가지 정도의 발생 원인을 살펴보았는데, 이에 대한 처방은 한마디로 요약할 수 있습니다. 혁신 활동 진도의 쉼표나 마침표는 현장에 묻고, 현장에서 답을 구해야 합니다. 필요하다면 활동 도중이라도 판을 엎어야 합니다. 중단하고 점검해야 합니다

셋째, 혁신 활동 추진의 역할을 맡은 사람만, 그 추진팀만 뭔가를 했기 때문입니다.

혁신추진팀의 구성이 매우 중요하다는 것을 누구도 모르지 않습니다. 그 프로젝트의 규모나 내용에 따라 필요한 인원이 모여야 하는데, 대부분 부족한 상태로 출발합니다. 개인마다 능력도 있어야 합니다. 탁월한 리더십까지는 아니어도 혁신팀 팀원들은 분명 직원들로부터 인정받고, 그들이기에 그 프로젝트에 관한 기대감까지 생기는 사람들로 구성해야 합니다. 그리고, 그들이 일할 수 있도록 예산도 이미 편성되어 사용 가능해야 합니다. 또한, 혁신 프로젝트가 종료되면 원래 업무로의 복귀나 전환 배치에 대해서도 미리 결정되어야 합니다. 추진팀에 편성된 인원들의 정상적인 자격과 처우인데, 실제로는 거의 비정상 상태에서 출발하니, 이미 문제를 안고 가게 됩니다.

혁신팀의 팀원들이 불안한 상태에서 막연한 의지(?)로 업무를 하니, 얼마나 성과를 내겠습니까? 혁신의 대상은 거의 조직 전체의 부서 그리고 현장이 될 텐데, 그 많은 사람을 변하게 돕는 일은 절대 쉽지 않습니다. 초기에 끊임없이 시도할 것입니다만, 옳은 일을 아무리 잘하려 해도 저항이 만만치 않습니다.

이 지경이 반복되니 혁신팀조차 결국 쉬운 것을 선택하게 됩니다. 교육도, 지도도, 진단도 간편하게 만들어 버립니다. 심지어 보고서에 허위, 과장된 문구가 삽입되기도 합니다. 혁신 프로젝트가 종료되면, 그것에 대한 지식은 오로지 그들만의 것이 되어 버리고, 그것조차 그들도 곧 잊어버립니다. 회사는 엄청난 손실입니다.

또한, 컨설턴트의 문제도 있습니다. 앞서 언급했지만 컨설턴트 중에는 의외로 현장 근무자를 만나고, 교육하고, 설득하는 과정을 두려워하는 사람이 많습니다. 무엇을 같이 이루려는 협력자라기보다, 자기 일을 방해하는 적군敵軍으로 여기는 경향이 있는데, 이렇다면 당연히 엇박자가 날 수밖에 없고, 서로 등을 돌린 채, 자신만의 공간에서 쓸모없고 형식적인 일만 아주 열심히 하게 됩니다.

또한, 상급자가 보고받길 좋아하고 외부의 포상에 관심이 많은 조직이라면, 역시 어긋나는 것은 순간입니다. 대부분의 일을 그 관심거리로만 쳐다보고 하기 때문입니다. 현장에서 훌륭한 성과는 나오지 않고, 결과가 필요한 마음은 급하니, 시간이 더뎌도 현장에서 꼭 개선되어야 하는 일들이 외면당하는 것입니다.

위와 같은 일들을 사전에 방지하기 위해서 몇 가지 조치가 필요합니다. 우선, 말로만 열심히 한다, 고생한다고 하지 말고, 그 팀 구성원들의 책임과 권한R&R을 명확히 하여 손발이 맞도록 관리해야 합니다. 아울러 가장 중요한 것은 그 팀이 '뭘 했다'를 보고받거나 확인하지 말고, '무엇을 실행해서, 현장이 어떻게 바뀌었는지'를 증명해 보이도록 지독하게 강요해야 합니다.

넷째, 왜 하는지? 현장근무자들이 이해가 부족한 상태에서 '하라고, 또는 해 준 대로만' 하기 때문입니다. 그러다 보니 오래가지 못하는 것입니다.

혁신 활동의 기획 즉, 초기 단계부터 현장 근무자들을 가능한 참여

시키는 것이 좋습니다. 사악한 의도로 혁신 활동을 하는 것은 아니니, 이끌어 갈 사람이나 실천할 사람들이 모여, 염려되는 일들을 미리미리 논의하면서 좋은 방식과 방법을 같이 연구해도 되고, 그래야 합니다. 왜 혁신 활동? 구체적으로 그중 한 가지 일이라도 왜 이렇게 하려는지, 개선했는지 정확하게 설명하지 않으니, 이해가 안 되는 것이고, 시킬(?) 때만 하는 매우 귀찮은 일이 되어버립니다. 시키지 않으면 안 하고, 매일 그걸 시킬 수도 없으니, 오래 못 가는 것이 당연합니다.

그리고, 현장에서는 보통 개선 활동에 관해, 일만 많아진다고 생각합니다. 하던 대로가 아니라 일이 바뀌니까, 그리고 해야 할 일을 꼭 하도록 요구하니까 그렇게 생각합니다. '일만 많아지는 것'이 아니라, 잘못을 반복하지 않기 위함이라고, 설사 일이 많아지면 다른 일을 줄여 보자는 식으로 설득하면서, 현실적인 개선을 해야 합니다. 일에도 '총량제'가 필요합니다. 하나가 줄면 하나를 늘이고, 하나가 늘면 하나를 줄여서, 작업량을 맞춰 줘야 지속적으로 유지됩니다.

등을 돌리는 현장 근무자의 문제 해결을 정리하자면, 우선, 혁신 활동의 처음부터 가능한 많은 인원과 논의와 교육을 충분히 하여, 시간이 걸리더라도 나중에 우리와 생각이 다르다는 이야기가 나오지 않도록 하는 것이 중요합니다. 비슷한 말이지만, 활동 과정에서도 좀 더 현장 근무자의 아이디어를 많이 채택하는 것이 필요합니다. 마지막으로, 개선 상황을 3개월이나 6개월, 1년 동안 잘 유지한 근무자에게 특별한 포상을 거창하게 하는 것도 실행해야 합니다. 무엇이 중요한지를 생각하도록 계속 자극해야 합니다.

다섯째, 적절한 투자가 없으면 혁신 활동은 결코 자리 잡을 수 없습니다.

좋은데, 꼭 그렇게 해야 하나? 알다시피 예산도 없는데 다음에 하면 안 되겠나? 왜 우리 회사는 이럴 때만 항상 돈이 없을까요? 경영이 항상 어려운 것일까요? 당장 오늘내일 부도가 날 지경이 아니고 좀 망설여지는 정도면, 꼭 필요한 투자를 해야 합니다.

투자가 안 되는 이유는 또 있습니다. 개선하기 위해 투자를 기안해야 하는 사람들이 '알아서 안 하는' 경우입니다. 사장님이 결재 안 하실 거야, 지난번에 그 건도 투자 안 했잖아, 괜히 보고해서 눈치 없다고 야단맞을 일 있나? 말도 안 꺼내고, 오히려 해 보려는 사람을 잘 타일러서(?) 돌려보냅니다. 본인이 최고 경영자의 심복인 양 거들먹거리는 참 못된 리더입니다.

이런 경우도 있습니다. 리더가 돈을 쓸 줄 모릅니다. 투자가 뭔지도 모르고, 좀 큰돈이라면 왜 그런지 지레 겁을 먹고 무조건 안 합니다. 최고 경영자가 꼭 꼼꼼한 지시를 해야만 따르거나, 지시해도 투자를 계획할 줄 모르기도 합니다.

위와 같이 이런저런 이유로 투자가 진행되지 않으면, 사실 혁신의 추진 실무자들은 기운이 쭉 빠집니다. 왜? 투자가 안 되는 것도 그렇지만 이건 혁신 활동의 의지, 경영진 신뢰의 문제가 돼 버립니다. 도대체 경영진은 이 혁신 활동을 제대로, 끝까지 하긴 하려는 거야? 우리만 괜히 고생하는 것 아니야? 다른 꿍꿍이가 있는 것 아니야? 이런 망설임이 더 큰 문제란 걸 모두 알고 있습니다.

그렇다면, 이렇게 해 볼 일입니다. 최소한 혁신추진그룹에서 투자를 제안한 3건 중 단 1건만이라도 실행합니다. 손해 볼 일은 없습니다. 그리고 그 전에, 혁신 활동에 착수하면서 사용 가능한 예산의 규모를 미리 정하고 공지해 놓을 수 있다면 훨씬 더 좋습니다. 이 규모 안에서 효율적인 투자와 혁신을 이끌어 보란 것입니다. 그리고 '~해서 안 될 거야'라거나, '허락 안 하실 거야'라는 등등의 말이 나오면 크게 야단을 쳐야 합니다. 그런 발상을 사전에 차단하는 것도 혁신 활동 추진의 선행 조건입니다. 아무튼, 투자 없는 혁신 활동은 누구에게도 혁신 의지에 대한 웃음거리만 제공하고, 진정성 있고 지속 가능한 혁신을 보장할 수 없습니다.

여섯째, 혁신 활동이 유효하게 그리고 지속적으로 진행되지 않는 숨은 이유는, 처벌하지 않기 때문입니다. 쳐내야 할 사람은 쳐내야 합니다.

투자가 없어 혁신 활동의 사기와 신뢰가 떨어지는 것도 큰 문제이지만, 큰 걸림돌 중 하나가 바로 혁신을 거부하는 말썽꾸러기인 'Big Mouth들' 또는 숨겨진 불씨들입니다. 변화와 혁신에 100% 동참하는 조직이 없는 것은 당연하지만, 늘 불평불만으로 분위기를 해치고, 결정적 순간에 등을 돌리는 암癌적인 존재가 꼭 있습니다. 혁신 활동 중에만 그렇겠습니까? 늘 그런 심보를 품고 있는 것입니다. 이런 걸림돌들이 혁신의 완성을 망치는 것을 계속 방치하는 것이 문제입니다.

그리고, 혁신 활동이 견디기 힘들고, 초인적인 능력을 요구하는 것은 아니지 않습니까? 혁신 활동도 다 할 만하니까 하는 겁니다. 할 만한 일이지만, 정말 고생이 많다, 애 많이 쓴다 등등 위로의 말과 더불어, 열심히 하고 있느니 더 잘하라고 포상을 자주 합니다. 당연히, 포상은 필요합니다. 그러나, 그 반대편 즉, 벌을 받아야 하는데, 그냥 씩 웃고 좀 더 열심히 해 보란 정도로 부추기다 보니, 그만큼만 적당히 하자는 분위기로 가고, 이것이 전체 조직을 서서히 굳이 잘할 필요 없다는 나쁜 타협으로 감염시켜 버리게 됩니다. 포상이 있으면, 반드시 처벌도 있어야 합니다.

그리고, 불공정한 평가로 나눠 먹기나 돌려막기를 한다면 이 역시 올바른 활동 추진을 망가뜨리는 원인이 됩니다. 현장 직원이 바보가 아닌데, 잘못한 것을 잘했다고, 좋게 말해서 힘내라고 평가해 준다면 어느 누가 이것이 제대로 된 평가라고 하겠습니까? 혁신추진에 대한 신뢰는 물론이고 리더십까지 순간에 무너져 버립니다.

이런 점들을 배제하기 위해서, 혁신 활동을 간교하게 방해하는, 그래서 쳐 내야 할 사람은, 그가 누구이고 어떤 힘을 갖고 있어도, 회사에 어떤 기여를 했더라도, 반드시 쳐 내야 합니다. 그리고, 보상을 후하게 하지만, 마땅한 성과를 내지 못한 부분은 책임을 묻고 그에 맞는 처벌도 있어야 합니다. 그리고 이것을 뒷받침하기 위해 평가는 반드시 공정하게 진행해야 합니다. 그래서, 자격 있는 일등은 계속 일등을 주어야 합니다.

일곱째, 목표가 불분명하거나, 강압적인 변경 불가 선언 때문에 유연하지 못해서입니다.

혁신 활동을 준비하면서 목표가 왜 없겠습니까? 문제는 전체 목표를 가지고 가다 보면, 수개월 내에 팀이나 현장마다 진도의 차이가 나타나고, 막상 진행해 보니 현장의 사정과 적합하지 않다는 판단이 서게 되는 때가 있습니다. 그런데도 처음에 잡았던 목표의 유연한 변경 없이 추진을 요구하여 현장 중심이 아닌 목표와 성과 중심으로 변질하는 일이 발생하면서 갈팡질팡 집중력을 잃게 됩니다.

그리고, 조직 문화나 조직 건강, 기초질서 역시 매우 중요한 혁신의 목적인데, 숫자로 말할 수 없다는 이유로 목표를 분명히 설정하지 못하는 때가 많습니다. 사실 이 항목 역시 최소한 설문 방식에 의한 측정값 등등으로 잘 따져 보면 데이터로 표현이 가능할 것입니다.

중요한 것은, 초기 목표를 유지하는 것이 좋지만, 상황에 따라 적절하게 수정하는 유연성을 가져야 하고, 더 중요한 것은 부문별, 포지션별 현상과 목표를 구별해야 합니다. 다 똑같을 수 없기 때문입니다.

왜 많은 기업이 오랫동안 혁신 활동을 했음에도 불구하고, 정신을 차려 보니 다시 추진할 수밖에 없는 이유를 파악해 보았습니다. 지금부터라도, 차후에 이런 일을 미리 예방하기 위해 꼭 필요한 방책을 준비합시다.

리더는 혁신의 '방향'에 대해 강한 믿음을 갖고 행동으로 끌고 가야 합니다

언제까지 끝내야 하는 시간의 문제가 아닙니다

그리고 혁신의 걸림돌에 해당하는 쳐 내야 할 사람은 반드시 쳐 내고

투자를 꼭 해야 합니다

이 3가지를 혁신을 함께 하는 사람들에게 보여 준다면,

다시 할 일은 없습니다   **Management & Leadership**

Go-To-Win®

7 - 9
부럽거나, 부끄러우면

남들 사는 게 부럽거나, 내가 사는 게 부끄럽기엔
당신이 아깝습니다

오래전부터 준비하여 지금은 많이 가졌다면, 또는 태어날 때부터 이미 부자였다면 다행이고 복(福)입니다만, 나이 오십 중반쯤에 집안 경제가 넉넉하지 않다면 지금이나 앞으로나, 먹고사는 문제가 아주 심각합니다. 마음은 급한데, 현실적으로 크게 나아질 방법이 없기 때문입니다. 앞으로도 이삼십 년은 더 가정을 꾸려 가야 하는데, 평소 가까운 사람은 고사하고 가족에게까지 터놓고 말하지 못하는 심정은 오죽하겠습니까. 그렇다고, 방법이 없다고 포기하고 틈만 나면 잠이나 자자는 것을 반복할 수도 없습니다.

  이만큼 살다 보니 나보다 빨리, 더 높이 승진하여 부러운 대접을 받는 동기나 후배도 있습니다. 직장 생활을 안 했거나, 직장 그만두고 사업하며 처음엔 무척 힘들다고 하더니, 몇십억 원을 모았다고 슬쩍 운을 떼는 친구도 있습니다. 보는 앞에서야 잘됐네, 이젠 사업 걱정 없겠네 하지만, 이런 일이 반복되다 보니 나와 비슷한 형편의 친구들만 편하게 만납니다. 그러면 안 된다고 생각하지만, 잘 된 녀석을 보면 괜히 언짢고, 빌붙는 것 같아 아주 싫습니다. 이쯤 되면, 몇 번이고 생각을 정리하는 것이 좋습니다. 물론 형편을 좋게 할 수 있는 확실한 아이디어가 있다면 얼른 실행해야 합니다만.

  나이가 오십 넘어 육십 가까이 되기까지 나름으로 열심히 살았다면, 이제는 무리한 욕심 버리고 이게 팔자(八字)려니 생각해 보는 것은 어떨까요? 운명을 말하자는 것은 아닌데, 살아 보니 사람마다 모두 각자의 길이 있는 것으로 생각해 보십시오. 아주 아쉽고 속상하겠지만, 부자가 아니어도 행복하게 살 방법을 더 고민하는 게 맞을 것 같습니다. 이런 선택이 패배자를 의미하는 것은 아니고, 사는 거 다 생각하기 나름 아니겠습니까? 물론, 아직 직장에서 남은 기간이라도 가정 경제를 챙겨야 합니다만.

  마음을 진정하고 일단 두 가지 정도만 생각해 봅시다. 언젠간 나에게도 때가 오겠지라는 위안과 함께 그 '때'를 기다리는 준비일 수도 있고, 그 '때'를 하나씩 만들어 가는 과정이기도 합니다.

첫째는, 모두가 공감하는 '건강'입니다. 걱정으로 마음은 아프지만, 몸이라도 아프지 말자는 것입니다. 몸이 아프면 마음이 더 아프기도 합니다. 건강을 유지하거나 더 좋게 만드는 안내 콘텐츠는 이미 차고도 넘칩니다. 그중 친절한 것을 선택하거나 이미 경험한 방식으로 잘 관리하면 되겠습니다. 우리가 의학 전문가는 아니지만, 건강해지기 위한 몇 가지를 다시 확인해 보겠습니다.

건강해지기 위해 스트레스를 받지 말라고 합니다. 가벼운 등산이든, 뛰기든 걷기든, 종목 운동이든 시작 전부터, 시작하면서 목표나 계획을 빈틈없이 세웁니다. 실제로 스마트폰 달력에 일정까지 촘촘히 잡아 놓고 '반드시' 지키겠다는 다짐을 나름대로 굳게 합니다. 좋습니다. 그런데, 하기 싫어서, 느닷없이 날씨가 안 좋아서 한 번 빼먹고, 두 번 빼먹으면, 이러면 안 되는데 반성을 하고 또다시 빈틈없는 '계획'을 열심히 짭니다. 어떻게 해서든지 운동을 하려는 결심은 좋은데, 이처럼 너무 계획적으로 목표 달성을 하려다 보면, 운동으로 건강해지는 것보다 운동해야 하는 스트레스가 오히려 인체 건강 물질을 자극한다고 합니다. 너무 느슨해지지 않도록 운동은 운동으로서 몸을 단련하고, 그때만이라도 마음의 짐을 내려놓는 시간으로 '좀 편안한 일상' 목표를 실천해도 좋겠습니다. 이 운동도 행복하려고 하는 거니까.

그리고, 한 가지만 반복하지 말고, 이것저것 운동을 즐겨 보는 것도 좋다고 합니다. 지금부터 운동선수가 될 것도 아니고, 다양하게 하다 보면 나에게 딱 맞는 즉, 그거 하니까 더 몸이 가벼워지는 것 같더라, 잠도 잘 오더라, 소화가 잘되더라 등등 운동을 찾게 되지 않습니까? 다양한 운동이 내 몸이 쓰지 않던 숨겨진 근육을 자극해 주고, 내가 몰랐던 도전을 즐기게 해 줍니다. 운동 한 번 하고 나면, 오늘 '나를 위해' 뭐 대단한 것 하나 한 것 같지 않습니까? '나를 위해서' 말입니다.

운동과 더불어 하나 더, 기분 좋음을 얻거나 나름 건강관리를 한다면, 이제 석 달마다 한 번씩 간단한 건강 검진도 정기적으로 받으면 좋겠습니다. 운동한 덕에 스트레스도 좀 풀리고, 나의 건강 숫자가 좋아지고 있음을 확인하면 얼마나 좋겠습니까. 오십 육십 나이엔 끝까지 친구처럼 함께 갈 지병(?)인 성인병도 많이 있다고 하니, 고생한 내 몸은 내가 챙겨 줘야 합니다. 아무리 바빠도 할 수 있습니다.

둘째는, 지금 많은 재산이 있는 것도 아니고, 빛나는 명망名望을 쌓아 놓은 것도 아닙니다만, 이제부터 '남기고 갈 준비'를 해 보자는 것입니다.

한 직장에 입사해서 몇 번의 사업 계획을 세우고, 몇 번의 고과를 받다 보면 벌써 이십 년이고, 이십오 년입니다. 어쩌면 한 곳에서 평생을 지낸 것입니다. 어느 순간 뭐 하고 살았나 싶습니다. 순간, 가깝게 느껴지던 동료들도 갑자기 다른 사람으로 보이고, 일이 손에 잡히지도 않습니다. 멍하니 홀로 앉아있는 착시 효과도 나타납니다. 난 뭔가? 아무래도 답이 없는 질문입니다. 회사는 뭐냐? 일은 뭐냐? 마치 해가 지면 어두워지듯, 더 갈 곳이 없는 길에 혼자 서 있는 이상한 기분입니다. '정체성'에 관한 문제가 등장합니다.

정체성正體性, Identity이란 사물 본디의 형체가 갖고 있는 성격을 말합니다. 'Identity'란 단어가 '확인하다(identify)'란 말에서 유래했다는 사실은 정체성이 자기가 아닌 남에 의한 확인과 증명을 통해 형성되는 것임을 말해 줍니다. 보통 자아는 개인적 정체성, 정체성은 사회적 정체성을 의미하는 것으로 보고 있다고 합니다.

이렇게 해 보면 어떻습니까? 누가 알아주든 안 알아주든 '나'란 존재를 남기는 노력의 하나는 지금까지 축적한 경험과 지식을 잘 정리하여 어떤 방법으로든 후배들에게 전수하는 것입니다. 그냥 가기(죽기엔) 아깝지 않습니까? 세상에 소중하지 않은 사람이 없는 것처럼, 누구의 것이라도 가치 없는 경험은 없습니다. 기록이든 활동이든 진심으로 성의껏 전달하면 됩니다. 분명 자신에게 보람이고, 후배들에게 큰 도움이 되는 훌륭한 작업입니다.

그리고 또 하나는, 이제 수십 년간 마음 한편에 두었던 '하고 싶은' 것을 마지막이라 생각하고 해 보는 것입니다. 이럴 땐 이런저런 사정事情을 따질 것 없습니다. 지금 아니면 또 언제 하겠습니까? 사는 걸 바꿉시다. 용기를 내서.

이 나이 먹도록 지금까지 '일등' 못 했다고 합시다. 그러나, 다른 사람들이 만들어 놓은 경쟁의 틀에서 일등을 못 했지만, '일류'처럼 살면서 충분히 마무리할 수는 있습니다. 나의 세상에서, 내가 좋고, 나를 부러워할 일류답게 살면 됩니다. 삶이 일류라면 행복할 것입니다.

사람마다 모두 다릅니다

비교하지 마시고

(더 늙기 전에) 하고 싶은 것 하십시오   `Management & Leadership`

8

사람이 보입니다

Go-To-Win®

8 - 1
일하는 모습이 아름답다

볼 줄 안다면,
아름다운 모습은 바로 우리 곁에 있습니다

직장인들에게 "힐링^{Healing}은 이렇게 하세요~"처럼 동기부여, 소통, 공감 등을 잘 준비하여 솔깃하게 권하는 안내서나 동영상이 많습니다. 모두 옳은 말씀이고, 분명히 도움이 되는 방법들입니다. 다만, 우리가 하루 몇 시간 일하는 직장의 현재 장면과 딱 일치하지 않아 약간의 상상력과 응용력을 발휘해야 합니다. 바쁘고 고단한 일상에서 잠시 흥분

된 마음을 진정시킬 수 있고, 소진된 근무 의욕을 끌어올릴 수 있는 효과 빠른 특효약은 없겠지만, 어쩌다 한번, 우리의 일터에서 작은 감동이 밀려왔던 순간을 떠올려 보겠습니다.

감동^{感動} | 크게 느끼어 마음이 움직임

영화를 좋아하는 사람이 SF$^{Science\ Fiction}$소설을 읽다 어느 한 줄에서 감동할 수 있고, 소설을 좋아하는 사람이 영화의 한 장면에서 감동할 수 있습니다. 좋아하는 것에만 감동이 있는 것이 아니라, 우연히 마주친 것에서 우리는 벅찬 감동을 만나기도 합니다. 이런 감동의 순간은 멈추지 않을 것 같던 시간을 잠시 멈추어 실제 순간보다 긴 충격$^{Impact,\ 자극}$을 주거나, 똑같은 시간이지만 새로운 시간이 시작되는 나만의 세계로 이끌려 들어가기도 합니다. 감동의 눈물은 마음이라는 어딘지 모르는 곳을 흐르기도 하고, 푸석한 눈가를 적시기도 합니다. 뜨거운 눈물이라고 하던데, 아마도 뛰는 가슴에서 시작되어 그런가 봅니다.

회사에서도 아주 가끔 감동이나 행복을 느낄 순간은 분명히 있습니다. 무엇을 하든, 어디서든 누군가에게 진심으로 '고맙습니다'란 말 한 마디만 들어도 기분이 정말 좋습니다. 그 일로 그와 내가 함께 고맙다면 기분은 몇 배 더 좋습니다. 기분이 좋으니 행복한 기분이 차오릅니다. 영업현장이든, 생산현장이든, 공사현장이든 우리 현장에서 찾을 수 있는 감동을 기억해 보겠습니다.

장면#1. 생산 현장은 매일 물건 만들기에 무척 바쁩니다. 부품을 끼워 맞추고, 검사하고, 이리저리 옮기고, 설비를 운전하기도 합니다. 그런데, 이런 생산 활동이 원활히 되도록 매일 잠시 시간을 내거나, 최소한 일주일에 한 번 정도 설비를 청소, 점검해야 합니다. 현장에서 작업하는 중년의 여성 근무자가 자기가 운전하는 설비의 청소를 시작하고 있었습니다. 청소 솔이며, 세제며, 공구들을 잘 준비해 놓고, "이 녀석아! 이번 주 내내 내 속을 썩이더니, 도대체 어디가 아파서 그랬냐? 어디 한번 보자~"라고 혼잣말 아니, 자기 설비에 큰 소리로 말을 걸면서 하나씩 분해하는 겁니다. 설비 청소가 쉬운 일이 아니고, 시작하면 최소 서너 시간은 꼬박 씨름해야 합니다. 그런데도, 마치 어린 자식을 돌보듯 자기 설비에 속마음 대화를 주고받으며, 그 더운 여름에도 땀을 흘리며 정성껏 청소하는 그 여성 근무자의 모습을 잊을 수 없습니다.

장면#2. 매장의 매니저로 근무하는 여직원의 미소가 정말 좋습니다. 함께 근무하던 판매 사원이 그만두게 되어 사람 뽑기를 몇 차례. 하루 근무하고 그만두고, 한 삼사일 근무하고 그만두고, 개인 사정이라고 하지만, 급여가 적어서, 휴식시간이 없어서, 몸이 너무 힘들어서, 일이 너무 많아서, 가지가지 이유 때문에 집으로 가 버린답니다. "그런데 이 A라는 아이는요, 정말 착해요! 예뻐 죽겠어요!" 한껏 들뜬 목소리로 연신 환하게 웃는 그녀의 눈에 그 A라는 직원의 모습이 보입니다. 팍팍한 직장생활이지만, 후배 직원을 이렇게 좋아할 수도 있구나, 누구라도 붙잡고 후배 직원을 이렇게 칭찬하고 싶은 것이구나 하는 생각이 들었습니다. 매니저의 칭찬은 열 걸음 떨어져 있는 A에게도 들렸나 봅니다, 서로 쑥스러운 표정으로 깔깔 웃음을 참지 못하던 두 사람의 모습이 아직도 선합니다.

장면#3. 가끔 들르는 회사 근처의 백반집이 있습니다. 고만고만한 음식점들이 모여 있는 곳인데 소문난 맛집도 아닙니다. 오늘은 뭘 먹을까 선택할 필요 없이 그저 그날그날 상차림에 따라 점심을 해결하는 평범한 곳입니다. 콩비지 찌개를 먹던 그 날은 유난히 김치가 아삭하게 입맛에 딱 맞았습니다. 자꾸 손이 가더니, 밥을 절반쯤 먹었는데 작은 접시의 김치를 싹 비우게 되었습니다. 어쩌지? 하는 그때, 홀 서빙하는 아르바이트 직원이 소복이 담긴 김치 한 접시를 주는 것입니다. 그리고 "우리 김치 정말 맛있죠? 많이 드세요~" 하면서 종종종 저리로 가는 겁니다. 고맙다는 말도 미처 하지 못하고, 잠시 쳐다보았습니다. 이리저리 다니면서 상을 치우고 차리고, 물이나 물수건을 챙겨 주고, 반찬도 더 가져다주고, 계산하는 거 빼고 안 하는 게 없습니다. 그러다 보니, 땀도 나고, 힘도 들 텐데 중간중간 제게 그랬듯이 손님들을 살피며 이것저것 챙겨 줍니다. 식당 주인의 자녀도 아닌데, 정직원도 아닌데, 정말 열심히 일하는 모습에 어린 나이에 철들었구나, 앞으로 똑소리 나게 잘살겠구나! 응원했습니다. 맛집도 아니고, 급여를 많이 주는 집도 아니지만, 열심히 일하는 어린 친구의 모습이 보고 싶을 때 매번 그 식당을 찾아갔습니다.

장면#4. 현장에서 설비를 담당하는 근무자가 이번까지 책을 3권이나 썼습니다. 그는 온종일 많은 기계를 점검하고, 분해하고 고치는 일을 하는 현장 근무자입니다. 입사한 지 15년쯤 되었는데 한 5년 동안은 시키는 일만 하고 빈둥빈둥 놀았다고 합니다. 그런데 어느 선배인가 후배에게 "5년이나 근무하고도 모르냐?"는 소리를 들었답니다. 너무 기분이 나빠 그때부터 무시당하기 싫어 공부를 시작했다고 합니다.

열심히 일했고, 모르면 물어봤고, 책도 찾아보고, 학원도 다녔답니다. 그러면서 틈틈이 아주 기초부터 현장의 설비에 대해 하나씩 글로 옮기기 시작했고, 도면도 그리고, 사진도 찍어 넣고 2년 만에 책을 한 권 만들게 되었습니다. 그리고 또 노력해서 두 권의 책을 또 만들게 되었답니다. 왜 그렇게 공부했는지, 왜 책을 썼는지 물어보았습니다. "재미있더라고요, 재미. 그리고 나중에, 나중에요, 잘난 척이라도 하려고요" 웃으며 말하고 저리 가버렸습니다. 그런데, 나중에 들은 이야기인데, 그의 부인이 이 사람을 더 좋아하게 됐답니다. 퇴근하면 매일 게임만 하던 사람이 공부하니까, 아이들이 아빠를 보는 눈빛이 달라졌다나요.

장면#5. 그는 휴게실과 화장실을 담당하는 나이 많은 아저씨입니다. 그가 저기서 걸어오면 나와 그가 경쟁하는 것이 있습니다. 누가 먼저 인사하느냐입니다. 항상 누가 먼저랄 것도 없이 늘 큰 소리로 인사를 나눕니다. 그는 늘 양손에 커다란 비닐봉지를 들고 다닙니다. 한쪽은 흰 비닐인데 두루마리 화장지와 손 세척제가 무겁게 들려 있고, 한쪽은 이제 막 수거한 각종 휴지 등이 몽땅 들어 있는 검정 비닐봉지입니다. 오늘도 저쪽에서 뒤뚱거리며 빠른 걸음으로 나타났고, 후다닥 빠른 손놀림으로 화장실을 정비하고 문을 나섭니다. 역시 예상대로 크고 묵직한 비닐봉지 두 개를 들고 '빠른 걸음'으로 다음 차례를 향하고 있습니다. 누가 지켜보는 것도 아닙니다. 그를 볼 때마다 늘 흉내 내는 것이 있습니다. 항상 웃고, 인사하고, '빨리' 하는 것입니다. 그래, 이거야!

당신의 눈과 마음으로 우리 직원들이 일하는 모습을 찍어
한 장 한 장 그 순간들을 느껴 보시기 바랍니다
당신이 있는 그곳에서는
그 모습들이 가장 아름답습니다   `Management & Leadership`

Go-To-Win®

8 - ❷
열정

열정^{熱情, Passion}이란, 균형 잡힌 자존감을 가진 사람이 타인을 이롭게 하는 결과물을 내기 위해 호기심을 발휘하는 상태입니다

자존감^{自我尊重感, Self-Esteem}은 자신이 사랑받을 만한 소중한 존재이고 어떤 성과를 이루어 낼 만한 유능한 사람이라고 믿는 마음이라고 합니다. 이타심^{利他主義, Altruism}은 타인의 행복을 추구하는 태도. 타인의 복지를 위한 이타적인 관심과 배려, 혹은 헌신이라고 합니다. 호기심^{好奇心, Curiosity}은 어떤 것의 존재나 이유에 대해 궁금해하고, 알려고 하며, 숙고하는 태도

나 성향 또는 항상 생동감 있게 주변의 사물에 대해 의문을 갖고 끊임없이 질문을 제기하는 태도나 성향이라고 합니다. 호기심이 있는 사람은 주변의 현상에 대해서 '왜 그럴까?' 또는 '무슨 일일까?' 하는 질문을 의식적으로 제기하고, 그 질문에 대한 답을 찾으려고 하는데, 호기심은 자발적으로 지식을 습득하고, 사고하고, 행동하는 데 많은 영향을 미친다고 합니다.

조직을 잘 이끌어, 인류의 삶에 도움이 되는 큰 업적을 남긴 수많은 세계적인 경영자나, 지금도 매우 어려운 경쟁 상황에서 훌륭한 성과를 만들어 내고 있는 경영자들 대부분은 리더의 절대 조건을 "열정"이라고 말합니다. 비단 리더에게만 해당하겠습니까? 이제 막 조직 생활을 시작하는 신입 사원부터 일정 기간 조직 생활을 경험한 중견 사원에 이르기까지 대부분 해당할 것입니다. 이처럼 조직의 바람직한 인재의 모습을 생각해 볼 때, 빠질 수 없는 열정은 무엇일까 생각해 봅니다.

열정은 "균형 잡힌 자존감을 가진 사람이 타인을 이롭게 하는 결과물을 내기 위해 호기심을 발휘하는 상태"라고 말하고 싶습니다. 자존감이 너무 넘치거나 부족하면 올바른 태도가 나오지 않으니 조직에 곤란한 문제가 생기게 되겠지요. 과부족이 없도록 상식의 선상에서 균형을 잡아야 합니다. 이 자존감은 자애自愛에서 비롯됩니다. 자신을 사랑하지 않으면 자기의 일과 역할에 대한 긍정과 만족을 할 수 없으니 행위의 동력이 나오지 않습니다.

누구나 행동합니다. 자존감을 가진 사람은 스스로[自我]의 행동을 다른 사람[他我]을 위한 결과를 만들어 내는 데 집중합니다. 자아에 대한 애정 그대로 타인을 배려하기 때문이고, 행복한 마음으로 다른 사람들과 그 감정을 나누려는 (자신도 모르는) 노력을 하기 때문입니다.

본성적으로 피할 수 없는 이런 과정에 계속 자극을 주는 것이 바로 호기심입니다. 연결고리이자 프로세스입니다. 호기심은 곤란한 지경에 몰입하게 합니다. 호기심은 포기를 뿌리칠 수 있도록 합니다. 호기심은 만족하지 않고 그다음, 그다음을 계속 추구하도록 동기 부여합니다.

Management & Leadership

Go-To-Win®

8 - 3
오너^{Owner} 사장의 절박함

회사
이거 하나밖에 없습니다

TV에서 훌륭한 회사를 소개했습니다. 그 회사에는 네 가지가 없다고 합니다. '정년, 비정규직, 성차별, 처벌'이 없답니다. 참 대단한 기업이고, 사장입니다. 그렇게 되기에는 분명히 사연도 많았을 것입니다. 이제는 한마음으로 다 같이 열심히 일하고 있는 회사랍니다.

변화와 혁신, 생존과 성장을 위해 직원들에게 사장의 심정, 의지를 밝히는 방법은 다양합니다. 대표이사를 아래로, 부서와 직원들을 위쪽으로 해서 다른 회사와 달리 조직도를 뒤집어 그리기도 하고, 사장이 직원들의 발을 씻겨 주는 세족식洗足式도 하고, 식당에서 직원들에게 직접 배식도 하고, 등산하고 막걸리에 함께 취하기도 하고, 좋은 책이 있으면 여러 권을 구매하여 공감을 권하고, 세심한 마음을 적어 개별적으로 이메일을 보내거나 손편지도 쓰고, 심지어 가정 방문을 하여 부인과 자녀들에게 직원 자랑도 해 주는 등등 여러 가지 정성껏 준비한 이벤트를 감행합니다. 사장이 이렇듯 마음을 표현하는 이유가 무엇일까요? 월급만 주고받는 관계가 아니고, 내가 지시하면 너는 따르라가 아니고, 사장을 사장으로 받들라는 강요도 아니겠지요. 사장의 '절박함' 때문입니다. 지금 이익이 나고 있든, 안 나고 있든, 본인도 살아남아야 하지만, 회사와 직원들의 미래를 위해 모두 열심히 해야 한다는 의지와 행동을 함께하자는 절박함이기 때문입니다.

　다른 한편으로, 오너 사장만 떼어 놓고 본다면 시대의 거센 변화의 물살에서 그는 그 위험한 변화에 좀 비켜 있어도 되는 사람일지도 모릅니다. 왜 그런가요? 어쩌면 사장은 이미 '기득권자'이기 때문입니다. 그는 사장이고, 월급도 많고, 사회적 지위도 있고, 그의 미래 생활 역시 비교적 안정적이기 때문에 굳이 위험하고 고통스러운 변화를 본인이 나서서 선택하지 않아도 됩니다. 심하게 말하면, 회사를 그만두거나 대충해도, 먹고사는 데 크게 문제가 없습니다. 좋게 생각하면, 사장 자신의 미래나 꿈도 포기할 수 없고, 본인이 품고 있는 직원들과 함께 안전하고도 행복한 미래를 준비하고 만들어야 해서, 진심으로 기득권을 내던진 것입니다. 물론 오너 사장인 경우에는 기득권이 현실적으로 아무 의미가 없기도 합니다. 기득권을 내던졌다고 그와 그의 회사를 누가 보장해 주는 것은 아닙니다. 특히, 재무 상태를 보아 부채가 상당한 경우에는 기득권을 내던지려야 내던질 수도 없습니다.

누구나 바라지만 안온(安穩)한 삶은 참 귀합니다. 선택한 운명이 오너이고, 경영 승계를 해야 하는 2세라면 안온한 삶에서 아주 먼 반대편 지점에 서 있습니다. 그러나, 절박함으로 주저함과 망설임을 제압할 수 있습니다. 절박함이 나만 옳다고 고집하여 행동하도록 억지로 꾸며 대지만 않는다면, 절박함의 역습을 차단할 수 있습니다. 누구나 절박함으로 살아갑니다. 잘못된 판단 때문에 포기와 파탄으로 이어지기도 하고, 반대로 그것 때문에 궁핍에서 벗어나는 지혜를 얻기도 합니다. 절박함을 무한의 힘으로 바꾸는 선택을 하시기 바랍니다.

'God, give us grace to accept with serenity the things that cannot be changed, courage to change the things that should be changed, and the wisdom to distinguish the one from the other.'
'바꿀 수 없는 것을 평온하게 받아들이는 은혜와 바꿔야 할 것을 바꿀 수 있는 용기, 그리고 이 둘을 분별하는 지혜를 허락하소서.'
〈평온을 비는 기도 Serenity Prayer〉, 라인홀트 니버 Karl Paul Reinhold Niebuhr, 1892~1971

절박함을 평온으로 단련하십시오   Management & Leadership

Go-To-Win®

8 - 4
기본이나 눈치가 부족한 직원 바로잡기

왜 동료들이 피해를 봐야 하는가?

시간에 맞춰 며칠 일찍 출근하는가 싶더니 또 지각입니다. 사무실에 들어서며 인사도 없이 바삐 자기 자리로 갑니다. 그가 앉은 책상에는 온갖 잡동사니가 놓여 있어, 서류 한 장 제대로 놓고 볼 자리가 없습니다. 뭐, 일만 잘하면 되지 책상 정리가 무슨 상관이냐고 생각하고 있습니다. 책상 옆과 아래 구석은 볼 것도 없습니다.

어느 직원이 곧 회의가 있다고 하니, 무슨 회의냐고 되묻습니다. 그 회의를 오늘 하기로 했냐고, 오히려 빨리 자료를 가져오라고 소리칩니다. 회의가 시작되자마자 본인이 발표할 자료를 공부(?)합니다. 앞의 발표자가 무슨 의견을 내도 그에겐 알 바가 아닙니다. 그가 발표를 시작한 지 5분이 넘었는데도, 뭔 소린지 설명만 장황하고, 뭘 어찌하겠다는 알맹이가 없습니다. 그래도 열심히 말하고 있습니다. 그에게 몇 번의 끈질긴 추궁성 질문이 있었지만, 역시 요령껏 잘 피하면서 회의는 끝났습니다. 회의 중에 졸음이 오는지 살짝 눈을 감고 생각에 잠긴 듯 토막 잠을 즐깁니다. 맨 앞에 앉은 사장님만 깨어 있는 것 같은데, 뭐 어때? 그리고 사장님도 가끔 조시던데 뭐! 회의가 끝나자마자 흡연실로 달려가 참았던 담배를 피워 물며 회의의 문제점을 한껏 비판합니다. 나는 열심히 하는데, 다른 부서에서 받쳐 주질 못한답니다.

자리에 돌아와 보니, 정리된 회의록이 이메일로 도착하였는데, 대충 읽어 보고 직원에게 전달하며 잘 챙기라고 폼나게 지시합니다. 열심히 잘하란 말도 빼놓지 않고 덧붙입니다. 다른 이메일을 확인합니다. 읽어야 할 메일이 60통이 넘습니다. 좀 골치가 아픈 메일들은, 내가 시간을 갖고 생각을 좀 해 보아야 하니, 결정을 연기한다는 사연을 늘어놓으며 속 터지는 답장을 보내는 것으로 마무리합니다.

어제 거래처를 만나 식사하고 술 한잔하며 받아 둔 법인카드 영수증을 모아 봅니다. 비용을 많이 쓴 것 같은데, 이게 다 회사를 위해 고생하면서 거래처 기분 맞춰 준 건데, 매일 이렇게 쓰는 것도 아닌데, 뭐 어때? 일단 모아서 결재를 올립니다. 그런데 담당 임원이 과다한 지출에 대해 추궁을 합니다. 그래, 이 순간만 넘기자며 나름대로 참고 있습니다. '설마 이걸로 날 자르기야 하겠어? 미안한 표정까지 지으며 다음부터 조심하겠다는 말만 하면 되는 거야'라고 확신합니다. 거참, 답답하기는, 쓸 때는 써야지, 그리고 내가 벌어 주는 게 얼만데 이걸 갖고 그러는지, 그거에 비하면 이 정도는 아무것도 아니라고 혼자 다짐합니다. 나름대로 봉변을 당하고 자리에 돌아오니, 팀원들이 "점심식사 하러 가시죠."라는 말에, "너희들이 뭐 했다고 벌써 밥을 먹냐?"라고 시원스레 스트레스를 풉니다. 머쓱한 직원들을 식당으로 보내고, 재빨리 사장님을 모시고 복어탕으로 해장을 함께 합니다. 오늘도 폼나게 사장님과 외식을 하고 법인카드를 꺼내 계산했습니다.

  점심식사 후 1시부터 교육입니다. 전체 직원을 대상으로 하는 교육이라 참석해야 하는데, 교육에 참석하면 이틀 전에 지시받은 사장님 보고 자료의 작성이 늦어집니다. 일단 사장님 보고 자료를 취합하고 있는데, 10분쯤 지나자 휴대전화로 문자 메시지가 옵니다. 교육에 이미 참석한 사장님께서, 왜 참석자가 저조하냐고 모두 당장 연락해서 전원 참석하게 하라셨다는 연락입니다. 도대체 일은 언제 하라고, 바빠 죽겠는데 맨날 교육이냐고 투덜거리면서 교육장으로 갑니다. 이건 사원들이나 배우는 내용인데, 다 아는 뻔한 이야기를 들어야 하는지, 잠이나 자야겠다고 마음먹고 자세를 잡습니다. '얘들아 열심히 잘 듣고 앞으로 잘해라. 형님은 좀 쉬어야겠다.' 이래서 교육이 필요한 거라고, 한숨 잠을 청합니다. 사장님은 솔선수범, 맨 앞에 앉아 계시니 알 턱이 없습니다.

교육이 끝나고 사무실에 오니, 거래처에서 두 사람이 와서 기다리고 있습니다. 아차, 오늘 두 시에 약속했었습니다. "아~ 제가 깜박 잊었습니다. 미안합니다. 갑자기 회사에서 교육한다고 해서 거기 참석하느라 잊었네요. 요즘 회사가 어려우니, 이거 해라, 저거 해라, 쥐어짜고 교육하느라 정신이 없네요. 효과도 별로 없는데, 바쁘기만 합니다." 찾아온 손님이 두툼한 자료를 꺼내며 "며칠 동안 힘들게 준비했습니다. 바쁘시겠지만 검토하시고 잘 부탁드립니다."라고 하니 "검토는 직원들이 하는 거고, 이렇게 자주 만나서 대화하고 소주 한잔하면 잘 풀리는 거죠. 하하하 안 그렇습니까?"라며 오늘밖에 시간이 없으니 저녁 약속을 정하자고 청합니다.

자리에 돌아와 앉으니 퇴근 30분 전입니다. 직원들에게, 결재는 내일 몰아서 할 테니 잘 마무리하라고 지시합니다. 사장님께는 거래처와의 중요한 선약이라고 깍듯이 보고하고 일찍 퇴근합니다. 업무용 회사차를 가지고 이동하는데, 길이 많이 막힙니다. 금연 스티커가 붙어 있지만, 담배 한 대를 피워 뭅니다. 재떨이에 털면 안 되니 미리 준비한 캔 커피 빈 통을 사용합니다. 그의 오늘 하루는 이렇게 바쁘게 가고 있습니다.

이런 직원이라면 뽑은 것이 문제고, 이런 리더라면 그 자리에 앉힌 것이 문제입니다. 하지만 되돌리기는 힘든 일이니, 어떻게 해서라도 바로잡아야 하는 데 여간 괴로운 일이 아닐 것입니다. 이렇게 기본이 부족한 직원이 회사의 분위기를 흐리고 룰을 망치고 있다면 신속히 조처해야 합니다.

직장에 다니는 사람으로서 당연히 지켜야 할 기본인데, 그만큼 직장 생활을 했으면 알아서 하는 게 기본인데, 그런 것은 안중에도 없는 사람이 있습니다. 우선, 아예 몰라서 그렇다면 가르치면 된다고 합니다. 하지만, 가르치기가 과연 쉬울까요? 단둘이 앉아 대화를 나누면, 처음엔 그냥 듣고 있을진 몰라도, 아마 그의 마음에는 '뭘 그런 걸 가지고 그래? 그럼 당신은 잘하냐?' '일만 잘하면 되지 그게 뭐 그렇게 중요해?' '다른 사람들은 뭐라 안 하는데 도대체 왜 이러는 거야?' 등등 심한 경계와 저항이 생기게 될 것입니다.

회사의 업무나 일상은 혼자의 역량이나 업무 수행만으로는 절대 이루어지지 않습니다. 타인과의 관계 속에서 성과가 나오고, 서로를 하나씩 맞춰 나가는 과정의 연속입니다. 이런 기본적인 룰에 적응하지 않으면, 서로에게 피해를 주는 마찰이 생기게 됩니다. 이런 마찰은 다른 직원들의 열정을 사정없이 식혀 버리고, 공들여 쌓아 온 회사의 분위기에 균열을 만들기 시작합니다. 이런 현상을 바라는 직원은 아무도 없고, 이런 마찰음을 내는 옳지 않은 리더를 좋아하고 진정으로 따를 직원이 어디 있겠습니까?

기본을 알면서도 그리하지 않는 그의 심사는 무엇일까요?

상대방에 대한 존중의 부재 즉, '무시'라는 이유가 있겠고, 지금 근무하는 이곳은 그저 내가 거쳐 가는 곳이라고 생각해서 회사와 나의 관계를 인정하지 않는 면도 있을 것이고, 그런 뻔뻔함에 누구 한 사람 뭐라 하지 않으니, 학습 효과에 의한 행동이라고 볼 수 있습니다. 호되게 야단을 치기도 하겠지만, 이런 문제가 짧은 기간에 해결될 수는 없습니다. 그렇다고 마냥 고쳐지기만을 기다리며 살 수도 없는 일입니다.

룰을 지키지 않는 첫째 이유는 '무시'하고 있기 때문입니다.

본인이 하는 업무에 관해, 이 회사에서는 자기가 제일 많이 알며 잘한다는 편견과 건방짐이 합쳐진 현상입니다. 직원들과 좋은 관계를 유지한다면 괜찮은 인물이지만, 다른 직원들을 한 수 아래로 멀찍감치 보는 것이 문제입니다. 이 '무시' 증상을 치료하고자 한다면, 그 직원이 "이것은 이렇게 언제까지 하겠습니다", "목표를 ○○로 하겠습니다" 등과 같이 업무와 관련된 당사자의 약속을 실적과 비교하여, 그의 리더가 꼼꼼히 챙겨야 합니다. 약속과 실적이 일치하거나 더 좋으면 칭찬과 격려를 하지만, 그렇지 않다면 원인 추적과 더불어 만회 대책을 확실히 요구하는 것을 반복해야 합니다. 이런 과정에서 팀워크와 협력을 유지하도록 주의를 줍니다. 당사자가 본인의 실적과 경쟁하도록 하면서, 자연스럽게 타인 또는 타 부서의 협력과 지원을 요청하며, 그들과 함께 대화하고 일하는 것이 중요하다는 것을 깨닫도록 지도해야 합니다. 어차피 회사에서는 혼자 할 수 있는 일이 거의 없습니다.

룰을 지키지 않는 둘째 이유는, 지금 직장을 그저 '거쳐 가는 곳'이라고 생각하기 때문입니다.

이렇게 생각하는 직원도 참 문제이지만, 이렇게 생각하게 만든 것이 더 큰 문제입니다. 도대체 그동안 이 사람에게 어떻게 했기에 이런 생각을 하며, 아직도 이 회사의 그 자리에서 일하고 있단 말입니까? 어찌 되었거나, 이런 현상에 대한 처방은 그 사람의 그 업무를 다른 사람에게 맡기고 그 사람에게는 좀 더 어렵고 복잡한 새로운 일을 맡겨 봅니다. 받아들이고 열심히 하는 모습을 지속적으로 보인다면 살아남는 것이고, 받아들이지 않는다면 직급과 관계없이 업무의 격을 현격히 낮추어 단순하고 사무적인 일만 주어야 하고, 교육 등 업무적인 혜택은 전부 차단해야 합니다. 혜택을 줘야 할 이유가 없습니다. 작은 회사는 사람이 부족해서 그럴 수 없다고 말하고 싶겠지만, 아무리 그래도 그렇게 해야 합니다. 그것이 불가능한 회사를 본 적이 없습니다.

룰을 지키지 않는 셋째 이유는, 그렇게 해도 '뭐라 하지 않으니', 즉 처벌이 없다는 학습 효과 때문입니다.

버릇이 된 것입니다. 자기 위주로 생각하고, 자신의 주장을 절대 굽히지 않고 뜻대로 행동하며, 타인의 의견을 인정하지 않는 사람입니다. 이런 사람은 뭐라 해도 안 통합니다. 그때그때 적절히 지적하지 않아서 예의 부족한 뻔뻔함이 나타나고 있다면 처방이 필요합니다. 몇 주간 변화를 지켜보는 것도 방법이지만, 잘못된 행위에 대해서는 경고하거나 처벌하는 것이 먼저입니다.

세 가지 증상을 보이는, 룰을 지키는 기본이 부족하고 디테일에 신경 쓰지 않는 유형과 처방에 대해 고민해 보았습니다. 그러나 정작 중요한 문제는, 본인들이 그렇게 생활해 왔고 앞으로도 그럴 것이라는 건데, 그것이 그들 자신에게 정말 좋은 직장 생활이자 행복한 삶일까 라는 것입니다. 우리가 생각하는 행복과 그들의 행복은 다른 것일까요? 그런 행동에서 그는 정말 행복을 느끼고 있을까요?

경영자와 리더는 직원들을 항상 관찰하고 배려해야 하는데, 이게 몹시 힘듭니다. 이 사람은 도저히 기본이 안 되니 안 되겠다 해서 직원을 내보낼 때도 있고, 느닷없이 직원이 먼저 떠나겠다는 경우도 있을 수 있습니다. 그러니, 팀장 이상의 직원이 그 자리에서 빠지게 되면 어떻게 대처할 것인가를 염두에 두어야 합니다. 시나리오를 준비해 두어야 합니다. 사람 일은 알 수 없습니다. 그래서 경영자는 회사 밖의 사람도, 심지어 경쟁사의 사람도 잘 알아 놓아야 합니다.

그가 나아질 거라고? 어림없습니다　　Management & Leadership

Go-To-Win®

8 - 5
답답하거나 미운 사람 대처법

상사든, 동료든, 부하 직원이든
미운 사람은 어디나 꼭 있습니다

'감정'이기 때문에 사람마다 그렇다, 안 그렇다가 다를 수 있습니다. 나와 관계가 깊으면 정도가 심할 테고, 아니면 저 사람이 그런가보다 정도입니다. '답답하다: 어찌할 바를 모르고 속만 태우다. 밉다: 마음에 들지 않거나 눈에 거슬리는 느낌이 있다.' 여기 두 문장에 주어主語를 넣으면 '내가' 또는 '나는'입니다. 사람마다 느낌이 다르다고 해도 조직에서는 대략적인 모습이 있습니다.

참 배짱 좋은 사람이 있습니다. 업무 능력이 없고, 일할 의지도 없고, 게다가 승진 의욕도 없으며, 자기가 할 일을 몽땅 시키기만 하고, 직접 보고는 거의 하지 않습니다. 그리고 사무실에 부하 직원이 없으면 불안해합니다.

가십^{Gossip}에 아주 강한 사람이 있습니다. 업무 이야기는 회피합니다. 주식과 부동산, 시사와 연예, 스포츠 관련 기사는 언제 섭렵했는지, 모르는 게 없습니다. 심지어 댓글까지 파악을 끝냈습니다. 아무튼, 부하 직원의 새벽부터 야밤의 소소한 일상까지도 정말 관심이 많습니다. 그게 자랑입니다.

윗사람에 잘 맞추려는 데 번번이 빗나가는 사람이 있습니다. 상사에게 인정을 받고 싶은데, 그래서 지시받은 업무를 열심히, 아주 열심히 하는데, 결국 나중에 보면 엉뚱하게 처리하여 혼나고 있습니다. 상사와 업무 수준이나 대화 수준도 전혀 맞지 않는데, 상사의 눈에 들기 위해 몸부림칩니다.

알긴 안다고 하는데, 실제는 모르는 사람이 있습니다. 상사든 동료든 부하 직원이든 뭘 물으면 "알고 있는데,"라고 하지만 엉뚱하게 일을 처리합니다. 잘못된 것을 알려 줘도 "아는데," 하지만 또 틀립니다. 결국, 있어도 없는 사람인데, 본인만 모르거나, 모르는 척을 잘합니다. 엉뚱한 일을 진짜 열심히 합니다.

내가 잘났다고 나서지는 않는데, 남 탓을 많이 하는 사람이 있습니다. "그래서, 당신이 한 것은 무엇입니까?"란 질문엔 대답을 못 합니다. 본인은 비판이라고 하지만, 비난하고 있는 것입니다. 회사를 생각한다지만, 자신만 생각하는 사람입니다. 대부분의 일 처리가 공정하지 않은 사람입니다.

답답하거나 미운 사람의 유형이 회사마다 엄청 많겠지만, 대략 추려 보면 위의 5가지 유형이 아닐까 싶습니다. 한 가지 증상만 나타나는 경우는 없고, 보통은 두 가지 이상이 복합적으로 그의 언행에 포함됩니다. 이런 유형의 직원들이 있다면, 어떻게 대처해야 할는지요. 그가 상사인 경우, 동료인 경우, 부하 직원인 경우로 나눠서 살펴보겠습니다.

상사인 경우.

이런 경우가 오히려 더 많지 않을까요? 아무래도 상사이니, 소위 그의 리더십에 기대도 높으니까 말입니다. 게다가 상사이니 대응에 좀 신경을 써야 할 것입니다. 'Slow Slow, Quick Quick?' 댄스 스텝처럼 'Yes, Yes, No, No'로 대응하십시오. 딱 봐서, 이건 해야 할 것이면 하고, 그렇지 않으면 단호히 거절하는 것입니다. 왜냐면 이런 상사의 지시 스타일은 이것 해라, 이것도 해라라서, 꼭 해야 하는 일인지 아닌지조차 헷갈리는 그의 '결정 장애'가 있기 때문입니다. 단, 안 해도 되는 (안 하는) 이유는 설명해야 합니다. 이때는 본인의 입장이 아닌, 상사의 입장에서 설명해야 합니다. 다시 말하자면, 그걸 안 해도 상사에게 돌아올 피해는 없다는 데 초점을 맞춰서 상사가 이해할 수 있도록 말입니다. 이것은 당신의 능력입니다. 아니면 즉답을 피하고 며칠 동안 대응하지 않는 방법도 있습니다. 다행히 상사가 잊어버릴 수도 있습니다.

이런 상사와 함께 근무할 때, 신경 써야 하는 것이 이 상사의 상사와 친밀해야 합니다. 상사의 상사와 평소에도 잘 대화, 소통, 정보 공유를 하고 있어야 답답한 상사의 생각과 지시를 잘 이해하고, 일을 하더라도 상사의 상사까지도 고려한 결과물을 내놓을 수 있습니다. 따라서, 일부러 시간을 내고, 자리를 함께해서라도 상사의 상사 생각과 정보와 스타일과 친해져야 합니다.

한 가지 더, 아무리 상사가 답답하고 미워도, 친분은 유지하기 바랍니다. 현재 상사는 당신을 평가하는 입장이고, 당신은 그에게 평가를 받아야 하는 무시할 수 없는 인사 고과가 있습니다. 그리고 어찌 됐든, 직장이나 인생의 선배라는 점에서 후배의 도리를 하는 것도 좋은 모습입니다.

그가 동료인 경우.

동료이지만 당신보다 나이나 경력이 많을 수 있고, 적을 수도 있습니다. 우리 부서에서 이제 막 함께 일하게 됐거나, 이미 이삼 년 동안 같이 일하고 있습니다. 상사가 보기에, 당신이 생각해도 썩 좋은 방법은 아닌데, 가능한 그 사람과 엮이지 않는 것이 좋습니다. 매우 찝찝한 결정이지만, 결과적으로 당신에게나 조직에도 이 선택이 최선을 버린 차선은 될 것입니다. 그런데, 반복적이지 않은 프로젝트처럼 부득이 어쩌다 그 사람과 꼭 같이 일해야 할 상황이 닥치면, 아예 당신이 그 일을 다 하는 것으로 마음먹고 실행하는 것이 그 프로젝트나 당신을 위해 훨씬 좋은 방법입니다.

정기적으로 그 사람과 관련되어 일해야 하는 경우도 있습니다. 매월 결산을 하거나, 구매하거나 등으로 사무 절차에 따라 앞뒤의 사무를 분담해서 할 경우입니다. 이때는, 당신이 그 업무를 처음부터 끝까지 잘 알고, 잘할 수 있어도 각자의 업무 범위를 그 사람과 미리미리 분명히 해 놓는 것이 필요합니다. 마음 답답한 당신이 그 사람의 일까지 굳이 마무리해 줄 필요가 없습니다. 그러다 오히려 당신이 시간 부족으로 당신의 일을 소홀히 하여 실수라도 하게 되면, 당신 일이나 똑바로 하라는 지적이 나옵니다. 서로 돕는 것이 맞긴 맞는데, 이 정도 경력자들에게 적합한 조직 행위는 분명 아닙니다.

한 가지 더, 동료가 아무리 답답하고 미워도 역시 친분은 유지하기 바랍니다. 일에 대한 협력과 배려는 안 하더라도, 그로 인해 인간적인 배려나 그 밖의 관계까지 악화시킬 이유는 없습니다. 이것이라도 있어야지 얼굴 보면서 함께 근무할 수 있지 않습니까?

그가 부하 직원인 경우.

답답하거나 미운 마음이 나만의 것인지, 다른 사람들도 그런 평가를 하는지 한 번 더 살펴볼 필요는 있습니다. 그러나, 큰 차이는 없습니다. 사람마다 보는 눈은 거의 비슷합니다. 업무는 항상 정해진 프로세스와 정해진 서식에서 벗어나지 않도록 지시하고, 그렇게 했는지 확인해야 합니다. 그렇다 해도, 겉보기는 채워 넣었으나, 그 내용을 자세히 보면 부실한 것이 대부분이니, 어쩔 수 없이 코치를 해 주어야 합니다. 말 그대로 '어쩔 수 없으니' 당신의 감정 조절이 꼭 필요합니다. 부하 직원으로 있는 한, 큰 실수만 하지 않도록 앞뒤를 살펴주면 됩니다. 그에 관한 당신의 기대치를 높이지 마십시오.

이런 생각과 시도는 해 볼 만합니다. 조직에서 담당별로 업무 분장이 되어 있긴 하지만, 그런 부하 직원에게 한번 스스로 업무를 선택해 보도록 합니다. 한번 해 보고 싶은 업무, 잘할 것 같은 업무를 고르고, 당신과 충분히 논의하여 가능성이 보이면 한번 맡겨 봅니다. 가끔 그 선택이 본인의 판단이었고, 의지라는 점을 자극해야 합니다.

한 가지 더, 역시 이런 부하 직원과 일을 떠나 친밀한 관계는 유지해야 합니다. 성과가 부족하지만, 그 역시도 우리 팀의 일원이고, 팀 전체의 분위기를 고려해야 하기 때문입니다. 다른 부하 직원들에게도 각별히 언급을 해야 합니다.

지금까지 우리 조직에 있는 답답하거나 미운 사람에 대해 살펴보았습니다. 그럼, 우리가 만나는 다른 회사엔 그런 사람이 없을까요? 다른 회사의 당신 파트너가 그렇다면 어떻게 대응해야 하겠습니까? 3가지로 정리해 보았습니다.

일의 협의 과정에서 하나씩 꼭 짚고 넘어가야 할 것이 바로 불법^{不法}이 아니어야 하고, 서로 매뉴얼에 따라 절차가 수행되어야 합니다. 그 사람이 대충대충 당신을 부리듯이 일을 하든, 필요 없는 것까지도 장황하게 늘어놓든, 적절히 대응하면서, 부당한 사항이 있으면 그와 함께 있는 자리에서 규정과 매뉴얼에 적합하도록 유도하십시오.

또 한 가지, 그 사업이 Win-Win 사업이고, 위에서 언급한 불법적인 요소가 없다면, 그 사람에 대한 어떠한 감정을 느끼지도 말고, 갖지도 말기 바랍니다. 오직 사업, 일만 생각하고 처리하도록 합니다.

마지막 한 가지, 그래도 그 사람에 대한 분함, 억울함, 스트레스가 엄청나게 쌓인다면, 당신의 상사에게 실컷 털어놓으십시오. 업무 시간 중에도 좋고, 술 한잔하면서 과격하게 해도 됩니다. 당신의 상사에겐 좋은 일입니다.

답답하거나 미운 사람은
정작 나에게 관심 없습니다
나만 그런 겁니다   Management & Leadership

Go-To-Win®

8 - ❻
직원 2×2 진단과 리더의 처방

2×2 매트릭스^{Matrix}로 진단하고
처방을 구하십시오

시작이 반이라는 말이 있습니다. 결행이 그만큼 중요하단 것이니, 참 옳은 말입니다. 그런데 시작이 반이면, 그 나머지 반을 잘 채우기 위해 어떻게 해야 할 것인가요? 일이 잘되도록 어떤 사람이나, 팀이나, 프로젝트나, 대책의 진행 상황을 정확히 확인할 수 있고 시기적절한 조처를 하는 〈2×2=4〉 방식을 생각해 봅시다.

활동(열심히 한다, 하지 않는다)과 성과(높다, 낮다)라는 두 가지를 척도로 하는 이 방식을 활용하면, 열심히 실행하면서 높은 성과를 만들어 내는 '우수', 열심히 하긴 하는데 성과가 나지 않는 '공회전', 대충 일하는데 높은 성과가 나는 '거품', 아무것도 하지 않고 전혀 성과를 내지 않는 '곤란'이라는 4가지의 모습으로 분류해 볼 수 있습니다. 이렇게 확인하는 대상은, 직원, 팀, 프로젝트, 대책 등이 모두 해당이 되지만, 여기서는 '사람'에 관해 풀어 보겠습니다.

첫째, 목표 달성을 위해 열심히 노력하면서 큰 성과를 끌어내고야 마는 우수한 사람은 그때마다 적합한 보상을 해 주어야 합니다.

보상의 시기를 놓치거나 보상의 정도가 미흡하면 회사에서 이 사람을 놓치는 실수를 할 수 있습니다. 꼭 필요하고 유능한 인재는, 회사의 형편이 좋을 때나 나쁠 때나, 그 처우를 잘 해 주어야 합니다. 회사의 형편이 좋지 않으니, 이번엔 보상이 넉넉하지 않으니, 이해해 달라는 말에, 앞에서는 동의할지 몰라도 한두 번 고민하다가 다른 회사로 옮길 생각을 하게 되는 것입니다. 그의 입장에서는 당연한 선택입니다. 꼭 필요한 사람에게 보상은 회사의 형편이 어려워도 말로 때우면 안 됩니다.

둘째, 열심히 하긴 하는데 성과를 못 내는 사람도 있습니다. 다시 방법을 찾도록 하거나, 목표를 좀 낮춰 주어야 합니다.

참 안타까운 일인데, 그 원인을 찾아보면 두 가지로 볼 수 있습니다. 먼저, 틀린 일을 열심히 하는 경우입니다. 원인 파악과 실행 방법이 잘못되어, 아무리 열심히 해도 엉뚱한 결과가 나오거나 실적이 오르지 않는 것입니다. 이때는 며칠간 시간을 주어, 원인 파악부터 방법의 결정을 원점에서 다시 한번 확인하고 결정하도록 기회를 주어야, 제자리로 돌아와 올바른 시책의 추진을 통해 성과를 내도록 할 수 있습니다.

다른 한 가지의 이유는, 방법은 분명 옳은데 최근의 상황이 악화하여, 예를 들면 거래처의 부도, 파업, 유가나 환율의 상승 등 자기의 힘으로 목표 달성이 불가능한 상태가 되어 버린 경우입니다. 이때는 목표를 다소 낮춰 주는 조처를 해야 할 것입니다. 누가 봐도 안 되는 일을, 당신이 세운 목표니까 당신이 반드시 달성해 내라고 몰아붙이는 것은 상식에서 어긋납니다.

셋째, 대충 일하는 것 같은데, 꼬박꼬박 목표를 달성하는 사람도 있습니다. 목표를 좀 올려야 합니다.

탁월한 능력 있는 사람이거나 아니면 다른 이유가 있을 것입니다. 유능함이 아닌, 만약 다른 이유가 있다면 어떤 이유일까요? 애초부터 그가 목표를 낮게 잡았든지, 아니면 목표와 방법을 도전적으로 잡았는데, 느닷없이 목표를 충분히 달성할 만한 좋은 일들, 즉 큰 바이어의 출현으로 판매 급증, 경쟁사의 파산, 원가 저하 등 자신의 노력과 상관없는 유리한 일들이 벌어진 것입니다. 이 두 가지 경우에서의 조치는 간단합니다. 그의 목표를 올리면 됩니다.

넷째, 아무것도 하지 않고, 전혀 성과를 내지도 않는 사람입니다. 바꿔 주는 시도가 필요합니다.

일부러 이러는 사람은 없습니다만 자세히 보면 가끔은 나타납니다. 뭔가 이유가 있을 텐데, 같이 술을 마셔 봐도, 야단을 쳐 봐도 답이 없습니다. 도무지 이해가 안 되는 것입니다. 그런데 보통, 이 사람은 자기도 모르는 순간에 자신감을 잃어, 자기 스스로 의욕을 불러일으키지 못하는 상태일 때가 많습니다. 이때는 무엇이라도 바꿔 주는 것이 하나의 선택입니다. 하는 일을 바꿔 주든지, 팀을 바꿔 주든지, 적응 가능한 업무를 찾아가도록 기회를 주고 기다리는 것입니다. 그래도 안 될 것 같으면 이직을 권하는 게 그를 위한 배려입니다.

위와 같이 활동과 성과라는 2가지 축을 세우니, 2×2로 4가지의 상황을 확인할 수 있었고, 각각 확인된 상황에 적합한 조치가 무엇인지를 생각해 보았습니다. 이와 같은 척도를 활용해 볼 일입니다.

그러면 이제, 당신의 활동과 성과를 진단해 보십시오
당신은 어느 지점에 있습니까? Management & Leadership

Go-To-Win®

8 - 7
퇴사하려나? 그의 태도

영혼 없는 대답 "네"
건성건성

사직서에는 퇴사의 사유를 표시합니다. 권고사직의 경우도 있고, 전직, 개인 사정, 학업, 유학, 결혼, 출산, 육아, 가업 승계, 창업 등등 실제 그렇든, 두루뭉술하게 적당히 써넣든 나름의 이유를 밝힙니다.

회사를 그만둔다는 것은 본인이나 회사나 심각한 일입니다. 그가 사직서를 들고 오면, 경영진은 채용 때보다 더 진솔한 대화를 해야 합니다. 그 순간 그는 회사와 이해관계를 상당히 끊어 내었기에 거침없이 말할 수 있습니다. 꼭 들어야 하고, 잘 들어야 합니다.

직원들과 일하다 보면, 왠지 느낌이 이상한 직원이 보입니다. 그리고 며칠간 집중해서 관찰해 보면 조짐이 보입니다. 3가지 정도로 정리해 봅니다.

첫째, 일을 지시하거나 미팅하는 동안, 반대 의견이나 애로 사항을 적극적으로 내어놓지 않습니다. 평소 같으면 그렇지 않은데, 대화에 집중하지 않고, 영혼 없이 '네'란 대답을 반복합니다. 'No'가 거의 없습니다. 지금의 일은 뒤로 미루고, 나중의 일은 고개를 끄덕입니다. 의견의 표시가 긴가민가합니다.

둘째, 말수가 적어지고, 행동이 느립니다. 또한, 미팅 참석을 피하고, 회의하자는 말도 줄어듭니다. 사사로운 뭔가를 물어보면 이야기가 짧습니다. 생각이 많다는 것이겠지요. 본인의 생각이 많으니, 아무래도 업무는 소극적으로 바뀝니다. 뭐라고 피드백해도 별 반응이 없습니다.

셋째, 갑자기 동료들과 회사 걱정을 진지하게 합니다. 이런저런 상황을 따지며 회사가 점점 어려워지는 것 아니냐? 뭐 이런 것들입니다. 그러나 사실은, 본인을 걱정하는 것이고, 동시에 퇴사에 대한 본인의 의도가 옳은 결정이란 확증의 단계에 들어선 것입니다.

그래서, 이런 조짐이 있는 사람들과 끝내 사직서를 들고 온 사람들을 만나 이야기를 하면 대개 4가지 정도의 퇴사 사유가 있습니다. 단순히 '불만'이라고 하지 않고 '문제'라고 하겠습니다. 본인이 기대하는 것과 현실의 차이, 그 차이에 대한 의견이기 때문입니다.

첫째, 인사나 급여에 대한 문제 제기입니다.

연봉제든, 호봉제든, 연봉제와 호봉제의 혼합형이든 결국은 승진과 급여 인상이 공정하지 못하여 상대적으로 피해를 봤다는 것입니다. 흔한 말로 인사와 급여엔 모두의 만족이 없다고 하지만, 그렇다고 피해를 본 사람이 늘 침묵하지는 않습니다.

직위나 직책, 직급, 연봉이 단순히 자리의 위계를 매기고, 월급의 숫자를 의미하는 것이 아니라, '본인이 지키고 싶은 자신의 가치'이기에, 회사가 판단하는 가치와 불일치에 대한 문제 제기입니다.

따라서, 평가에 관한 과거의 형편과 까닭을 잘 들어 보고, 확인해 봐야 합니다. 만약, 불공정하였고, 그에 따른 피해가 실제 있었다면, 그 정도에 따라 즉시 조정하거나, 정기 인사 시 조정해야 합니다. 그러나 그렇지 않다면, 그의 요구를 수용하는 것이 불가함을 결정하고 퇴사를 승인해야 합니다.

둘째, 담당 업무와 업무 부하에 대한 문제 제기입니다.

누가 무엇이라 위로해도, 그는 지금 하는 업무가 싫습니다. 지금까지 일 년을 했지만, 하루하루가 똑같은 사무입니다. 도대체 왜 이 일을 사람이 하고 있지? 내가 이런 일을 하려고 어렵게 공부하고 아슬아슬한 면접을 봤는가? 부득이 그렇든, 아직 전산화하지 않아서 그렇든, 그 사람의 경력과 역량 발전에 전혀 도움이 되지 않고, 가치 없는 사무를 반복하는 경우입니다.

또한, 거의 넉 달째 특근하고 있는데, 휴일에 쉬어 본 것도 한 달에 하루였답니다. 심지어 명절 공휴일 사흘 중 이틀을 출근했답니다. 아직 채용되질 않아서 혼자서 일을 막아 내고 있습니다. 일을 의뢰한 부서는 사정을 알면서도 잔뜩 짜증 섞인 독촉을 해 댑니다. 도대체 내가 뭘 잘못했는지, 정말 화가 난다고 합니다.

사정이 위와 같다면 직무 전환을 해 주어야 합니다. 과도한 특근과 잔업을 해소하기 위해 더 적극적으로 충원을 해야 하고, 그런 노력에 관해 알려 주어야 합니다. 절대 그냥 두어서는 안 됩니다. 이 문제는 더 큰 문제로 터지기 일보 직전입니다. 이제는 경영진이 나서서 서둘러 해결해야 합니다. 안 되는 게 아닙니다.

셋째, 사람 관계의 문제 제기입니다.

상대방의 무관심, 무대응, 언어폭력, 짜증, 견제, 성희롱 등등 본인이 불쾌감에서 치욕까지 감당해야 하는 감정들입니다. 이런 감정은 '상대방'이 있기 때문에 반드시 사실 확인을 해야 합니다. 확인된 사실에 따라 임원들과 의논하여 결정합니다.

그런데, 유독 사람 관계를 힘들어하고 못 견디는 직원도 몇 있습니다. 하지만 회사란 곳이 본인이 힘들다고 징징거릴 때마다 위로해 주고, 치료해 주는 곳이 아닙니다. 어느 정도는 본인이 해결해야 합니다. 살펴서 그가 원하는 적절한 조치가 가능하면 좋겠지만, 결국 대부분은 다른 사람 탓하고 그만두는 경우가 많습니다. 이런 사람은 잡을 필요가 없습니다.

넷째, 그냥 이 꼴 저 꼴 다 보기 싫은 경우입니다.

출근부터 퇴근까지 회의고, 보고고, 결재고, 뭐고, 분위기까지 다 싫은 겁니다. 특히 리더를 싫어합니다. 이 정도면 사실 어찌할 도리가 없습니다. 행복하려고 회사에 출근하는 건데, 직장이 지옥이고 업무가 불행입니다. 이런 사람은 얼른 놓아주어야 합니다.

이렇게 사람마다 이유가 있습니다. 경영진이 잘 헤아려서 좋은 결정을 해 주어야 합니다. 조건이나 여지가 없는 '결정사항을 통보'해야 합니다.

그러나, 꼭 붙잡고 싶은 사람이 있습니다. 행동이 바른 사람, 기술이 뛰어난 사람, 고객과 동료로부터 칭찬받는 사람, 가끔은 새로운 일을 시도하는 사람, 특히 경영진을 잘 보좌하는 사람입니다. 상식적인 이야기입니다.

아무래도 살짝 표시가 납니다
어떻든 그를 만나봐야 합니다
말은 하고 살아야지요   **Management & Leadership**

Go-To-Win®

8 - 8
직원, 문제, 성과에 대한 사장 마음은?

사장 없는 직원은 없고, 직원 없는 사장은 없습니다
회사에 문제가 없으면, 직원도 월급도 없습니다
실적 부진은 외부 환경과 별 관계가 없습니다
내부의 결함입니다

규모가 매우 큰 회사면 어쩌다 일 년에 한두 번 사장의 얼굴을 볼 것이고, 가까운 거리에서 보좌하는 임직원이 아니라면 더욱 만날 기회가 없으니, 사장님 마음을 알고(?) 행동할 일은 거의 없을 것입니다. 그래서 최소한 두세 달에 한 번쯤 사장을 만나는 회사나, 중소기업처럼 출근하면 만날 수 있는 회사의 상황을 펼쳐 보겠습니다.

사장 역시, 워낙 각양각색의 외모와 심성을 가진 '사람들' 중 한 사람이기에 일반화하기가 쉽지 않지만, 우리 회사의 직원들이 반응하는 몇 가지 상황에 대해 사장이 했던 말과 행동을 살펴보면서 서로 오해를 풀고, 함께 발전할 수 있는 실마리를 찾아보겠습니다.

첫째는 '직원들'에 대한 사장의 마음입니다.

사장의 생각과 말은 이렇습니다. "우리 직원들에 대한 나의 마음과 생각은 간단하고 분명합니다. 회사의 주인처럼 일해 주고, 담당으로서 책임감을 가져 주기를 바랍니다. 물론 우리 직원 모두를 늘 가족처럼 여기고 있는 것은 당연합니다. 식구 아닙니까? 그리고 한 가지 덧붙인다면, 사장인 제가 인생 또는 직장의 선배로서 당부하고 싶은 것이 있습니다. 저도 열심히 살았지만, 이렇게 근 삼십 년쯤 직장생활이란 것을 하다 보니 문득문득 나의 직장 생활이 행복했나, 보람 있었냐는 의문이 들어 뒤돌아보기도 합니다. 달성해야 할 목표와 끝없이 떨어지는 일에 파묻혀 앞만 보고 살아온 것이 후회되지는 않지만, 아쉬움이 무척 많습니다. 우리 직원들은 아직 시간이 남아 있습니다. 행복한 직장 생활을 한번 생각해 보고, 자기 개발도 하고, 동료들과 즐거운 일도 만들고, 계속 공부하는 후배가 되길 바랍니다."

직원들의 반응과 말은 이렇습니다. "사장님의 말씀도 옳습니다. 사장님에 비하면 짧은 직장 생활이지만, 저 역시 제 인생 대부분의 소중한 시간을 이 직장에서 맡은 일에 파묻혀 모두 써 버리고 싶지는 않습니다. 아쉬운 제 마음도 사장님 말씀처럼 그렇게 살고 싶습니다. 그런데 사장님, 저보다 월급도 몇 배나 많이 받으시고, 지금이나 앞으로나 사장님은 먹고사는 걱정은 없으시지요? 하지만 우리의 현실과 미래는 그런 걱정에 갇혀 있는 몸과 마음입니다. 사장님께 묻고 싶습니다. 도대체 어떻게 해야 보람이 있을까요? 무엇을 해야 행복합니까? 그것은 스스로 알아서 찾고, 해 보란 말씀인데, 결국 더 열심히 살아 보라는 뻔한 요구 아닙니까? 우리는 식구라고 하셨는데, 제 가족들과 함께 하는 것보다 더 많은 시간을 회사에서 보내고 있습니다. 눈만 뜨면 출근하고, 내일이 되기 전에 퇴근합니다. 반복되는 탈진 상태입니다. 회사의 '직원'으로 산다는 것, 참 윤기 없고 까슬까슬합니다. 우리에게 내일은 그저 숫자가 바뀐 오늘일 뿐입니다."

 사장과 경영 리더에게 드리는 제언입니다. 이상한 말이지만, 한 달에 백만 원 받는 사람과 천만 원 받는 사람은 월급만 다른 게 아닌 듯합니다. 생각하는 대로 살아야 할 텐데, 사는 형편에 맞춰 생각하는 듯합니다. 너희들은 왜 그렇게밖에 생각하지 않느냐보다, 그 뻔하고 좋은 말이지만 그들의 형편을 헤아려 주면 안 되겠습니까? 직원들. 그들의 입장에서 그들이 차근차근히 해낼 수 있는 구체적인 방법을 궁리하여 제시해 주는 것이 맞습니다. 든든한 직원으로 육성하기 위해 좋은 말만 '전달'하고, 전달만으로 '실현'될 수 있다면, 조직에서 리더는 필요 없습니다. 그렇게 될 수 없습니다.

직원께 드리는 제언입니다. 회사의 모든 것이 싫으면, 회사에 안 가면 그만입니다만 그럴 수 없을 것입니다. 직장 생활을 선택했던 이유가 아직도 유지되고 있다면 말입니다. 비단 사장님에 대한 실망(?)뿐이겠습니까? 각종 규정이나 관습으로 진정한 '직원'의 처우를 받지 못한다는 기분도 이해합니다. 그러나 조직의 '구성원'이란 점을 절대 잊어서는 안 됩니다. 직원으로서 역할을 잘 수행해야 조직에서 '존재'의 이유가 있는 것이고, 그래야만 '가치'가 있는 것이고, 가치가 있어야 조직과 구성원의 관계가 (다시 말하면, 무엇이든 주고받는 관계) 선순환되는 것입니다. 회사의 일 중에서 제발 하나라도 최고로 잘하는 직원이 되길 바랍니다. 이게 최우선입니다. "그 일? 바로 나!"가 되어야 합니다. 이렇게 되어야 당신이 가진 회사에 대한 불만, 회사에 관해 고민하는 당신의 미래 보장이 해결됩니다. 제대로 알기 위해 현장에서 노력해야 하고, 배움의 간절함으로 남모르는 장소에서 공부도 하게 됩니다. 그러면 세상이 점점 넓어집니다. 부디 한 가지 일이라도 최고가 되길 바랍니다. 최고가 되면 나를 사랑할 수 있습니다. 이것이 인생의 재미이고, 행복입니다. 최고를 원하면서 보통의 노력만 하지 마십시오, 그렇게 해 봐서 알지 않습니까?

둘째는 '문제'에 대한 사장의 마음입니다.

사장의 생각과 말은 이렇습니다. "직장이란 곳이 크고 작은 문제가 매일 생기고, 출근하자마자 우리는 그 문제들을 만나고 해결하는 곳입니다. 당연히 회사는 문제해결의 전문가를 원하고, 키우고 있습니다. 회사가 너무 조용해도 안 되는 것입니다. 너무 조용하다는 것은 발전을 위한 성장통成長痛을 느끼지 못하여 비명을 지르지 않는 것입니다. 그렇지 않다면 방임하고 있다는 것인데, 정말 이런 사람이 있다면 그야말로 암적인 존재라고 할 수 있습니다. 뻔히 보이는 문제를 먼저 나서서 대응하지 않고, 나 몰라라 방치한다는 것은 용납할 수 없습니다. 다만, 어렵고 힘든 문제를 해결하기 위해 최선의 노력을 하였으나 결국 실패한 사건에 대해서는 용인할 것입니다. 그러한 실패는 좋은 경험이 될 것이며, 쉽게 얻을 수 없는 중요한 자산이기 때문입니다. 아무튼, 문제 예방이든 해결이든 '미리미리'라는 말을 꼭 기억하고 실천해 주십시오. 잘못된 것 즉, 문제에 대해서만 말하였는데, 사실 사장인 나도 직원 여러분들을 칭찬하고 싶은 사람이지, 야단치고 싶은 사람이겠습니까? 잘한 것, 잘 된 것이 있으면 꼭 자랑해 주십시오."

직원들의 반응과 말은 이렇습니다. "잘한 적도 별로 없고, 사장께 자랑한 적도 없지만, 그동안 지켜보니까 잘해 본들 충분히 만족할 만한 보상도 없고, 더 열심히 잘하라는 말씀뿐이었습니다. 말씀도 그렇게 하지만 결국, 자네는 당연한 일을 한 것이라는 평가였습니다. 서운함만 커졌고 제 몸은 더 작아졌습니다. '미리미리'라고요? 대부분 윗분은 미리미리 말하는 걸 좋아하지 않습니다. 대부분 돈 드는 것이라고 미루고, 같이 고민하면서 답을 이끌어 준 적도 별로 없습니다. 보고서 작성해서 올리라고 하다가 성질나면 네가 똑바로 못한 것이라고, 너는 엉뚱한 소리만 하냐고 질책을 합니다. 실패를 용인한다고요? 실패를 용납하지 않습니다. 직원인 제가 완벽하다는 말씀은 아닙니다만, 분명 무능한 리더가 많습니다. 그런 무능한 리더 덕분에 요령이 생겼습니다. 될 수 있으면 모른 척하고, 적당히 빠져나갈 것입니다. 온갖 핑계로 일은 안 하고 월급만 챙길 건데, 벌써 이렇게 하는 동료들도 몇몇 있습니다. 나한테 손해나는 일은 하지 않을 것이고, 문제 터지면 그때 봐서 하렵니다. 문제를 말하는 사람보다 지시를 잘 따르는, 말을 잘 듣는 사람을 더 좋아하기 때문입니다."

사장과 경영 리더에게 드리는 말씀입니다.

문제를 정확하게 찾든, 명쾌하게 해결하든 그 과정에서 사장이나 리더가 더 똑똑하고 훨씬 지혜롭다는 것을 드러내기보다, 담당하는 직원이 해결의 당당한 주체이며, 최선의 솔루션을 스스로 만들어 낼 수 있다는 자신감이 넘치도록 이끌어 줄 수는 없습니까? 진지한 대화가 끝나는 순간, 이런 기운을 받아 당찬 표정으로 문을 닫고 나가는 모습을 상상해 보십시오. 이 점이 가장 중요합니다. 그리고, 항시 문제를 진단하고 지적할 때, 감정을 섞지 마십시오. 그렇게 섞인 감정은 언어폭력이 되어 그의 기운을 멍들게 합니다. 문제를 쉽게 말하지 못하는 구성원에겐 리더가 먼저 문제를 툭 찔러 보면서 같이 '논의'해 보자는 것도 좋은 접근방법입니다. 경계와 저항을 풀 수 있는 마음의 터치입니다. 일방적이며 강압적인 요구를 피하고, 함께 해결책을 찾아간다는 동지나 동업자의 입장을 공유하는 것이 좋습니다. 이런다고 당신의 권위가 떨어지지는 않습니다. 좀 더 문제해결의 과정으로 들어서면서, 직원들에게 문제의 현상과 원인에 대해 숫자로 말하게 하십시오. 정확히 알지 못하면 데이터가 안 나옵니다. 데이터로 말할 수 있어야 정확히 아는 것이고, 그래야 문제도 명확해집니다. 문제가 해결되면 그에 걸맞은 포상을 꼭 하십시오. 그 해결이 당연히 해야 할 일이었어도 마침표를 잘 찍을 줄도 알아야 합니다. 마지막으로, 사장과 리더의 입장에서 문제해결 전체 과정에서 항상 유지해야 하는 태도는 '질문하기'입니다. 좋은 질문은 좋은 행동을 끌어내기 때문입니다. 그런데, 질문하려면 '생각'을 많이 해 놓아야 합니다. 그래서, 생각하는 것에 익숙해져야 합니다.

직원들에게 드리는 제언입니다. 우선, 문제해결과 상관없이 월급 꼬박꼬박 받아가는 사람에 대해 화가 많이 날 것입니다. 그러나, 지금 손해 본다는 심정이라도 그런 장면에 당신을 비교할 필요는 없습니다. 비교 대상이 아닌 것에 시간과 힘을 소모하지 마십시오. 문제해결의 큰 원칙을 살피면, 시급한 문제보다 중요한 문제의 해결이 우선입니다. 물론 당장 급한 불을 꺼야 하지만, 중요한 문제를 그냥 두게 되면, 급하게 처리해야 하는 문제가 끊임없이 발생하기 때문입니다. 담당 실무자로서 문제를 제시할 때는 상대방이 이해할 수 있도록 말하는 것도 중요합니다. 즉, 상대방이 누구냐에 따라 문제의 폭과 깊이가 달라지기 때문이니, 상대방의 입장을 충분히 고려해야 합니다. 그리고, 아무리 골치 아픈 문제라도 해결하겠다는 의지를 보이는 것도 중요합니다. 문제는 보고로 끝나는 것이 아니고, 상황이 어렵다는 것은 이미 다 알고 있는 상황에서, 슬쩍 빠져나가겠다거나 답이 없으니 어쩌냐는 식의 말버릇은 안 됩니다. 설사 충분치는 않아도 당신이 솔루션을 내기 위해 노력한다는 것은 보여 줘야 합니다. 또한, 회사마다 문제를 말하는 방식이나 문제를 해결하는 프로세스가 있을 것입니다. 그 순서를 잘 따르는 것도 좋은 해결의 자세입니다. 만약, 그런 것이 없다면 나름대로 그 순서를 매길 줄 알아야 합니다. 사장이나 리더들이 돈 많이 드는 것을 하지 말라는 것이 아닙니다. 놓치면 안 되는 것이, 돈을 쓰는 것에 대한 확신입니다. 이 점을 확인하지 못하면 그렇게 되는 것입니다. 그걸 파고들어야 합니다. 몇 가지 일을 맡은 담당으로서 혼자 하기 힘들면 함께 할 사람에게 진심으로 도움을 요청해야 합니다. 그리고, 잘 알고 있겠지만, 부분 최적보다는 전체 최적 즉, 하나의 문제가 해결되는 것도 중요하지만, 그 문제의 해결이 회사 전체의 이익에 기여해야 하는 것입니다. 이 문제는 해결되지만, 저 문제가 생기면 안 되는 것 아니겠습니까? 그래서 재발 방지는 넓은 안목을 가져야 합니다.

셋째는 '성과'에 대한 사장의 마음입니다.

사장의 생각과 말은 이렇습니다. "여러분의 성과, 실적에 대해서 사장은 냉정합니다. 달리 말하자면, 모두에게 공평무사합니다. 분명한 우리의 목표는 높은 성과를 내는 것이고, 이것은 경쟁사가 결코 따라올 수 없는 수준이어야 하며, 항상 경쟁에서 이기는 조직이 되기 위함입니다. 사장도 평가를 받는 입장입니다. 여러분도 인정을 받고 싶으면 실적으로 승부를 거십시오. 불법만 아니라면 과정보다 결국은 결과입니다. 그런데도, 왜 내가 질책하지 않으면 여러분은 아무것도 하지 않습니까? 사장인 나도 사람인지라, 낮은 실적을 심하게 탓하다 보면, 사람까지 탓하게 됩니다. 실적이 떨어지면, 사장의 권한도 떨어지고, 여러분의 일을 위한 돈도 움직일 수 없습니다. 성과가 나야 경영자도 직원 여러분들도 힘이 나지 않습니까? 실적의 수준이 바로 당신의 수준임을 명심하십시오."

직원들의 반응과 말은 이렇습니다. "깨 백 번 구르는 것보다 호박 한 번 구르는 게 낫다는 말도 있습니다. 우리만 닦달하지 마십시오. 우리 능력이 안 되고, 불안하다면, 사장님이나 임원들이 직접 뛰어 보십시오. 그리고 우리도 사람인지라 심한 질책이 비상식적이고, 비이성적이라면 감당하기 힘듭니다. 그러다 보면, 미안하지만, 성과를 내기 위한 고민보다는 질책을 순간 모면하기 위한 고민이 더 커집니다. 이런 생각 하면 안 되지만, 실적이 나쁘면 사장님과 임원은 옷을 벗어도 우리는 여기에 남아야 합니다. 미안합니다. 잘하고 싶은데, 진짜 잘하고 싶은데 안 됩니다. 저도 민망합니다."

사장과 경영 리더에게 드리는 세 가지 제언입니다. 결국, 성과에 대한 공과功過의 최종 책임은 경영자일 수밖에 없습니다. 물론, 경영자의 격려와 질책이 있어야 직원들이 위기를 잘 벗어나느냐고 하겠지만, 경영자의 몫도 있습니다. 경영자에게는 위기를 예방하거나 돌파하기 위한 설계도가 있어야 하고, 상황에 대처하는 순발력도 필요합니다. 그런데, 이것을 정확하게, 끊임없이 직원들에게 알려야 하는 것이 정말 중요합니다. 알면 그대로 하고, 모르면 따라오지 못합니다. 그리고, 어려울수록 단기 성과를 겨냥하는 것을 피하기 어렵습니다. 바로바로 실적으로 이어질 수 있는 것들의 유혹을 쉽게 떨칠 수는 없습니다. 그러나, 그 와중이라도 우리 사업의 핵심 가치를 유지해 주는 사업을 소홀히 하거나 기형적으로 운영해서는 안 될 것입니다. 우물을 파되 샘을 마르게 해서는 안 됩니다. 물론, 정확한 미래 비전에 따라 샘을 바꿀 수 있겠지만, 단기 성과의 단맛을 즐기면 안 된다는 것입니다. 그리고, 당장 어려운 상황에 적합한 움직임은 아니지만, 진정한 구조조정은 잘

될 때 하는 것 아니겠습니까? 또한, 진정한 구조조정의 모습은 인재의 화수분(재물이 계속 나오는 보물단지)이란 것도 다시 한번 말씀드립니다.

직원들에게 드리는 제언입니다. 성과를 갑자기 올릴 수 있는 비결을 말씀드리기는 곤란합니다. 실적이 꼬일 때는 사실 답이 안 보이기도 합니다. 그런데도 우선, 지금까지의 방식과 다르게 해 보기를 권합니다. 다르게 하는 게 중요한데, 어떻게 다른 것을 찾느냐면, 지금까지의 일을 '반성'하면 보입니다. 당신과 당신의 일 속에 그 다름이 숨겨져 있습니다. 그리고, 좀 이상한 이야기로 들릴 수 있는데, 때론 자식이 부모를 이해하고, 심지어 품에 안아야 할 때도 있습니다. 경영자나 리더의 감정을 이해하고 최선으로 노력하는 모습을 보여 주십시오. 누가 누구를 진정으로 이해하는 데 이유란 없습니다. 즐거움보다는 고난이 당신의 역량을 강하게 합니다. 피하려 한다고 피해지는 것이 아니라면, 결국 생각하기 나름입니다. 기왕이면, 할 수 있다. 해낼 수 있다는 생각을 해야 방법은 나오지 않겠습니까? 긍정과 도전의 에너지를 발휘하는 것으로 꼬인 매듭을 풀 수 있을 것입니다.

사장이라고 그리 특별하지는 않습니다. 다만, 지금 즉흥적으로 반응하느냐, 아니면 미래를 참작해서 반응하느냐 차이가 있을 뿐입니다. 그것이 아니면, 사장을 바라보는 당신의 심정에 따라 그렇게 보이거나 할 뿐입니다.

경영자에게, 높은 성과를 내면서 지금과 같은 성장이 지속 가능한 조직을 만드는 것이야말로 매우 중요한 과업입니다. 사람, 문제, 성과 이 세 가지야말로 중요한 과업의 핵심이자 영원한 숙제입니다.

사장이 어디를 보고 있느냐에 따라
사장 마음이 다릅니다 Management & Leadership

Go-To-Win®

8 - 9
회사를 떠나는 공신(功臣)의 몫을 다투다

결국, 금전적 이득의 다툼입니다
그건 그럴 수밖에 없습니다

[4] (중략) 이러한 퇴직연금이 이사 등의 재직 중의 직무수행에 대한 대가로서 지급되는 급여에 해당하는지는 회사가 퇴직연금 제도를 설정한 경위와 그 구체적인 내용, 이와 관련된 회사의 정관이나 이사회, 주주총회 결의의 존부와 그 내용, 이사 등이 회사에서 실질적으로 수행한 직무의 내용과 성격, 지급되는 퇴직연금의 액수가 이사 등이 수행

한 직무에 비하여 합리적인 수준을 벗어나 현저히 과다한지, 당해 퇴직연금 이외에 회사가 이사 등에게 퇴직금이나 퇴직위로금 등의 명목으로 재직 중의 직무수행에 대한 대가로 지급하였거나 지급할 급여가 있는지, 퇴직연금사업자 또는 다른 금융기관이 당해 이사 등에게 퇴직연금의 명목으로 지급하였거나 지급할 다른 급여의 존부와 그 액수, 그 회사의 다른 임원들이 퇴직금, 퇴직연금 등의 명목으로 수령하는 급여와의 형평성 등을 종합적으로 고려하여 판단하여야 한다. (대법원 2018. 5. 30. 선고 2015다51968 판결 [퇴직연금][공2018하,1164])

"내가 그동안 일해 준 게 얼만데? 이만큼 회사가 큰 게 누구 덕인데? 사장[오너]이 끝까지 욕심을 버리지 못하네. 돈을 벌면 얼마나 벌고, 살면 얼마나 산다고. 그만큼 벌어서 혼자 실컷 챙겼으면 됐지. 끝도 없이 욕심부리다 망하지!" 이렇게 분노하다 결국 큰 소리로 다투는 게 떠날 공신功臣이란 사람입니다.

"아니 내가 그동안 공짜로 일 시켰냐? 월급 주고, 큰 차 주고, 법인카드 주고, 다 챙겨 줬잖아? 그만큼이나 베풀어 줬으면 고마운 줄 알아야지. 인제 와서 네가 인간적으로 배신을 해? 피는 안 섞였지만, 가족이라고 생각했는데 이럴 수 있냐?" 이렇게 소리 지르며 펄쩍펄쩍 뛰는 사람이 오너입니다.

과연 서로 '해 줬다는 주장'은 옳은 것인가? 맞고 틀리고를 떠나, 서로에 대한 기대와 실제의 차이는 타협이나 인정이 거의 불가능합니다.

창업부터 회사 초기에는 아무래도 '의리(?)' 비슷한 게 있습니다. 어려움을 겪으며 동고동락하고, 넘치는 일로 밤새우며 코앞에 닥친 일들을 처리하고, 운도 좋아서 차근차근 크고 작은 성공을 이루고, 그때마다 자기들끼리 승진이나 월급 인상으로 보상하고 서로 좋게좋게 받아들였습니다. 명함도 바꾸고, 매월 통장 입금액도 많아지고, 이런 성과의 분배는 오너 사장이 공신에게, 공신이 오너 사장에게 암묵적으로 인정했던 '베풂'의 방식이었습니다.

그런데, 회사의 매출과 인원, 자산이 증가하고 각종 규정과 사무 절차를 고객의 요구나 법령 등에 따라 정립해야 하는 시기가 옵니다. 이러면 이야기가 달라집니다. 이전의 베풂 방식이 통하지 않고, 그렇게 해서도 안 됩니다. 회사의 기준을 정해야 하고, 정해진 만큼 주고받아야 합니다. 그 이상도 이하도 안 됩니다. 이쯤에서 각자의 생각과 방식이 변해야 하는데, 예전처럼 합리적이지 않은 방법을 계속 붙들고, '그렇게 해도 우리는 괜찮아. 우리는 문제없어'란 이상한 고집은 더 단단해집니다.

인제 와서 헤어지는 마당에 서로에게 '해 줬다'라는 그 말에 매달리고 싶겠지만, 다툼과 헤어짐이 결정되면 아무 의미가 없습니다. 사회의 일반적인 법이나 룰에 따라 피할 수 없는 협상을 하고, 결정 문서에 각자 마지막 사인을 해야 합니다.

타협하면서, 그간의 당신 노고를 생각한다거나, 회사의 미래를 생각해서 "인간적으로 말하는데"라는 말도 할 필요가 없습니다. 주는 사람과 받는 사람은 근무 중이든, 퇴직하는 순간이든 본질적으로 '동상이몽同床異夢'이기 때문입니다. '인간적?'인 것이란 원래 없고, 각자의 이익만 생각할 뿐입니다.

타협될 때까지 누구든 몹시 화가 나는 것은 어쩔 수 없습니다. 미움과 원망이 당신의 심장을 계속 찌르고, 머리는 깨지는 것 같을 겁니다. 피할 수 없는 시간이 이어질 것입니다. 그래도 하루하루 미움과 원망을 쌓지는 마십시오. 그때그때, 세상이 그런 거야 하면서 툴툴 털어 버려야 합니다. 그리고 이별의 순간엔 형식적이라도 곱게 헤어지는 게 그래도 좀 낫습니다.

떠난 창업 공신이야 이제 자기가 알아서 자기 일을 꾸려갈 것이고, 남아있는 경영진은 어찌해야 할까요? 매우 안 좋게, 깔끔하지 않게 타협과 종결이 진행되고 있다면, 법대로 종결하는 것이 좋습니다. 통 크게(?) 인간적으로(?) 대충 묻고 마무리해서는 안 됩니다. 그 사람과 그 사건으로 계속 시시비비를 다툴 수 있습니다.

정말 안 좋게 결별했는데, 그 사람을 따랐던 사람들이 남아 있으면 그들의 그림자까지 조직에서 지워야 합니다. 빠르면 빠를수록 좋은데, 법적으로 쉽지 않을 수 있습니다. 시간이 필요하고, 더욱 그들을 경계해야 합니다.

공신과 다툼. 이런 황당한 사건과 괘씸한 협상을 줄일 수 있거나, 피하는 방법을 알고 있으면 대비가 됩니다. 미리 생각해 두어야 합니다.

첫째, 회사의 정관과 각종 규정을 꼭 확인하십시오. 몇백억 원 매출하는 회사도 바빠서 그런지, 몰라서 그런지, 정관이나 임원 보수, 임원 보수 한도, 주식매매나 처분, 임원 퇴직금 규정 등등 실제 돈과 관련된 사항이 명확히 정해져 있지 않은 경우가 의외로 많습니다. 이사회, 주주총회의 의사 경과나, 의사록에도 문제가 있을 수 있습니다. 심지어, 있어도 잘 모르거나 무시하는 경우도 있습니다. 이게 잘못되면 경영진은 상법상 횡령이나 배임의 죄가 됩니다.

둘째, 임원계약서를 꼭 확인하십시오. 임원은 정관에 따라 이사회와 주주총회에서 선임하고, 계약서를 반드시 작성해야 합니다. 계약서의 표준 서식이 있지만, 지금 회사의 상황과 협의에 따라 아주 세세한 부분까지 계약 사항을 결정해야 합니다. 조항마다 '협의하여 결정한다.' 처럼 애매한 문구가 없도록 계약 당사자가 다소 꺼려지는 책임, 의무, 처우 등도 민망하다 싶을 정도로 꼼꼼히 서로 결정해야 합니다. 민망하면 중간에 변호사를 활용하십시오. 이렇게 양측의 요구가 분명해지고, 이렇게 분명해야 계약자 '을'인 임원은 안정감을 갖고 일할 수 있습니다. '갑'인 대표이사는 보상과 해임 등을 정당히 집행할 수 있습니다.

셋째, 정관과 임원계약서 등의 문서는 반드시 변호사나 법무사에게 올바른 내용인지 검증을 받고, 공증하십시오. 처음부터 자문을 받으면서 협상하고, 결정하는 것이 더 좋은 방법입니다.

미리미리 이런 것들을 준비하지 못했다면, 당사자인 두 사람은 서로 원망하고, 각자 후회하게 됩니다. 그냥 그렇게 됩니다. 나중에 그때 가서는 방법이 없습니다.

퇴직하는 공신의 몫? 위로금?
그냥 돈을 다투는 것일 뿐입니다
그래서 말로 되는 것이 아닙니다
지금이라도 살펴보고, 미리 준비해야 합니다　　Management & Leadership

김동순
경영과 리더십 반성

9

안 합니다, 안 따라옵니다

Go-To-Win®

9 - 1
손바닥만 한 회사에 문제는 손금만큼

경영 운運이 좋으면 문제가 덜 생기지만
문제를 일부러 숨기지 않는 한,
문제는 줄거나 없어지지 않습니다

 손바닥을 한참 바라보며 손금과 주름이 복잡하고 어지럽다고 생각했습니다. 오묘한 필요에 따라 얽혀 있겠다는 생각도 듭니다. 작은 회사라고 문제가 적은 것은 절대 아니며, 오히려 작은 문제에도 타격은 훨씬 큽니다. 문제가 우리를 먹여 살린다지만, 매일매일 참 힘들게 합니다. 문제로 인한 피해를 줄이기 위해 임원으로서 할 일에 관한 생각을 간추려 봅니다.

첫째, 문제해결의 계획과 결과를 정확히 비교하여 칭찬과 질책을 하십시오.

예상되는 문제든, 발생한 문제에 관한 대책이든 보고에 따라 계획을 승인하면 그 조치가 진행됩니다. 문제 상황을 정확하게 파악하였는지, 어느 정도의 수준이나 결과로 목표를 정했는지, 그 목표를 달성하기 위한 세세한 일들이 잘 설계되었는지가 실행 전의 확인 항목이고, 그 세부 항목이 진행된 결과가 목표에 일치하는지가 실행 후 확인 항목입니다.

현상 파악과 실행 계획의 수립은 팀장이나 담당자가 한다지만, 그것을 '집요하게 파고들어 피드백하는 것'은 임원이 해야 할 일입니다. 항상 이 지점에서 성공과 실패가 갈립니다.

그다음은 결과의 확인입니다. 설정된 목표[결과]에 이르렀는지를 확인할 때, 결과에 미달하거나 반대로 초과하였을 때도 질책을 해야 합니다. 미달은 준비와 실행의 부족이고, 초과는 기대와 목표에 대한 소극적, 자기방어적 계획을 하였기 때문입니다. 목표와 실적이 타당하게 일치해야(!) 합니다. 이렇게 조치해야 사람이 관리되고, 사람이 관리되어야 문제도 관리가 됩니다. 계획과 실행과 결과가 일치하지 않으니, 문제는 반복해서 발생하고, 그 틈새로 새로운 문제가 삐져나옵니다.

둘째, 재무와 인사는 늘 챙기십시오.

특히, 이 두 가지는 문제가 발생하면 그 이전으로 되돌리기가 매우 어려운 사안이기 때문입니다. 알다시피, 재무상태는 경영의 나침반입니다. 나침반인 재무상태가 방향을 잡아 주면 목표 지점을 향해 기술로 접근해야 합니다. 기술은 사람과 돈에서 나옵니다. 그래서 재무와 인사가 중요합니다. 외부 정보도 잘 챙기고, 새로운 정보에 관한 임원의 공부도 멈추지 말아야 합니다.

셋째, 팀장이나 파트장과 같은 리더들에게 일을 많이 맡겨야 합니다.

임원은 가능한 '선택'을 하는 데 집중하십시오. 무슨 선택? 문제 상황의 파악에 따른 진짜 원인의 결정, 여러 가지 대안 중에서 가장 좋은 대안의 결정, 그것을 실행하는 담당이나 팀의 결정, 개선 결과의 효율적인 유지 방법의 결정입니다. 무엇을 어떻게 할 것인가에 대한 고민은 최대한 리더들에게 맡겨야 합니다. 그리고 그들에게 맡긴 일을 세세히 살펴서 결정해 주는 것이 임원의 몫입니다. 일에 직접 나서는 것보다 훨씬 고된 일입니다.

넷째, 고객사나 협력사와 소통은 하루라도 빠뜨리면 안 됩니다.

그들과 친밀도에 따라 양질의 정보가 들어오게 됩니다. 계획에 따라 알람^{Alram}을 맞춰 놓더라도 정기적인 연락을 유지해야 합니다. 상대방이 어떤 지위에 있든 전화통화를 못할 만큼 그렇게 바쁘지는 않습니다.

당신이 내성적이든 외향적이든, 임원이기 때문에 해야 합니다. 고객사나 협력사, 금융권까지 잦은 소통은 우리 회사의 문제를 줄여주지, 크게 만들지는 않습니다.

다섯째, 임원의 루틴^{Routine, 습관적인 행위}을 유지하십시오.

매일 현장을 순회하고, 불량품을 확인하고, 안전을 챙기거나, 매주 리더들과 미팅을 하고, 기술 엔지니어들과 면담하고, 협력사 한 곳을 방문하고, 매월 계층별 면담을 하고, 예산과 실적의 경영 회의를 하는 등등의 루틴을 지키는 것이 매우 중요합니다. 루틴을 유지하는 것은 '예측'하기 위함입니다. 주기적으로 '반복해서 관찰'함으로써 어떤 일[문제]이 벌어질지 대비하는 것입니다.

계획과 그 결과를 반드시 비교해서
칭찬과 질책의 피드백을 하십시오
피드백과 문제는 반비례합니다   **Management & Leadership**

Go-To-Win®

9 - 2
도대체 뭐가 문제야?

문제를 콕 짚어 내는 건 대단한 재능입니다
그런 재능을 누구나 갖고 있다는 것이 놀랍지만,
더 놀라운 것은
그런 재능을 본인의 일에 거의 사용하지 않는 것입니다

일이 터졌습니다. 요즘같이 사업 매출이 어려운 상황에서 가장 큰 고객으로부터 엄청난 클레임이 제기된 것입니다. 우리 회사도, 고객사도 매우 곤란한 처지가 되어 버렸습니다. 우리 회사 사장과 임원들이 고객사에 불려 가고, 그간 누적된 고객 불만에 대한 시정조치가 이루어지지 않았던 것부터, 이번 엄청난 사건의 수습과 책임은 물론이고, 앞으로의 비즈니스에 대한 위협까지 듣게 되었습니다. 싹싹 빌면서 다시 공급하여 해결될 문제라면, 밤을 새워서라도 그렇게 하겠지만, 이번에는 고객사가 한 치도 물러서지 않습니다. 이런 사건이 왜 일어났고, 이렇게 커져 버렸는지, "도대체 뭐가 문제야?"라는 헛말만 사장의 머릿속을 맴돕니다.

사장이 회사로 돌아오니, 임원과 팀장들은 이미 회의실에 모여 있었습니다. 불안한 표정을 지은 사람들은 사장의 질문에 하나둘씩 사건의 자초지종이나 앞으로의 대책을 말했는데, 참석한 사람들은 네 가지의 반응을 보였습니다. 사장은 그런 반응이 한편으로는 흥미로웠습니다.

첫째, 문제나 그 원인을 모르기 때문에 물어봐도 말하지 않습니다.

이 사건의 담당임에도 불구하고, 그는 문제의 원인을 전혀 모르고 있습니다. 횡설수설하면서 들고 온 자료를 읽어 내리거나, 뻔한 이야기를 하는데 데이터 앞뒤가 전혀 맞지 않습니다. 이 사람의 이야기에 도무지 집중할 수 없습니다. 한참을 그러더니 결국 모르겠다고 말합니다. 기대하지도 않았지만, 듣고 있던 사람들은 기가 막힙니다.

그런데 이 사람의 '태도'가 더 답답합니다. 오로지 이 자리를 서둘러 벗어나고 싶어 합니다. 당사자인 그에겐 매우 끔찍한 상황이니 그럴 것입니다. 그리고 누군가 나서서 해결해 주었으면 좋겠다는 표정입니다. 이번만큼은 내가 하기 싫고, 못 하겠으니, 도움을 청하는 간절한 눈빛을 보이기도 합니다. 부적절한 핑계지만 모르겠다는데 어쩌겠습니까? 그러나, 본인이 왜 모르는지, 맞든 안 맞든 지금부터 뭘 어떻게 해보겠다고 해야 다른 사람들을 위한 최소한의 변명 아니겠습니까?

둘째, 문제가 아니라고 합니다.

"그게 뭐가 문제입니까?"라고 당당하게(?) 말합니다. 예방은 할 수 없었지만, 해결 방법을 이미 잘 알고 있으니, 너무 걱정하지 말자고 합니다. 또한, 그 정도 문제는 나올 수 있는 건데 웬 호들갑이냐고 오히려 우리와 고객사에 반문反問하듯이 말하고 있습니다. 게다가 지금까지 고객도 인정하면서 늘 있었던 일인데, 뭘 새삼스럽게 왜 그러는지 모르겠다고 말할 정도입니다.

이 사람도 참 이상한 사람입니다. 모두 문제라고 하는데, 이 사람만 문제가 아니라고 합니다. 너무 당당해서 이 사람의 말을 믿고 싶을 정도입니다. 그러나, 한 가지는 확인해 보아야 합니다. 이 사람의 경험은 알겠으나, 설사 그렇다 하더라도 그땐 그때고, 지금은 지금입니다. 그때의 고객과 지금의 고객이 사정이 다르다면, 이 사람의 말처럼 처리되지는 않을 것입니다.

이 사람의 고집을 꺾을 수 없으니, 가능하다면 이 사람에게 고객을 직접 만나 상황을 파악하라고 말하고 싶지만, 괜히 그랬다가 일이 더 커질 것 같습니다. 이 사람에게 해결책을 제안하거나, 결정할 권한을 주어서는 안 됩니다. 지금 이 사람의 의견은 아예 무시하는 것이 좋습니다. 그 어떤 해결 방안을 말하지 않았기 때문입니다. 문제가 아니라는 장황한 옛이야기일 뿐입니다.

셋째, 문제의 원인을 알고 있는데도 말하지 않습니다.

데이터로 검증된 것이 아니라 말하지 못하는 경우도 있습니다만, 이 사건의 담당으로서 이 문제에 관한 문책이 두렵거나, 앞으로의 문제 원인 파악과 해결을 피하고 싶거나, 더 깊이 개입되는 것이 싫어서 모른 체하기도 합니다. 아주 비겁한 태도입니다.

이런 사람은 강하게 혼내서 밀어붙이면 그나마 제자리로 돌아옵니다. 해결을 위한 적극적 의지를 보인다는 것이 아니라, 그저 본인이 알고 있는 것을 그대로 말한다는 것입니다. 큰 도움이 되지는 않습니다. 그런 비겁한 태도 때문에 바로 갈 수 있는데 괜히 둘러 가는 것일 뿐입니다.

넷째, 다른 팀이나 다른 사람의 문제에 관해서는 진단이 빠르고, 대응 방안도 잘 내놓는 사람의 경우입니다. 게다가 본인의 능력과 네트워크로 문제해결을 자기 일처럼 지원하려고도 합니다.

아쉬운 부분이 있다면, 이 사람이 내놓는 문제 진단의 맥락이 주로 사람이나 시스템의 문제를 지적하는 것이라, 곧바로 실행으로 연결하여 서둘러 결과를 낼 수 없다는 것입니다.

그리고, 모순된 상황이 보이는데, 정작 자신의 문제에 대해서는 그와 같은 해결의 프로세스 제시나, 실제 해결을 잘 못 해낸다는 것입니다. 자신의 판단을 번복하지 못하는 미련이 있거나, 해결이 따라오지 못했는데 진행의 속도를 빠르게 독촉하거나, "어디 한번 해 봐라. 우린 지켜볼 테니"처럼 주변으로부터 지원받지 못하는 이유 등등입니다.

이렇게 생각과 말은 잘하는데, 실행을 못 하는 사람의 경우엔 이 사람을 제대로 보좌해 줄 부하 직원이 없으면 능력 발휘를 할 수 없기 때문에, 조직 내에서 위치를 잡아 주는데 고민이 됩니다. 이 능력을 어딘가 활용해야 하는데, 마땅치가 않습니다.

지금까지, 문제가 발생했을 때 직원들이 노출하는 반응에 관해 점검해 보았고, 이제부터는 문제를 어떻게 찾고, 어떻게 말할 것인가를 생각해 보겠습니다. 시작하기 전에, 문제를 찾거나 말하는 데 있어서 기본적인 전제(前提)가 있습니다. 그것은 진정성입니다. 진정성이란, 주인 의식이든 책임감이든 이런 것을 떠나 문제해결의 주체로서 참여하는 올바른 태도입니다. 문제를 어떻게 찾고, 말할까?

첫째, 일단 아는 것이 없으면 문제가 보이지 않습니다. 더구나 회사나 일에 대한 애정이 없으면 절대 볼 수 없습니다. 이럴 땐 '기준과 현상을 비교'해 보십시오.

무엇을 알기 위해 일정한 학습이나 경험이 있어야 할 텐데 그렇지 못하다면 방법이 있긴 합니다. 즉, 눈에 보이는 것들이나 자료들이 정상인지 아닌지를 알아보는 것이 중요합니다. 좀 안다는 사람들도 놓치기 쉬운 실수입니다.

이것을 위해 가장 쉬운 방법이 바로 '정해진 것들을 들여다보고 확인하는 것'입니다. 회사에서는 매뉴얼, 표준, 기준, 견본이라고 합니다. 정해진 상태가 유지되었는지? 무엇이 잘못된 것인지, 현장에 가서 직접 눈으로 확인하고 추적하는 것이 기본입니다. 좀 지난 일이라도 끈질기게 추적하면 최소한의 증거를 찾을 수 있습니다. 그런데, 이런 정해진 것이 없다면? 탐문 수사와 같이 관련된 사람들에게 많은 질문을 해야 하고, 반드시 그 내용에 대해 현장 확인을 하면 가능합니다. 시간이 걸립니다.

둘째, '비정상'만을 문제의 원인으로 결정해야 합니다. 정상적인 상황을 문제로 제시하는 잘못된 습관을 고쳐야 합니다.

제조업의 경우에 "생산량이 너무 많아서" 기계가 자주 고장이 나고, 서비스업의 경우 "고객이 너무 많아서" 너무 오래 기다린다는 불평이 쏟아진다는 식으로 문제를 말하면 안 된다는 것입니다. 주문이 넘쳐 생산량이 많아진 것은 좋은 일이고, 정상입니다. 우리 매장의 상품을 구매하는 고객이 몰리는 것이야말로 우리가 바라던 것이고, 매우 성공적인 사건입니다. 따라서, '생산량이 너무 많아서'가 아니라, '기계를 정비할 시간이 부족하거나, 정비에 걸리는 시간이 너무 오래 걸리기 때문'이라고 접근해야 하고, '고객이 너무 많아서'가 아니라, '우리의 업무 처리 시간이 길어서' 또는 '집중되는 고객을 분산하는 시스템이 작동하지 않아서'라는 식으로 문제를 정리해야 합니다.

다품종 소량 생산이라, 재고관리가 빡빡해서, 성과지표의 목표가 높아서, 고객이 까다로워서, 고객 요구사항이 엄격해서 등등의 말을 자연스럽게 하는데, 그것은 문제가 될 수 없습니다. 그것을 맞춰 내지 못하는 것이 원인이고, 문제입니다.

셋째, 문제의 원인이 한 가지일 수 있지만, 그렇게만 [단독범으로만] 단정 짓지 말고 정말 그것 하나일까? 따져 봐야 합니다. 쉽게 찾았든, 어렵게 찾았든 한 가지 이유를 발견했는데, 그 원인에 대해 조처를 했으나 똑같은 문제가 재발하는 경우도 적지 않습니다. 요즘처럼 복잡한 시스템에서는 범인(문제)을 추적할 때, 단독범이란 확신보다 여러 명의 범인이 있다는 전제에서 출발하는 것이 좋습니다.

'3현 2원 주의와 3철'이라는 말이 있습니다. '현장에 가서, 현물을 보고, 현상을 파악한다.'와 그 과정에서 '원리와 원칙'을 '철두, 철미, 철저'하게 따진다는 말입니다. 문제를 대하는 가장 기본적이고 중요한 자세입니다.

경험이 많든 적든, 3현 2원 주의를 지키는 자세로 시작하는 것이 중요합니다. 여기서 두 가지를 덧붙이자면, 항상 '증거'를 찾아야 합니다. 그래야 문제해결의 논리 전개가 단단해집니다. 그리고, '왜?'라는 질문을 던져야 합니다. 어떤 사실이 왜 일어난 것일까에 대해 증거를 갖고 올바른 추정과 확인을 하는 것이 좋은 방법입니다. 문제해결의 프로

Professional들은 그렇게 합니다. 반복해서 훈련한다면 누구나 가능합니다.

넷째, 반복되는 사건의 문제 발견과 해결에 매우 간단한 방법인데, 두 가지를 비교해 보는 것입니다. 쉽게 말하자면, 잘 됐을 때와 잘 안 됐을 때를 맞비교해 봅니다. 즉, 불량률, 고객만족도, 재고량, 매출액 등이 좋은 결과를 보였을 때와 그렇지 못했던 때를 비교하는 것입니다. 해당하는 시스템^{투입Input → 공정Processing → 산출Output}을 놓고, 그 시스템의 구성 요소와 변환 요소들을 구별[층별]하여 좋았을 때와 나빴을 때를 비교합니다.

빵을 잘 못 구운 경우라면, 정말 풍미가 넘치는 빵을 만들었을 때 누가, 어떤 밀가루로, 어떻게 반죽했고, 그 온도가 얼마였고, 오븐의 예열 온도와 굽는 온도는 몇 도였고 등등의 변수들을 그때와 지금 불량의 각각 상태를 비교하여 추적하는 것입니다. 무엇을 비교할 것인지 결정하는 것이 좀 고민스러운 일이지, 추적하고 확인하는 것은 가능합니다. 데이터나 설령, 감각적이라도 말입니다.

해 보면, 핵심 원인을 찾을 수 있고, 나아가 각 변수 간의 상관관계도 발견할 수 있을 것입니다. 그래서, 앞으로는 이렇게 하자는 기준도 만들 수 있습니다. 한 번 만에 최적의 상태가 재현^{再現}되지는 않을 수 있습니다만, 좀 참고 몇 번 반복해 보면 답을 찾을 수 있습니다.

다섯째, 경영의 문제 발견과 해결은 숫자에서 시작해서 숫자로 끝내야 합니다. 여기서 숫자는 특히 '돈, 자금'의 흐름인 재무적인 데이터를 말합니다. 각 계정과목의 숫자 크기만 보아도 금방 문제를 알 수 있고, 게다가 1년이나 2~3년간의 변동을 살피면 지금의 문제나 앞으로의 문제를 충분히 알 수 있습니다. 물론 재무 처리가 이상한 조작 없이 정상적으로 되었다는 전제에서 그렇습니다. 재무적 상태를 좋게 하여 이익을 늘이기 위해서 경영자는 중요한 결심을 해야 할 때가 많습니다.

당연한 해결 방향이겠지만, 한 번 더 생각해 보면 이익을 내는 방법은 이럴 것입니다. 나가는 돈에 대해서는 그것을 줄여야 하는데, 무조건 안 쓰려고 통제할 것이 아니라, 그 비용이 비정상적으로 발생하는 프로세스, 일하는 방식이나 방법을 철저히 개선해야 합니다. 예측 가능한 고정적 수입을 점점 증가시키는 방법으로는 사업을 확장하는 것이 가장 좋습니다(당연하지만 절대 쉽지 않습니다). 그리고 한 가지 더! 경쟁사가 쉽게 따라 할 수 없는 우리만의 비즈니스에 과감한 투자를 계속하는 것입니다. 이런 실행이 선순환될 수 있다면, 경영의 부적절한 문제는 점점 사라지고, 미래 성장을 향한 좋은 문제가 모습을 드러낼 것입니다.

여섯째, 사람의 문제는 그 사람이 어떤 문제를 어떻게 처리했는지를 잘 살펴야 합니다. 사건의 재발 방지를 제대로 실행했는지? 해당 사건에서 본인을 포함한 관련자들의 처리는 적법하였고, 공평무사했는지를 잘 살피면, 그 사람을 제대로 알고 그 사람의 문제를 정확히 파악하는 데 도움이 됩니다.

회사에서는 늘 크고 작은 문제가 발생하기 때문에 그 사람을 살피는

데 무리는 없을 것입니다. 회사에 3종류의 사람이 있다고 합니다. '좋은 놈, 나쁜 놈, 더 나쁜 놈'. '놈' 자를 붙여 미안하지만, 단순히 웃자는 분류만은 아닙니다. 하는 행동, 그 행동의 결과를 보면 구별할 수 있습니다.

열 길 물속은 알아도, 한 길 사람 속은 모른다고 하던데, 꼭 그렇지 않습니다. 그 사람의 평소 자세나 태도를 보면 그의 머리와 가슴속도 보입니다. 그래서 리더는 '경청보다 관찰'이 우선입니다. 하나만 더, 잘 지켜보고 분명 문제가 있다고 판단이 되면 가능한 한 빨리 인사 조처를 해야 합니다. 그렇지 않으면, 대부분 후회합니다. (그때 그렇게 할 걸!)

문제를 말할 수 있고, 그것을 들어줄 수는 없을까? 말해도 안 해 줄 게 뻔하니 말하지 않고, 해결하기 싫거나 괜한 일로 야단맞기 싫으니 아예 들어 보려고 하지도 않는 조직은 최고 경영자가 문제입니다. 그렇게 방치했기 때문입니다. 그럴 줄, 그런 줄 알았을 텐데 그때부터 뭐라도 해야 했습니다. 아니면 지금부터라도.

급하면, 원인 찾기는 나중에 하고
우선 막아 내기에 모든 수단을 동원하십시오   **Management & Leadership**

Go-To-Win®

9 - 3
해야 한다, 할 수 있다 對 안 한다, 못 한다

속사정, 속마음
예상되는 저항의 사전事前관리 실패

회사가 계속 이익을 내야만 직원에게도 이익이 돌아갈 수 있는 것이 현실이니, 경쟁에서 이기고 충분한 이익을 내기 위해 경영자와 리더들이 열심히 고민하고 일하고 있다면, 부하 직원들도 함께 열심히 일해야 하는 것은 당연하지 않습니까? 이익을 내기 위해 다 같이 고생할 수밖에 없는데, 직원들이 이게 어렵고 힘들다고 하면 안 됩니다. 드러내

놓고 "안 한다, 못 하겠다."라고 말하지는 않지만, 그런 심정을 잔뜩 가진 사람들에게 일을 맡겨 성과를 내는 것은 무척 힘듭니다. 생각 같아서는 "그럼 당장 짐 싸고 집에 가서 푹 쉬게. 내일부터 출근 안 해도 돼"라고 말하고 싶을 겁니다.

일을 맡기는 것은 회사가 직원에게 기회를 더 주는 것인데, 왜 당사자는 그것을 '왜 내가?'라고, 마치 운運이 없어 찍힌 것처럼 생각하는 것일까요? "열심히 합시다. 잘해 봅시다"라는 한마디에 직원들이 불쑥 반대하거나 적극적으로 참여하지 않는 것은 왜 그럴까요?

가장 큰 이유는 그 일이 결국엔 자기에게 이익이 되지 않는다는 판단에서 비롯될 것입니다. 자신에게 큰 이익이 되는 것에는 누구든 무관심할 수는 없으니까 말입니다. 그렇다면, 경영자나 리더가 요구하는 일이 정말 그 사람에게 이익이 되지 않는 것일까요?

잠시 여기서, '이익'이 무엇인지를 생각해 봅시다. 지금 하는 일을 계속할 수 있다는 직무에 관한 보장, 승진 승급이나 급여 인상과 같은 금전적 혜택의 증가, 하기 싫거나 힘든 일이었는데 이제 할 만한 일이 되었다는 자기 역량의 만족감, 나의 능력에 관한 다른 사람들의 인정, 새로운 기술과 기능의 습득에 따른 자기 능력의 향상, 회사에 꼭 필요한 인재로서 지위 확보, 다른 사람보다 우선해서 누릴 수 있는 변화 기회의 우선권 획득 등이 모두 '이익'인 것입니다. 무엇보다, 임원이든 직원이든 최고의 이득이자 혜택은 자기가 하고 싶은 일을 자유롭게 할 수 있는 것입니다.

직원들이 새로운 일을 시도하면서 반대급부로 얻을 수 있는 그들의 이익에 대해 살펴보았는데, 사실 "안 한다, 못 하겠다"라는 저항은 네 가지 요소의 관리 실패로 초래될 수 있습니다. 즉, 저항 그 자체가 문제가 아니라, 예상되는 저항을 경영자나 경영 리더가 사전에 잘 관리하지 못하는 것 때문이란 점이 중요합니다.

저항은 보통 네 가지 이유로 출현하게 되는데, 첫째는 "왜 그걸 해야 하는 거야?"이고, 둘째는 "그만큼은 말도 안 돼", 또는 "의미가 없어"이고, 셋째는 "그럼 그 고생을 한 내게는 뭐가 돌아와?"이고, 넷째는 "다른 사람은 안 하는데, 왜 나만 하고 있지?"입니다.

첫째, "왜 그걸 해야 하는 거야?"라는 반응은 말 그대로 지금 꼭 필요한 일인가? 목적에 관한 의문이자 저항입니다. 아무리 위에서 시키는 일이라지만, 한번 태클이라도 걸어 보거나, 할 때 하더라도 분명한 이유는 알아야겠다는 것입니다.

실무자는 지금도 할 일이 엄청 많아 죽겠는데 꼭 그것을 해야 하는지, 당장 해야 하는지에 대해 질문을 해 댑니다. 혹시 빠져나갈 구멍이 있거나, 아니면 조금이라도 일을 줄여 볼 심산일 수도 있습니다. 리더는 이런 질문이 나오기 전에 해당 실무자의 상황을 미리 살피고, 오해가 없도록 올바르게 준비된 설명을 해 주면 됩니다. 잘못 알아들으면 몇 번이고 반복해서 지도해 주면 됩니다. 하라면 하지 말이 많다고, 시키는 대로 안 한다고 큰소리 낼 것도 없습니다. 옳은 일이라면 안 될 일도 아니고, 어차피 할 건데 서로의 입장이나 그 일의 상황을 좀 더 짚어 본다고 생각하면 됩니다. 때로는 실무자의 타당한 반론이나 대안 제시가 나올 수 있습니다. 그땐 리더의 생각과 계획을 흔쾌히 수정하는 것도 아주 좋은 방법이자 피드백입니다.

둘째, "그만큼은 말도 안 돼", 또는 "의미가 없어"라는 반응은 목표에 관한 저항입니다.

느닷없이 너무 높은 실적이나, 반대로 리더가 윗사람 눈치를 살피느라 그저 시늉만 낼 것 같은 높은 목표를 요구받은 경우의 반응입니다. 한번 해 보려고 마음먹었는데 이런 식으로 목표가 제시된다면, 실무자는 리더의 의도를 의심할 수밖에 없습니다. 역시 올바른 목표, 도달 가능한 목표를 부여하면 됩니다. 가끔, 목표를 단계적으로 나누거나 기간을 연장하면 좋겠다는 의견이 나오기도 하는데, 이때의 현명한 의사결정은 경영자나 리더의 몫입니다. 물론 필요한 지원에 대한 약속도 덧붙여야 합니다. '맨땅에 헤딩'은 곤란하니, 그 목표를 달성하기 위한 효과적인 방법과 절차에 대해서도 미리 준비하여야 합니다.

여기서 '도달 가능한 목표'라는 점을 다시 한번 생각해 봅시다. 소위 '스트레치드 골Streched Goal'이라는 말이 있는데, 근육이 땅길 정도로 손을 뻗어 잡을 수 있는 목표라는 것이 한 가지 측면입니다. 또 다른 측면은, 이처럼 현재 상태에서 약간의 개선이나 노력이 아니고, 완전히 상태를 재구성하거나 전혀 다른 접근을 통해, 매우 높지만, 도달 가능한 목표를 말하기도 합니다. 즉, 도달 가능한 목표는 만만한 목표가 절대 아니어야 합니다.

셋째, "그럼, 그 고생을 한 내게는 뭐가 돌아와?"라는 반응은 처음에 언급한 본인에 대한 이익이 뭐냐 라는 점을 분명히 하고 싶은 것입니다.

고생만 죽도록 하고, 커리어 개발도 아니고, 돈이 생기거나 승진하는 것도 아니고, 남 좋은 일만 하는 것 같다면 안 하는 편이 낫다고 생각하는 것이 당연합니다. 그러기에 '할까? 말까?'를 마지막까지도 저울질하고 있는 것입니다. 이 단계에서 경영자나 리더는 확실하게, 물론 책임질 수 있는 범위 내에서 선을 그어 주어야 합니다. 그것이 금전적이든 비금전적이든 그에게 돌아갈 수 있는 이익, 혜택을 설명하여야 합니다. 경우에 따라 민감할 수 있고 신경질 날 수 있는 일이기도 하겠지만, 동기부여하고 오해도 없애는 데 필요한 일이니, 차분하게 꼭 이야기해 주어야 합니다. 물론 혜택이란 것이 일마다 건건이 해 줄 수 없는 것도 있는데, 이런 경우는 반년 또는 일 년에 한 번 정도 정리해서 전체적인 혜택을 요약해 주면 되겠습니다. 중요한 것은, 실무자가 열심히 일했으면 그 열심히 일한 것에 대한 경영자나 리더로서 충분한 보상을 반드시 해 준다는 믿음을 평소에 갖도록 해야 합니다. 그래야 저울질하지 않고 몰입합니다.

넷째, "다른 사람은 안 하는데, 왜 나만 하고 있지?"라는 반응은 일에 대한 분담이 적절하지 않거나, 상호 협력에 대한 약속과 지원이 지켜지지 않을 때 발생하는 관리에 대한 저항이고 실천에 대한 좌절입니다.

사실 이전의 세 가지 요소는 모두 말이나 계획이었고, 이것이 실천으로 진행되어야 하는데 모두 말로 때우고만 있다면, "그것 봐. 역시 우리는 안 돼. 괜히 시작했어. 처음엔 그렇게 요란하더니…"라고 실망하게 되는 것입니다. 더 무서운 것은 "다음에 또 이런 거 하자고 해 봐라, 나는 절대 안 한다!"라며 더 높은 장벽을 만들어 버리는 것입니다.

말과 생각으로는 무엇이든지 그려 댈 수 있지만, 실행이 뒤따르지 않으면 아무것도 할 수 없고, 앞으로도 아무것도 할 수 없게 된다는 것을 리더는 잘 알고 있을 것입니다. 그러니 역할 분담을 명확히 하고, 아무리 바빠도 필요한 때마다 적극적인 관심을 가지고 반드시 확인하고 확인해야 합니다. 아무리 실무자를 믿고 맡긴다지만, 실무자가 알아서 해야 한다지만, 그 과정에서도 리더의 할 일은 분명히 있습니다. 계획을 세우고 일을 지시하는 순간보다 일의 진행을 꼼꼼히 관리하는 것이 더 재미없는 것이 사실이지만, 그 재미없는 과정에서 리더가 실무자를 잘 키우고 소기의 성과까지 목표대로 끌어낸다면 좋은 리더가 될 것입니다. 그러기 위해 회의에서의 정확한 질문, 진지한 검토, 칭찬, 질책과 더불어 회식 자리에서의 술 한 잔과 진심 어린 격려라는 피드백을 하면 좋습니다. 성과를 거두면서 사람을 키워 내는 것이 리더의 역할이 아니겠습니까?

"안 한다. 못 한다."는 저항은 초기 단계에서 잘 잡아 주어야 합니다. 그러기 위해 목적, 목표, 보상, 실천의 공감대를 처음부터 형성하는 것과 예상되는 저항을 미리 관리하는 것이 바로 '성과를 지향하는 사람 중심의 리더십'입니다.

옳은 일인가?

지금 시작해야 할 일인가?

그렇다면 밀어붙여야 한다 Management & Leadership

Go-To-Win®

9 - 4
알아서 할 테니 따라와

"나를 따르라!" 얼마나 멋진 말인가?
어이없는 사태가 벌어지지 않으면…
나도 이 말을 하고 싶고, 이 말이 듣고 싶다
아니, 말이 아닌 '센 울림'을 느끼고 싶다

[첫 번째 장면] "이렇게 합시다!" 리더는 정말 자신이 있었습니다. 그래서, 곤란한 상황에 부닥쳐 모두가 난감해할 때까지 기다리다, 그는 결정적인 순간에 아껴두었던 이 말을 했습니다. 그리고, 일머리부터 마

무리까지 논리 정연한 프로세스를 순식간 정확하게 짚어 줍니다. 놀란 표정의 참석자들은 감탄(?)합니다.

해결의 명확한 "방향"이 주효했습니다. 방향이 잡히자 참석자들 각자의 머릿속에는 이미 경험한 해결책과 새로운 아이디어가 다양하게 넘쳐났습니다. 이 당당한 리더 덕분에 의미 있는 반전反轉이 순식간에 일어났고 참석자들은 모두 동기부여가 되었습니다.

그러나, 사실 이 문제에 대해 리더는 혼자서 며칠간 고민했습니다. 상대방의 입장, 현재 우리가 처한 문제를 냉정하게 정리하여 3가지 시나리오를 설정했고, 각 시나리오의 가능성을 진단하고, 그중 선택된 한 가지를 어떻게 설득할 것인가를 준비했습니다. '좋은 말'로 '이게 맞는 방향이니 되든 안 되든 해 보자'가 아니라, 해결을 통해 '실제로 얻을 수' 있는 것과 현실적으로 '우리가 할 수 있거나 꼭 해야 하는' 것에 초점을 맞추었던 것입니다.

[두 번째 장면] "일단 이렇게 가 봅시다!" 사실 리더인 자신도 곤란합니다. 그러나, 참석자들 모두 의기소침하여 난감해하고 있는데, 그가 언제까지 가만히 있을 수 없었습니다. 어떤 말이라도 해야 했습니다. 그래서 툭 터진 것이 바로 이 말입니다. 그나마 이 말 때문인지 분위기는 좀 진정되어 보입니다. 리더가 이 말이라도 던진 것과 아무 말도 하지 않은 것은 상황이 완전히 다릅니다.

참석자들은 오늘도 역시 눈치를 보고, 몇몇은 나름대로 고민한 결과를 소심하게 말했지만, 대부분 만족스럽지 못했습니다. 차라리 리더가 내가 책임질 테니 이것저것 따지지 말고 내가 지시하는 대로 움직이라고 했다면, 어떻게 해 보기라도 할 텐데, 리더 역시 아직은 결정을 못 내리고 있습니다. 답답한 상황이라 리더가 더 답답해 보이고 무능력해 보이기까지 합니다. 그런데, 오늘 리더인 그가 이렇게 가 보자고 합니다. 참석자들은 조심스럽습니다, 불안합니다. 그렇지만 무슨 방법이, 어디 믿는 구석이 있을 것으로 생각하며 할 일을 받아 적었습니다.

리더인 나도 답이 없는데, 계속 이런 상황을 반복할 수 없었습니다. 오늘은 이러든 저러든 결론을 내야 한다고 생각했습니다. 회의 중에 그럴듯한 아이디어도 제시하지 못하는 참석자들을 보며 짜증이 나기도 했지만, 감정을 눌렀습니다. 화를 낸다고 될 일이 아니었습니다. 책임지겠다는 뻔한 말을 할 수 없었습니다. 나도 나를 못 믿는데 차마 그런 말을 할 수 있겠습니까? 하지만, 나도 그 말을 하고 나니 오히려 마음이 좀 편해졌습니다. 그리고 이제는 피할 수 없고, 주워 담을 수 없는 말을 해 버렸기에 한번 해 볼 것입니다. 좀 더 집중할 수 있는 에너지도 생깁니다. 긍정의 힘?

[세 번째 장면] "군소리 말고, 시키면 시키는 대로 하란 말이야!" 이러다 나중엔 본인이 사장에게 문책을 당하는 뭔가 큰일이 나겠다고 생각한 리더의 짜증 섞인 명령이 떨어진 것입니다.

리더인 그는 몇 번의 회의를 거치면서 항상 회의(?)란 명분으로 자신의 주장을 합리화했습니다. 그의 의견이 틀린 말은 아니지만 언제나 애매했습니다. 누구나 '말은 맞지'라는 생각이었습니다. 맞는 말인데, 현실적으로 매우 곤란한 일을 심하게 요구하는 것입니다. 맞는 말은 내가 했으니, 거기에 딱 맞도록 너희들이 나머지는 알아서 하라는 것인데, 그게 가능하다면 애초에 이런 문제도 생기지 않았을 것입니다.

또 다른 경우, 이 리더의 그런 대책은 너무 뻔히 속이 보입니다. 상대방이든 우리 회사든 분명히 비효율적이고, 심지어 손해를 초래하는 일인데도 끝까지 고집스럽게 요구합니다. 그 자신이 어떤 위험에 빠지지 않고, 불이익을 받는 상황을 피하겠다는 뻔뻔한 의도입니다. 자신만 살아남기 위해 참석자인 부하 직원이나 동료들을 위험에 빠뜨립니다. 물론 똑똑한(?) 참석자는 역시 머리를 굴려 적당히 빠져나갈 틈을 찾아냅니다. 이런 경우가 한두 번이 아니었기 때문에 발을 빼는 방법을 터득한 것입니다. 순진한 사람만 다치고, 그가 요구한 경위서의 주인공이 됩니다. 이유 없는 에너지의 낭비이고, 불신만 증폭됩니다.

리더인 나는 흥분했습니다. 날 우습게 보는 것인가? 내 명령과 지시를 거부한다는 것인가? 가뜩이나 요즘 내가 코너에 몰려 있는데, 이러다 내가 큰일 나겠다. 뭐라도 해야 하는데 답은 없고. 그래서 쏘아붙였습니다. 내가 하라는 대로 해, 내가 책임진다. (이미 핑곗거리는 다 준비되어 있다) 만약 내 말대로 하지 않으면 고과 때 보자. 그냥 안 두겠다.

오죽 답답했으면 그렇게까지 했겠습니까? 참석자들 기분도 맞춰 주고, 나름 정보도 챙겨서 도움이 되도록 했고, 이런저런 의견을 내기도 하고, 의견을 모아 뒤집어 보기도 했습니다. 심지어 상사에게 찾아가

정확한 요구사항이 무엇인지, 어디까지 물러나 줄 수 있는지 재차 확인까지 했습니다. 그런 공갈 협박이 얼마나 치사하고 가소로운지 내가 모르겠습니까?

"시키는 대로 해." 아무리 자신감이 넘쳐도, 본인의 심정이 그렇다 하더라도 이런 말은 하면 안 됩니다. 상대방에 대한 존중이 없고, 동기 부여를 심하게 깨뜨리는 말이기 때문입니다. 이런 말은 어린애들의 철없는 골목대장이 쓰는 말이지 회사의 대장^{Captain}이 할 말이 아닙니다.

그런 말을 하기 전, 화가 난(나려는) 상태라면 한번 크게 심호흡을 하십시오. 그러면서 참석자들을 둘러보시기 바랍니다. 리더인 당신만 쳐다보고 있는 그들에게 단호하게 의견(또는 명령)을 전달할 준비가 필요합니다. 일방적이지 않고, 가능한 그들의 입장에서 알아들을 수 있도록 천천히 전달을 시작하십시오.

그런 말을 시작했다면, 참석자들의 눈을 쳐다보기 바랍니다. 흔들리고 있는지, 딴 곳을 보고 있는지, 순간적으로 확인하십시오. 리더인 당신의 눈 역시 불안감 없이 그들의 눈을 똑바로 보고 말해야 할 것입니다.

이제 당신의 말은 전달되었고 참석자들과 미팅은 종료되었습니다. 남은 한 가지 일은 당신의 상사에게 이러한 분위기와 당신이 내린 결론을 보고해야 합니다. 당연히 도움이 필요한 부분은 요청해야 하고, 어쩌면 상사의 따끔한 질책을 받아야 할 것입니다.

"나를 따르라"라는 말을 '하기 전, 할 때, 하고 나서'의 3단계 타이밍에 좋은 거름망을 잘 통과할 수 있다면, 고집과 불통의 리더에서 충분히 벗어날 수 있습니다

Management & Leadership

Go-To-Win®

9 - 5
간단하고 쉬운 것이 꼭 좋은가?

생각하는 직원을 원하십니까?
생각이 없는 직원을 원하십니까?

KISS^{Keep It Short and Simple}. 간단한 것은 좋습니다. 게다가, 쉽다면 더 좋습니다. 문제는, 그렇게 간단하고 그렇게 쉬운 것이 회사에는 거의 없다는 것입니다. 그런데도 어렵게 고민하지 말고, 쉽게 가면 좋겠다는 직원들의 말을 척척 받아 주는 것이 옳을까요?

제품을 만드는 공장의 작업일지로 예를 들어 봅니다. 일과가 끝나고, 오늘 A, B, C 제품을 각각 몇 개씩 생산 완료했다고 '실적'만 정확하게 보고되면 잘하고 있는 것인가요? 그것보다는, 제품별로 생산계획량이 10개, 20개, 30개였는데, 각각 9개, 21개, 28개 생산했고 그 '차이'까지 보고되면 어떤가요? 거기에 보태서, 생산이 덜 된 이유와 더 많이 생산된 '이유'를 기록하고, 계획과 실적의 불일치를 방지하는 '대책'까지 고민해서 내놓는다면 어떨까요? 나아가서, 생산계획을 잡을 때 하루 단위가 아니라 현장 근무자와 현장의 상황을 고려한, '시간대별 생산계획'을 만들어 주는 것은 어떨까요? 단순히 생산 실적만 집계하는 것과는 분명 차원이 다릅니다. 쉽지 않지만, 차원이 다릅니다. 어떻게 생산하는 것이 열심히 일한 결과로 충분한 것인지, 잘못한 작업 때문에 귀중한 시간과 재료를 왜 낭비하는 일이 발생했는지, 그런 어처구니없고 소용없는 일을 내일도 모레도 사람들이 반복한다면 정말 끔찍한 일입니다.

'어제보다 오늘이, 오늘보다 내일이 나아지도록 어떻게 하면 될까'를 생각하게 만들고, 하나씩 실현하도록 도와주는 것이 바로 서로를 존중하는 우리의 일터입니다. 자랑할 것은 자랑하고, 반성할 것은 반성하도록, 즉 '사람을 생각하게' 만들자는 것입니다. 아무 생각이 없으면, 좋아질 것이 아무것도 없습니다. 생각할 수 있도록 도와주는 것을 어찌, 일을 복잡하게 만들고 일만 많이 시키는 것이라고 할 수 있겠습니까?

잘해도, 잘못해도 그냥 내버려 두는 것은 바른 일은 아닙니다. 이런 관점에서 볼 때, 까다로운 서식과 세밀한 관리는 우리 회사에 좋은 사람을 늘려 줍니다. "형식形式이 내용內容을 규정합니다." 좋은 형식은 그 내용을 좋게 합니다. 반듯한 옷을 입으면 대부분 태도가 반듯해집니다. 까다로운 서식의 빈칸을 채우면서 좋은 의견을 내려면, 까다로운 빈칸 때문에 사람들은 생각이라는 것을 해야 합니다. 이렇게 사람을 '생각하게 만드는 것'이 사람을 '아끼고 키우는 것'입니다. 사람이야말로 회사의 가장 소중한 자산이자 경쟁력인 것은 이런 경우에 해당됩니다.

그렇다면, 까다로운 서식, 아니 문제를 잘 해결하도록 하는 서식은 어떤 것일까요? 생각하도록 하는 서식은, 그 서식에 PDCA라는 것, 즉 Plan계획-Do실행-Check확인-Action조치라는 가장 기본적인 항목이 조합되어야 합니다. 그것이 계획서든 실적보고서든 마찬가지입니다.

Plan계획은 목표나 기준, 처리 절차 등을 포함합니다. 나중에 실적이나 성과에 관한 판단과 개선의 근거가 되기 때문에, 느슨하게 잡지 말고 오히려 빠근할 정도의 과감한 숫자를 넣는 것이 바람직합니다. 그 빠근함에 대해 '안 된다, 무리다'라는 반응이 나타나면, 그 사람을 반드시 설득해야 합니다.

Do실행은 계획된 목표를 달성하기 위해 어떤 방법을 동원했는지, 어떤 접근을 시도했는지에 대한 기록입니다. 최선이든 차선이든 함께 일하는 사람들이 합의한 방법이어야 합니다.

Check확인는 실행의 결과로서 측정된 기록입니다. 이것은 틀림이 없는 사실이어야 하고, 나중에 비교 검토를 통해서 검증 가능한 실적 기록이어야 합니다.

Action^{조치}는 목표와 실적의 과부족에 대한 검증과 동시에, 실행된 방법의 유효성을 따져 보는 것입니다. 잘된 것은 계속 유지되도록 하고, 잘못된 것은 재발 방지가 가능한 대책을 반드시 확인하여야 합니다.

생각하는 직원을 육성하기 위해, 매일매일 기록하는 서식 하나라도 생각을 해서 채우도록 설계하고, 적용하고, 관리하는 데는 역시 리더십이 필요합니다. 왜냐하면, 실무자들로서는 이런 세밀한 관리가 곤혹스러울 수 있기 때문입니다. 세밀한 관리는 일을 늘리는 게 아니라, 직원 개인의 역량을 증진하는 것인데도 오해와 저항이 많습니다. 이때, 충분한 명분과 뛰어난 리더십이 있는 리더라면, 그 리더의 직원들은 그에 대한 존경심과 신뢰감, 좋은 리더와 함께 일하고 있다는 것만으로도 기꺼이 동참하게 될 것입니다. 반대로, 사장이라고, 지위가 높은 리더라고 해서, 일방적으로 결정하고 뭐든지 몰아붙인다면 이것이야말로 최악입니다. 원하는 것도 달성이 안 되겠지만, 회사 조직의 근간인 사풍, 즉 조직의 관계나 분위기를 파괴하는 행위이기 때문입니다.

불평과 저항을 극복하여 일이 되게 하려고 때론 직원들을 질책하는 경우도 많습니다. 이때, 눈물 쏙 빠지게 혼내는 것과 사람을 부숴 버리는 것은 분명 본질이 다릅니다. 혼을 낸다는 것은 그 사람에 대한 애정이 바탕입니다. 질책은 동기를 끌어내기 위한 하나의 특별한 방법입니다. 반대로, 할 마음을 싹 없애 버리는, 리더의 애정 없는 언행은 직원과 회사를 죽입니다. 이런 식으로 공포심을 유발하여 업무의 실적을 내는 리더가 있다면 안 됩니다. 공포심보다는 동기부여입니다. '못하면 죽는다, 잘린다.'가 아니라 '안 된다는 생각을 버리고, 자신 있게 한번 해 보자. 200이 목표면 100은 할 수 있고, 300이 목표면 200은 할 수 있다. 우리는 할 수 있다'가 정답입니다.

세밀한 관리가 결코 복잡한 관리는 아닙니다. 또한, 쓸모가 없는 장표^{帳表}, 즉 서식만 늘리자는 것도 아닙니다. 관리라는 것을 제대로 해 보자는 것입니다. 관리라고 하는 것은 관심을 갖는 것이니, 관심을 가져야 할 사람이, 관심을 가져야 할 것에, 관심을 갖도록 만들어 주자는 것입니다. 경영자와 리더가, 바르게 일하도록 직원들을 이끌어 가는 것입니다.

형식이 내용을 규정합니다
(복잡하지만?) 좋은 서식은 생각하는 직원이 되도록 도와줍니다

Management & Leadership

Go-To-Win®

9 - 6
조금만 바뀌어도 왜 기겁하는가?

혁신 프로젝트에서 팀별 키맨^{Keyman}들의 이유 있는 저항

기겁^{氣怯}이란 숨이 막힐 듯이 갑작스럽게 겁을 내며 놀라는 것이고, 한의학에서는 담기^{膽氣}가 허^虛하여 가슴이 울렁거리고 겁이 많아져서 잘 놀라는 것을 말합니다.

일상 업무나 변화 혁신의 프로젝트를 진행하다가, 갑자기 변경된 경영 방침에 맞추거나, 프로젝트의 흐름과 내용의 완성 수준을 높이기

위해 서식, 내용, 방식을 조금만 바꿔도 키맨들의 눈빛이 확 바뀝니다. 놀람도 아니고, 감동도 아니고, 경계와 짜증입니다. 왜 느닷없이 바꾸는 거냐고 따져 묻거나, 당장이라도 벌떡 일어나 변경을 요구하는 당신이 직접 하라는 식으로 일을 던져 버리기도 합니다. 아무튼, 회의실에 마주 앉아 변경을 요구하는 사람이나 변경을 해야 하는 사람이나 이 충돌을 피할 수 없습니다.

변경을 요구한 사람이 키맨들을 만나기 전에 미리 '귀띔'이라도 했으면 그래도 좀 나았을지 모릅니다. 왜 모이라고 했는지 아무것도 모르는 상태에서 바쁜 업무에 시달리다 업무 수첩 하나 들고 왔고, 계속 전화기는 울려 대는 상황에서, 지금까지 추진했던 일 중에서 "이것도 바꾸고, 저것도 바꿔야 합니다, 시간도 많지 않습니다, 일주일 안에 끝내세요"라는 말을 일방적으로 듣게 되면 화를 내는 게 당연합니다. 그러니, 회의하기 전에 일을 변경하는 목적, 내용을 미리 알려줘서, 생각하고 오지는 못할망정 회의 내용이 무엇인지는 알고 오도록 해야 했습니다. 느닷없이 "빵" 터뜨리는 것은 절대 안 좋습니다.

회의에 불려 온 사람들, 즉 실행해야 하는 키맨들도 잘못이 있습니다. 자초지종自初至終을 들어 보려 하지 않고, 뭔가 바꾼다는 말 첫마디에 무조건 부담감을 느끼고, 지금도 겨우겨우 프로젝트를 진행하는 상황인데 또 짜증 나는 일을 시킨다고 투덜댑니다. 잘하는 게 좋고, 그렇게 하는 게 더 좋은 것이라 해도, 듣는 그 순간, 무엇을 바꾸는 것 그 자체가 싫은 것입니다. 잘 들어보면 이해가 되고, 충분히 알 수 있는데도 아예 듣지 않습니다. 애초부터 프로젝트의 키맨, 그 역할이 하기 싫은 것입니다.

일에 대해 긍정적이고, 늘 좋은 쪽으로 변화의 노력을 하는 것이 맞는다고는 하지만, 실제 회사에서 그렇게 생각하고 실천하는 사람은 거의 없습니다. 이유는 여러 가지입니다. 아마 가장 큰 것이, 불편한 표현이지만 '월급쟁이'란 처지이고 생각입니다. 일단 지금보다 할 일이 늘어나면 싫은 게 가장 큰 이유입니다. 그리고, 상사가 시키는 일에 따르는 것이 익숙하여, 상사의 마음에 드는지, 안 드는지가 중요하지, 상사의 지시가 옳은가 옳지 않은가는 그리 중요한 것이 아니라고 합니다. 평가와 승진으로 처우가 결정되기 때문에 거기에 부합되는 업무가 당연히 최우선입니다. 그런데 변화와 혁신 업무는 담당하는 업무보다 인사 고과의 평가점수가 높지 않습니다. 아예 배점이 없습니다. 열심히 할 이유가 전혀 없습니다.

월급쟁이지만, 경영자나 리더의 마인드를 갖는 것이 중요하다는 조언을 많이 들어도 그렇게는 잘 안 되는 모양입니다. 주어진, 지시받은 일에 목숨[평가]을 걸어야 하는 월급쟁이의 사정이 이렇다 보니 전후좌우를 살필 겨를이 없답니다. 뭔가 바뀌면, 지금껏 추진했던 일들을 관두고, 빠듯한 시간을 쪼개 다시 만들어 적용해야 하니 고생이 엄청 많을 것입니다. 그러나, 월급쟁이의 그 월급에는 늘 해야 하는 업무를 해내는 노력과 시간에 걸맞은 보상이 있지만, 새로운 것을 받아들일 때 겪을 수밖에 없는 '고민과 고통의 값도 포함'된 것을 알아야 합니다. 알지만, 나만 겪어야 하는 고민과 고통이 불공평하다는 것입니다.

생각하면서 살자고 합니다. 긍정적으로 생각하자, 할 수 있다고 생각하자고 귀에 못이 박이도록 듣고 보는 말입니다. 정말 안타까운 건 생각을 하긴 하는데 '엉뚱한' 생각을 합니다. '대충하면서 모면할 방법은 없을까? 나에게 좀 더 이익이 생기거나, 내가 손해 보지 않으려면 어떻게 할까?' 이런 생각만 하고 있다면 제정신인가 싶기도 합니다. 절대 손해 보지 않을 생각만 합니다. 자기만 혼자 똑똑한 회사는 없습니다. 나만 알고 남은 모르겠지, 그런 회사가 어디 있습니까? 평생 매번 이익을 볼 수 있는 것도 아닙니다. 남들도 다 대충하니까, 그래서 우리는 공범共犯이니까 나도 무사할 거란 생각은 아슬아슬합니다. 그러다 결정적인 순간 한 번에 망합니다.

'조금만' 바뀌어도 기겁하는 이유는 또 있습니다. 그 조금이란 것조차 자신감이 없기 때문입니다. 회사에서 뭘 하고자 할 때, 누구도 할 수 없는 것을 하라는 회사는 본 적이 없습니다. 그런 것 하다가 머리가 아파서 죽는 것도 본 적이 없습니다. 방법과 이론을 모르면, 배우고 공부하면 그만입니다. 회사는 여러 사람이 일을 하는 곳이라 변경되는 사항에 대해 본인이 잘 듣고, 어떻게 할까를 생각하고, 관계된 사람들을 설득해야 합니다. 추진자인 키맨으로서 안 한다고 버틸 사람들을 어떻게 설득할 것인가에서 탁 막히니까, 더는 생각을 하지 않고 작은 변경에도 저항합니다. 걱정을 거꾸로 하는 것입니다. 사람들이 어떻습니까? 많이 알든 모르든 "우리는 충분히 할 수 있어. 이렇게 하면 되는 거야. 잘 모르고 안 되는 거 있으면 내가 도와줄게. 잘못되면 까짓것 내가 책임질게"라고 설사 부풀려 말해도 자신 있게 말하는 사람을 믿고 따르겠습니까? 아니면, "아, 또 쓸데없는 일을 하라고 해서 골치 아픈데, 회사에서 안 잘리려면 해야 하잖아, 도대체 이런 거 안 하면 안 되냐?"라는 사람의 말을 믿고 따르겠습니까? 걱정은 되겠지만, 걱정을 거꾸로 하지 말자는 것입니다. 쉽지 않지만 일단 내가 잘 이해하고, 어떻게 적용할 것이고, 이걸 어떻게 설명해 줄 것인가를 충분히 고민하면 답이 나옵니다. 그 답을 만들어 내면서 스스로 최면催眠을 걸면 됩니다. 키맨으로서 남을 이끌어 가는 데 순서가 있습니다. 이 순서가 뒤죽박죽이니 자신감은커녕 걱정거리만 늘게 되는 것입니다.

변경의 내용이 황당하면 기겁하는 것이 당연합니다. 이제 막 프로젝트를 시작하면서 어렵게 추진하고 있는데, 갑자기 이상한(?) 내용으로 바꾸라는 것을 받아들이기는 매우 곤란하다고 합니다. 목적이 분명하지 않거나, 논리적으로나 현실적으로 맞지 않는 일의 순서라거나, 누가 봐도 적절하지 않은 사람을 배정한다거나 특히, 실제 얻을 것은 없고 잃는 것이 많을 수밖에 없다는 경우입니다. 기겁할 정도는 아니어도, 지금 유지되고 있고, 좀 더 안정화되기까지는 시간이 필요한데, 급하게 서두르는 경우에도 당황스럽습니다. 이런 변경 방안을 내어 설명하는 사람이 합리적이지 못하고 고집이 센 사람이라면, 어떻게든 그 자리에서 결론 내는 것을 미뤄야 합니다. 시간을 좀 갖는 것이 좋습니다. 그 사람의 주변 사람들과 좀 더 논의하여 절충안을 모색하기 위한 노력을 해야 합니다. 그 자리에서 들이받는 것보다 돌아가는 방법이 낫습니다. 나중에 "그것도 좋은 생각이지만, 이런 방법도 있지 않겠는가?"라는 방식을 취합니다. 대화가 되는, 대화의 준비가 된 사람이라면 그 자리에서 결정이 아닌 논의를 충분히 합니다. 서로의 생각이 다르거나, 방식이 다를 때 논의를 한다는 것이 그리 쉬운 일은 아닙니다. 그렇다고 그냥 넘길 일도 아닙니다. 불만스러운 부분적인 사항보다 먼저 목적이나 큰 그림에 대해서 논의를 합니다. 목적을 확정해 놓아야 각 세부 항목들의 적합, 부적합을 따질 수 있습니다. 세부 사항도 그 결과가 처음 확인한 목적에 정말 유효한 것인지를 봐야 하고, 실무적으로도 가능하며, 적정한 시간으로 실행할 수 있는지, 지금 하는 것과 대체되는 것인지, 중복되는 것인지를 잘 살피면 됩니다. 목적에 동의한다면, 안 하겠다는 태도가 아니라, 그래도 해 보겠다는 생각으로 논의해야 답을 얻을 수 있습니다.

크게 바꾸는 것도, 조금 바꾸는 것도 둘 다 쉽지 않습니다. 호랑이가 토끼 한 마리를 잡을 때도 최선을 다한다는 말이 새롭습니다.

혁신 활동의 키맨은 혁신 활동만 전담해야 합니다
안 그러면 이미 절반 이상의 실패를 안고 가는 것입니다

Management & Leadership

Go-To-Win®

9 - 7
달걀이 먼저? 닭이 먼저?

'다툰다고 얽힌 일이 풀릴까?
일이 터지기 전에 미리미리 만났어야'

서로가 지금 원하는 게 다릅니다. "당신이 먼저 양보하면, 내가 할 게"입니다. 사업으로 보면 금전적 손해를 보기 싫다는 것이고, 회사 일로 보면 하기 싫거나, 해야 할 일을 조금이라도 줄이고 싶은 심산입니다. 만나고 이야기해서 풀자는 정도로 순진하게 해결될 문제가 아닙니다. 어느 한쪽이 여유가 있다면 모를까, 그렇지 않은 상황에선 누구도 먼저 양보하지 않을 것입니다.

　새로운 상품을 개발해서, 큰 이익을 얻고자 하는데 한 편은 판매하는 쪽이고, 상대는 개발과 제조를 하는 회사라고 합시다. 기본적으로 판매가 잘 되면 두 회사에 아무 문제가 없습니다. 하지만 심각한 판매 부진을 겪고 있는 회사는 고객의 지갑을 열 수 있는 특별한, 지금과는 완전히 다른 제품을 개발 제조 회사에 요구할 것입니다. 고객의 요구사항은 이미 기본이고, 결론은 경쟁력 있는 상품을 만들어 달라는 것입니다. 이 정도 가지고는 안 된다고 수없이 회의했는데 반응이 시원치 않으니 답답하단 말입니다. 막상 다른 파트너를 찾으려 해도 역시 쉬운 일이 아니기에 계속 강하게 요구를 합니다.

　개발 제조 회사의 입장은? 아니! 자기들이 못 팔아서 그렇지, 이 제품이 뭐가 문제란 말인가? 다른 제품과 비교해서 더 잘난 것도 없지만 못한 것도 아니잖아? 문제는 영업인데, 납품 값도 제대로 쳐주지 않으면서, 주문도 많이 늘리지 않으면서 자꾸 뭘 해 달라고만 하는 거야? 예전에도 그랬지만 개발했다고 개발비를 제대로 주는 것도 아니고, 실컷 시간 들여, 돈 들여 만들어 놓으니 팔지도 못하면서. 이제부터는, 확실하게 주문량 정하고, 가격도 제대로 해 준다는 보장 없이는 절대 거래 안 할 거야.

　두 회사가 돈 벌고 싶은 생각은 하나인데, 이러다 보면 두 회사 모두 망할 수 있습니다. 뭐라도 어떻게 해야 하는데 이러지도 저러지도 못하고 있습니다. 얼굴 붉히면서 따지고 들지 않지만, 사업이 쪼그라들기 시작하면서부터 서로에 대한 믿음에 문제가 생겨 버렸습니다. 어느 쪽도 분명 손해 보고 싶지 않은 게 당연하니, 어지간해서 합의점을 찾아 협력하기는 점점 더 어려워집니다. 어느 한쪽이 손해(?)를 보면서라도 조정해야 한다고 생각하겠지만, 달걀이 먼저인지 닭이 먼저인지 서로에게 떠넘깁니다. 이런 문제를 어떤 관점으로 파악해야 하고, 이 문제를 풀 실마리는 무엇일까요?

우선, 서로가 사업을 길게 볼 필요가 있습니다. 당연하겠지만 (곧 망할 것 같으니까) 위와 같은 상황에서는 양보는 하지 않고, 사업을 짧게 보는 (거래를 포기하려는) 마음이 생깁니다. 길다고 해서 그렇게 장기적인 것은 아니고, 한 이 년 정도, 길면 삼 년쯤 보고 논의를 시작합니다. 사업에 따라 다르겠지만, 함께 노력해서 상품이 시장에 나가고, 그 효과가 드러날 때까지는 아무래도 시간이 걸릴 수밖에 없습니다. 이 시기 동안은 서로에게 불편한 감정 없이 더 협력해야 할 것입니다. 힘든 시기이니까.

그다음 중요한 것은, 아무래도 사업이니까 뭘 개발해서 생산하고 판매하기 위해서는 반드시 비용이 들어갈 수밖에 없겠지요. 이 비용을 나누어야 합니다. 시작하기 전에 프로세스를 만들고 거기에 맞춘 소요 비용을 예상하고 공평하고 깔끔하게 배분하는 것은 당연합니다. 좀 불편한 마음이 들더라도 사전에 충분히 논의해서 결정해야 괜히 쓸데없는 마음고생, 분쟁을 차단할 수 있을 겁니다. 그리고 일이 착수되면, 기왕 하기로 한 것이니 열심히 해서 기간을 최대한 단축합니다. 기간이 길어질수록 비용이 많이 들고, 갈등이 발생할 확률은 높아집니다.

기간이 줄수록 리스크는 줄어듭니다. 협업하지만, 이해가 상충할 수 있는 사항을 분명히 정하고, 담당할 역할을 명확히 해서, 수시로 체크하며 진행해야 합니다.

사업적인 것 말고, 조직 내에서도 당신이 먼저 하면 내가 하겠다는 상황은 벌어집니다. 역시 달걀이 먼저인지 닭이 먼저인지, 놀이터의 아이들과 같은 소동이 생깁니다. 하긴 해야 하는데, 부서와 부서, 부서 내 개인과 개인이 서로 미루는 일이 발생합니다. 이럴 땐, 당연히 그 일의 진행 프로세스에서 가장 먼저 시작할 일을 맡은 사람이 치고 나아가야 하겠지요. 또는 시간이 오래 걸리는 과업이 있는 경우에는 그 일을 먼저 시작하는 것이 맞습니다. 시간이 오래 걸리니까. 그런데 똑같이 시작할 수도 있고, 시간도 비슷하게 걸린다면? 그럴 땐 선임이 후임보다 먼저 진행하도록 합니다. 그만큼 이 일에 대한 진지함을 보여야 하기 때문입니다.

공동 사업을 하는 여러 회사 간, 부서와 부서, 개인과 개인 관계에서 위와 같이 합의하고 착수되면 반드시 해야 할 것이 하나 있습니다. 바로 정례적인, 주기적인, Steering & Wrap-Up 미팅이 꼭 필요합니다. 협력의 룰을 유지해야 하기 때문입니다.

달걀이 먼저? 닭이 먼저?
(닭이 먼저라는 의견이 있습니다 영국 셰필드대학교 재료공학과 콜먼 프리먼 교수팀의 실험)
닭인지, 달걀인지 경영자가 결정해야 합니다   Management & Leadership

Go-To-Win®

9 - 8
배우는 법을 배운다

'큰일 앞에서
임직원들은 어떻게 어긋나는가?'

혁신 활동을 진행하다 보면, 임직원들의 참여나 반응은 크게 5가지의 그룹으로 나타납니다.

첫째는, 경영진의 의지가 반영된 혁신 활동을 자기 부서의 일이나 업무, 분위기(문화)의 개선을 위해 적절한 기회로 활용하는 그룹입니다.

변화 프로젝트를 위해 설계된 프로세스를 모두 따르면서 그것과 똑같이 실행하지 않더라도, 프로젝트의 개념을 이해하여 자기 부서에 적합하도록 변형해서 전사 프로젝트임을 명분 삼아 상당히 공격적으로 밀어붙입니다. 전사적인 프로세스에서 살짝 벗어나 있기는 하지만, 프로젝트에 큰 문제가 되지 않습니다. 부서에 최적화된 혁신 모델이라는 점을 확인할 수 있다면, 가장 좋은 방법입니다. 이런 경우, 경영진은 그 부서의 리더와 계속 소통하며 추진 방향과 방안을 지원하고, 충분한 보상을 하면 됩니다.

둘째는, 제시된 프로세스와 방법을 철저히 배우고, 그대로 실행하는 그룹입니다. 또박또박 그 방식을 실행하여, 큰 성과를 신속하게 만들어 내지는 못해도 배운 대로 성실히 실천합니다. 제시된 범위와 방식의 안에서는 좋은 진행이라고 할 수 있습니다. 하지만, 자발적인 도전 과제의 발굴과 실천이 추진되지 않아 수동적인 상태가 장기간 유지된다는 점에서 문제가 있습니다. 성과지표만 관심이 있거나, 실수를 피하려고 하거나, 직원들의 불만을 키우지 않으려는 등 다양한 의도가 있습니다. 변화를 바라보는 프레임을 바꾸고, 과감히 '도전'하려는 뜻을 모으고, 혁신 사례를 벤치마킹하고 연구하여 좀 더 수준 높은 돌파구를 찾아야 합니다. 리더가 이러한 행동을 보이지 않으면, 혁신 프로젝트가 공식적으로 종료되는 순간부터 일 년 이내에 이 그룹의 대부분 활동은 딱 거기서 정지됩니다.

셋째는, 한 걸음 뒤에서 적당히 즉, 하는 것처럼 보이는 정도로 진행하는 그룹입니다. 주어진 과제에 대해 최소 수준으로 실행하며 비난을 피하는 모습과 결과를 보입니다. 변화 혁신 프로젝트에 대해 '이걸 언제까지 계속하겠어? 좀 하다가 말 거야'라거나, 부서와 직원의 업적 평가와는 전혀 관계없음을 은근히 내세웁니다. 의심하고, 허세를 앞세운 이런 그룹이 많습니다. 이런 그룹은 혁신의 의지를 말하지만, 이런저런 할 수 없다는 이유를 제일 많이 강조합니다. 변화에 관해 말로는 긍정이나, 실제는 부정하는 태도입니다. 이런 그룹은 권한이 있는 리더로 변경해야 합니다. 그렇지 않으면 새로운 리더가 올 때까지 두 얼굴을 한 직원들이 점점 늘어나고, 변화와 혁신이 정반대로 갈 뿐입니다. 이런 집단의 리더가 바로 조직의 암癌적인 존재입니다.

넷째는, 아예 '필요 없다, 이거 아니다'라고 부정하고, 참여를 거부하는 그룹입니다. 모든 부문에 걸친 혁신 프로젝트의 큰 방향에는 공감하나, 자기 부서의 추진 과제에 불만이 큰 경우입니다. 지금 중요한 게 그게 아닌데, 지금 급한 것이 그게 아닌데, 직원들이 바라는 것과 완전히 동떨어져 있고 쓸데없는 것을 요구해서 자기를 힘들게 하고 시간만 낭비한다는 것입니다. 회사의 경영진이 올바른 판단으로 추진하고 있다면, 이런 생각을 하는 사람의 고집이고 심술입니다. 반대의 경우라면, 현상을 다시 한번 진단하여 방향과 방법을 바꾸는 것이 맞습니다. 이럴 때, 한번 잘 생각해 볼 것이 있습니다. 지금 당장 어떤 일이 중요하고 급하다고 해서, 직원들이 이미 알고 있는 것만, 요구하는 것만 집중하여 거기에만 빠져서는 안 됩니다. 내가 알고 있는 것과 내가 하고 싶은 것으로 끝내고 싶겠지만, 내가 모르는 것도 있다는 걸 알아야 합니다. 배움의 자세를 겸할 수 있으면 발전할 수 있습니다.

다섯째는, 아예 포기하는 그룹입니다. 주어진 일만 잘하든 못하든, 하던 대로 합니다. 나이가 많아서, 추진하려는 게 무슨 말인지 모른다는 이유입니다. 뭘 나까지 해? 하고 싶은 사람만 하라는 식입니다. 나름대로 사정이야 있겠지만 개인이든 조직에든 좋은 것이 아닙니다. 변화와 혁신을 방해하지는 않으니 그나마 다행이라는 의견도 있지만, 함께 일하고 같이 밥 먹는 동료 직원을 이렇게 두고, 혁신 추진 그룹만 갈 길을 간다는 것은 옳지 않습니다. 이런 직원들에게는 주변과 동료가 변하는 모습을 보면서 '함께 갈 수밖에 없게끔' 하는 게 최선입니다. 이 사람들은 다른 사람의 말에 따라 변하지 않는 사람들이기 때문입니다. 어쩔 수 없도록, 안 할 수 없도록 만들어야 합니다.

조직 전체가 이런 5그룹 중 하나의 그룹[상황]에만 있지 않습니다. 당연히 5그룹이 어느 정도의 비율로 혼재되어 있습니다. 변화를 이끌어가는 리더 입장에서는 일등 주자에서 마지막 주자까지 신경을 써야 합니다. 일등은 더 빨리 뛰어야 하는데 왜 이리 더디냐, 또는 더 빨리 잘 뛸 방법을 알려 달라고 조르고, 꼴등은 이 코스는 잘못 정해졌고, 여기서 쉬어야 하는 것 아니냐고 볼멘소리입니다. 그룹마다 바라는 것이 다르니 일등부터 꼴등까지 모두 불만입니다.

이런 상황에서 경영진과 혁신의 리더는 어찌해야 하겠습니까? 당연히 그룹별 리드를 해야 합니다. 처음 스타트해서 일정 구간까지는 같이 갈 수 있지만, 도중에 차이가 날 수밖에 없습니다. 이때는 따로따로 적합하게 운영해야 합니다. 5개 그룹으로 속성을 분류하여 운영하는 것이 맞지만, 공통으로 훈련해야 하는 것이 바로 '배우는 법'입니다. 외부로부터 정보가 들어오지만 자기 학습이라는 동력이 없다면, 지속 가능한 변화는 불가능하기 때문입니다. 그럼, 배우는 법을 어떻게 배우게 할 것입니까?

　우선은 듣거나, 읽거나, 보는 것일 겁니다. 정보가 나에게 들어오게 하는 것입니다. 중요한 건, 제대로 된 옳은 정보이어야 합니다. 그러나, 제대로 된 정보인지, 옳은 정보인지를 알아채기가 곤란할 수 있습니다. 그럴 땐, 믿을 수 있는 사람에게 추천을 받거나 정보를 얻어내는 방법이 있고, 많은 시간이 걸릴 수 있지만 스스로 상당히 많은 매체에 접근하여 골라낼 수 있는 판단력을 키우는 방법이 있겠습니다. 이런 정보를 입수하는 기회를 계속 얻으려면 당연히 자신만의 규칙^{Rule}이나 습관이 필요합니다. 그러려면 이유가 있어야 합니다. 조직에서 뒤처지지 않기 위해, 조직을 잘 이끌어 가기 위해, 또는 자기 미래나 두 번째 인생을 위한 자기 개발이든 뚜렷한 이유가 있어야 합니다. 이때, 개인의 편익보다는 협력이나 공익을 위한 이유를 생각하는 것이 훨씬 좋겠습니다. 나만 위한다는 것이 어차피 불가능하기 때문입니다.

　배우는 첫 단계, 정보의 입력 단계에서 제공되는 정보가 이미 '왜'라는 근거나 목적을 제시하기도 하는데, 어쨌든 '왜'라는 것을 곰곰이 생각해야 합니다. "그렇게 하라고? 왜?", 그다음엔 "이러라고? 왜?" 이렇게 질문을 던져야 개념을 이해하게 됩니다. 개념이 이해되면, 방법을 배우고 활용하기가 쉽습니다. 방법만 배우면 따라 할 수는 있어도 응용할 수 없습니다. 응용할 수 없으면 변화의 리더십을 가질 수 없습니다.

그리고, 학습한 것을 훈련하고 실행하는 것입니다. 이때 중요한 것이 실행을 위한 '준비'입니다. 어떻게? 실행의 단계를 머릿속으로만 생각하지 말고, 구체적으로 '메모(그려 봐야)' 해야 합니다. 무엇을 메모하면서 준비해야 하겠습니까? (배워서) 할 일의 흐름을 순서에 맞게 그려 봅니다. 시작부터 그릴 수도 있고, 마지막부터 거꾸로 그릴 수도 있습니다. 일단 큰일을 먼저 그려 넣고, 그 사이사이에 큰일을 지원하기 위한 다양한 작은 일을 만들어 결합합니다. 혼자 할 일과 다른 사람과 함께 할 일을 표시해 봅니다. 필요한 문서나 물품 등도 메모합니다. 이렇게 '전체'의 모습을 '부분'의 모습을 결합하여 그려 내는 것이 중요합니다.

해야 할 과업을 설계했으니 당연히 실천해야 합니다. 실행 전에 물론 관련된 사람들과 협의하고 수정 보완을 합니다. 실행하면서 과잉이었던 것이나 누락되었던 것을 알게 되면 역시 메모해 놓습니다. 재발을 방지함과 동시에 더 높은 수준의 배움[기획]이 가능해질 것입니다.

뭐가 이리 복잡한가? 하겠지만, 몸으로 때워서 익히는 것도 올바른 길이 있습니다. 과거엔 (대충) 그래도 됐겠지만, 지금은 그렇지 않습니다. 기록이 되어야 하고 지식으로 모여야 복잡한 일을 잘 처리할 수 있습니다. 복잡한 것도 자꾸 하다 보면 익숙해져서 쉬워집니다. 이렇게 배우는 겁니다.

경영자가 고민할 것
우리 직원들의 지식^{Knowledge}, 기술^{Skill}, 태도^{Attitude} 수준

Management & Leadership

Go-To-Win®

9 - 9
건강한 조직

우리 회사의 건강 점수는 몇 점?

좋은 경영 성과가 예상되는 회사라면, 앞으로 2~3년간 꾸준히 '더' 좋은 성과를 얻고 싶을 것입니다. 최근 몇 년간 성과가 만족스럽지 못한 회사라면, 일시적이든 근본적이든 어떤 힘이 부족한지 파악하여 신속히 보충하고 싶을 것입니다. 또한, 우리 조직이 원치 않아도 (소위 4차 산업혁명과 같이) 다가오는 미래 변화에 무엇을 어떻게 대비해야 할지 진지한 연구도 필요합니다.

이렇게, 성과를 유지하거나 촉진하면서 회사의 근본적인 힘을 강하게 키울 수 있는 방향과 방법은 무엇인지가 큰 고민입니다. 조직의 매우 급한 형편과 좀 동떨어진 비유이겠습니다만, 일상에서 흔히 하는 "건강이 제일이야!"라는 말의 앞에는 항상 "돈보다 명예보다, 그거 다 내 몸 아프면 소용없어"라는 말입니다. 건강이랍니다.

사람이든 조직이든 이 두 가지 즉, '성과와 건강을 동시에' 얻어낼 수 있다면 매우 훌륭한 경영임이 틀림없습니다. 산업 발전과 더불어 수십 년간 성과를 연구한 결과는 무척 다양하고 많습니다. 이제, 조직과 건강에 대해 다시 한번, 더욱 진지하게 탐구하여 지속 가능한 생존과 성장을 위한, 직원의 조직 생활 만족과 동기부여를 위한, '조직 건강'의 방법을 찾아서 경영 리더들이 실행할 때입니다.

다섯 가지로 정리하면서 그 방향과 실행의 실마리를 찾아보고자 합니다. 수십 년간 드러난 일부 사실과 현재 상황을 참고하였으니, 뻔한 이야기일지 모르겠습니다만 차분히 정리해 보겠습니다.

첫째는, 사업과 프로세스가 '철저히 고객 중심으로 작동되는' 조직이 건강합니다. 이것을 위한 조직 행위의 실마리는, 고객 데이터베이스 Customer Data Base를 제대로 구축하여 작동시키는 것입니다.

알다시피, 조직과 고객은 동전의 양면과 같이 둘 중 하나를 선택하려 해도 절대 그럴 수 없는 관계입니다. 이렇게 잊어서는 안 될 불멸不滅의 정의를 너무 자주 잊는 것 같습니다. 현실에서는 고객보다 조직이나 대주주, 오너의 이익과 가치를 더 욕심내고, 고객보다 조직이 더 편해지려는 수많은 발상과 행태가 서슴없이 고착되고 있습니다. 그래서 고객이 불리함과 불편함을 느끼고, 거리를 두거나 떠나 버린다면 동전의 한쪽인 조직의 존재가 가능하겠습니까? 겉으로는 고객 존중(VOC라고)을 외치면서, 고객과 소통할 파이프라인이 하나도 없는(VOC를 전혀 모르는) 조직이 무척 많습니다. 물론 고객의 소리를 뛰어넘는 아이디어로 고객을 감동하게 하는 것이 가장 좋은 방책이지만, 기본은 고객을 정확히 알아야 한다는 것입니다.

개인 고객이든 집단 고객이든 고객의 모든 정보를 가치 있게 활용하기 위해 어떤 모습으로 집단지성集團知性 데이터베이스를 설계할 것인가? 어떻게 정보를 효율적으로 수집할 것인가? 어떤 방식으로 분석할 것인가? 분석된 결과를 가지고 어떻게 의사 결정할 것인가? 데이터의 지속적 관리를 위한 최적의 프로세스는 무엇인가? 등등 조직에 걸맞은 고객 데이터 기반의 의사 결정 시스템이 건강한 조직의 말초신경末梢神經이자 중추신경中樞神經이 됩니다.

둘째는, '원리를 알고 원칙을 지키는' 조직이 건강합니다. 이것을 위한 조직 행위의 실마리는, '~답게' 행동하도록 관리하는 것입니다.

사람이 살기 위해서는 밥을 먹어야 하는 것이 '원리原理'고, 보통 사람이 하루에 세 끼를 먹는다는 것이 '원칙原則'이라고 할 수 있습니다. 역시 조직이 생존하기 위해서 이익을 내야 하는 것이고, 이익을 내기 위해서는 다양한 자원을 효율적으로 관리 즉, 해야 할 일과 하지 말아야 할 일을 통제하는 것과 비슷한 이치일 것입니다.

일단, 일하는 프로세스와 규정이 올바르게 만들어져야 합니다. 급할 때나, 안 급할 때나 그러한 규정이 정확히 작동하는 상태를 시스템적으로 (체계적으로, 위기에 대응하도록) 운영된다고 말합니다. 처음부터, 한 번에 최적의 규정이 만들어지지는 않습니다. 계속 피드백되어야 합니다. 규정은 수많은 일을 계획-실행-확인-조치하는 프로세스의 오류와 실수를 예방하고, 더 바람직한 실행의 개발을 위한 기준이고 출발점입니다. 이런 프로세스가 계속 정립되는 과정을 거치면서 조직 구성원 각각의 역할이 분명해집니다. 이렇게 임무가 분명해져야 그들 스스로 경영자답게, 임원답게, 팀장답게, 담당답게, 현장은 현장답게 일할 수 있습니다.

리더는 '답게' 일하도록 조건을 만들어 주고 보장하여야 합니다. '답지 못하게' 일하면 철저히 불이익을 가해야 합니다. 구성원들이 '~답게' 행동하는 것이 조직을 건강하게 합니다.

셋째, '인재를 소중히 하고 그와 잘 협력할 수 있는' 조직이 건강합니다. 이것을 위한 조직 행동의 실마리는, 그에게 좋은 파트너를 붙여 주는 것입니다.

자동차를 새로 만들 때, 고성능이며 정숙한 엔진만 바꿔서 조립하지 않습니다. 그 엔진과 연관된 부품들도 변경됩니다. 기능 좋은 화장품을 출시할 때도 그 성분과 잘 결합한 나머지 성분을 고려한 레시피를 결정합니다. 인재를 구하는 것이 중요합니다. 인재를 찾기가 쉽지 않지만, 지금의 인재가 제 몫 이상을 해낼 수 있도록 하는 것도 미리 살펴야 할 대비입니다. 기존 구성원과 어울림이 신속하지 않거나, 갈등으로 이어진다면 수습을 위한 뒤처리가 역시 힘듭니다.

모든 시스템은 매개체 즉, 연결의 기능이 존재해야 하는 이유로, 조직과 구성원에 가능한 한 빨리 조화될 수 있도록 하는 매개체인 협력자가 필요합니다. 이 매개체가 역할을 잘 해낼수록 경영자가 원하는 방향으로 가고 목표를 달성할 수 있기 때문에, 경영자는 심사숙고하여 그 인재의 파트너를 선정하고 함께 일할 수 있도록 지원해야 합니다. 영입된 인재의 객관적 능력은 이미 어느 정도 검증되었을 것입니다. 그런데, 그도 사람이기에 영입 초기에는 '멘탈^{Mental}'이 중요합니다. 그저 앉혀 놓으면 스스로 알아서 잘할 것이라고 여기는 것만으로는 충분하지 않고, 무기력에 빠지지 않는 멘탈을 잘 유지하도록 도와주는 것이 건강한 조직입니다.

넷째, '대화가 자유롭고 소통과 결정이 효율적이면' 조직이 건강합니다. 이것을 위한 조직 행위의 실마리는, 권한을 위임하는 것입니다.

쉬운 예로, 어느 직원의 구매 전결 권한이 5,000만 원이라고 하면, 그 한도 안에 해당하는 구매 사항은 본인이 판단하여 결정하면 바로 진행됩니다. 그런데, 10만 원 이상의 구매 사항이 경영자인 사장의 결재를 받아야 진행되는 경우도 있습니다. 사장까지 결재를 받기 위해 아마 최소 세 번 이상의 보고를 한다면 이게 대화가 많고, 소통이 좋고, 의사 결정이 효율적이라고 할 수 있는 것인지 의문스럽습니다. 오히려, 담당의 권한이 크면 클수록, 그 담당은 더욱 용의주도하게 일을 처리하려고 노력할 것입니다. 책임(감) 때문입니다.

또 하나, 겉으로는 아니라고 하지만 무조건 상명하복^{上命下服}의 시대착오적 지시 체계를 아직도 버리지 못한 조직의 가장 큰 문화는 '내가 시키는 대로'가 만연합니다. 생각도 하지 말고, 말도 하지 말고, 눈도 마주치지 말라는, 구성원들은 도무지 이해할 수 없는 분위기입니다. 그러면서 생각하는 척해 봐라, 말하는 척해 보라는 식으로 강요하는 리더는 잘못된 생각에 취한 것입니다.

쉽지는 않겠지만, 어렵지도 않습니다. 조직의 일원으로 진정한 책임감을 느끼고, 동기 부여되고, 주인공처럼 직무를 수행할 수 있도록 권한을 제대로 위임하는 것이 조직을 건강하게 합니다.

다섯째, '교육과 훈련과 경쟁을 항상 진행하면' 조직이 건강합니다. 이것을 위한 조직 행위의 실마리는, 근무일의 10%를 거기에 사용하는 것입니다.

조건이 달라서, 업무와 관계없어도 근무시간의 10%는 본인이 하고 싶은 대로 하라는 구글^{Google}을 흉내 내는 것은 아닙니다. 어떤 사람이 무슨 생각을 하느냐가 중요한데, 무슨 생각을 하기 위해서는, 뭘 조금이라도 알아야 하지 않습니까? 열을 아는 사람은 열에 그치고, 백을 아는 사람은 백에 그칠 것입니다. 보통 사람의 보편적인 한계이기 때문입니다. 또한, 열이든 백이든 그것들이 계속 왔다 갔다 하는 것도 그냥 보고 넘길 일이 아닙니다.

또한, 아는 것으로 그치면 안 되고, 행동으로 이어지는 습관이 되려면, 훈련이라는 반복적인 과정을 거쳐야 합니다. 여기엔 의지와 시간이 필수 조건입니다. 그런데 직원들에게 의지를 먼저 강요하기보다는, 그 의지를 세울 수 있는 시간과 정보를 제공하는 것이 먼저 해야 할 일입니다.

거기에, 경쟁의 장場에 들어가게 해야 자의와 타의가 결합한 동기부여가 촉발됩니다. 무경쟁 상태에서는 에너지가 절대 발휘되지 않습니다.

인재 개발의 구체적 로드맵에 따라 직원들의 역량을 증진하고 있다는 조직이 많습니다. 직원의 30%를 핵심 인재로 육성하고 있다는 조직도 많습니다. 다 좋은데, 그런 프로그램의 참여자인 직원들에게 꼭 확인해 보십시오. 정말 그런지, 안 그런지. 고쳐야 할 부분이 많습니다.

성과만 추구하는 기업에 비해
성과와 건강을 동시에 키워낸 기업이 몇 배 더 큰 성과를 냅니다

Management & Leadership

10
소소하지만 중요합니다

Go-To-Win®

10 - 1
금요일, Good Job!, 뒷자리, 화이트보드

신(神)은 디테일에 있다. God is in the detail. – Unknown
작은 차이가 큰 것을 바꿉니다

추가적인 자료의 조사와 해당 부서의 의사 결정을 기다려야 하는 때가 많습니다. 그래서 담당자들은 그 자료를 언제까지 전달하기로 하는데, 보통 "금요일까지 보내 드리겠습니다"라고 할 때가 있습니다. 이 약속이 지켜지지 않으면, 금요일 이른 시간이 아닌, 퇴근 시간이나 늦은 밤 집에 있을 때, 아니면 그 사람이 다음 주 월요일에 출근해서 볼

거로 생각해서 그때 보내기도 합니다. '금요일의 약속'을 못 지킵니다. 만약, 금요일에 자료를 받아서 데이터를 종합하거나 다른 일을 위해 자료를 가공해야 하는데, 기다리고 독촉해서 퇴근 무렵에 받았다면 일이 정상적으로 되겠습니까? 어쩌면, 금요일 하루에 끝나야 할 일이 토, 일, 월요일까지 삼사일 늦게 착수되지 않겠습니까? 요즘과 같은 속도 경쟁의 시대에 있어서 이건 말이 안 됩니다.

꼭 금요일까지 시간이 필요한 일이 아닌데. 그저 습관적으로 대답했다면, 이제부터는 '금요일까지'가 아니라 '목요일까지'로 바꾸어야 합니다. 그래야 이번 주 안에 일이 끝납니다. 목요일로 하루를 당기면 4일을 벌게 되는 겁니다.

최고 경영자가 업무를 지휘하면서, 직원들을 격려하고 감동하게 하는 것이 책을 나눠 주고 발을 씻겨 주는 것만은 아닙니다. 직원들에게 이메일 답장으로 짧은 한마디, 한 줄 글을 남겨도 경영자의 마음을 보이는 데 충분합니다. '수고했습니다', '좋습니다', '역시!', 'Good Job!' 또는 'Great!'처럼 보낸 사람이 받아 보는 한두 마디의 격려가 얼마나 큰 힘이 되는가를 공감할 수 있습니다. 경영자는 바쁘고, 하루에도 엄청난 양의 보고서와 이메일을 보고 있다는 걸 직원들도 잘 알고 있기에, 그 와중에 자기에게 보낸 한마디, 한 줄이 고맙고 힘이 나는 겁니다. 그때그때 짧은 답장을 쓰십시오. 나중에 몰아서 하려면 할 수 없습니다.

이런 일도 있습니다. 어떤 임원은 금요일 오전에, 다음 주의 월요일부터 금요일까지 어디서 무슨 일을 할 예정이라고, 본인의 일정을 아주 간략하게 적어서 사장에게 이메일로 보냅니다. 그리고 그 일에서 중요한 포인트를 강조해 놓습니다. 필요하면 그 일마다 사장의 코멘트도 부탁합니다. 이런 임원에게, 바쁜데 쓸데없는 이메일을 보낸다고 귀찮다고 할 사장이 어디 있겠습니까?

　회의실에서 경영자는 어디에 앉아야 할까요? 프로젝터나 대형 모니터로 함께 자료를 보면서 하는 회의에서 맨 앞에 앉기도 하고, 맨 뒤에 앉기도 하는데, 둘 다 장단점이 있습니다. 맨 앞에 앉으면 자료와 발표자에게 충분히 집중할 수 있는 장점이 있습니다. 하지만, 삼십 분 이상 소요되는 회의의 경우에는 아무래도 맨 뒤쪽에 앉는 것이 좋겠습니다. 회의를 함께 이끌어 나가는 분위기를 자연스럽게 만들 수 있고, 참석자들의 잘못된 태도 즉, 자기 발표 자료만 쳐다보고 있거나, 다른 업무를 보고 있거나, 심지어 졸고 있는 것 등을 통제할 수 있습니다. 경영자가 맨 앞에 앉아 있으면, 대부분 참석자는 딴짓을 많이 합니다.

　또한, 회의 중에 경영자는 메모하는 모습을 꼭 보여야 합니다. 본인의 수첩이나 회의 자료에 중요한 사항을 메모하고, 회의가 종료될 무렵에 다시 종합하여 분명한 지시 사항을 꼭 전달하여야 합니다. 그리고, 회의 중에 질문을 많이 해야 합니다. 미리 자료를 받아 보았으면, 그때의 의문점이나 재확인할 사항을 반드시 표시해 놓고 질문할 준비를 하기 바랍니다. 경영자의 질문이나 확인이 없는 회의는 하나 마나입니다. 칭찬과 격려도 하면서, 상황에 맞는 회의 분위기를 연출하는 것이 중요합니다.

경영자와 임원의 방에 화이트보드를 하나 가져다 놓고 잘 활용하십시오. 화이트보드의 절반은 월간 일정을 날짜별로 빼곡히 적어 놓고 시간 관리를 하십시오. 나머지 절반은, 부서별로 임원이 반드시 확인하고 지시할 중요한 사항을 계속 적었다 지웠다 하기 바랍니다. 임원 방에 들른 리더나 직원들이 임원의 일정도 미리 알고, 임원이 각 부서의 중요한 일들을 열심히 챙기고 있다는 긴장감도 만들어 낼 수 있습니다. 임원 본인은 물론이고, 직원들에게 굳이 말하지 않아도, 임원의 업무와 시간과 관심 사항을 공유할 수 있는 효과적인 도구입니다.

악마는 디테일에 있다
The devil is in the detail   Management & Leadership

Go-To-Win®

10 - ❷
회의, 회식. 우리는 왜 이렇지?

정말 화날 때가 많습니다

모일 會(회). 회의하든, 회식하든, 모이자면 모여야 하는데, 사람들이 모이질 않습니다. 회의를 주관하는 입장으로서 곤혹스럽고 화가 나기까지 합니다. '도대체! 우리는 왜 이렇지?' 분통이 터집니다. 왜 이런 걸까요? 회사마다 사정이 다르지만, 아마 비슷한 이유는 있을 것입니다.

회식을 보자면, 잘 안 모이는 팀이 있고, 반면에 잘 모이는 팀도 있습니다. 먼저, 잘 모이지 못하는 팀의 특징은, 모이는 것 자체부터 일찌감치 사사건건 따지는 경향이 있는 것 같습니다. 사장이 참석하는 자리고, 본인이 꼭 가야 하는 경우는 다르겠습니다만, 일단, 그들의 경험으로는 회식에 가봐야, 나만 시간 낭비라는 생각을 합니다. 그러니, 회식의 주인공, 호스트가 누구냐에 따라 갈 자리인가, 안 가도 되는 자리인가를 (관계에 따라) '계산된 선택'을 합니다. 누구나 선택권이 있으니 잘못이라고 단정할 수는 없습니다. 하지만, '계산해 봤더니' 가야 하거나, 가는 게 좋겠다면 가는 것이고 그게 아니면, 안 가는 것이랍니다. 그러니, 그 사람이 '관계를 계산하는' 과정에 회식의 의도와 그의 이익을 사전에 입력해 준다면 참석에 유리한 선택지가 제공될 것입니다. 툭 던지는 일방적 통보보다 몇 배 낫습니다.

시간 낭비라고 여기는 또 한 가지 이유는 회식 자리가 늘 재미없고, 산만하다고 생각하기 때문일 것입니다. 여럿이 모여 밥 먹고 술 먹는 자리가 어수선하고, 죄다 쓸데없는 말로 폼만 잡고, 게다가 그 자리의 최고 상급자는 자기 마음대로 분위기를 끌고 가니 마음이 뒤틀린다고 합니다. 이 분위기에 어울려야 할지, 말아야 하는지, 자리가 늘 불편합니다. 이럴 거면, 일찍 집에 가서 쉬는 게 백번 나을 뻔했다고 후회합니다. 이런 분위기라면, 이 사람만 불편한 게 아니라, 다른 사람들도 역시 불편합니다. 느낌은 비슷하니까요. 그렇지만, 그 다른 사람들도 이런 분위기에 나름대로 적응하면서 자기만의 대화와 접촉의 공간을 만듭니다. 무질서해 보이지만, 자세히 보면 작은 질서가 구석구석에서 태양과 지구처럼 자전과 공전을 하고 있습니다. 요령 있는 그들처럼 이 자전과 공전을 잘 컨트롤하면 의미 있는 자리와 시간이 될 것입니다.

다른 이야기지만, 회식에 잘 참석하지 않는 사람들도 모임이 없는 것은 아닙니다. 뭐랄까, 나쁜 의미는 아닌데 '끼리끼리'는 잘 뭉칩니다. 끼리끼리 뭉치는 게 무척 재미있고 편한가 봅니다. 동질감도 훨씬 높은가 봅니다. '끼리끼리'가 편 가르기라면 통제해야 하지만, 그저 마음 편하다는 끼리끼리는 괜찮습니다.

잘 모이는 직원들의 특징은 어디서 모이든, 누가 모이든, 별로 안 따지는 것 같습니다. 모여서 밥 먹고 술 먹고 놀 건데, 뭘 그런 걸 따지고 걱정하냐는 것입니다. 이 분위기는 '놀 때는 같이 놀아야지, 혼자 놀면 재미없잖아!'라는 마인드입니다. 이런 게 당연하다는 것입니다. 그러다 보니, 참석에 관해서 은연중에 어떤 '당연함'의 연대 의식이 있는 것 같습니다. 그리고 그 의식이 행동 습관으로 나타납니다. 그래서 이러니저러니 따지지 않습니다. 대화든, 놀이든 시간을 좀 더 즐기려고 합니다. 마음이 오고 가니, 친밀도가 매우 높습니다.

직원들의 개인적 성향을 무시하거나, 시간을 강탈하는 것은 불가능합니다. 그러나, 회식의 순기능을 잘 살릴 수 있다면, 조직과 구성원이 더 건강해질 수 있습니다. 회식은 필요합니다. 그래서, 필요하다면 회식도 업무처럼 개선의 프로세스를 적용해야 합니다. 즉, 회식도 피드백과 훈련이 필요한 것입니다. 회식에 문제가 있다면, 그 문제가 무엇인지, 이유는 무엇인지, 문제의 재발 방지를 어떻게 할 것인지 살펴야 합니다. 불편함이나 부자연스러움이 무엇이었는지, 상호 예의는 지켜졌는지, 시간과 진행과 마무리는 적당하였는지 등등 회식 중이나 그다음 날 그 회식을 주관했던 사람은 돌아보아야 합니다. 그것조차 회의할 필요는 없습니다. 차 한 잔을 마시는 시간만, 개선하려는 생각만 있으면 가능합니다. 회식도 지속적 개선의 대상입니다.

"회의 시작 시각이 넘었는데, 왜 아직 안 오는 거야?" 회의를 소집한 사람은 매우 짜증 나는 상황이고, 벌써 와 있는 참석자들도 불편한 시간입니다. 왜 늦는 거지? 심지어 전화를 거듭해도 오지 않는 것일까? 여러 가지 이유가 있을 것입니다. 정말 불가피하게 갑자기 참석하지 못할 수도 있고, 다른 중요한 일로 좀 늦을 수도 있지만, 이런 습관적인 지각과 방해하려는 불참이 만연되면 큰 문제입니다.

이 증상의 원인은 2가지 정도입니다. 하나는 중요성重要性이고, 또 하나는 유효성有效性입니다.

'회의의 중요성'은 이 회의 안건이 조직이나 참석자에게 얼마나 중요한 것인가란 문제입니다. 회의 안건이 참석자 수준에서 안건으로 다룰 정도의 것이 아니고, 단지 공지사항으로 해도 될 것이면 메신저나 메일로 공유하면 됩니다. 지금 굳이 몇 시간 동안 논의를 꼭 해야 하는 시급한 것도 아니라면 말입니다. 또한, 해당 안건이 일부 팀만 해당하는 것인데 참석이 곤란한 다른 팀의 담당까지 오라고 할 경우도 그렇습니다. 물론 회의 주관자가 안건, 참석 대상, 시간 배분, 준비 자료 모두 신경 써서 미리미리 챙기겠지만, 그런데도, 참석 대상자들은 불편한 생각을 가질 수 있습니다.

'회의의 유효성'은 회의 안건을 논의해서 결정했는데, 그 결정대로 항상 진행되느냐의 문제입니다. 달리 말하자면, 오랜 시간 격론 끝에 만들어진 의사 결정이 상급자에게 보고되는 순간 즉시 거절되거나, 보류되는 경우입니다. 또는, 그 결론에 따라 실행해야 하는 팀이 도저히 받아들일 수 없는 방안이 만들어져, 실행되지 않을 것이 뻔히 예상되는 경우입니다. 그러니, 도대체 이런 회의를 하면 뭐하냐는 것입니다.

회의 안건의 '중요성'과 '유효성'이 기본적으로 보장되어야, '모이는 것'을 받아들이고, 그다음으로 회의의 진행이나, 결론 만들기나, 공유하는 스킬을 펼쳐 볼 수 있습니다.

회의와 회식을 개선하는 것은
제품 불량을 차단하기보다 쉽습니다
안 해서 그렇지   Management & Leadership

Go-To-Win®

10 - 3
52주^週

시간에 흔적 내기

스마트폰 캘린더 애플리케이션^{App.}을 봅니다. 매일의 날짜가 일주일씩 가지런히 제자리에서 뭔가를 기다리고 있습니다. 그런데, 왼쪽 구석을 보면 올해의 첫 번째 주^{週, Week}라는 것을 알려 주는 숫자 1부터 시작해서 일 년 중 몇 번째 주인지를 보여 주는 숫자가 있습니다. 365일이라면 일 년은 쉰두 번의 일주일을 만나게 됩니다. 52라는 숫자가 설레게 합니다. 이 52주 동안 나는 무엇을 할 수 있을까 생각하게 만듭니다. 가만히 있어도 지나 버리는 이 숫자에 어떤 보람의 흔적을 만들까 생각합니다.

　매주 하나의 주제를 가지고 글쓰기를 합니다. 보통은 바삐 지내다 보니 토요일쯤 한 주를 돌아보면서 궁금했던 것을 생각하여 글쓰기를 합니다. 궁금해서 글쓰기를 합니다. '왜?'라는 것이 궁금하고, '어떻게?' 라는 것이 궁금하기도 합니다. '그래서?'라는 것도 궁금합니다. 이렇게 저렇게 혼자 질문을 던져보고 해답을 찾아보면서 슬슬 적어봅니다. 글쓰기는 나의 것이지만, 이것이 읽힐 땐 다른 사람의 것이니, 그 정도의 고민을 즐겨서 합니다. 몇 시간에 걸쳐 몇 장을 쓰고, 쓱 넘겨보면 기분은 좋습니다. 내가 또 이렇게 무엇인가를 끌어내어 담았구나, 흐뭇한 착각입니다. 글쓰기가 처음엔 쉽지 않습니다만, 그다음 고쳐 쓰는 작업이야말로 정말 힘듭니다. 글은 쓰는 게 아니라, 고치는 작업인 것 같습니다. 여기저기를 고치면서 또 몇 번이고 생각을 다듬고 다듬습니다. 점점 읽기가 좋아집니다. 다른 사람들도 읽기가 편해지고, 알아채기가 쉬워집니다.

　영어 공부도 합니다. 일주일에 5일만 매일 하고, 빼먹은 게 있으면 토요일에 잠시 보충합니다. 한 단원이나 스텝을 일주일 단위로 정해 놓고, 테스트를 하며 성취감도 조금 즐겨 봅니다. 왜 영어 공부를 하는지 목적은 아직도 불분명합니다. 일부러 이유를 가져다 붙이지 않으면 왜 하는지 모르겠습니다. 그냥 외국인과 웃으면서 뭐라고 떠드는 사람들이 부러웠습니다. 영어로 쓰인 길거나 짧은 글을 읽어 내리는 모습도 부러웠습니다. 부러움밖에는 딱히 공부의 끌림이 없었습니다. 학원에 다닐 수는 없고, 매일매일 어떻게 해야 영어공부를 할 수 있을까 많이 고민했습니다. 인터넷 강의를 신청했습니다. 그리고 매일 밤 8시나 9시부터 1시간은 공부합니다. 기왕 하기로 한 것이니 열심히 합니다. 쉽지 않습니다. 시간도 그렇고, 진도도 안 나가고, 무엇보다 지금 내가 이걸 왜 하는 거지? 이거 안 한다고 수입이 줄거나 회사에서 퇴직하라는 것도 아닌데. 그때마다, 언젠가 쓸 일이 없어도 좋아, '하고 싶은 거였잖아'라고 넘깁니다. 공부가 고민만 하고 있을 것은 아니라고, 쉽게 넘기고 있습니다.

연초에 어느 대형 서점의 유료 회원에 가입했습니다. 좋은 책 정보를 매일 이메일로 안내하고, 매월 1권을 고르면 책을 보내 줍니다. 그리고, 매월 베스트셀러 저자의 강연에 참석할 수도 있습니다. 그러니까, 매달 1권의 책을 안 읽을 수 없습니다. 사실 한 달에 한 권 읽기보다 일주일에 한 권 읽기가 더 쉽습니다. 안 하다 하는 게 더 불편하기 때문입니다. 그래서 일주일에 한 권씩 읽기로 했습니다. 물론 가벼운(?) 책은 그렇다는 것입니다. 책을 읽으면서 좋은 이야기다 싶으면 그 페이지를 접어 놓습니다. 이런 식으로 읽으면서 접으면 대략 스무 페이지 정도는 되니, 그것만 다시 챙겨 읽어 봅니다. 좀 무거운 책은 일주일만에 볼 수 없습니다. 일단 4~500페이지 정도이고, 아무래도 전문서적이니 밑줄 치면서 공부하듯 읽습니다. 특히, 저자가 몇 년간 집필한 책은 후다닥 읽는 게 예의가 아닌 것 같기도 합니다. 아무튼, 그 정도로 공부하면서 몇 번 봐야 이해가 됩니다. 이런 두 종류의 책을 두루두루 읽다 보면 일주일에 한 권을 읽기가 힘듭니다. 그래도 읽고 난 후 책꽂이에 놓아 보면 보기가 좋습니다. 의미도 있습니다. 다른 사람의 생각, 지식, 경험, 방식을 책으로 알게 되는 과정이 참 신기합니다. 게다가 저자 특강에 참석하면 글자로 보는 것하고 직접 얼굴 보면서 저자의 기운을 느끼고, 소리를 듣는 것은 또 다른 호기심을 채워 줍니다. 뭘 꼭 배운다는 것보다, 저 사람은 저렇게 생각하고 있구나, 나와 그렇게 다르구나, 그 사람과 나의 내공이 얼마나 차이가 나는지 확인해 보는 장場입니다. 그 사람은 내가 그러는 줄 절대 모릅니다.

　일요일이면 높지 않은 근처의 산에 다녀옵니다. 집에서 출발해서 돌아올 때까지 5~6시간 정도 걸리는 멀지 않은 곳입니다. 쉬지 않고 오르면 뻐근함은 있어도 무리함이 없는 적당한 코스입니다. 봄엔 꽃이 피는 게 좋고, 여름엔 시원한 바람이 좋고, 가을은 낙엽 부딪치는 소리가 좋고, 겨울엔 밟히는 눈에서 나는 소리가 좋습니다. 오르고, 내려가고, 걷고 합니다. 될 수 있으면 생각이란 걸 막고, 그냥 보이는 것만 보고, 들리는 것만 들으려고 합니다. 날씨가 안 좋으면 안 갑니다. 대신에 아무것도 안 하고 눕습니다. 누우면 허리가 쫙 펴지는 느낌? 이 느낌 참 오랜만입니다. 옛말에 선비는 눕기를 삼가라더니, 어쩌다 한 번의 쉼이 이런 기분이었을까 싶습니다. 같은 산을 늘 다니니까, 다이어리에 몇 번을 다녀왔는지 표시합니다. 몇 번만 더 가면 100번째입니다. 그땐 가족들과 재미난 기념식이라도 해야겠습니다. 내년엔 동네 산 오르면서 한 달에 한 곳씩 국립공원을 다녀볼 계획입니다. 산도 있고 해상공원도 있습니다. 괜찮은 계획이라고 '나는 생각'합니다.

　글쓰기, 영어공부, 산 다니기 이런 것들을 습관이 되도록 애쓰고 있습니다. 우선, 다이어리에 표시합니다. 물론 회사의 업무를 배정하는 것이 먼저입니다. 한 달 30일 매일 4가지 이상의 업무가 채워집니다. 회사에서 함께 해야 할 일이 최우선으로 정해지고, 꼭 완료해야 하는 일정이 정해지면 거꾸로 중간 확인, 시작하는 날이 정해집니다. 그리고 나면 혼자서 하는 업무들이 일정에 채워집니다. 이렇게 해야 할 일이 먼저 일정을 차지하고 나서야, 하고 싶은 것들의 일정을 넣습니다. 규칙적인 것도 있고, 없는 것도 있습니다. 규칙이 없는 것은 좀 여유로운 날에 넣으면 됩니다. 위에서 말한 글쓰기, 영어공부, 산 다녀오기가 여의치 않으면, 그 자리를 채우는 것은 가족 여행이나 예정된 외식입니다. 가족과 함께 시간을 보내는 것은 정말 기분 좋습니다. 그리고 나서 일상적인 것들로, 치과나 내과, 마트에 가는 것들이 배정됩니다. 이러다 보면 한 달의 일정이 빼곡합니다. 시간이 만들어집니다.

물론 이렇게 만든 계획이 전부 그대로 되는 경우는 없습니다. 하지만, 계획 잡는 것을 매일매일 반복합니다. 이렇게 저렇게 당기기도 하고, 미루기도 합니다. 계획대로 안 된다고 싫증을 내지 않습니다. 계획이란 게, 실천이란 게 원래 그런 거 아니겠습니까? 계획을 반복해서 세우기야말로 실천을 위해 중요합니다. 나만의 시간은 나만 만들 수 있습니다. 좀 부지런을 떨면 시간은 만들어지는 것 같습니다. 너무 부지런하지 않아도 계획을 짜 보면 시간이 생깁니다.

또 하나 중요한 것이 나만의 공간을 만드는 것이었습니다. 글쓰기는 동네 도서관을 주로 이용합니다. 거긴 참 편안한 곳입니다. 그리고 아침부터 열심히 뭔가를 공부[탐구]하는 사람들만 있는 분위기입니다. 사람들이 참 열심히 살고 있다는 기운을 느낍니다. 그냥 보기만 해도 자극이 됩니다. 이렇게 나에게 익숙한 공간을 나름대로 만듭니다. 그래야 집중하는 데 필요한 시간을 줄일 수 있습니다.

그래도, 아~ 안 된다 안 돼! 미치겠다!! 벽에 부딪히기도 합니다. 그래도 끝까지 버티면 그 벽을 넘기도 합니다. 그래도 못 넘으면 거기까지만 합니다. 뭔가 나만의 '규칙'을 만들고 거기에 나를 던져, 단련시키는 것이 재미만 있겠습니까? 굵은 스트레스임에는 틀림이 없는데, 신기한 것이, 하나씩 하나씩 풀릴 때마다 기분은 좋습니다. 그럼 그만입니다.

시간 계획은 재미가 있습니다   Management & Leadership

Go-To-Win®

10 - 4
시간 관리가 아니라 에너지 관리

번아웃^{Burnout}

늘 바쁩니다. 해야 할 일만 해도, 하기 싫어서 대충해도 항상 바쁩니다. 당장 집어치우고 어디론가 가 버리거나, 한 이틀 잠만! 푹 자고 싶은 생각밖에 없습니다. 회사에선 무슨 개선이다, 혁신이다 하면서, 이것만 하면 편해진다, 좋아진다를 반복하지만, 실제는 영 그렇지 않습니다. 그런데도 형편이 어렵거나 문제가 생기면 무슨 프로젝트를 바로바로 추가합니다. 이제는 믿을 수 없고, 하고 싶지 않습니다.

왜 그런 걸까요? 예전보다 더 열심히 일하고, 이것저것 개선이 되면 일이 줄어드는 게 맞지 않습니까? 하지만, 일은 계속 늘어나고 시간은 더 부족하기만 합니다. 아주 좋게, 아주 긍정적으로 생각해서, 그런 개선이나 혁신이 없었다면 어찌 되었을까? 그래도 그만큼 개선해서 문제가 재발하지 않으니, 이 정도 아니냐고 위로해 볼 만도 한데, 현실적으로 쉽게 받아들일 수 없습니다.

아마 우리의 상황이 계속 변하기 때문이 아닌가 싶습니다. 우선 피할 수 없는 법과 규제의 강화입니다. 사회적 비용이나 고객의 피해를 예방하기 위해 시시각각 법이 제정, 개정되고 있습니다. 특히, 안전분야에서는 예전보다 훨씬 강한 법률의 준수를 요구하고 있으니, 기업에서는 그에 따르는 규칙을 만들고, 시설을 갖추고, 반복해서 교육하고 훈련해야 합니다. 상당한 투자와 사람의 시간이 요구되는 것입니다. 그러나, 꼭 이행해야 합니다. 그리고, 아무리 바빠도, 법적인 규제는 아니지만, 사업의 필요에 따라 경쟁력 확보나 바람직한 운영체계를 구축하기 위한 각종 인증시스템을 도입하고 실천하고 있습니다. 계획한 대로 되든 안 되든 '해야 할 일'이 많이 발생할 수밖에 없습니다. 시장과 고객으로부터 인정받고 경쟁사에 뒤지지 않기 위해서 힘들어도 해야 합니다. 이런 운영체계는 상당히 많은 문서가 필요하고, 이행의 증거를 확보하도록 요구하고 있으니, 몸만 움직인다고 될 일이 아니고 머리도 많이 고생합니다.

시장에서의 경쟁 상황이나 우리의 제품과 서비스도 마찬가지입니다. 'S Curve' 이론으로만 본다면, 사업의 1단계는 우리의 상품이 새로운 고객이나 시장을 만족시켜 좋은 반응을 얻어 내어 성장하고, 2단계는 그러한 사업이 신속하게 성장하지만, 곧 3단계에서 우리의 상품이 매력을 잃거나 경쟁사의 도전으로 점점 사라지는 단계를 거치게 된다면, 단계마다 계속 강력한 선제공격을 하고 대응을 해야 합니다. 딱 한 번 잘한다고 계속 잘 되겠습니까? 사업이란 자체가 그 사업이 사라질 때까지 끊임없이 사람과 돈이 필요하니 말입니다. 그래서 바쁩니다.

회사의 목표도 신경을 써야 합니다. 회사마다 목표를 높이는 것이 당연히 요구됩니다. 실적을 올리는 게 쉬운 일이 아닙니다. 적당히 올리는 것도 아니고, 최소한 Stretched Goal입니다. 어려울 때일수록 목표는 높았습니다. 게다가, 예산의 사용 역시 만만치 않습니다. 똑같은 결과를 내더라도 비용은 확 줄어야 합니다. 그러니 예전처럼 하는 게 아니라 항상 다시 시작해야 하고, 그러다 보니 검토할 내용은 2배, 3배가 됩니다. 목표와 실행 예산이 뭔가 앞뒤가 안 맞는 것 같은데 어쩌겠습니까?

1년마다 인사 명령이 떨어지면 20% 정도는 새로운 인원이 우리 부서로 전환 배치되고, 팀 내부적으로도 업무 분장을 새로 합니다. 일 좀 할 만하면 싹 바꿔 버리니 모두 다시 배우고, 다시 해야 합니다. 전환 배치가 분명 나쁜 것은 아니지만 너무 자주 바꾸는 것은 업무에 무리가 따릅니다. 뭘 알아야 업무를 제대로 하고, 제대로 해야 진도가 나가서 일을 쳐 낼 수 있는데, 새로 와서 두서너 달은 가르치고 배운다고 바쁩니다. 일이 거의 안 됩니다. 게다가 T/O가 점점 줄어듭니다. 한 명씩 자연 감소해도 충원하지 않습니다. 일은 점점 늘어나는데 말입니다. 그러니 어느 정도까지만 조절하면서 일합니다. 신입 사원은 들어오지 않고, 예전이면 과장, 차장, 부장 할 사람들이 담당이고, 나이 먹으니 일도 못 하겠다고 뭔 일 있을 때마다 엄살이고, 나잇값 못 하면서 대접받으려고 합니다. 나이 비슷하다고 팀장 말을 우습게 알기까지 합니다. 일을 차고 나가지 않습니다. 수비형으로만 업무를 하니 건성건성 시간 보내기가 태반입니다. 이런 상황이니 실력 있는 사람도 그만두고, 새로 들어온 입사자도 몇 달 만에 그만둬 버립니다. 겨우 새로 뽑으면? 그 친구 업무 가르친다고 몇 명이 붙들고 있어야 합니다. 시간이 너무 없습니다. 일을 잘하는 건 고사하고, 일이 안정되지 않습니다. 바쁩니다.

한 달에 한 번씩 경영자와의 이벤트가 있습니다. 저녁 식사를 함께 하든가 일과 중에 시간을 함께하는 겁니다. 시간이 오래 걸리지는 않지만, 그래도 신경이 쓰이는 자리입니다. 또 일 년을 놓고 보니 한 달에 이틀 정도는 직무 교육이든 기초 소양 교육이든, 법정 교육이든 교육이 있습니다. 배워야 하는 것도 있지만 교육시간 중에 업무를 본 적도 많습니다. 회의도 일이라지만, 회의가 많습니다. 회의 자료 챙기기도 힘듭니다. 회의하고 나면 또 일만 잔뜩 생깁니다. 늘 그렇게 바쁩니다.

회사 일도 일이지만, 늦게까지 일을 마치고 집에 가면 가정을 돌봐야 합니다. 워킹맘은 말할 것도 없지만, 남자들도 집안일을 챙기는 데 열심이어야 합니다. 매일매일 반복되는 일도 있고 매주, 매월 돌아오는 집안일도 소홀히 할 수 없습니다. 여기에 개인적인 취미 활동이나 여가 활동이 덧붙으면 정말 바쁩니다. 자기 개발? 꿈도 못 꿉니다. 이 시대는 회사에서나 집에서나 슈퍼맨을 필요로 합니다. 누구도 슈퍼맨이 절대 될 수 없는 것을 알면서 말입니다. 어떻게 해야 할까요? 이런 경우의 답은 뻔합니다. 그저 정신 바짝 차리고 열심히 잘 사는 법밖에 없지요. 그래도 한 번 정리해 보면 이렇게 하는 것도 요령일 것입니다.

첫째, 크게 신경 쓰지 않아도 되는 일은, 생각을 굳이 많이 하지 말고 기계적으로 반응하자는 것입니다. 전산화, 자동화가 상당히 진행되었지만, 그래도 사람이 해야 하는 단순한 업무도 아직 많습니다. 이런 것은 생각하면서 할 일은 아니지 않습니까? 쉬는 셈 치고 약간 느긋하게^{Relax} 하면서 기계적으로 처리하는 것입니다. 방전된 집중력을 충전한다는 마음으로 말입니다. 이래도 되는 업무는 꼭 있습니다.

둘째, 소위 '시간 관리'라는 말이 있습니다. 시간을 잘 배분하여 업무를 수행함으로써 일의 능률을 올리자는 것인데, 이 '시간' 관리를 '에너지^{Energy}' 관리로 바꿔 보도록 합시다. 일하면서 항상 똑같은 긴장감, 집중력을 발휘한다는 것은 불가능합니다. 에너지의 기복$^{起伏, Ups\ and\ Downs}$이 있겠지요. 단순히 시간을 배정한다고 되는 일이 아니라, 내가 집중력을 발휘할 수 있는 시간과 그렇지 못한 시간을 잘 구별하여 사용하자는 것입니다. 나의 에너지 흐름을 파악하여 읽어 내도록 합시다. 에너지가 강할 때와 약할 때를 일에 적합하게 조정하면서 활용합시다. 이제부터는 시간 관리가 아니라, 에너지 관리입니다.

셋째, 기왕 일할 것이면 잘하는 게 중요합니다. 사람은 기계가 아니어서 일의 시작과 중간, 마지막 결과까지 감정이 들어가지 않을 수 없습니다. 일을 잘 해냄으로써 관련된 사람들에게 도움을 주고 본인에게 크든 작든, 금전적이든 비금전적이든 보상이 있도록 하는 것이 중요합니다. 왜냐하면, 그러한 보상이 본인의 정서적 회복력을 빠르고 강하게 해 주기 때문입니다. 머피의 법칙$^{Murphy's\ Law}$에 반대인 샐리의 법칙$^{Sally's\ Law}$도 있지 않습니까? 일이 잘되면 긍정의 마인드가 생기도, 용기도 나고, 자신감이 생기게 됩니다. 즉, 에너지가 넘치게 되는 원리입니다.

마지막으로, 건강입니다. 본인의 몸 컨디션이 나쁘면, 해야 하는 일은 몇 배 이상의 부담으로 다가옵니다. 건강을 잘 유지할 수 있다면 최소한 기본은 해낼 수 있습니다. 아프면 만사가 다 귀찮습니다. 만성 질환, 골병든 게 문제이지 감기 몸살이나 다리 부러진 게 문제가 아닙니다.

일은 해야 하니
에너지가 강한 시간대와
에너지가 약한 시간대를 요령껏 사용하십시오
Energy Cycle!   **Management & Leadership**

Go-To-Win®

10 - 5
하기 싫은데 해야 할 때

'항상 잘할 수는 없지 않은가?'

학생들이 시험 기간에 가장 많이 하는 말이 "아, 공부하기 싫다"입니다. 여기에 눈치 없는 부모님이나 선생님들이 논리적(!)으로 이렇게 타이릅니다. "힘들어? 세상일이 다 그렇지. 평소에 공부를 안 해서 하나도 모르니까 어렵지, 어려우니까 당연히 하기 싫은 거지. 공부한 대로 문제를 술술 풀면 쉽잖아. 하기 싫어도 열심히 하면, 공부도 재미있는 거야. 그러니까 꾹 참고 책상에 일단 붙어 앉아서 열심히 해 봐. 학생이 공부 안 하면 뭐 하냐? 세상 먹고사는 걱정 없이 공부만 할 때가 제일 좋은 거야!" 아니, 요즘 똘똘한 학생들이 이렇게 간단한 것을 모르겠습니까? 이유를 따질 것도 없이 그냥, 지금 공부하기 싫은 것입니다. 성적이 좋은 학생들도 시험 때 공부하는 건 싫다고 합니다. 하지만, 시험 기간에 시험공부를 해야 하는 것은 선택의 여지가 없습니다. 이것도 알고 있습니다.

회사에서도 보고서를 작성한다, 미팅에 참석한다, 출장을 간다 등등 늘 하는 일이지만 가끔 정말 하기 싫을 때가 있습니다. 일하기 싫은데 해야 할 때, 그 상황을 어떻게 흘려야 할지 생각해 보겠습니다. 하기 싫은 이유는 여러 가지가 있습니다. 오늘은 도무지 아무런 의욕이 없다, 개인적인 일로 머리가 복잡하다, 몸 컨디션이 안 좋다. 등등 일하기 싫은 이유는 아흔아홉 가지를 넘습니다.

첫 번째 힌트는 많은 분이 예상하는 것처럼 당연히 '멘탈^{Mental}' 입니다. 멘탈이 위아래로 흔들리고 있으니, 얼른 내리거나 올려서 평상시와 같이 맞춰야 합니다. 축구든 야구든 골프든 탁구든 모든 스포츠 경기에서 다 이긴 게임을 놓치거나, 초반부터 엉뚱한 실수가 이어지면서 끝까지 감당하지 못해 와르르 무너지는 게임을 보면 그렇습니다.

두 번째는 '멘탈 유지'와 연관된 것인데, 그냥 하던 대로만 하자고 자기 최면이라도 거는 것입니다. 지금 상태에서는 더 잘할 수도 없으니, 더 잘하겠다는 생각을 버려 봅니다. 이렇게 몸과 머리의 긴장을 푸는 것입니다. 야구에서 투수가 몸에 힘을 빼는 것도 같은 이치입니다.

세 번째는 '잘하겠다는 생각을 버리는 것'과 연관된 것인데, 예상되는 결과에 너무 비관적일 필요는 없습니다. 경험해 보면, 지금 뭐가 좀 잘 못 됐다고, 내가 회사를 그만둬야 하는 엄청난 일이 벌어지지는 않습니다. 조직에서 일할 때도 굴곡이 있지 않습니까? 만약 수습할 일이 있으면 잘 수습해서 다음에 잘하면 됩니다.

위와 같은 세 가지 생각은 그야말로 '하기 싫을 때'입니다. 설마 매일 매시간이 그렇다면, 여기에 해당하지 않습니다. 지금부터는 몇 가지 상황을 놓고 나름대로 해결 방법을 찾아보겠습니다.

하기 싫은데 하는 일이, 앉아서 하는 일이라면 '그냥' 앉아 있으면 됩니다. 일이 손에 안 잡힌다고 자꾸 여기저기 왔다 갔다 하지 말고, 엉덩이로 '버티기'를 하는 것입니다. 단, 이런저런 생각을 버리고, 가능하면 해야 할 일만 붙들고 있는 편이 좋습니다. 밤에 잠이 안 올 때가 있습니다. 억지로 자려고 애쓰지 말고 그냥 뒤척이는 게 낫다고 합니다. 살짝살짝 쪽잠이 들기도 한답니다. 더 빠르게 편히 잠들려면 생각을 하지 말라고 합니다. '생각 전원의 OFF'입니다. 그냥 앉아서, 많이 생각하지 말고 버티기를 하다 보면, 자연스럽게 흥분이 가라앉습니다. 이제 루틴^{Routine}이 회복되면, 해야 하는 일의 주요 내용 3가지 정도만 메모하면 좋은데, 이것도 하기 싫다면, 차분한 심리 상태만 유지해도 성공입니다. '그냥 앉아서, 버티면' 최소한의 답이 나옵니다.

어디를 가야 하는 일이면, 이런저런 핑계로 미루지 말고 '그냥' 일어나서 출발하면 됩니다. 가는 도중에 기분이 좀 나아질 수도 있고, 어차피 나선 길이란 걸 받아들이면 상황 변화가 일어납니다. 막상 그곳에 도착하면, 그 현장이 당신에게 답을 알려 줄 것입니다. 생판 모르는 곳도 아니고, 생판 모르는 일도 아니지 않습니까? '그냥 가서, 한번 보자'라고 들이대면 최소한의 답이 나옵니다.

누구를 만나는 일이라면, 부담을 버리고 '그냥' 만나면 됩니다. 물론 미팅의 준비를 잘해서, 좋은 결과를 얻어 내는 것이 기본이지만, 지금 기분이나 준비가 그렇지 못하니 어쩌겠습니까? 그냥 만나는 겁니다. 대신, 가능하면 최소한의 준비를 알리고, 상대방의 말을 잘 경청하는 방법도 있습니다. 상대방도 눈치를 채겠지만, 적당히 둘러대고 대화하면서 풀어가는 것도 나쁜 방법은 아닙니다. '그냥 만나서 말하다 보면' 최소한의 답이 나옵니다.

어쩌다 보니, 하기 싫어서 선택지^{選擇肢}가 없는 경우가 가끔 누구에게나 찾아옵니다. 자연스러운 상황이니 스스로 닦달하지 말고, 쉽고 단순하게 생각하고 행동하면 됩니다. 하지만, 너무 심각한 결과가 걱정되는 일이라면, 그때라도 SOS 신호를 누구에게 발신하십시오.

사람이 얽혀서 하는 일은 사람들이 할 수 있는 데까지만 하게 됩니다. 좀 삐걱거려도 큰 방향과 큰 일정을 망가뜨리지만 않는다면, 다음에 잘하면 됩니다. 인력으로 안 되는 건 안 됩니다.

큰 실수만 하지 마십시오
그래도 걱정되면, 보스^{Boss}에게 미리 알리십시오 　Management & Leadership

Go-To-Win®

10 - ❻
뭐가 잘 안 되면 사장이 직접 하세요

실패든 성공이든
빨리 끝내야 합니다

　제조업을 하는 중소기업에 해당하는 이야기이지만, 의미를 파악하여 잘 활용하면 비제조업이나 서비스업에도 쓰임새가 있을 것입니다.

　"뭘 좀 하라고 맡겨 놓으면 몇 날 며칠이고 소식이 없고, 기다리고 기다리다 어찌 되고 있는지 물어보면 아직 해결이 안 됐다고 하고, 뭐 좀 되는 듯하다가 다시 문제가 생기고, 방법을 찾았지만, 비용이 엄청나게 추가된다고 하니, 직접 현장에 내려가 확인해 보면 직원들이 고생하는 것이 안타깝습니다. 이거 괜히 시작했나는 생각이 듭니다."

신제품을 만들거나 고객의 요구사항을 맞추거나, 개선이 꼭 필요해서 새로운 시도를 할 때, 그중에는 잘 풀리는 것도 있지만 대부분 쉽지 않은 문제에 부딪힙니다. 게다가, 문제라는 것을 잠시 해결했다 하더라도, 안정이 안 되어 들쭉날쭉한 경우엔 그냥 넘어갈 수 없게 됩니다. 이쯤 되면, 사장이 직접 나서서 그 일을 직접 해 보며 해결해야 합니다. 직원들이 해결하지 못한 것을 사장이 직접 나선다고 척척 해결되는 것은 아닙니다만, 해결이 안 된다고 하더라도 적어도, 그렇게 해야 하는 이유가 몇 가지 있습니다.

첫째, 사장이 직접 사실을 명확하게 파악해야 하기 때문입니다.

무엇이, 언제부터, 어떻게 된 것이고, 그래서 어떤 결과가 나오는지 파악하면서, 처음부터 그랬는지, 어떤 조건의 변화가 있어서 그런 건지, 설비 문제인지, 작업자 문제인지, 재료의 문제인지를 다시 한번 파악해 들어가야 합니다. 이런 것들은 이미 현장 근무자나 팀장들에게서 들었고, 그들이 허위 보고를 하지 않았겠지만, 직접 작업을 수차례 하면서, 추측이나 예상이 아니라 드러난 사실만 수집하고 분석해야 합니다. 재현성再現性이 나타나 사실로 증명되는 문제를 확정確定할 수 있다면 문제해결의 절반은 된 것입니다.

둘째, 더 미룰 수 없으니 계속하든가, 아니면 그만둘 것인가를 사장이 마지막으로 결정해야 하기 때문입니다.

천신만고 끝에 문제가 완전히 해결되면, 그에 적합한 후속 조치를 하면 됩니다. 하지만, 몇 가지 문제가 있는데 포기할 수 없거나, 고객의 양해를 구하거나, 가격을 다시 산정하거나, 매출을 조정하거나, 투자를 더 해야 하는 등의 종합적인 판단으로 의사 결정할 때가 있습니다. 이런 종합적인 판단을 내리는데, 사장이 상황을 잘 모르고 있다면 올바른 결정을 내리기가 곤란할 것입니다. 물론 포기해야 할 때는 포기해야 하지만, 왜 그럴 수밖에 없는지는 확실히 알아야 차후에 재발을 방지할 수 있습니다.

셋째, 사장이 중요한 작업을 모르면 안 되기 때문입니다.

작은 제조업을 하면서, 창업자이든 창업자의 2세이든, 최고 경영자는 생산과 기술을 잘 알아야 합니다. 작업이 쉬우면 왜 쉬운지, 어려우면 왜 어려운지, 그 작업의 목적과 원리, 작업 조건이 무엇인지를 본질적으로 누구보다도 더 꿰뚫고 있어야 합니다. 특히, 위에서도 언급했지만, 문제의 재발을 막기 위해, 생각대로 잘 안 되는 일은 사장이 직접 해 봐야 합니다. 그래야 기술적 역량에서 우리의 강점과 약점이 무엇인지를 정확하게 파악하여 기술 전략도 세울 수 있습니다.

넷째, 사장이 할 수 있을 정도로 작업을 쉽게 만들어야 합니다.

문제 해결 이전에 문제를 만들지 않도록 하는 것입니다. 최고 숙련자만 할 수 있고 상당한 주의력이 요구되는 작업은, 당연히 현장에서 적용할 수 없고 돈이 안 됩니다. 작업은 안전하고 쉬워야 합니다. 그래야 잘할 수 있고 빨리할 수 있어 생산성이 높습니다. 이 정도가 되어야 주부 사원, 신입 사원, 외국인 근로자라도 작업이 가능하여 여러 가지로 유리합니다. 다기능 훈련도 완성도 높게 가능해집니다. 현장근무자의 일은 쉽게 하도록 하고, 쉽게 해도 불량이 나오지 않도록 미리미리 장치를 만드는 것이 생산 기술입니다.

다섯째, 일을 제대로 알아야 직원을 제대로 뽑습니다.

꼭 필요한 사람을 채용해야 하고, 채용된 직원을 회사에 꼭 필요한 사람이 되도록 육성에 힘써야 합니다. 그러니 사람을 뽑을 때 잘 뽑아야 하는데, 최종 면접을 보는 사장이 그 사람에게 맡길 일을 상세하게 모른다면, 저 사람이 그 일에 적성이 맞을지, 어떤 점은 좋고 어떤 점은 부족한지, 심지어 급여 수준까지 정확하게 고려하는 데 부족함이 있을 수 있습니다.

제목은 '사장이 직접 하세요'라서 사장이 할 일이지만, 임원이나 팀장들의 역할이기도 합니다.

방 안의 코끼리 Elephant in the Room
모두가 잘못됐다는 것을 알면서도

먼저 그 말을 꺼낼 때 초래될 위험이 두려워,
그 누구도 먼저 말하지 않는 커다란 문제   **Management & Leadership**

Go-To-Win®

10 - 7
한 식구 같은 직원들이지만, 내부 고객입니다

'내부 고객 만족도' 조사를 하십니까?

규모는 작은데, 가족 같은 화합의 분위기가 가득한 회사, 선후배의 우애와 열정으로 똘똘 뭉친 회사는 좋습니다. 창업의 꿈을 함께하며, 밤과 낮을, 네 일과 내 일을 가리지 않고 열심히 하는 회사는 좋습니다. 하지만, 이런 점만 너무 강조하게 되면, 회사라는 집단에서 일하면서 지나치는 문제가 있습니다. 짚어 보자면, 은근슬쩍 넘어가려는 것, 부적절한 핑계를 들이대는 것, 업무 능력보다는 서열이나 나이, 근무

연수를 우선시하는 것, 나중에 입사한 직원이 이런 분위기에 적응이 안 되는 것 등등입니다.

사적인 모임에서 서로의 관계를 형이나, 언니, 동생으로 편안하게 대하는 것을 뭐라고 할 것이 아니지만, 회사에서는 이런 관계를 '내부 고객'의 관점으로 설정하는 것이 옳다고 봅니다. 회사는 '이 정도는 이해하겠지. 그것도 이해 못 해 준단 말이야?'라는 식으로 이해를 구하는 곳이 아닙니다. 회사라는 곳은 외부 고객이든 내부 고객이든 철저하게 서로의 계약이나 약속을 이행하는 곳입니다. 그래서 회사에서는 가족과 같은 일체감의 토대 위에 내부 고객 마인드와 그에 적합한 관점과 행동이 필요합니다.

그렇다면, 이런 내부 고객 마인드와 제도를 무엇부터 어떻게 만들어 갈 것인가요? 작은 회사로 출발해서 큰 꿈을 이루는 데는, 끝까지 가지고 갈 것이 있고, 과감히 버리면서 극복하여 함께 새로운 질서를 만드는 것이 필요합니다. 강을 건널 땐 배船가 필요하지만, 건너고 나서는 마차馬車가 필요합니다.

우선 기본적인 4가지를 말하자면, 직장 내에서 예절을 바르게 하는 것이고, 공公과 사私를 구별하는 것이고, 약속 시각을 잘 지키는 것이고, 업무에 필요한 것을 문서로 만드는 것입니다. 제도적인 4가지로 본다면, 업무 분장은 기본이고, 업무 계획과 보고의 정례화, 회의 운영, 결재 3단계를 실행하는 것입니다.

대기업에서 대인 관계가 잘 훈련된 사람들이 창업한 작은 회사라면, 당장 직장 예절을 기본부터 다시 교육할 일은 아니지만, 만약 그렇지 않다면, 직장 예절에 관한 기본을 공유해야 합니다. 함께 근무하면서, "아니, 너는 어떻게 이런 것도 모르냐?", "정말 당황스럽네, 왜 저러는 거야?", "느닷없이 왜 그러는데?" 등등의 말이 여기저기서 터져 나올 정도면 심각합니다. '안에서 새는 바가지, 밖에서도 샌다.' 신랄한 속담입니다. 외부 고객이 이런 반응을 보일 때, 경영자의 머리가 쭈뼛 설 수밖에 없고, 진작에 좀 가르쳐 놓을 걸, 이제 와서 후회막급입니다.

직장 예절도 격식을 차리는 것이기에, 행동으로 익히는 데 반복 훈련이 필요합니다. 좀 쑥스럽겠지만 서로를 부르는 호칭, 좌석 배치, 인사, 복장, 용모, 보고하고 보고 받는 자세, 회의할 때, 문서 작성할 때, 회식 자리 등등에서 예의 바르고 세련된 태도를 보인다면, 동료, 부하 직원 모두에게 언제 어디서나 좋은 일이 아닐 수 없습니다. 잘 훈련된 직장 내에서의 예절은 외부 고객을 응대할 때도 여실히 드러나게 되어, 외부 고객에게 매우 좋은 인상을 주고, 원하는 사업의 기회를 만들 수 있습니다. 예절은 자기에겐 사소한 것인데, 이 사소한 것에 실수하여 큰 후회를 하기도 합니다. 사람마다 기본예절을 몸으로 익힌 차이가 있으므로, 함께 배우고 실천하는 직장 예절을 통해 올바른 질서를 만드는 것이 내부 고객 마인드와 태도의 첫걸음입니다.

공公과 사私를 구별하지 못하는 사람은, 제 나이를 먹은 어른이 아니고 업무의 파트너가 될 수 없습니다. 공과 사의 분별력이 없는 사람에게 일을 맡길 수도 없습니다. 뭘 하든 자신의 취향과 방식만을 강요하고, 근무 시간 중에 개인 용무를 보고, 거기에 회사의 비용을 사용하면서도 당당하고 뻔뻔한 사람을 누가 인정하겠습니까? 그에게 좋은 마인드가 없으니, 매일 터져 나오는 게 불협화음입니다. 그런데도 "우리끼린데 뭐 어때? 아, 뭐 그럴 수도 있는 거지, 뭘 그렇게 따져, 조그만 회사에서. 나중에 회사 커지면 그때 가서 잘하자고, 응?" 자신의 허물은 자신만 못 보고, 남들이 죄다 보고 있습니다. 공과 사가 불분명하면 직원들 사이에는 메울 수 없는 틈이 생기고, 이 틈새로 불만, 불신이 빠르게 파고듭니다. 공과 사를 구별하지 못한 행태의 확실한 증거가 있으면, 미루지 말고 가혹할 정도의 일벌백계罰百戒만이 즉효 약입니다.

업무적으로 보았을 때, 내부 고객 마인드가 좋은 수준이란 증거는, 일단 약속을 잘 지키는 것입니다. 일에는 무엇을 언제까지 준비하겠다, 끝내겠다는 납기가 있습니다. 보통 외부 고객과의 납기에 대해서는 금전적인 거래이기 때문에 지키려고 애를 쓰는데, 사실은 내부 고객에게도 마찬가지입니다. 외부 고객과의 납기를 못 지키면 돈이 안 들어오고, 내부 직원들끼리 납기를 안 지키면 돈이 낭비됩니다. 그래서 시간이 돈인데, 돈을 벌고자 하는 사람들이 시간을 낭비할 수는 없지 않습니까? 가만 보면 시간을 어기는 것도 습관입니다. 어기는 사람들이 자주 못 지킵니다. 정말 불가피한 이유보다는, 약속 자체를 우습게 보기 때문입니다. 이렇게 못된 습관을 지닌 사람에게는 약속의 권한을 주면 안 되니, 지금부터 아예 무시하고 다른 사람에게 약속을 받아야 합니다.

모든 것을 무조건 문서로 작성해도 안 되지만, 누구의 요구사항, 서로의 약속은 문서로 만들어야 합니다. 외부 고객과의 업무처럼 일종의 약속[거래]을 요령 있는 형태의 문서로 분명히 한다고 보면 좋습니다. 말로 전달하고 협의해서 착착 일이 진행된다면 참 좋지만, 대부분 한 사람이 한 번에 한 가지의 일을 하는 것도 아니고, 하루 만에 끝나는 일도 거의 없기 때문에, 잊어버리기도 하고 놓치는 경우가 많습니다. 그러니, 이게 말로 해서 될 일이 아닙니다. 또한, 회사에는 일이 잘되든, 잘 안 되든 어떻게 그렇게 된 건지를 추적해야 하는 일이 많은데, 이런 경우에도 문서가 남아 있지 않으면 매우 곤란합니다. 내부 고객의 요구사항도 정확해야 하고, 그에 대해 업무 대응이 확실히 진행되어야 서로의 업무는 효과적으로 됩니다. 이렇게 맺어 주는 것이 문서입니다.

지금까지, 먼저 해야 하는 기본적인 것들의 교육 훈련에 대해 살폈는데, 다음 단계로서 제도적인 시스템으로 접근해 봅니다.

우선, 작은 회사, 인원이 적을수록 업무 분장을 명확히 해야 합니다. 이 일 저 일을 그때그때 이 사람 저 사람이 해서는, 일이야 어떻게 진행되겠지만 직원들이 정신이 없다고 합니다. 물론 고객도 당연히, 당신네 회사랑 일하면 정신이 없다고 합니다. 업무 분장이란 것도, 한 번 정하면 몇 년간 계속되는 것이 아니라, 일정 기간 분담이 유지되다가 필요에 따라서 다시 분장하는 것입니다. 업무 영역이 정해져야 책임과 권한이 명확해지고 업무 집중이 가능하여, 외부든 내부든 고객에게 효과적인 공격과 수비를 할 수 있습니다. 또한, 이러한 업무 분장을 통해 직원들의 업무량, 즉 업무 부하가 공평한가를 따질 수 있습니다. 이 공평성이 보장되어야 직원들의 사기에 문제가 없어, 소위 시스템이 정상적으로 가동됩니다. 시스템이 망가지는 것은 부품[업무 분장]이 잘못되었거나, 과부하[업무의 불공평]로 인한 고장이 대부분이기 때문입니다.

그러고 나서 각자의 업무 계획과 보고를 날마다든 주간이든 공유하도록 합니다. 직원들이 출근하더니, 각각 출장 간다고 하는데, 바쁘다고 하는데, 뭘 하는 일인지 모르고 있다면 어떤 일이 벌어지겠습니까? 각자 출장 가서, 고객 회사에서 같은 일로 만날지 모릅니다. 각각의 모터는 열심히 돌아가고 있는데, 그것들이 벨트로 연결이 안 되거나 정해진 순서대로 돌아가지 않으면 제대로 작동된다고 할 수 없습니다.

축구 할 때 공을 뻥뻥 차 대는데, 사람을 보고 차야지 아무 곳에 마구 차 버린다면 경기에서 이길 수 있습니까? 게임이 안 됩니다. 승부는 보나마나입니다. 작전을 말하고 패스를 해서 제대로 차야 하는 것처럼, 서로의 업무를 이해하고 알아야 이익이 남는 사업을 할 수 있습니다. 그래야 상대방에게 공을 패스한 보람도 있습니다. 자신의 업무 계획과 진척 상황을 밝히고, 타 부서의 그것까지도 온전히 알도록 노력하고 도와주는, 힘든 자발적 변화가 바로 스스로 커 가는 성장통입니다. 적어도 한 달에 한 번씩 날을 정해서 하는 회의가 내부 고객 마인드의 형성과 향상에 어떤 효과가 있을까요? 이런 회의를 안 한다면 어떤 문제가 있을까요?

어쩌면, 아픈 데가 없으니까 건강 검진을 받지 않아도, 지갑에 돈이 얼마 있고 이번 달에는 얼마 벌어 얼마를 썼는지를 모르더라도, 사는 데 문제가 없다는 사람도 많습니다. 하지만 기업은 다릅니다. 외부와의 끝없는 '경쟁'이란 것이 코앞에 있기 때문에, 필요에 맞춰 전열戰列을 가다듬고, 어떤 상황에서는 놀라운 집중력을 발휘해야 합니다. 따라서, 적어도 한 달에 한 번은 회사 전체의 경영 회의를 통해, 직원과 부서의 역할이 이익 창출에 얼마나 중요하고, 어떻게 기여했는지, 그래서 무엇을 해야 하는지에 대한 분담이 철저하게 이루어져야 합니다. 작은 회사들은, 매일 얼굴 보면서 일하고 있는데 무슨 회의를 따로 하느냐는 생각도 있는 것 같은데, 절대 그렇지 않습니다. 그럴수록 형식을 갖추어서 논의해야 합니다. 그래야 경영에 대한 오해가 없고, 목표나 이익을 유지할 수 있고, 빠른 시간 내에 협력할 수 있습니다.

결재의 절차도 역시 필요한 만큼 유지해야 합니다. 작성, 검토, 승인의 3단계로 진행되는 결재는, 계층별로 자신의 역할을 충실히 수행할 수 있도록 하는 훌륭한 시스템입니다. 회의가 부서 간의 협업을 통해 시너지를 증진하는 것이라면, 이 결재의 단계는 부서마다 배정된 분업의 질을 더욱 전문화하는 것입니다. 서로 살펴서 부족한 점을 채우고, 좋은 점에 더욱 부가가치를 높여 주는 제도입니다. 늦은 결재, 의견 없는 결재, 자기중심적 결재가 문제이지, 원칙대로만 한다면 좋은 점이 훨씬 많습니다.

경영자나 영업 사원의 말만 믿고 계약서에 서명하는 고객은 거의 없습니다. 그 회사의 내부 역량이야 어떻든, 계약서에 제시된 품질, 가격, 납기만을 오로지 믿는 고객도 없습니다. 고객은 이 회사의 직원이 몇 명인지, 어느 부서에 어떤 사람이 있는지, 특히 리더들의 역량이 어떤지, 심지어 업무와 의사 결정 시스템까지도 샅샅이 살펴보려고 합니다.

어느 회사가 분위기 좋다고, 실력 있는 회사라고 단정하기 어렵습니다. 분위기의 '내용'이 포인트입니다. 선후배 우정으로, 학교의 연구실처럼, 자기 완성형의 과업에 충실하면서 그저 친하게 지내는 것이 아니라, 기업의 구성원으로서 일의 약속을 잘 지켜 정말 일 맛 나는 분위기이어야 합니다. 프로들이 모여 있어야, 서로의 실력을 인정하고 각자의 능력을 발휘하고, 팀워크를 공격적으로 가져갈 수 있습니다. 프로로 만들기 위해 직원들 간의 잔정을 기특하게 여기기보다, 경영자와 리더가 내부 고객의 마인드와 그에 걸맞은 방식에 적응하도록 엄하고 강하게 육성하는 것이 더 필요합니다.

예禮란 의義가 겉으로 드러난 모양이다 〈한비자韓非子〉

Management & Leadership

Go-To-Win®

10 - 8
하라는 대로 해

"힘들어?"

"..."

"그냥 하라는 대로 해"

그는 성공한 (아직은 해임의 조짐이 없는) 임원입니다. 글로벌 기업의 한국 임원이었고 지금은 규모가 훨씬 큰 중국 사업장을 맡은 실력 있는 임원입니다. 한동안 연락이 없었기에 얼마 전 메신저를 보냈습니다. '잘 지내나?' 안부 인사에 '걍(그냥) 버티는 거지. ㅋㅋ'란 그의 대답이었습니다. 이쯤 되는 지위의 사람들은 십중팔구가 그렇답니다.

임원들은 살벌한 임원 계약을 1년마다 합니다. 잘 버티는 부차장이나 담당 직원들이 직장생활을 오래 합니다. 어떻게 해야 잘 버티는 것일까요?

"네, 네. 그럼 과장님께서 그렇게 하시는 거로 하겠습니다. 계약 내용은 제가 확인했고요, 일정에 맞춰서 진행해 주시면 되겠습니다. 감사합니다, 과장님." 통화를 끝내기도 전에 한 칸 건너편의 팀장이 나를 잔뜩 째려보며 소리를 지릅니다. "야! 니가 다 결정하냐? 뭘 니 맘대로 그렇게 해? 하지 마! 당장 취소해!"

참 기가 막혀서 말이 안 나옵니다. 며칠 동안 수시로 상황 보고도 했고, 내부 기안으로 결재를 올리지 않았지만, 이미 그렇게 진행하기로 한 것인데 말입니다. 아니, 이제 와서 신경질 낼 거면 팀장인 자기가 직접 하면 되지, 나보고 하라며 도대체 왜 이러는 걸까요? 뭘 해도 건건이 시비를 겁니다. 정말 성질납니다.

"이 대리! 지금 뭐 하고 있냐? 그거 하지 말고, 창고에 가서 재고 파악 좀 해 와. 지금 당장 팀장님하고 사장님이 보고하라니까. 얼른 가." 아니 느닷없이 이게 무슨 말인지, "과장님. 오늘 4시까지 설비 투자 건 마무리해서 기획팀으로 넘겨야 하는데, 시간이 없어요. 갑자기 재고 조사를 하라면, 그때까지 자료 못 만드는데요. 재고 조사는 모레까지 보고하는 것이라면서요."

사장이 자기에게 직접 지시한 것이라, 데이터 정리하고 사진 찍고 해야 한답니다. 오늘 밤늦게까지 해도 투자계획서를 마무리하기 힘든 상황인 줄 뻔히 알면서 왜 저러는 걸까요? 이건 자기 일, 우리 팀 일이 아닌가요? 다 필요한 일이겠지만, 먼저 해야 할 일이 있고, 나중에 해도 될 일이 있는데 어쩌라는 건지. 지금, 내가, 왜? 그 일을 해야 합니까? 아무튼, 별 것 아닌 것 같은데, 자기가 보고할 것이 제일 급하고 제일 중요하다고 합니다. 정말 성질납니다.

"자, 공지사항 있으니까 잘 들으세요. 오늘 오후부터 무조건! 외출이나 출장 시 신청서를 반드시 결재받고 나가세요. 보고서는 회사 양식에 맞춰서 반드시 제출해야 합니다. 한 사람도 빠짐없이 그렇게 하세요. 오늘부터 시작입니다."

　그놈 때문입니다. 책상에서 졸고 앉아 있다가 10시쯤 되면 고객사 다녀온다고 쓱 나갑니다. 나가면 전화도 잘 받지 않습니다. 누가 우연히 카페에 앉아 있는 것을 봤답니다. 다녀와서는 팀장에게 뭐라고 간단히 보고하고, PC 앞에서 뭐 끄적거립니다. 항상 뭘 하는지 알 수 없는 그놈 때문입니다. "아니, 팀장님! 외출이나 출장 다녀오면 바로 회의록 작성해서 보고 드리고, 공유할 사람들에게 이메일로 모두 보내는데, 출장보고서에 적고, 회의록이나 이메일로 적고, 꼭 두세 번 일해야 합니까?" 소용없다는 걸 알지만, 그래도 한마디 했습니다. 그놈도 들으라고요. 한 사람을 똑 부러지게 잡지 못하니, 수십 명의 직원이 말도 안 되는 일을 하게 되었습니다. 그 공지사항대로! 해야 합니까? 정말 성질납니다.

최고 권력자의 결정 사항이니 따르라고 합니다. "정리정돈이 기본입니다. 볼펜도 한 자루면 충분하니, 나머지는 집에 가져가거나 버리세요. 회의가 너무 많고 오래 하고 있으니, 회의를 반으로 줄이고 아무리 길어도 한 시간 이내로 모두 끝내세요. 그리고 우리 회사 영업팀은 우리 고객과 똑같습니다. 그 팀의 요구사항은 고객이 하는 말씀이니 무슨 일이 있어도 그대로 따르세요."

다 맞는 말씀이고, 그대로 따르지 않으면 호되게 야단을 치고 윽박지를 것입니다. 3정 5S, 회의 효율화, 고객 만족 마인드 뭐 이런 겁니다. 그런데, 왜 그래야 하는지 알긴 알겠는데, 차분히 방법을 찾아보고, 할 수 있는지 확인도 해 보고, 더 좋은 방법이 있는지 토론도 좀 하고, 뭐 이런 생각은 왜 못하는 걸까요? 자기 기분대로 소리 지른다고 되는 게 아닙니다. 소리 지르면 마당쇠처럼 굽신굽신하길 원하는지. 우리는 점점 아무 생각이 없는 바보가 되어 가고 있습니다. 그 아무 생각 없는 사람 때문에. 정말 성질납니다.

"상무님 말씀대로 B 사 말고, A 사에 설계 도면과 견적서를 제출하라고 했습니다. 단가만 봐서는 B 사가 좋은데, 그간 대응이 잘 안 된 것도 많고, 일정도 잘 안 지키고 그렇습니다. 그리고," 여기서 갑자기 말을 끊더니 "언제 내가 그랬어? 응? 언제 그랬어? B 사로 하라고 했잖아, 너 내 말 안 들었어? 누가 A 사로 바꾸라고 했어? 일 똑바로 안 할래?"

기가 막힙니다. 이런 일이 너무 자주 있어서 휴대전화에 녹음해 놓는

데, 녹음한 것 들려주면 아마 날 죽일지도 모릅니다. 정말 성질납니다.

동그란 네모를 그려라? 사람과 사람이 통하지 못하면 결국엔 한쪽이 포기하여 맞춰 주거나, 아예 상대하지 않는 것 두 가지밖엔 없을 것입니다. 이 둘 중 하나의 선택은 옳고 그름의 판단이 아니라, 결국 각자 생각하는 금전적, 비금전적 이익이 있느냐, 없느냐가 되기도 합니다.

본인의 이익을 따져, 회사에서 버티기를 한다면 당신을 괴롭히는 그들을 이해하려고 하지 마십시오. 감정으로 주고받지 마십시오. 그들은 감정적으로 그러는 것이 아니라, 그들만의 요상한 논리나 이유로 그렇게 하는 것이 대부분입니다. 즉, 그들은 그런 위세를 행사함으로써 자신의 존재를 확인하기 때문입니다. 그들의 이유가 당신의 이유와 다르든, 틀리든, 감정을 빼고 받아들여야 합니다.

그렇게 결심하고, 좋은 태도는 아니지만, 기왕 버티기로 했다면 이렇게 해 보십시오. 시간은 지나고 월급날은 다가옵니다. 하라는 대로 하세요. 그리고, 당신도 이미 알고 있겠지만 (재미로) 건건이 물어보면서 (똑같이) 하세요. 좋아할 겁니다. 그리고 모든 공은 그에게 돌리세요. 다만, 일하면서 그가 아니라 당신이 한 일이란 소문은 살짝 내세요.

이런 행동이 모두 정상이 아닙니다만, 그 밑에서 버티는 것도 능력이라면, 감옥 갈 일 아니면 맞춰 주세요. 지금 그 사람도 이런 일, 저런 일, 더 심한 일 다 겪으면서 그 자리에 왔다고 할 것입니다.

임원 간의 충돌은 조금 다른 차원의 이야기입니다. 오너나 사장이 있고, 그의 지휘를 받는 임원들이 있습니다. 그런 관계에서 그냥 하라는 대로 한다? 배임? 횡령? 그럴 수 있는 사안이 있지만, 이것이 가끔은 세력을 다투는 그들만의 이슈가 될 수 있습니다. "하라는 대로 하지, 내 권한과 자리를 넘봐?"라는 입장과 "누가 자리를 넘봅니까? 그렇게 하는 것이 회사가 이익이라 드리는 말씀인데" 대놓고 말은 못 해도 이런 입장입니다.

아무튼, 이런저런 상황들 모두 경영의 완전한 실패입니다. 이래서 사람이 어렵다는 것입니다. 그래서 우리 회사는 '공유 가치'가 필요합니다. 핵심 가치라고도 하는데 기업에서의 공유 가치는 조직 내에서 바람직한 행동을 제시하는 기본 규범이며, 기업 구성원들이 공유하고 있는 가치관이자 신념을 말합니다.

우선, 최고 경영진의 진지하고 치열한 대화와 결정이 장기간 필요합니다. 약 3개월 정도를 생각하고 한 달에 두세 번 회의해야 합니다. 우리 사업의 본질이 무엇인가, 그 본질을 이루기 위해 어떤 인재가 필요한가? 그 인재는 어떤 사고방식과 행동 방식을 갖추어야 하는가를 10가지 전후로 요약합니다. 명확한 문장이어야 하고, 단어 하나하나의 선정 역시 매우 중요합니다. 이것 때문에 시간이 오래 걸립니다.

이 중요한 미팅의 참여자 모두가 동의한 내용은 곧바로 공표될 것이고, 참가자 전원은 분담하여 공유회를 갖도록 합니다. 충분히 설명해야 합니다. 직원들이 이해가 될 때까지 합니다. 여기서 끝이 아닙니다.

신입이든 경력이든 직원을 채용할 때부터 그 사람은 이 기준에 적합해야 합니다. 때론 급하게 인원이 필요해도 이 규범, 공유 가치와 어긋난다면 절대 채용해서는 안 됩니다.

분기별, 반기별 또는 연간 시행하는 인사 고과에도 이 규범과 공유 가치가 가장 비중이 큰 평가 항목이어야 합니다. 과업의 성과지표보다 더 중요하게 평가하여야 합니다. 이런 과정이 항상 유지될 때, 가치는 공유되고, 동그란 네모는 사라집니다.

"힘들어? 그냥 하라는 대로 해"
나는 과연 어떤 선택을 할까?   **Management & Leadership**

Go-To-Win®

10 - 9
다시 태어나고 싶어요

이순耳順에 들어선 육십에
메모를 남깁니다

다시 태어나고 싶은 20대에게

"어렵게, 힘들게, 희망 고문을 버티고 버텨서 입사했는데 첫 급여의 기준이 최저 시급이랍니다. 최저 시급, 최저 시급이라! 그 말을 곱씹으며 내 삶이 최저 인생이 될까 두렵습니다. 이렇게 대접을 받고 살아야 할까요? 취직하면 답이 있을 줄 알았는데, 계산해 보니 정말 답이 없네요."

입사하면 당신은 직원이지, 최저 직원이 아닙니다. 우리 회사에 최저 사원이란 직위가 없습니다. 부럽다고 남의 것만 보지 말고, 자신에게 있는 소중한 것을 지금이라도 찾아보세요. 그것을 지금부터 최고급으로 만들면 최고 급여를 받게 됩니다. 그래도 정 계산이 안 나오면 '얼른 실력을 쌓아서' 당신이 원하는 곳으로 가세요. 누구나 직업선택의 자유가 있습니다(헌법 제15조).

"출근 전부터 퇴근해서까지 선배나 팀장들의 눈치가 보입니다. 일 처리 잘하면 그만이고, 실수하면 뭐 큰 잘못을 한 것 같습니다. 제가 알고 그럽니까? 몰라서 그렇고, 알아도 처음 해 보는 일 아닙니까? 이제는 다른 팀의 사람들까지 저를 보는 눈이 다릅니다. 누가 소문을 낸 것 같습니다. 그리고, 원래 내 일도 아닌 것을, 자꾸 다른 일을 시킵니까? 월급을 더 주는 것도 아니면서 이래도 되는 겁니까?"

눈치를 주는 사람도 당신의 눈치를 봅니다. 눈치 줄 만하니까 눈치를 주는 겁니다. 실수 때문이라면 바로바로 꼭 사과하세요. 실수하지 않을 방법도 꼭 확인하시고요. 이것을 대충하고 넘어가니까 눈치가 따라오는 것입니다.

다른 일을 맡기는 것은 당신이 놀고 있어서가 아니라, 지금 그 일을 누군가 해야 하고, 어찌어찌해서 당신이 선택된 것입니다. 선배나 팀장이 알고 있는지 확인하고 그냥 하면 됩니다. 그래도 나중에 보상받고 싶으면 잘 기록해 두십시오.

"나에겐 누구도 관심이 없습니다. 참 좋은 때라고 말하는데, 도대체 뭐가 참 좋은가요? 내가 뭘 힘들어하는지 알긴 압니까? 나에게 말 걸어주고, 물어봐 주고, 일상을 이야기하고, 들어보면 뻔한 이야기지만 그래도, 미래니 꿈이니 뭐 이런 것들을 말해 주는 사람이 없습니다. 나보고 징징거리지 말라고 하네요, 이제 스스로 알아서 크라고 합니다."

묻는 사람에게 대답하고, 그 사람이 당신에게 또 묻습니다. 무엇이든 궁금한 것을 또 질문하십시오. 사람들은 원래 다른 사람들에게 그다지 관심이 많지 않습니다. 당신이 뭘 힘들어하는지, 당신의 꿈에 대해 궁금하지 않습니다. 그러니까, 관심을 받고 싶으면, 관심받을 태도를 보이십시오. 그리고 좀 웃어 주십시오. 당신이 웃어야, 사람들이 왜 웃냐? 좋은 일 있냐? 사람들이 묻습니다. 찡그리고 있으면 당신 곁으로 오지 않습니다. 그 사람도 마찬가지로 위로받고 싶은 사람이거든요. 먼저 웃고, 인사하세요. 인사를 받고 싶으면 먼저 인사하는 것입니다.

다시 태어나고 싶은 30대에게

"사람이 제일 힘듭니다. 좋은 사람 뽑기도 어렵고, 그만둔다는 사람 붙잡는 것도 정말 힘듭니다. 일 가르치는 것도 고생이지만, 일 시키는 게 너무 힘듭니다. 요즘은 선배라고, 팀장이라고 해서, 일을 막 못 시킵니다. 고민하고 고민해서 이것 좀 하라고 하면, 그걸 내가 왜 해요? 주말 근무는 당연히 못 하죠! 이 사람들아, 내가 그걸 몰라서 그 일 시키냐? 차라리 내 팀 말고, 다른 팀 사람들에게 업무 협조를 요청하는 게 더 쉽습니다."

아무리 스마트 일터가 된다 해도, 끝까지 남는 문제는 사람 문제입니다. 미리 고민해서 작전을 짜는 건 좋은데, 너무 심각하게 고민만 하지 마십시오. 사람 일은 어차피 겪어 봐야 아는 거고, 풀어 봐야 해결이 되는 것입니다. 결심한 대로 그냥 하십시오. 미리 주눅 들거나 두려워하지 마십시오. 사람에 관한 문제는 해결될 만큼만 해결됩니다. 당신이 할 수 있는 만큼만 하십시오. 안 되는 것은 안 됩니다. 당신만 그런 게 아닙니다.

"이제 벌써 십 년입니다. 내 인생이 여기서 이렇게 그냥 굳어지나 생각이 많이 듭니다. 나중에 후회하지 않을까? 불안합니다. 젊은 시절 어쩌다 한 선택이 이 회사인데, 여기서 정년을 채운다? 선배들 보니까, 잘못하면 이러다 평생을 가게 되었습니다. 시간이 참 빠르게 갑니다."

회사에서 본인에게 이익이 되는 것을 찾으십시오. 그 일이 회사에도 이익이 되는 일이면 더 좋습니다. 진짜 전문가가 되십시오. 후회하지 않으려면 하던 일이든 새로운 일이든, 그 일로 해서 내 삶이 더 좋아져야 합니다. 급여도 올라가고, 객관적으로 증명되는 내 역량도 인정받으면 됩니다. 그래야 지금까지 고생한 세월이 고스란히 앞날의 디딤돌이 될 수 있습니다.

회사의 여러 부문을 두루두루 경험하는 것도 좋습니다. 전환 배치를 통해 새로운 사람들과 새로운 일에 도전해 볼 만합니다. 이것도 당신에게는 이익이 됩니다.

"이제 경쟁이 본격적으로 시작됐습니다. 상대평가로 S급 5%, A급 10%라고 합니다. 다면평가, 역량평가, 성과평가를 통해 승진과 승급이 결정됩니다. 이런 방법 말고는, 내가 싫어도 확실한 권력의 라인을 타야 한답니다."

모든 평가에서 모두 좋은 점수를 받았다고 회사에 꼭 필요한 리더는 아닙니다. 평가표의 기준에 맞는 모범생인 겁니다. 회사는 모범생도 필요하고, 매사 모범이 되진 않더라도, 특별한 강점을 가진 담당이나 리더도 꼭 필요합니다. 영업소 방문 잘하고, 사장에게 보고서 잘 써도, 매출을 확 올리지 못하면 소용이 없습니다. 그러나, 회사도 인사고과의 원칙이 집행되어야 하니 그렇게 하는 것입니다.

진짜 실력이 있으면 문제없습니다. 글쓰기, 말하기 실력을 키우고, 회의할 때 당신의 태도를 좋게 하십시오. 이 세 가지가 리더의 실력에 상당 부분을 차지합니다.

다시 태어나고 싶은 40대에게

"이미 게임은 끝난 것 같습니다. 임원 될 사람은 벌써 정해져 있거나, 더 안 시키거나, 외부에서 영입할 것입니다. 치열한 경쟁의 가파른 계단을 더 뛰어오를 이유가 사라졌습니다. 그건 아니라고 했는데, 이제라도 라인을 타야 할까요?"

계속 회사에 다닐 거면, 일만 생각하고 열심히 하십시오. 단, 지금 하는 일의 변화나 개선에 힘을 쏟으면 분명히 인정을 받습니다. 그냥 늘 하던 대로 하면 소용없습니다.

그리고, 경영진의 요구에 잘 맞추십시오. 임원들과 가깝게 앉은 자리가 아니면, 두루두루 잘 지내십시오. 거리가 멀면 관계도 멀어집니다. 물론 너무 가까워도 안 됩니다. 무슨 비밀 같은 것을 공유하더라도 절대 다른 사람에겐 말하지 마세요. 이제는 회사 안팎의 평판 관리에 신경을 쓰세요.

"나를 정리하려는 소문이 귀에 들리고, 뭔가 계속 압박하는 느낌을 받고 있습니다. 도대체 내가 무슨 일을 잘못했다고? 지금껏 문제 일으키지 않고 성실하게 일했는데, 매일 불안합니다."

회사 생활을 오래 할수록 회사에 대한 고마움이 더 굳어져야 하는데, 점점 믿음이 사라지고 있군요. 정 궁금하면 직접 물어봐도 됩니다. "저 잘라요?" 말은 하고 살아야죠.

그러나, 그런 것 신경 쓰지 말고 일에 집중하십시오. 그만한 일이 진짜 벌어질 거면, 내 생각과 상관없이 닥쳐옵니다. 그때 가서 생각해도 됩니다. 흔들리는 이파리는 바람 때문이 아니라, 내 흔들리는 마음 때문이란 선禪문답도 있습니다.

"이런 일, 저런 일, 다 보면서 겪으니, 이제 회사에 대한 믿음이 사라졌습니다. 정상보다 비정상이 많고요. 매년 어려워지기만 하고, 좋아지는 것이 하나도 없으니, 열심히 일한 보람이 없네요."

당신이 회사를 위해 일한 것도 절반은 맞지만, 절반 이상은 본인을 위해 회사 일을 한 겁니다. 회사와 업무가 가치가 없다는 것이 아니라, 내가 먹고사는 데 필요했던 것입니다. 궁극적으로는 내 행복, 내가 꾸린 가정의 안정과 행복이 목적입니다. 회사에 대한 믿음은 수없이 흔들렸습니다. 지금 40대라고 유난히 더 흔들리는 게 아닙니다.

회사에서 위로받을 생각은 마십시오. 당신이 위로하고, 위로받으며 행복할 곳은 가족입니다. 회사는 이익을 따지는 곳이지만, 가정은 그런 곳이 아닙니다. 평생을 식구로 살아가는 이들과 더 많은 시간, 더 진한 사랑을 나누세요. 그래야 회사에 대한 믿음도 지킬 수 있습니다.

다시 태어나고 싶은 50대에게

쉰 넘으면 그냥 알아서, 본인이 알아서 하는 겁니다. 한 가지만! 남의 말 잘 들으십시오. 잘 들어보면 그 안에서 답을 찾을 수 있습니다. 고집부리지 말고, 되도록 져 주세요. 그들을 도와주면 고마워합니다.

다시 태어나고 싶습니까?
그럴 땐 대나무(竹)의 마디를 보십시오

한국 남성의 평균 수명은 80세, 여성은 86세. 평균은 83세입니다. 〈유엔인구기금의 세계인구현황보고서, '내 몸은 나의 것(My Body Is My Own)', 2021.4.14〉. 이 평균 수명을 기준으로 하여 당신의 나이를 시계로 환산해 보았습니다. 현재 25세는 7시 14분, 35세는 10시 7분, 45세는 13시 1분, 55세는 15시 54분입니다.

> Management & Leadership

11

라이프 케어의 시대입니다

본 11장의 9가지 소주제는 삼성전자·SK이노베이션·롯데쇼핑 상담 내용 중 공통 주제 선정된 직장인 실제 상담 사례의 '세대별 고민내용'만을 본문의 소재로 인용하였습니다.

〈이소아 기자, "코로나 2년, 직장인 '스트레스 확진'… 사내 상담 40% 증가" 중앙일보, 2021.10.13.,
https://www.joongang.co.kr/article/25014436〉

Go-To-Win®

11 - 1
20대: 대학생도 직장인도 아닌 그 사이에서

"동기들이나 선배들과 친해지지 못해서 고민입니다. 대학생도 직장인도 아닌 그 사이에서 헤매고 있는 것 같아요"

직장 생활 1년 열~심히 하면 저절로 사라질 고민이니 걱정할 필요 없다고 말해줄 사람이 많을 것입니다. 하지만 정작 본인은 하루하루, 어쩌면 매시간 '어쩌지?' '왜 이러는 거야? 제발 정신 좀 차리자!'라는 반복되는 불안과 효과 없는 자기 암시에 상당히 힘들 것입니다. 도무지 온종일 집중이 안 되니, 새벽잠에서 깨자마자 영어 단어를 외워야 하는 것처럼 2~3배의 에너지를 사용하지만, 별반 나아지는 것은 없습니다.

이 고민의 하나는 '친해지지 못해서'이고, 또 하나는 '대학생도 직장인도 아닌'입니다. 이 중에서 먼저 동기들이나 선배들과 친해지지 못하는 상황에 관해 생각을 함께하겠습니다.

사실, 직장에서 그 누구도 모든 (많은) 사람들과 진정 친하지는 않습니다. 보이는 것과 보이지 않는 것의 차이가 큰 것이 '친함'일 텐데, 그 차이를 쉽게 알 수 없는 것 아니겠습니까? 보이는 것과 보이지 않는 것이 처음부터 명확한 모습이 없고, 기준을 둘 수 없으니 그렇습니다. 출세와 성과를 위해 억지로 친한 관계를 유난히 표 내는 때도 있고, 나에게 업무적으로 전혀 관계없거나 피해를 주는 사람과는 절대 친하게 지내지 않은 때도 허다합니다. 물론 양극단의 가정입니다.

아무튼, 예전부터 지금까지, 그리고 앞으로도 직장과 일로 맺어진 친소관계는 자신의 이익을 따져 강하거나 약하게 연결된다는 것 하나는 완전히 부정할 수 없습니다. 물론 감정적 '끌림'으로 틈틈이 만남과 대화가 편안한 사람들도 몇몇 있습니다.

중요한 것은, 당신이 누구와 친해지지 못해서 혼자 고민하고 있다는 것을 다른 사람들이 전혀 알지 못하고, 안다 해도 당신의 그 고민에 관심이 많은 것도 아닙니다. 다른 사람들은 그저 자기 일과 관련하여 당신과 주고받는 문서나 의견, 이메일의 내용에 문제가 없는가에만 신경을 쓸 것입니다. 당신도 마찬가지입니다. 지독하게 신경 쓸 것 없습니다.

친하지 않아서 일을 잘하지 못한다? 친밀도가 높을수록 일 처리의 효과와 효율이 높아지는 것은 사실이지만, 친밀도가 업무 수행의 중요한 전제는 아닙니다. 정해진 프로세스와 데이터에 따라 분업하고, 필요에 따라 협업하는 곳이 직장입니다. 일을 잘하지 못해서 고민이 아니라, 동기들이나 선배들과 친해지지 못하는 고민으로 좁히겠습니다.

친해지기 위해 '다가가는 방법'이 있습니다. 그 사람이 누구든, 그저 친해지고 싶다는 마음으로 다가가는 것은 어떨까요? 여럿과 한 번에 가까워지기란 누구도 어렵습니다. 그렇다면 한 사람씩 알아 가는 것이 좀 더 편할 것입니다. 한 사람을 알고 또 한 사람, 그러다 보면 그 사람이 다른 사람을 연결할 것입니다. 사람을 조심하는 당신의 단점(?)처럼 다른 사람들도 모두 그런 것 하나씩은 갖고 있으니, 그것도 크게 걱정할 것은 아닙니다. 누군가는 나의 단점을 별 것 아니라고 어깨를 툭 치며 받아들이기도 하고, 관심을 두기도 합니다. 내가 알고 있는 단점이나 내가 모르는 나의 장점을 다른 사람들은 더 많이, 더 잘 알기도 합니다. 알고 있는 깊이는 다르겠지만.

친해지기 위해, 당신에게 다가오는 사람을 '반갑게 맞이하는 방법'도 있습니다. 보통 뭐라도 비슷~한 사람들끼리 서로를 알아보고, 말을 걸기 시작합니다. 이런 사람들을 놓쳐서는 안 되겠지요. 선입견을 품지 말고 그 사람을 서서히 알아 가는 것이 좋습니다. 나중에 정 마음에 들지 않으면 그때 멀리하더라도, 먼저 다가오는 고마운 사람은 반갑게 맞이하십시오.

　인생의 20대에 새롭게 시작하는 직장 생활에서 자기중심적인 삶, 의미와 가치를 찾아가는 삶이 중요하고, 그러기 위해 모두 소중한 관계를 맺고 싶어 합니다. 정말 당연하고, 누구나 그러길 원합니다. 하지만 어느 순간, 누구에게 이런 의도가 받아들여지거나, 거부당하는 것도 자연스러운 현상입니다. 거부당하는 것을 크게 고민할 것도 없고, 그런가 보다 하고 그냥 넘겨도 아무런 문제 없습니다. 어떻게 보면 모두 '우연'입니다. 우연히 친해지고, 우연히 멀어집니다. 이유란 것도 없고, 몹시 애쓴다고 잘되는 것도 아닙니다.

　다음으로, '대학생도 직장인도 아닌'이란 점의 고민을 같이 생각해 보겠습니다. 미리 말하자면, 당신이 대학생처럼? 직장인처럼? 영화 어벤져스의 마블 히어로들처럼? 행동한다고 무슨 문제가 있을까요? 중요한 것은 '상황'입니다.

　사람의 본성이 어디 가는 것은 아니지만, 직장에서 상황에 맞도록 그때그때 변신하는 것은 아주 좋은 에너지를 발산하는 것이고, 그 에너지 덕분에 본인이나 팀의 일이 잘 풀리기도 합니다.

　예를 들자면, 기발하고 참신한 아이디어가 필요할 때는 순수한 대학생의 모습으로, 거래처의 파트너와 미팅할 때는 의연한 직장인으로, 선배와 회식할 때는 똑똑하고 싹싹한 후배 동생처럼, 팀 회의 때는 일목요연하게 줄거리와 결론을 잘 요약하는 전문 비서의 모습으로 시시각각 상황에 맞도록 변신한다면 (스위칭^{Switching}한다면) 대단한 능력 아닙니까?

우리는 1970년대 초 유행한 4가지 혈액형, 중국 고대 왕조인 은나라^{기원전1500경}의 역법이었다는 십이간지^{十二干支} 띠풀이, 국제천문연맹이 1930년에 인정한 88개의 별자리, 1976년에 고안되었다는 16가지 유형의 MBTI$^{Myer Briggs Type Indicator}$ 분류로 자신의 성격 유형을 알아보고, 관계를 맺기도 하는 '게임'을 즐기고 있습니다. 그러나, 본인을 하나의 정체성으로 굳이 확정하고, 틀에 맞춰 살 필요는 없을 것입니다. '나는 딱 이런 사람이다?' 한 사람에게 하나의 정체성만 정의될 수 없습니다. 한 사람이 여러 가지의 정체성을 갖는 것은 매우 당연합니다. 딱 부러지게 난 이런 사람이다는 결정을 내릴 필요도 없고, 사실 그럴 수도 없습니다.

회사는, 일 잘하는 사람이면 됩니다. 회사는 직원들의 속마음까지 알 수 없고, 알기 위해 어떤 조치를 작동하지도 않습니다. 좋은 태도, 좋은 생각, 좋은 일 처리, 좋은 결과면 회사는 만족합니다.

두 가지 고민을 함께 생각해 보았는데, 그래도 '직장인답게' 자리를 잡기 위한 실마리를 건네자면 3가지 방법이 있습니다.

첫째, 누구하고 친하든 안 친하든, 대학생 같든 직장인 같든, 당신이 맡은 일에 집중하십시오. 당신이 책임감 있는 업무 추진의 모습을 보인다면, 가까이 있는 사람들과 멀리 있는 사람들 모두 당신의 존재를 인정하고, 먼저 말을 걸어올 것입니다. 일을 잘하는 당신의 선한 영향력은 동기나 선배들과 더욱 친해지는 충분한 계기가 될 것이 분명합니다.

둘째, 주변에서 롤 모델$^{Role\ Model}$을 찾아서 좋아 보이는 것을 따라 하십시오. 어디서 배우기 힘든 것을 당신 옆에서 발견하고, 제대로 배울 기회가 바로 앞에 있습니다. 롤 모델이 꼭 한 사람일 것은 아닙니다. 이런 것은 이 사람에게, 저런 것은 저 사람에게, 그런 것은 그 사람에게 하나씩 배워도 됩니다. 당신 혼자 롤 모델을 알아챌 수 없다면 동료나 선배들의 대화에서 그 사람을 찾아낼 수도 있습니다. 한동안 롤 모델을 따라 하는 것만으로도 충분히 문제는 해결됩니다.

셋째, 좀 더 직장인답기 위해 소소한 것 하나는 바로 당신의 주변을 정리 정돈하는 것입니다. 더 직장인다운 책상 정리, 사무용품 사용, 옷차림 등등 작은 물품부터 하나씩 변화를 시도하십시오. 내가 보는 것, 남에게 보이는 것으로 나의 직장 생활 패턴과 관계까지 좋게 바꿀 수 있습니다. 직장인답게 주변을 과감히 정리 정돈하십시오.

지금 고민이지만, 1년 후가 되어 신입 직원들이 입사하고, 그들이 '괜히' 쩔쩔매는 것을 보면, 당신은 흐뭇한 웃음을 띠게 될 것입니다. 그들을 도울 수 있습니다. **Management & Leadership**

Go-To-Win®

11 - ❷
20대: 어떻게 하면 더 나은 내가 될 수 있을까요?

"조금씩 여러 업무를 주는데 생각만큼 잘 해 내지 못하는 것 같아요. 직장에서의 관계도 뭔가 자신이 없고요. 어떻게 하면 더 나은 내가 될 수 있을까요?"

직장에서 업무가 조금씩 늘어나는 데는 이유가 있을 것입니다. 지금까지 안 했던 업무를 누군가 해야 하기 때문이고, 함께 근무하던 직원이 퇴사하거나 다른 부서로 옮겼는데 충원이 되지 않아 일정 기간 그 업무를 해야 하기 때문이고, 업무 전환으로 담당이 교체되어 새로운 업무가 늘어나기도 합니다. 또는, 당신의 업무 능력이 좋아서 팀 리더가 경력 개발 차원에서 추가하는 경우도 있습니다.

그런데, 업무를 누가 시킨다고 덜컥 받아서 할 수는 없습니다. 따라서, 팀 리더에게 당신이 왜 그 업무를 맡게 되었는지 정중하게 확인하는 것도 필요합니다. 어쩌면 이런 질문과 확인이 거북하고 조심스럽겠지만, 예의를 갖춘다면 전혀 문제가 되지 않습니다. 제대로 알고 일하겠다는 사람에게 누가 뭐라고 하지 않습니다. 오히려 이런 과정을 거치지 않으면 나중에 불필요한 오해 때문에 괜한 갈등이 발생하는 경우가 많습니다.

일단 업무를 맡기로 했다면, 그 업무가 본인의 경력 개발과 향상에 도움이 되는 포인트를 찾아야 합니다. 아무리 회사에서 요구하는 일이지만, 본인의 경력이나 연봉에 단기적이든 장기적이든 아무런 이익이 될 구석이 없다면 당신도 동기부여할 수 없습니다. 그런데, 이 포인트는 당신 스스로 찾아야 합니다.

'생각만큼 잘 해 내지 못하는 것 같다'라는 당신의 판단은 일단 긍정적입니다. 노력하고 있다는 것입니다. 처음에 업무를 맡으면서 잘 생각하고 연구해야 하는 것이 이 업무를 어떻게 해야 잘 해낼 수 있을까에 대한 방법을 찾는 것입니다. 그 업무를 이전에 했던 사람에게 물어볼 수도 있고, 그 사람이 없다면 그 업무를 맡긴 팀 리더에게 물어볼 수도 있고, 선배나 동료에게 물어볼 수도 있습니다. 잘 모르면 물어보는 게 상책입니다. 안 물어보니까 결과가 좋지 않고, 안 물어보고 하니까 본인만 힘든 것입니다.

처음부터 상세히 물어보지 않았다면, 이런 방법도 있습니다. 회사에서 일의 시작부터 끝까지 한 사람이 다 맡아서 하는 경우는 없습니다. 그러니, 맡은 일에 대해 내부 결재 시 당신이 보고하는 그 사람에게 일하는 중간중간에 피드백을 받으십시오. 처음엔 피드백을 자주, 많이 받겠지만, 시간이 갈수록 점점 피드백의 필요가 없을 정도로 당신은 업무를 잘하게 될 것입니다.

이런 피드백을 요청하는 것은 당신이 일방적으로 무례한 도움을 요청하거나 무리한 부탁을 하는 게 아닙니다. 이런 피드백은 일의 담당자인 당신과 선임, 리더가 함께 당연히! 해야 하는 OJT$^{On\ the\ Job\ Training}$ 과정입니다. 그러니, 이런 것은 당신이 부끄럽거나 그들이 귀찮아할 일이 아닙니다. 그 사람이 거부해서도 안 될 일입니다. 상대방이 어떤 성격의 사람이든 너무 신경 쓰지 마십시오. 잘 안 가르쳐 주고, 꼴 보기 싫어도 당신은 피드백을 받기 위해 노력해야 합니다. 뭐라 하든, 듣기 싫은 소리는 귓등으로 받아넘기십시오, 그렇게 노력한 것만으로도 당신은 충분히 인정받게 될 것입니다.

직장에서 관계는 중요합니다. 일 때문이 아니라, 사람 때문에 출근길부터 마음이 무겁다면 정말 괴로운 일입니다. 내 삶이 행복하고 재미가 있자고 회사에 다니는 건데 이건 참 끔찍합니다. 사실, 이 정도면 다른 회사를 알아보는 게 맞습니다. 이 정도가 아니고 아직은 버틸 만하다면 이야기를 좀 더 해 보겠습니다.

당신이 누구에게 '기대'를 하는 순간, 사람들과 관계가 어려워집니다. '사랑하는 것도 고통이고, 미워서 이별하는 것도 고통이다.'라는 말도 있습니다. 직장에서 감정이 심각하면 안 됩니다. 그저 당신의 기분이 좋으면 잘 해 주고, 당신의 기분이 나쁘면 딱 기본만 하십시오, 사람 간의 감정과 관계가 매 순간 기어 톱니바퀴처럼 착착 맞아떨어질 수 없습니다.

회사에 일하러 온 것이지, 인간관계 맺으러 온 게 아닙니다. 잘 지내는 것이 당연히 좋지만, 그게 전부는 아닙니다. 일은 끝이 있어도, 사람 관계는 끝도 없고 늘 요동칩니다. 할 수 있는 것을 먼저 제대로 해야지, 잘 안되는 것을 붙잡고 당신이 상처받아서는 안 됩니다. 앞뒤가 바뀌고, 그것으로 괴로워한다면 자존감도 떨어지게 됩니다. 그럴 필요가 없습니다.

스스로 감정관리를 잘 하시라는 말도 맞지만, 이 감정 관리도 무리하면 '자가면역질환^{자신의 방역시스템이 자기 자신을 공격함으로써 나타나는 질병}'에 빠질 수 있습니다. 그냥 아이언 돔^{Iron Dome, 이스라엘이 실전 배치한 방공망 방어시스템}처럼 당신이 인정하고 싶지 않고, 나를 공격하는 감정들이 날아올 때면 무감각하게 툭툭 쳐내십시오.

'더 나은 나'가 되기 위해서는 나의 일상에서 나아지는 것과 전혀 관계없는 것들을 과감히 삭제하고, 꼭 필요한 것들을 채우려고 노력을 해야 할 것입니다. 물론 더 나은 나의 모습을 '구체적으로' 정의하는 것이 우선인데, 구체적으로 정한다는 것이 쉽지 않습니다. 흔히 '좋은 일자리'란 지금보다 소득이 더 늘어나는 일자리라고 말할 수 있는 것과 달리, '더 나은 나'를 정하기는 쉽지 않습니다.

소득? 역량? 지위? 꿈? 등등 구분 자체가 복합적이고, 이것을 구조화하기 위해서는 많은 정보가 필요한데, 사회 경험과 인생(?) 경험이 20대에게는 상대적으로 부족하기 때문입니다. 하지만, 본인의 인생이니까, 한번 해 보십시오. 지금 당신이 생각하는 최선의 모습, 원하는 모습을 정해도 무슨 문제가 있겠습니까? 당신이 3년 안에, 5년 안에 '갖고 싶은 것'을 정해 보십시오, 그리고 아래처럼 시도해 보시기 바랍니다.

첫째, 내가 평소의 시간을 어떻게 보내고 있는지 한 달간 조사, 분석해 보는 것입니다. 스마트폰 캘린더 애플리케이션을 사용해도 좋은데, A4 용지에 직접 작성하면 느낌이 더 팍팍 옵니다. 하루 24시간을 15분 간격으로 구분 선을 긋고, 아침 눈을 뜬 시각부터 잠들 때까지 회사 일이든, 개인 일이든 그때그때 줄을 긋고 메모합니다. 그러면 하루 24시간을 '더 나은 나'가 되기 위해 가장 소중한 자산인 시간을 어떻게 사용하고 있는지 금세 알게 됩니다.

그리고, 당신이 원하는 것과 그 사용된 시간이 얼마나 관계있는지 데이터로 한번 따져보십시오. 서로 따로 놀지는 않은지? 원하는 것과 일치되게 사용하고 있는지 파악하고, 방법을 찾을 수 있을 것입니다. 한 달이 아니라, 1주일만 해 봐도 답이 나옵니다.

둘째, 회사에서 더 나은 내가 되기 위해 무엇을 해야 하는지도 금방 알 수 있습니다. A4 용지 한 장을 앞에 놓고, 회사 일을 하면서 본인이 불편했던 것들 것 쭉 적어 보십시오. 보고서 잘 못 씀, 가끔 지각함, 비즈니스 영어 안됨, 주변이 항상 지저분하다는 지적, 어떤 임원과 업무 대화 힘듦, 엑셀 함수 잘 모름, 등등 그냥 당신 마음에 들지 않았던 것들을 쭉 적어 보는 겁니다.

그다음엔? 쉬운 것부터, 시간이 오래 걸릴 것 같은 것부터 '그냥' 시작하십시오. 뭘 해야 하는지 알기는 쉽습니다. 실천이 어렵습니다. 그래도, 하다가 안 되면 다시 하면 됩니다. 그래도 안 되면 안 하면 됩니다. 그리고 나중에 필요하면 그때 해도 됩니다.

셋째, 매일 조금씩 '더 나은 나'를 스스로 발견하는 것도 좋습니다. 조심할 것이 있는데, '출근해서 첫 1시간'이 정말 중요합니다. 이 첫 1시간이 어떤가에 따라 당신의 하루 에너지가 결정될 수 있습니다. "아침부터 왜 이래?"란 말도 있지 않습니까? 기분이 좋은 시작인가, 짜증이 나는 시작인가로 출발하는 이 첫 1시간을 잘 보내십시오, 그러기 위해 미리 준비할 것이 있다면 '당신을 위해' 준비하십시오.

Management & Leadership

Go-To-Win®

11 - ❸
30대: 열심히 사는 것 같은데 두렵고 무기력해요

"입시와 취업 준비를 거쳐 직장에서 열심히 일하고 있는데 막연한 두려움 같은 걸 떨칠 수가 없어요. 계속 열심히 사는 것 같은데 허무하고 무기력해요"

누구도 예외 없이 두려움을 갖고 삽니다. 내일 어찌 될지, 모레 어찌 될지 누가 알겠습니까? 뜻대로 되지 않으니 걱정이 쌓이고 쌓여 두려움이 되겠지요. 원하는 것을 갖지 못했는데, 주변의 상황이 정치든, 경제든, 사회든 하나같이 모두 내게 불리하고 불안한 것들만 마구 던져지고, 거기서 누군가는 돈이나 명예로 성공을 자랑하고 있으니, 내가 아무리 노력해도 따라잡기는커녕, 지금의 처지를 과연 유지할 수 있을까? 기운이 쭉 빠집니다. 힘들어하는 나, 힘들었던 나로 다시는 돌아가고 싶지 않으니까 정말 두렵습니다.

태어나는 순간, 아기는 왜 자지러지게 우는 걸까요? 모태母胎와 분리分離되는 두려움으로 소리를 지른다고 합니다. 이 순간부터 두려움을 알게 된다고 합니다. 그래서 두려움은 타고 나는 것이며, 경험했던 것에 대한 반복 반응이라고 합니다. 두려움은 누구도 피할 수 없는 감정입니다.

2021년 한국프로야구 정규시즌에서 최고 투수의 자책점은 2.33입니다. 타격왕의 타율은 0.362입니다. 이렇게 빼어난 투수와 타자도 완벽할 수 없고, 매 순간 실책의 두려움과 싸웁니다. 칠 테면 쳐 봐라, 던질 테면 던져 보란 식으로 배짱을 부리기도 한답니다. 그러다가 실책이라도 하면 빨리 잊으려고 정말 애쓴다고 합니다. 두려움은 뜻대로 되는 것이 아닙니다.

성공도 실패도 다 '우연'이라고 합니다. 하지만, 우연한 성공을 바라고 아무것도 안 하는 것도 두렵기는 마찬가지입니다. 그래서 당신처럼 '열심히' 하는 것 아닐까요? 뭐라도 열심히 해야 '우연'인 성공의 기회를 '노력해서' 잡았다고 할 수 있으니까. 그렇게 모두 두려움에서 벗어나기 위해 열심히 몸부림칩니다.

그래서, 계획을 실천하며, 열심히 사는 당신은 '실패하고 있는' 사람이 아닙니다. 아직 성공을 만나지 못한 것입니다. 당신이 선택한 것 중 하나가 당신의 계획과 목표에 도달하지 않은 것뿐입니다. 그렇다 하더라도, 당신의 무대에 다시 오르면 되고, 또 올라서야 합니다. 다른 선택의 여지가 없기 때문입니다. 어느 순간이라도 내가 나를 포기할 수는 없습니다.

아무리 힘들어도, 당신이 지금 바꿀 수 없는 상황을 급히 바꾸려고 건들지 마십시오. 가능한 것부터 하나씩 바꾸면, 그 바뀌지 않을 것 같았던 상황이 어느 순간부터 자연스럽게 바뀔 것입니다.

두려움과 싸우거나 괴로워하지 마시고, 그 두려움의 울렁거림이나 차오름에 올라타 그것을 극복과 변신의 에너지로 전환해 보십시오. 두려움에서 빠져나오기 위한 에너지로 잘 활용한다면 당신이 갖고 싶었던 것을 가질 수도 있을 것입니다.

그리고 당신의 두려움을 자극하거나, 자극했던 상황과 물건들을 주변에서 하나씩 제거하십시오. 소소한 상황이라도 두려움이 반복되려는 그 순간을 과감히 차단해 봅시다. 반복의 선을 넘지 맙시다. 쉽지 않지만, 그래도 해 봅시다.

"계속 열심히 사는 것 같은데 허무하고 무기력합니다"라고 했습니다. 도대체 무기력의 원인이 무엇이길래 우리를 이렇게 힘들게 할까요?

가장 심각한 이유는 '나의 미래를 도무지 알 수 없기 때문에' 그럴 것입니다. 거기에 내 주머니에 돈이 없고 빚이 잔뜩이라면 더 말할 것도 없겠지요. 그리고 '자기통제권'이라는 내가 결정할 수 있는 것이 하나도 없는 것도 이유일 것입니다. 또한, 어느 순간부터 체력도, 의욕도 떨어졌다는 느낌이 왔다면 더욱 무기력해집니다. 우리는 나아질 수 있는 실마리가 없을까요? 희망 고문일지언정, 뭐라도 한번 해 봅시다.

첫째, 누구라도 좋으니, 네트워크는 유지합시다. 하다못해 형제 가족이든, 직장 동료든, 친구든 최소한의 사람들과 관계는 이어 가도록 합시다. 마음속 깊은 이야기를 하지 않더라도, 당신이 혼자여서는 절대 안 됩니다. 세상과 이어지는 끈, 당신의 존재와 성공을 이어 주는 끈을 놓지 맙시다. 홀로 살 수도, 홀로 성공할 수도 없지 않습니까? 정말 몇 사람이라도 부디 살아있는 관계를 이어 가십시오.

둘째, 지금의 상황에서 주머니가 비어 있으면 너무 힘들 것입니다. 아주 적더라도 조금씩 조금씩 비상금이나 종잣돈을 모으십시오. 더 벌 수 없으면, 만 원이라도 오만 원이라도 덜 써서라도 당신의 주머니를 조금씩 따듯하게 하면 좋겠습니다.

셋째, 미래를 알 수 없고 두려워하기는 회사도 마찬가지입니다. 그래서 회사는 되든 안 되든 사업계획을 열심히 짭니다. 당신도 그런 것, 내외환경분석, SWOT^{강점, 약점, 기회, 위협}분석, 예산 수립, 성공 과업 정의, 성공 지표 설정, 실행 계획처럼 뭐 이런 것 있지 않습니까? 뭐라도 적어 보십시오. 그려 보십시오. 계산해 보십시오. 칼바람을 피할 수 있고, 두려움과 무기력에서 나아질 수 있는 생각이 조금이라도 나오지 않을까요? 해결 안 될 문제라면 아무리 걱정해도 소용이 없습니다. 그런 것들을 내 두려움에서 지워 버리십시오.

넷째, 가벼운 산책이든 운동이든 하루에 일정한 시간만큼은 몸을 움직이십시오. 생각하면서도 좋고, 잊기 위해서도 좋습니다. 안 하는 것보단 백번 낫지 않을까요? 혼자 해도 좋고 동료랑 같이해도 좋습니다. 당신이 내딛는 발걸음을 온몸으로 느끼기 바랍니다.

다섯째, 주변을 정리합시다. 당신의 작은 방, 당신의 작은 책상, 당신의 작은 로커, 당신의 서랍과 가방을 정리하고 정돈합시다. 불필요한 나쁜 기억의 물건을 치워버리고, 새로운 의미의 물건으로 바꿔 봅시다.

여섯째, 힘들어 죽겠다는 사람, 불평이 많은 사람을 만나지 맙시다. 당신도 그랬었지만, 그런 사람 자주 많이 만나면 닮아갑니다. 너무 뻔한 말이지만, 감정의 전이轉移는 정말 빠르고 막을 수가 없습니다. 어떤 식이라도 성공한 사람, 웃는 사람을 만나 보십시오. 그 성공의 에너지를 뺏어 오십시오.

일곱째, 당신이 어떤 사람인지를 보여 줄 수 있는 노력의 결과물을 준비하십시오. 당신이 말하고 보여 주기 전에 다른 사람들은 특히, 당신을 성공으로 이끌어주고 도와줄 사람들은 당신을 잘 알지 못합니다. 준비하고 있는 사람, 준비된 사람이란 걸 증명할 수 있는 그 무엇을 찾아봅시다. 지금부터라도 준비합시다.

여덟째, 당신 곁에 고전 문학, 고전 음악, 오래된 그림 같은 것을 두는 것은 어떨까요? 그것들은 인간의 두려움과 극복을 다룬 가치 있는 유산입니다. 어쩌면 거기서 당신은 위로와 격려, 용기를 얻게 될지 모릅니다.

이렇게, 두려움과 무기력을 옆에 끼고, 당신의 의지대로 조정할 수 있는 에너지로 전환할 수 있다면 더할 나위가 없습니다. 조정해 보십시오. **Management & Leadership**

Go-To-Win®

11 - 4
30대: 외로운 건지 우울한 건지 모르겠습니다

"최근 부서를 옮겼는데 코로나로 회식이나 모임이 어렵게 되면서 제대로 적응을 못 하고 겉도는 것 같습니다. 외로운 건지 우울한 건지 모르겠습니다"

'외롭거나 우울하다.' 어떤 사람에게는 오래 머물고, 어떤 사람에게는 잠시 머물지만, 언제든지 다시 찾아옵니다. 나의 처지가 좋든 나쁘든 그렇습니다. 아마도 내 감정이 돌고 도는 것을 완전히 멈추어야 외로움과 우울함도 더는 꿈틀거리지 않을 것입니다. 행복한 것, 좋은 것, 편리한 것을 늘 치열하게 쫓지만, 그렇지 않은 것들은 아무 이유 없이 어느새 내 곁에 바싹 와 있곤 합니다. 게다가 코로나와 같은 감염병은 교감의 공간을 예고도 없이 막아 버렸습니다. 나의 공간이 느닷없이 폐쇄되면서 외로움과 우울함이 빠져나가지 못합니다.

코로나 사태 전만 해도, 직장의 회식이나 여러 모임에서 활기찬 분위기와 사람들의 체온을 온전히 느낄 수 있었습니다. 우리는 거기서 위로와 격려로 삶의 좋은 자극을 받았습니다. 그런데 이 자극이 사라져 버렸습니다. 또한, 혼자 살기 1인 가구와 혼자 사는 것 같은 다인(多人) 가구에서도 '대화라는 교감 자극'이 사라지고 있습니다. 우리의 작은 생태계는 이미 고독해졌습니다.

'언택트(Untact, 비대면)'의 시대라고 합니다. 이미 예견되었지만, ICT, 디지털 트랜스포메이션(DX)처럼 3차, 4차 산업혁명의 놀라운 기술 발전에 따른 생활의 변화는 사람들을 이롭게 하면서, 동시에 갈라놓기의 속도를 높이고 있습니다. 예상은 하였지만. 코로나로 더 빨라진 우리 세상의 변화가 좀 당황스러운 것은 어쩔 수 없습니다. 이럴 거라고 알았지만, 적응하는 데 시간이 필요했습니다.

직장에서 업무를 수행하는데도 상황이 바뀌었습니다. 여러 가지 변화가 있지만, 일하면서 사람에 관한 이해나 관계보다도 업무에 대한 이해와 처리, 결과물의 더 높은 완성도를 요구하기 시작합니다. 또한, 비대면의 경우, 메시지 전달이 말보다 문자가 더 많아집니다. 말보다 문자를 사용하니 더 많은 에너지가 소모됩니다.

비대면 상황의 발생, 그로 인한 직장 생활의 여러 조건 변화에 대해 함께 생각해 보았는데, 적응이 안 되어 외롭고 우울한 심정이라면 조금이라도 그것을 해소할 방법을 찾아보겠습니다. 아무튼, 혼자만의 시간이 늘어남에 따라 시간, 에너지, 감정의 자기 관리가 더 중요해졌고, 잘 적응해야겠습니다.

첫째, 사람들과 지속 가능한 관계를 유지하기 위해서는, 오히려 예전보다 더 느슨한 유대관계를 맺고, 필요에 따라 관계의 강약을 조절하는 것이 좋겠습니다. 이제는 인간관계에 너무 집착하지 않아도 된다는 말씀입니다. 집착하면 집착할수록 지금의 관계 구조는 서로 각자의 피로가 증폭되는 시대입니다. 자기 자신보다 사람들과 관계에 쏟는 에너지와 비용을 과다하게 사용할 필요가 없고, 그럴 사람들도 없기 때문입니다. 너무 많고 복잡한 사람들과 관계가 소위 사회적 성공을 확실히 보장하는 절대 역량은 아니라는 것입니다. 느슨한 유대와 강약 조절의 시대입니다.

둘째, 사람들과 교감에서 (외부로부터) 자극을 많이 받았다면, 이제는 자기 자극이 필요할 것입니다. 삶, 행복, 부富, 미래 목표, 고민 해결 등등에 대해서 말입니다. 그런데, 이게 쉽지 않습니다. 내 안에서 자극이나 동기가 발생하기는 하지만, 실천과 성과를 위해서는 내 시간과 노력이 상당히 필요한 자기 학습이나 훈련으로 이어져야 하기 때문입니다. 그래도 고독이나 성장 정체를 자신의 힘으로 이겨 내기 위한 노력은 필요합니다. 성장 스토리의 설계와 실행은 스스로 감당해야 합니다.

셋째, 본인 성장의 마디마다 가끔 보상하면 더 좋습니다. 특히 성장의 결과에 따라 직장에서 당신의 존재감, 재능, 역량을 인정받는다면 분명히 당신의 자존감은 훨씬 올라갈 것입니다. 이때 자신에게 선물을 플렉스^{Flex}하고, 알려도 되는 사람들에게 SNS로 자랑을 해도 좋습니다. 노력해서 성취했으니 당당히 보여 주고, 인정받으십시오. 누구의 눈치를 볼 필요가 없습니다. 자신에게 듬뿍 상賞을 주십시오.

넷째, 손을 떠나지 않는 SNS는 더 많은 관계를 맺으라고 끊임없이 독촉하고 유혹합니다. 그러나, 이제는 양量보다 질質입니다. 이제는 많은 사람과 관계 맺기는 멈추어도 좋습니다. 영국 옥스퍼드대의 문화인류학자인 로빈 던바 교수는 "How Many Friends Does One Person Need?"에서 150명을 관계의 최대수로 말합니다. 그러나, 진정한 관계라면 정말 그만큼 필요할까요? 당신도 이미 알지 않습니까?

다섯째, 그래서 이제는 외연外延의 확장보다 내면內面의 힘을 키우는 데 집중할 시기입니다. 결정 장애가 있는 다른 사람들처럼 둥실둥실 떠다닐 수 없습니다. 화려한 껍데기보다 튼실한 내면의 숙성이 더 필요합니다. 그 내면의 숙성이 바로 당신의 매력입니다. 외로움과 우울함을 기어코 혼자서 이겨 낼 강한 힘이 만들어질 것입니다. 유약한 모습과 상태로 계속 징징거릴 수 없기 때문입니다.

여섯째, 내면의 힘은 직장에서도 필요합니다. 이제, 전문성을 확실히 갖추지 않으면 안전하지 못합니다. 살아남기가 힘들어집니다. 이게 직장의 문제입니까, 나의 문제입니까? 'Job Shift'가 이미 일어나고 있습니다. 당신도 알듯이, 전문 역량이 필요하지 않은 일들은 인간의 일로 남지 않을 것입니다. 어쩌면, 상상 속의 기술 발전이 인간을 개조하는 시대가 올지 모릅니다.

외로움과 우울함은 항상 곁에 있겠지만, 자신에게 화내지 말고, 가끔 다독거리며 조금씩 벗어나기를 반복합시다. 자신을 용서하고, 격려하고, 칭찬하십시오. 누구에게나 그럴 자격이 있습니다.

Management & Leadership

Go-To-Win®

11 - 5
40~50대: 커리어를 위해 무엇을 더 할 수 있을까?

"대기업의 치열한 경쟁 속에 언제까지 이곳에 있을 수 있을지 고민입니다. 커리어를 위해 무엇을 더 할 수 있을까요?"

회사에 더 머물기 위해, 살아남기 위해, 필요한 사람이 되기 위해 탐색하고 노력하는 당신은 매우 좋은 모습의 40~50대입니다. 치열한 경쟁에서 결국 회사가 판단하여 인정하는 능력자만 살아남겠지요. 회사에 더 오래 머물기 위해서는 나를 고용한 회사에 철저히 맞춰야 할 것입니다.

당연한 이야기로, 회사의 성장을 위한 이익을 내는데 기여하는 역할을 잘 찾거나, 회사가 부여한 임무를 잘 수행하는 사람은 회사에 남을 것이고, 있으나 마나 한 사람, 사고 치는 사람, 분위기 깨는 사람은 회사가 배척합니다. 이런 기본적인 요건은 회사의 인사고과 평가항목에 상세히 나와 있을 것입니다. 커리어만큼 이 기본도 당신을 평가하는 경영진에게 상당히 중요합니다.

본인의 미래 경쟁력을 강하게 할 수 있는 커리어의 발견을 어디서부터 시작할까요? 일단, 직무 역량과 리더십 역량으로 접근해 보겠습니다. 먼저, 직무 역량 측면에서 커리어 개발의 탐색을 위해서는 숲과 나무로 표현할 수 있는 경계를 살펴보겠습니다.

우선, '숲을 본다.'라는 것은 이렇습니다. 회사는 1년, 3년, 5년 또는 10년의 사업 전략이 있고, 기존 사업을 어떻게 할 것인지 미래 신사업으로 무엇을 할 것인지를 어렵게 예측하고 매년 사업계획을 준비합니다.

사업은 사람과 돈, 시간으로 추진합니다. 기존 사업이든 신규 사업이든 사업이 결정되면, 그 사업을 누구에게 맡길 것인가가 최고 경영자의 가장 큰 고민입니다. 그 사람의 역량에 따라 돈과 시간의 필요가 유동적이기 때문입니다. 이 고민 끝에 선정된 사람이 지금 회사에 꼭 필요한 인재로 등장합니다.

따라서, 40~50대의 나이에 커리어를 개발한다면 회사의 사업 전략을 잘 알아야 합니다. A, B, C라는 사업이 있는데, 본인이 어느 사업에 적합한 사람인지? 또한, A, B, C 사업이 a, b, c라는 직무가 필요한 프로세스로 맞춰져 있는데 a, b, c 직무 중에서 본인이 어떤 직무를 누구보다 잘할 수 있는지를 잘 따져 봐야 합니다.

이렇게, 회사의 중장기 사업 전략에 따라 회사가 필요한 사람의 요구 역량에 맞춰 본인의 직무 수행 능력을 계획적으로 준비하는 방법이 '숲'을 보는 방법입니다. 물론 그 사업이 M&A처럼 외부의 사람들이 전담하는 경우도 있겠으나, 잘 살펴보면 그 계획에서도 당신의 역할을 용케 찾을 수 있을 것입니다.

그다음으로 '나무를 본다.'라는 것은 이렇습니다. 경영진이나 우리 그룹, 팀이 고민하는 문제는 항상 어디나 있습니다. 회사의 손실을 개선하거나 혁신할 수 있는 방식과 방법을 제안하여 그 일을 맡는 것도 본인의 커리어 개발에 도움이 될 것입니다. 아주 특별한 기회입니다.

지금까지 풀지 못한 어려운 문제이기에 본인도 쉽게 나설 수 없겠지만, 회사가 그 사업을 포기할 수 없다면, 경영진은 누군가 나서서 해결해 주기를 바라고 있습니다. 당신이 이 문제 상황의 가운데에 있고 이미 잘 알고 있다면, 당신이 도전할 만하고, 당신의 커리어에 상당히 도움이 될 것입니다.

이익이 나는 새로운 하나를 더 하는 것보다, 손실이 나는 지금의 둘, 셋을 없애는 것이 회사로서는 더 좋은 성과입니다. 쉽지 않은 훌륭한 도전이고, 당신의 선택입니다. 당신의 제안이 받아들여진다면, 혹시 실패하더라도 당신의 커리어는 상승합니다. 해 볼 가치가 충분히 있습니다.

다음으로는, 리더십 역량과 관련하여 생각해 보겠습니다. 40~50대에 걸맞은 역량은 무엇일까요? 40~50대라면 회사에서 크고 작은 규모의 조직이나 인원을 이끌어 가는 리더라고 볼 수 있습니다. 보직을 맡았다면 더 큰 책임감을 느껴야 할 것이고, 그렇지 않더라도 리더의 구실을 해야 합니다.

입사 후 대략 10년에서 20년 차 이상인 40~50대에게 회사가 바라는 것을 아주 단순하게 말하면, 직무 수행 능력은 말할 것도 없고, 조직이나 인원 관리를 잘해서 목표를 달성하는 것입니다. 그런데, 일은 그럭저럭 해 내지만, 조직과 인원 관리를 잘하지 못해서 승진이나 자리보전을 못 하는 경우가 상당히 많습니다. 인원이나 조직은 사내의 팀이나 그룹, 업무와 관련된 외부 조직과의 관계도 모두 포함합니다.

본인의 리더십 역량에 대한 평가는 지금 다니고 있는 회사의 인사평가에서 리더십 역량 항목을 고려해야 합니다. 회사가 무엇을 측정하고, 어떻게 평가하는지 거기에 다 나와 있습니다. 이 평가를 잘 받고 싶다면 평가 제도를 면밀히 연구하고, 본인이 진단하여 부족한 부분을 개선하고 개발해야 합니다.

본인의 과거 평가 결과를 잘 살펴보고, 낮은 평가에 관한 확인과 반성이 필요합니다. 내가 생각하고 판단하는 나와 나를 평가하는 평가자의 생각은 아주 다르기도 합니다. 하지만, 회사에서는 평가자의 평가가 더 중요하지 않습니까? 거기서 당신의 부족한 역량을 객관적으로 찾아낼 수 있고, 자신을 위한 커리어 개발에 집중할 수 있습니다.

커리어 개발을 위한 '가장 기본적인' 직무 역량과 리더십 역량을 생각해 보았는데, 이것들이 걱정 없이 아주 단단하다면, 또 다른 방법인 '어느 상황에서도 잘 살아남는 우리 회사의 능력자'에 관한 벤치마킹을 빼놓을 수 없습니다.

이런 사람은 어디든지 꼭 있습니다. 당신과 비슷한 성향이든, 당신이 아주 싫어하는 성향이든, 그것을 떠나 오로지 그의 커리어 히스토리만 콕 집어서 그 사람을 '연구'해 보십시오. 그 사람이 지금까지 인정받을 수 있었던 커리어를 벤치마킹해 봅시다. 거기에, 그의 과거 커리어에 당신의 미래를 겹쳐서 보십시오. 뭐가 나와도 나올 것입니다.

이런저런 방법을 함께 생각해 보았습니다. 마지막으로, 당신이 20대나 30대라면 더 좋았겠지만, 40~50대인 지금도 늦지 않았는데, 당신의 상사와 (매주) 꾸준한 면담을 하는 것이 가장 좋은 방법입니다.

그 자리에서 본인의 커리어를 어필하는 게 중요합니다. 내가 하는 일을 남들이 알 방법이 없습니다. 당신이 무엇을 원하는지 알지 못합니다. 당신이 회사에 어떻게 기여할지도 모를 때가 많습니다.

당신이 열려 있어야 기회가 들어올 수 있습니다. 40~50대인 당신도 당신의 상사와 꾸준히 면담해야 하는 이유입니다.

Management & Leadership

Go-To-Win®

11 - ❻
40~50대: 아이에게 문제가 생기면 모두 제 탓 같아요

"워킹맘으로서 아이와 함께 해 주지 못한다는 죄책감이 늘 따라다녀요. 혹시 아이에게 조금이라도 문제가 생기면 모두 제 탓 같아요"

절대 당신 탓이 아닙니다. 워킹맘이든 육아맘이든 어느 아이에게나 성장 과정에서 문제는 일어납니다. 워킹맘으로 '그렇게 열심히 살면서' 당신 탓을 왜 하십니까? 절대 그럴 필요가 없습니다.

'이럴 걸, 저럴 걸, 그랬다면.' 다 어쩔 수 없이 지나서 하는 말입니다. 이미 아프거나, 다쳤거나, 생떼를 써도 어쩌겠습니까? 모두 지난 것이고, 지나갈 것입니다. 지나고 나면 지난 일입니다. 너무 담아 두지 마십시오.

내 탓? 사람은 어차피 불완전한 존재입니다. 그 누구도 완벽하기란 애초부터 영원히 불가능한 것 아닙니까? 그러니, 그렇게 괴로워하지 마십시오. 그리고, 누구도 당신 탓을 할 수 없습니다.

엄마가 괴로워하면 아이가 눈치를 챕니다. 괴로워하는 엄마를 아이는 제 탓으로 받아들입니다. 엄마도 아이도 괴롭다면 서로에게 얼마나 미안한 일입니까? 부디 엄마인 당신의 감정을 소중히 다루십시오. 엄마의 감정이 항상 먼저입니다. 엄마가 '먼저' 행복해야 합니다.

아이가 다 성장할 때까지 워킹맘으로 자리를 지킨다면, 어느새 훌쩍 커버린 아이는 분명히 당신을 자랑할 것입니다. 당신이 직장인이어야 하는 분명한 이유가 있다면, 그 이유를 끝까지 지키십시오. 아직은 당신이 선택한 당신의 소중한 삶이니까. 옆에 있는 아이가 다 보고, 다 느끼고, 무럭무럭 성장하고 있습니다. 당신이 할 수 있는 만큼을 하면 됩니다. 아이를 '너무 걱정하지' 마십시오. 당신 생각과 아이 생각은 다를 수 있습니다.

아이와 함께 해 주지 못한다는 죄책감은 '엄마이기 때문'이겠지요. 하지만, 아이는 "우리 엄마는 워킹맘이야."라고 출근하는 엄마를 친구들에게 자랑하고 있을지 모릅니다.

워킹맘은 이른 아침 1~2시간, 퇴근 후 저녁의 3시간 정도가 그나마 아이에게 집중할 수 있는 시간일 것입니다. 이 시간을 늘릴 수는 없습니다. 워킹맘이니까. 그렇다면, 시간의 양은 포기하고, 시간의 질에 집중해야 하지 않을까요? 이런 방법을 생각해 봅니다.

우선, 퇴근하자마자 1분이든 2분이든 (벌써 쑥 커 버린) 아이를 꼬옥 안읍시다. 오늘 하루, 우리가 괜찮게 지냈다고 서로 안아 줍시다. 그렇게 엄마와 아이가 마음을 편안히 합시다. 그리고 소곤소곤 뭐라도 말을 시작해봅시다. 답답하다고 아이가 버둥거려도 우리 둘의 약속이니까 그렇게 하자고 합시다.

그리고, 엄마가 먼저 기분 좋고, 행복해야 하는 것이 가장 중요하지 않을까요? 아이는 이 세상에서 엄마의 눈치를 가장 많이 보는 존재이지요. 엄마가 슬프면 아이도 슬프고, 엄마가 웃으면 아이도 괜히 웃습니다. 아이는 엄마밖에 없으니까.

절대 죄책감을 느끼지 마시고, 내 탓으로 하지 마십시오. 모두 '내가 그렇게 생각하는' 겁니다. 당당한 워킹맘으로 주도적인 삶을 사십시오.

Management & Leadership

Go-To-Win®

11 -
40~50대: 직장에서 나와 가정에서 나를 동일시해서

"직장에서의 나와 가정에서의 나를 동일시해서 가족과 아이들을 힘들게 하곤 합니다. 회사에서 받은 스트레스를 아이와 남편에게 풀고 있는 내 모습이 싫습니다"

안 되는 것을 더 하려고 자꾸 애쓰면 더 힘들어집니다. 오히려, 가정에서도 직장의 내 모습이, 직장에서도 가정의 내 모습이 필요할 때가 많습니다.

'동일시'를 벗어나는 것은 본질적으로 가능하지 않습니다. 직장에서 상사 또는 부하 직원이고, 가정에서는 엄마, 아내, 며느리인 '다중역할'을 할 수밖에 없기 때문입니다. 지금은 그 옛날의 농경사회가 아니지 않습니까? 해 뜨면 온 가족이 논밭으로 나가 함께 일하고, 밥 먹고, 잠자던 시대가 아닙니다. 이제는 자녀나 부모 모두 너무 다른 각자의 일에 무척 바쁘고, 그 일에 집중하지 않으면 맞닥뜨린 경쟁에서 밀린다는 강박감도 적지 않습니다. 개인의 성격에 따라 다르겠지만, 이 감정과 행동이 강하기도 하고 약하기도 합니다.

일과 가정을 잘 병행하려 해도 무게의 추가 어느 한쪽으로 쏠리기 마련입니다. 감정의 스위칭Switching이 원활하지 않으면 동일시로 인한 부담이 커지게 됩니다. 사람은 기계처럼 동시 작업Multi-Tasking이 되지 않습니다. 스위칭을 반복할 뿐입니다.

우리는 모두 다중 역할의 스트레스에 포위되어 있지 않습니까? 어쩌다 잠시 탈출하더라도 스트레스는 곧바로 추격해 옵니다. 당신이 겪는 다중 역할의 갈등과 스트레스는 자녀가 적을수록, 자녀의 나이가 많을수록 완화됩니다. 자연스럽게, 시간이 약藥인 셈입니다. 노력하면 좋아지지만, 결국 시간이 흘러 상황과 조건이 바뀌어야 어느 정도 해소됩니다.

그러니, 스트레스 풀겠다고 자꾸 뭘 더 하지 말고, 안 해도 되는 것부터 과감히 끊어 내는 것은 어떻습니까? 아무리 생각하고 생각해도 당신이 마음 내키지 않는 것, 몸이 힘든 것부터 끊어 냅시다. 역할을 아무리 잘해도 당신이 힘들고 행복하지 않다면 그게 다 무슨 의미가 있고, 진정 잘하는 것이겠습니까? 내가 잘돼야 다른 사람도 보살필 수 있습니다. 다른 사람들에게 피해 주는 것 아니면 당장 당신 마음대로 하십시오.

다중 역할? 스위칭? 생각해 봅시다. 당신 안에는 능력이 아주 좋은 당신이 여럿 있습니다. 이럴 때는 이런 당신을, 저럴 때는 저런 당신을, 그때마다 필요하고 적합한 당신을 불러내십시오.

젊을 때는 상황에 따른 감정과 역할의 스위칭이 잘 됩니다. 그런데, 그렇게 잘하던 사람도 40~50대인 당신처럼 나이를 먹고, 관계가 복잡해지고, 걱정이 많아지면 스위칭이 당연히 느려집니다. 스위칭이 느려지니, 자주 화를 내게 되는 것입니다. 그러니까, 이렇게 스위칭이 느려지면, 당신의 반응 속도도 좀 늦추십시오. 그래서 나이를 먹으면 생각과 행동이 느려지는 것입니다. 조금만 천천히 해 보십시오. 그리고 가정에서도 서서히 당신의 결정권을 분담하고, 내려놓는 훈련을 하면 좋습니다.

"직장에서의 나와 가정에서의 나를 동일시해서 가족과 아이들을 힘들게 하곤 합니다. 회사에서 받은 스트레스를 아이와 남편에게 풀고 있는 내 모습이 싫습니다."라고 말했습니다. 그런데! 혹시 가족에게도 이대로 말을 해 본 적이 있습니까?

만약 그럴 수 없었다면, 오늘이라도 가족들에게 차분히 말해 보세요.

말하지 않으면 누구도 제대로 모릅니다. '알아서 먼저 짐작'이란 것이 얼마나 무섭습니까? 해결이 안 된다 해도 말은 하고 살아야지요. (회사에서 회의도 하고, 상담도 하지 않습니까?)

아마도 우리 가족 중 한 사람도 빠짐없이 당신과 똑같은 고민을 하면서 힘들어하고 있을 것입니다. 당신의 남편도 회사에서, 당신의 아이도 학교와 학원에서 비슷한 일을 겪고 있을 것입니다. 가족에게 부담을 줄 수 없다고, 감추고 살자니 얼마나 힘들겠습니까? 만약 당신의 이야기를 듣고도, 가족이 온전히 당신을 이해하지 못해도, 당신은 당신을 위해 이야기를 해야 합니다.

그리고, 더 많은 것을 바라지 말고, 이것 한 가지를 합의하는 것은 어떻습니까? 가정의 일에 대해 역할 분담을 해 보십시오. 하루, 한 달에 벌어지는 소소하지만 필요한 가사 활동이 있습니다. 그것들에 관해 무엇을, 누가, 언제 하자고 의논하여 결정합시다. 아이들이 나이가 어리다면 거기에 맞춰서, 아이와 남편에게도 분담하시기 바랍니다. 내 몸이 힘들면 내 얼굴이 짜증을 냅니다. (회사에서도 업무 분담을 하지 않나요?)

석 달에 한 번 정도는 하루나 며칠간 가족여행도 하십시오. 그 사이에 당신이나 남편도 잠시 혼자 하는 여행을 해도 좋습니다. 가족여행으로 오랜만에 같이 먹고, 같이 눕고, 같이 놀다가 잠깐 시간을 내어 남편과 아이의 말을 들어 주세요. 쑥스러워서 말을 쉽게 꺼내지 못하면 당신이 먼저 하십시오. 지금 무슨 생각을 하는지, 무엇이 힘든지,

무엇이 하고 싶은지. 엄마인 당신이 웃어 주세요. (회사에서도 Wrap-Up이나 Workshop을 하지 않습니까?)

회사에 다니면서 오만 생각이 듭니다. '이 돈 벌려고 괴롭히는 상사나 동료의 눈치를 봐야 하고, 승진 누락을 몇 번이고 참아야 하고, 이상한 소문에 시달려야 하나?' 등등. 하지만, '이 어려운 코로나 시기에 꼬박꼬박 월급 나오고, 소소한 혜택도 좀 있고, 커리어도 쌓는 워킹맘' 등등을 생각하면 좋은 점도 있습니다.

정말 쉽지 않지만! 직장에서의 스트레스는 직장에서 풀거나, 거기서 털고 퇴근합시다. 그래! 별 것 아니야! 얼른 집에 가자! 식구들 보고 싶다!

Management & Leadership

Go-To-Win®

11 - 8
40~50대: 주위에 돈을 번 사람이 많아 상대적 박탈감

"주위에 부동산이나 주식으로 돈을 번 사람들이 많아서 상대적 박탈감에 손에 일이 잡히지 않습니다. 왜 그때 집을 사지 않았는지 후회가 되고 우울하고 불안합니다"

많이 들었던 이야기, 당신도 많이 했던 이야기는 이렇습니다. "주식이나 부동산으로 돈 많이 번 사람만 벌었다고 하지, 말을 안 해서 그렇지 잃은 사람들이 훨씬 더 많아. 돈이 돈을 벌잖아? 있는 사람들만 더 벌지 굴릴 돈 한 푼 없는 우리는 안돼. 딴 사람들 일에 뭘 그리 신경을 쓰냐? 그냥 너 살던 대로 산다고 뭐가 문제야? 왜 그때 집을 안 샀어? 무슨 사정이 있었겠지. 억지로 되는 건 아니잖아, 지금 후회한다고 돈이 생기냐? 정보야 정보, 네가 게으르니까 돈을 못 버는 거야. 지금 우울하고 불안하다고? 왜?" 맞는 것 같기도 하고, 아닌 것 같기도 하고, 마음이 그렇습니다.

  한껏 자랑하는 그에게 잘됐다고, 좋겠다고 말을 건네지만, 내 가족이 아닌 이상 내 표정에 진심은 없을 것입니다. 그나저나, 당신의 언짢은 기분은 꽤 오랫동안 풀리지 않을 것 같습니다. 가뜩이나 일도 힘들고 하기 싫을 텐데 말입니다. 수많은 사람 사이에 나 홀로 서서 그들을 바라만 보고 있는 장면이 머릿속을 떠나지 않을 것입니다.

  그때 그 주식이나 그 집을 사지 않아서 돈은 못 벌고, 돈을 번 그와 비교하면 괜히 손해를(?) 봐서, 후회되고 우울하고 불안하다면, 계속 그렇게 있을 것이 아니라 당신은 지금부터라도 선택해야 합니다. 그래서, 앞으로 '주식이나 집을 살 것인지' 아니면, '지금처럼 살 것인지' 둘 중 하나를 선택하면 됩니다. 이것은 선택의 문제였지, 박탈감의 문제가 아닙니다. 아무것도 하지 않았던 것이 후회된다면, 이제는 당신이 뭐라도 해 보는 것입니다.

  주식이나 집을 사겠다고 선택하면, 정보를 수집하면서 당신의 재무 상태를 꼼꼼히 살펴보고 현장 확인까지 하면서 여러 가지 시나리오를 가지고 계산기를 두드려야 합니다. 그게 아니라 지금처럼 살겠다고 마음먹으면, 다른 사람들의 자랑에는 귀를 막아 버리거나, 마음이 내키지 않아도 잘됐다고 한마디 하고 내 자리를 지키면 됩니다.

결국, 상대적 박탈감에 관한 후회나 우울함이나 불안을 벗어나려면 당신이 '마음과 행동의 결정'을 하면 됩니다. 주식이나 부동산이 경제적 대상이니까, 마음을 정하는 데 가장 중요한 것은 무엇일까요? 당신이 40~50대이니, 무엇보다도 '경제 회복력'을 심각하게 따질 수밖에 없습니다.

40~50대의 평범한 직장인이라면 정년을 생각하고, 은퇴 후 생활이나 노후자금을 생각해야 합니다. 따라서, 투자에 따른 미래 위험이야말로 중요한 것 중에 가장 중요한 것이 아닐 수 없습니다.

만약 주식과 부동산에 투자했는데 원금 회수조차 할 수 없는 상황이 되더라도 지금의 생활 수준을 계속 유지할 수 있는지 따져 보아야 합니다. 당신이 50대라면 더 그렇습니다.

경제 회복력이 탄탄하다면 큰돈을 벌 수 있는 주식이나 부동산에 당신은 투자할 것입니다. 경제 회복력이 의심스럽다면 당신은 투자하지 않을 것입니다. 둘 중 하나를 결정하고 결정한 대로 하면 됩니다. 그렇게 하면, 아무것도 하지 않았다는 자괴감은 없을 것입니다.

'나에게는 왜 기회가 오지 않을까? 나는 왜 기회를 잡지 못할까?' 누군가 묻는 이 질문에 당신의 삶을 통해 답을 해 보십시오. 어떤 답이 나옵니까?

50대를 이미 살아 본 분들은 이렇게 말씀을 합니다. "살아 보니까, 기회라는 것이 기다린다고, 계획한다고 오는 것은 아니더라. 숱한 기회가 있었다고 하는데, 그게 기회인 줄 알았던 것도 그것이 지나서였다." 덧붙여 이런 말씀을 하십니다. "지나고 보니까, 모두 다 우연인 것 같아. 돈을 많이 버는 것도, 남들보다 빠르게 승진하는 것도 우연인가 봐. 돈 벌려고, 승진하려고 사람들 모두 얼마나 애를 쓰는가? 애쓰지 않는 사람이 없지. 맞아떨어져야 하더라고. 그렇지만, 우연이라고 가만히 있으면 안 되더라고. 자기 자리에서 무엇이라도 충실히 하고 있어야 남들이 좋아하고, 인정도 받고, 기회도 생기고, 그 기회를 잡거나 얻을 수 있지."

뻔한 이야기로 들리겠지만, 기회라는 것은 아무리 적어도 인생에 한두 번은 옵니다. 50대라도 아직 얻지 못했다면 언젠가는 옵니다. 그러니, 하루하루를 기왕이면 기분 좋게 사십시오, 기분 좋게 살 수 있는 것이 어쩌면 이미 당신에게 와 있는 기회일지도 모릅니다. 안된 일로 우울하고 불안해하지 마십시오. 기분 좋게 사는 것도 쉬운 것이 아니지 않습니까?

그때 주식과 부동산으로 돈을 못 벌었다고 당신이 누구와 경쟁에서 진 것도 아니고, 패배자도 아닙니다. 비교하지 않아도 될 것을 비교하면, 안 되는 것을 비교하면, 마음에 다툼이 생기고 우울과 불안에서 벗어나기가 힘듭니다. 그것은 단지 '당신이 선택하지 않았던 사건'일 뿐입니다. 그때 당신의 선택을 존중하십시오. 당신이 선택하지 않았다면, 굳이 돌아볼 필요도 없습니다. Management & Leadership

Go-To-Win®

11 - 9
40~50대: 나를 신뢰하는지, 겉으로만 예의 바른 건지

"후배 직원들을 많이 이해하려고 노력하는데, 요즘엔 정말 나를 신뢰하고 따라오는지. 겉으로만 예의 바른 건지 모르겠습니다"

몹시 궁금하면, 후배 직원들에게 직접 물어보면 됩니다. 이런 질문조차 할 수 없다면 신뢰를 말할 수도 없는데, 노력하는 당신은 질문할 자격이 충분한 것 같습니다.

당신과 후배 직원과의 '신뢰'를 상당히 소중히 생각하니, 우선 신뢰에 관해 먼저 생각해 보겠습니다. 신뢰는 '말과 행동과 결과가 일치해야' 형성됩니다. 어느 사람이 믿을 수 있는 사람인가는 이 세 가지를 듣고, 보고, 확인하면 정확하게 알 수 있습니다.

후배 직원들의 세대 차이도 클 것입니다. 시기에 따라 1920~1954년 출생은 묻지 마라 세대이며 경제 개발 1세대, 1955~1969년 출생은 베이비붐 세대이며 민주화 1세대, 1970~1983년 출생은 X세대이며 문화 개방 1세대, 1984~1996년 출생은 밀레니얼(M) 세대이며 디지털 1세대, 1997~2010년 출생은 Z세대이며 공유 세대라고 합니다. 그러나, 세대별 당시 상황과 그들이 추구하는 삶의 가치가 다를 뿐이지, 조직에서 말하는 기본적인 신뢰는 세대 차이와 큰 관계없이 '말 – 행동 – 결과'가 얼마나 일치하는가가 판단 기준입니다.

또한, 리더가 보았을 때 후배 직원들의 모습은 이렇게 구별할 수 있습니다. 소외형, 수동형, 모범형, 순응형, 실무형의 5가지 유형입니다. 이 구별은 수동적인가 적극적인가의 태도 관점과 독립적인가 의존적인가의 사고방식 관점에 따라 분류합니다. 후배 직원들이 리더를 신뢰하고 따르는 수준의 차이에 따라 유형을 진단할 수 있습니다.

그리고, 나쁜 후배 직원들이라면 아무것도 하지 않거나 비효율적이고 비도덕적인 리더를 지지할 것이고, 좋은 후배 직원들은 좋은 리더를 지지하며 나쁜 리더를 반대하고 비판할 것입니다. 후배 직원들의 태도와 리더의 태도는 상관관계가 매우 높습니다.

이처럼 세대 차이, 업무 수행 태도, 리더십과의 관계를 살펴보았는데, 당신이 알고 싶은 '후배 직원이 나를 믿고 따라오는지'는 당신의 말-행동-결과가 일치한다면 염려할 필요가 없습니다.

당신은 "후배 직원들을 많이 이해하려고 노력하는데, 요즘엔 정말 나를 신뢰하고 따라오는지. 겉으로만 예의 바른 건지 모르겠습니다."라고 했는데, 사실 직장에서 회의하거나, 업무 지시나 확인을 할 때, 특히 1:1로 의논하고 상담할 때 '당신의 느낌, 감感'으로도 충분히 알 수 있지 않습니까?

당신을 따르고 신뢰하는 후배 직원은 기본적으로 예의를 지킵니다. 그리고 당신의 말에 뜬금없이 끼어들지 않고 잘 경청합니다. 또한, 업무를 실행하면서 해결 방안을 정확히 제시하며, 당신의 방향과 다소 다르다면 대안까지도 제시하는 지혜도 있습니다. 그리고, 그가 직장에서 안전할 수 있도록 당신이 지속적으로 배려하는 것에 감사하고 있다면 최고의 신뢰 관계입니다.

물론 이 최고의 신뢰 관계조차 사안에 따라 약간의 변동이 있을 것입니다. 최고가 아닌 다른 후배 직원에 대한 신뢰도 항상 정해진 지점이 아니라 여기저기로 움직일 것입니다. 아무튼, '신뢰'라는 점에서 후배 직원들의 분포가 정규분포의 모양이라면 좋은 상태입니다. 오래 지켜보면서 그들 태도의 흐름을 관찰하면 충분히 보입니다.

만약, 당신을 신뢰하지 않는 최악의 경우에도 리더인 당신이 말-행동-결과를 일치하는 쪽으로 수정해 나아간다면, 후배 직원들이 나에 대해 얼마나 믿음을 갖고 따르는지 굳이 확인할 필요가 없습니다. 후배 직원들에 대한 당신의 관심에 비해 후배 직원들은 당신에 대해 큰 관심이 없습니다. 그리고, 후배 직원들도 어지간하면 자기 할 몫은 하려고 합니다. 이것은 본인의 인사고과와 급여가 달린 기본이기 때문입니다.

Management & Leadership

저자의 다른 책

2022년 1월 11일
㈜휴스텐컨설팅그룹
양장본, 581쪽, 152X225㎜ 신국판
값 20,000원

격변의 시대라고 모든 것이 바뀌는 것은 아니다.
오히려, 끝까지 가져가야 할 역사 정신과 행동 습관이 있다.

제조업에서 사람, 전략, 기술이 조합된 절대 힘은 5S 와 TPM 에서 나온다.
무서운 수준의 5S 와 TPM 을 실천하는 회사는 무엇도 두려울 것이 없다.

Ⅰ. 5S와 TPM 무조건 해야 한다

❶ 안 할 수 없습니다
❷ 성공했다는 기업이 왜 많지 않을까?
❸ 사람 중심, 인간 존중이어야 합니다
❹ QDC와 어떤 관계가 있을까?

Ⅱ. 5S 클래식^{classic}

❶ 5S, 이런 것은 왜 했을까?
❷ 5S는 왜 정리, 정돈, 청소, 청결, 생활화 순서인가?
❸ 정리하면 무엇이 좋아지는가?
❹ 정돈하면 무엇이 좋아지는가?
❺ 청소하면 무엇이 좋아지는가?
❻ 청결하면 무엇이 좋아지는가?
❼ 생활화하면 무엇이 좋아지는가?
❽ 지겨운 반복을 피할 수 있는 정점촬영개선방식입니다
❾ 5S 활동의 선순환은 이렇게 합니다
❿ 이제부터 '5S 클래식'의 개념과 방법으로 합시다